U0720352

主　　编　徐勇　李学通　罗存康
本册主编　张展

卢沟桥事变史料全编

◇第七册◇

中华书局

目录

伍 日本发动全面战争相关史料(1937年8月—1945年)

一、卢沟桥事变后日军官兵的回忆总结……六一九七
(一)中国事变发生之回顾(一木清直)……六一九七
(二)事变发生之回忆(野地伊七)……六二一一
(三)中国事变一周年战局地图……六二三三
(四)变异的世界史,重要的是今后的措施……六二三七
(五)冀察缓冲地带崩溃……六二四一
(六)北京广安门事件调停……六二四五
(七)卢沟桥事件勃发的真相……六二五三
(八)谈谈事件的发端……六二六一
(九)回忆卢沟桥事件——中国事变四周年纪念座谈会记事……六二七七
二、日军对于事变后局势的认识与处置……六三〇九
(一)具体对应中国事变之方策要纲……六三〇九
(二)解决中国事变方针案及对「满」施策案……六三一七
(三)事变之对应处理要纲案(一)……六三二三
(四)事变之对应处理要纲案(二)……六三二七
(五)对于中国事变之世界舆论动向……六三三三

（六）中国事变中的活跃人物……六三四七
（七）卢沟桥事件（葛西纯一）……六三五九
（八）事件之分析与考证……六三六七
（九）日皇对于中国事变之书面谈话……六三九七
三、日军发动全面战争的形势判断与行动展开……六四〇一
（一）北京入城……六四〇一
（二）扫荡平津地区后中央统帅部的形势判断……六四〇五
（三）华北方面军编成派遣和保定会战准备……六四一一
（四）中国事变关系公文集……六四一九
（五）参加太原攻略作战（一部）……六七六五
（六）帝国参谋本部对于中国事变的作战计划……六七六九

伍　日本发动全面战争相关史料（1937年8月—1945年）

一、卢沟桥事变后日军官兵的回忆总结

（一）中国事变发生之回顾（一木清直）

资料名称：一木清直《支那事變發端の回顧》

资料出处：《偕行社記事・特報》1938 年 7 月號，防衛研究所図書館，第 1—21 頁。

资料解说：战时日军出版物《偕行社记事》在卢沟桥事变一周年之际，发表了一组有关事变原因、过程、双方的协商谈判等问题的回忆资料。本资料是卢沟桥事变的重要当事人、挑起事端的中国驻屯军第一联队第三大队大队长一木清直对事变的回忆，文中将事变的原因推脱给中方。

支那事變發端の回顧

（昭和十三年七月特報）

蘆溝橋事件の經緯（篇中要圖參照）

陸軍步兵中佐　一木清直

目次

緒言
(一)彼我一般の狀況
(二)事變前支那側の動向竝に其の變化の概要
(三)情勢の惡化と支那軍の態勢
(四)事變直前の我が軍の狀態
(五)豐台及蘆溝橋附近地理の概要
(六)事變の發端
(七)戰鬪開始に至る迄の經緯
(八)爾後の戰鬪及交涉の概要
結言

緒言

一、余が尙大隊長たりし當時牟田口聯隊長より再三其の眞相を書くべく慫慂せられしが、余は第一線にのみ在りし關係上、大體は知得しあるも他の一般關係は充分承知しあらず。況んや事變斯く擴大し重大性を持つに至りては記述の拙劣、不備等の爲却つて誤解を生じ、若くは之が先入主となりては、適當ならずと信じ、固辭して今日に至れり。然るに今回偕行社に於て事變一周年記念號刊行の爲是非にとの依囑により急遽之を綴ること丶せり。

從つて舊所屬聯隊長に對し禮を失するのみならず、斯く急速にては其の示教校訂を仰ぐを得ず、此の點寔に衷心遺憾に耐へざるところとす。

二、故に本記述にして誤りあらば、將來訂正を乞ひ、以て此の事件が、未曾有大事變の發端となり其の眞相、殊に本事件の正鵠なる認識を皇軍全般に與へられんことを希むものなり。

三、本記述に當り余は第一線の隊長としての限界より、兵馬倥偬の間に認識せる範圍を主體とし、而も豐台及蘆溝橋を中心とせる猫額の小舞臺より記述したるに過ぎず。從つて本務外は勿論、本務に屬する事項に就ても、或は正鵠を失し、或は誤解あり、若くは眞相に反するもの等絶無なるを保し難し。唯乞ふ、余が偶〻豐台に駐屯せし當時の關係者としての責任上、烏滸がましくも筆を執るの止むなきに至りし眞意を諒せられんことを。

(編輯の都合上筆者の同意を得て多少省略せし所あるを附記す　編纂部)

(一) 彼我一般の狀況

1. 北支政治軍事の梗概

北支、殊に北京附近には冀東、冀察の兩政權あり。共に其の長は政治軍事の兩權を掌握し、其の政策は共に表面親日を標榜糊塗しありしものなり。

然るに其の假面たるや本事變に依り完全に剝奪せられ、白日の下其の全貌を暴すに至れり。而して本事件は主として冀察政權に關係多く、冀東のそれは關係少きにより省略す。

冀察政權の長官即ち政務委員長は宋哲元にして第二十九軍々長を兼ね、副委員長は秦德純にして後者また北平市長を兼ねたり。

第二十九軍は即ち軍長宋哲元の所謂手兵にして其の主腦部は北平にあり、概ね歴戰の勇士よりなる。宋亦彼の熱河作戰當時長城線を守備したる支那軍に於ては稀に見る智勇兼備の將軍として自他共に之を許せり。殊に近時中島、櫻井諸氏の軍事顧問を聘して猛訓練を行ふと共に、裝備は逐年改善進歩し、加ふるに師長以下年少氣鋭にして、旅長等は鐵棒の振上り振り飛びは勿論、大車輪程度の演技をなし、團長以下營內に居住し早晨全員整列して教練體操を實施す。但し其の軍紀たるや一見峻嚴なるが如きも、それは單に刑罰に依り維持せらるゝに過ぎず。勇氣の度も所謂督戰に依り辛うじて保持せられあるが如し。而して其の連長以下は概ね學識經驗共に低く、世界地圖を知らず文盲の者多し（豐台事件當時捕虜とせる連長は目に一丁字なし）。兵に至りては殆ど「山出し」にて何等の教育なく唯一律に猛訓練を受くると共に一面只管排日抗日の精神教育を受けあり。蓋し支那の精神教育は普通の學校、軍隊等總て其の根本主體は一に打倒日本及失地恢復に之を置き、爲に其の主張の旺盛なるを以て最良となせり。

其の兵力は四ヶ師、騎兵一ヶ師、特務旅等四個及華北邊區保安隊一隊ありて總兵力約十萬あり。

其の特徴は北支の主要なる都邑又は鐵道停車場等には必ず一部隊の駐剳することなり。又其の移動の迅速輕易なること恰も吾人が廠營への移動の程度に等し。右の如くなるが故に彼等は到る處に兵營を有す、是れ其の都邑の寺院、廟、旅館等は直ちに彼等の兵營たればなり。

例へば、小湯山、南口、黄村、石景山等の鐵道各驛にも駐屯し吾人が豐台に駐屯するや彼等も直ちに一部隊來駐し、其の不安を感ずるに至らば翌日更に増强配備するが如し（事變前の長辛店附近配備の變更是なり）。

2. 我が駐屯軍配置の概要

從來は天津に駐屯軍司令部ありて北京及天津に歩兵の一部のみ駐屯し所謂團匪事件の議定書に基く條約上の權益擁護特に主として北寧鐵道（奉天—山海關—天津—北京）の守備及居留民の保護に任じありしが、其の後兵力は多少變化せるも主力は依然天津に在り。北京には河邊少將の北平警備司令部及牟田口大佐の聯隊本部並に木原大隊あり。豐台には最初兵舍なく、昭和十一年六月下旬まで通州にありて假建築の完成を待ち、後此の地に一木大隊駐屯す。其の他北寧沿線には若干部隊配置せられしが之を同地方支那軍に比すれば其の兵力數十分の一に過ぎず。而して豐台駐屯隊は警備に關しては北平警備司令官、教育其の他に關しては聯隊長の指揮監督下に在り。

3. 彼我關係の概念

冀察政府及第二十九軍は共に其の主腦部の我に對する態度は常に日支親善を說き南京側を罵倒し、我が軍に對しては友好の情を示し表面何等懸念すべき情態を呈せず、從つて一見極めて平穩圓滿協調的なるが如きも內部の情勢は決して然らず。諸情報は逐次惡化の景況を示し、之を綜合するに彼等は有ゆる機會に於て部下に抗日を强調し、而も日本軍恐るゝに足らず、打倒日本は彼等の目標にして生命なりとし、彼等の裝備訓練を以てせば攻撃は易々たりとの誤りたる教育を施し、以て志氣を鼓舞し訓練の資となせるは事實なり。

而して之が彼等の眞の意志なりや、將た亦南京政府の壓迫使嗾に依りしや、或は又第三國の策動に依りしや、乃至は所謂新興支那の一般情勢たる全般的に旺盛なる抗日意識と氣運とに鑑み、自己の地位保全擁護の爲なるか遽かに斷定するを許さざるも、一面親日提携、一面抗日打倒の僞瞞策に徹底せるは明々白々の事實なりしなり。

從つて我が將兵が、行軍演習等の際直接接觸せし無智蒙昧の支那軍營長以下は、抗日侮日を其の儘暴露し其の態度は極めて不遜非禮にして吾人を憤慨せしむるもの其の數枚擧に遑あらず。況んや地方在住の我が居留民に對してをや。

然れども我は帝國一般の方針に鑑み、忍ぶべからざるを忍び、高踏的に指導せんとし、兄の弟を遇するが如く長者の若者を導くが如く、而も不合理なるは二十九軍主腦部に通報し諄々訓諭し其の改善指導を要求し、又時に非禮を難詰せる等の事例は、一再にして止まらざりしなり。

又兒戯に類する如き下級者の不法行爲を避けんが爲には、多少にても彼等の神經を刺戟すべしと思考せらるゝ演習の實施に方りては、條約上何等必要なきに拘らず、豫め之を彼の側に通告して誤解なからしめんとし、又一面各隊長は其の部下教育の實際に當りて、何故に皇軍として斯くまで隱忍退嬰せざるべからざるかにつき、大いに苦心焦慮せる處にして、只管事端を醸さざらんことをのみ是れ努めたりき。

4. 豐台事件の概要

叙上の如く我は友交關係の保持と事故の未發にのみ苦心せしに拘らず、彼等の不遜暴戾なる行爲は一再にして止まらず。殊に一木大隊が豐台に移駐するや略〻時を同うして新に該地に駐屯せる支那軍（第二十九軍中最精鋭を誇る第三十七師の一營）の皇軍並に居留民に對する暴戾驕慢の行爲は枚擧に遑あらず。遂に昭和十一年九月十八日所謂「豐台事件」を惹起するに至る。蓋し本事件は今次事變の云はゞ素因たると共に形而上下に於ける各種の教訓を與へしものにして、重大關聯を有するものなれば左に之を概述せん。

豐台駐屯の支那軍は豐台驛前臨時兵營に、營長以下約二中隊（別に小校「少佐」の指揮する警察處あり）竝に驛南側造阜庄に約二中隊位置し、我が駐屯隊と相距る共に約四百米にして、其の配置は恰も我を包圍するの態勢にあり。而して諸情報によるに支那軍は九月十八日の滿洲事變記念日をトし何事かを企圖せんと畫策せるものありしが如く、大いに氣勢を昂げありしなり。併しながら我が軍は上司の訓示と諸情報とに基き一觸卽發の環境裡なるに拘らず時局の重大性に顧み專ら自重自戒し又此の趣旨を部下一同にも訓示徹底せしめあり。

當日夕偶〻穗積中隊が夜間演習實施の爲豐台驛前に差懸りし時支那軍の一連が行軍（散歩程度のものにして側面縱隊を以て軍歌を高唱しつゝ示威的に行軍せるもの）より歸還するに遭遇す。然るに彼の一部は不法にも該穗積中隊後尾のものを故意に路外に押し出す如き不遜の行動をなす。依りて引率官小岩井中尉は乘馬にて支那兵の群に飛入り連長に對し其の不都合を難詰せしに支那軍は倉皇自己の兵營に遁竄せしを以て我は其の前方に展開して相對峙するに至れり。

豐台駐屯隊長たる一木大隊長は此の報告に接し全員警備呼集をなし時を移さず支那兵營を包圍して事件の解決を圖らんとす。然れども在北平警備司令官の命により絕對に發砲せずして交涉せしが、次で我が聯隊長及支那側顧問竝に交涉員來場し此處に現地交涉となり折衝翌朝に及び、遂に彼の謝罪及處罰竝に豐台撤去を條件とし、一先づ解決せり。是れ武裝解除を行ふことなく、我が武士的精神により彼等の面子を尊重し最も友好寬大に解決せしものなり。

然るに彼は一旦撤去せしも、卽日他の部隊を以て再び同地に駐割せしめんとするが如き不信の處置を爲し、又當時我が武士道精神に據る自重を以て反つて、支那軍の威武に怖れしものと逆宣傳し、武裝解除を爲さざりし我が寬容の處置を以て、寧ろ交涉員に飜弄せられしものと爲し、以て日本軍恐るゝに足らずと高言するに至る。

支那軍の不信不遜と其の逆宣傳とに對し我が將兵一同は大いに憤慨し、武士的寬大は却つて皇軍の威信を失墜するに非ずやとの傷心苦慮を生ずるに至る。今後宜しく支那軍にして不法不遜の行爲あらんか、假借する處なく直ちに斷乎たる態度を以て處置し以て彼等の侮日抗日の根本的觀念を打破一掃し、排日不信の迷夢を覺醒せしむること絕對必要にして是れ卽ち皇軍威武の宣揚となり、事件の局限、否事件根絕の最捷徑にして、皇軍駐屯の任務達成を最も迅速確實ならしむる所以なりとの確信を有するに至れり。

爾後各種の小事故ある每に如上の信念の正鵠なりしを裏書

きし益々其の信念を鞏固ならしめしを痛感せり。

(二) 事變前支那側の動向竝に其の變化の概要

1. 昭和十一年末綏遠事件の影響

豐台事件落著後一時小康を保ちありしが、例の綏遠事件に於て、支那軍は日本の支持したる蒙古軍に對し敢て成功を收め得たりと爲し、益々侮日の觀念を增長せしめ十二年四月綏遠に於ては、南京側は勿論冀察及西南側等の要人を集め戰死者の大慰靈祭を施行し、傅作義を以て救國將軍と爲し、大いに氣勢を揚ぐる等對日一戰の準備を高調せり。

2. 十二年春に於ける南京交涉の影響

昨春南京に於ける日支交涉の不手際なる結果は南京側の策動と相俟つて其の影響するところ遂に冀察要人等をして益々侮日の觀念を增長せしめ、特に既述秦德純(北平市長)及馮治安(三十七師々長)等の如き主戰論者を愈々强化せしめ以て南京側をも共に逐次抗日戰備に邁進せしめしもの〻如し。

3. 抗日一戰及打倒親日派の策動

イ、昨年九月十八日を期し滿洲失地恢復を圖るとの情報

昨年五月頃のこと、支那軍は同年九月十八日、即ち滿洲事變記念日を期し山西省より察哈爾を經て外蒙に進入し赤化勢力と提携し一擧に滿洲の失地恢復を圖るの擧に出づべしとの情報あり。之によれば當日、或は何等かの蠢動あらんも計り難く殊に近くは去年豐台事件の國恥日にも相當しあるを以て何等か策動を企圖しあるを豫想せられありき。

ロ、豐台襲擊の論爭

又第二十九軍司令部の所在地なるのみならず北支第一の兵營所在地たる南苑柳營にては少壯士官の會合の席上抗日打倒の議論沸騰し、其の結果は豐台事件を深く遺憾とし、直ちに豐台を襲擊すべしとの案さへ提出せられ、即時斷行派と時機尙早派とに別れて相拮抗し、遂に流血の慘事を起すに至れりと、之が爲か支那側豐台駐屯隊に於ては夜間步哨を增加し、鐵帽を著用せしめて警戒せる事實あり。

ハ、親日派撲滅の策動

昨春より政府要人中に於ける親日要職の罷免又は左遷等行はる〻こと頻繁にして、又來るべき九月十八日滿洲事變記念日を以て親日要人を一網打盡に勦滅し之を血祭として、抗日一戰の火蓋を切るべしとの情報など行はれたり。

此等の情報及其の他の流言蜚語の往々にして事實ならんと

判斷せられしものなきにあらず。例へば以下述ぶるが如く彼等の警備戒嚴の增强が之を立證するに足るものあらんか。

4. 北平の警備戒嚴と增强

昨年六月に至り北平城各門の支那側守備兵は遽に增加せられ、且警備行軍と稱し部隊にて夜間北平市內外を巡行し一面警戒、一面示威行動せるを目擊すること屢々なるに至る。

5. 蘆溝橋及長辛店附近の配備變更と增强

イ、兵力增加の狀況

平素蘆溝橋附近には城內に營本部と一連、城外に約一連、中ノ島に約二連、長辛店に騎兵約一連駐屯しありしが、十二年五月中旬より下旬に至る間に於て蘆溝橋にありては迫擊砲隊を、長辛店にありては新に騎兵を以て步兵と交代せしめ且步兵は第二十七師第二十九團（長、吉興文）の團本部及第一第二營を增加するに至り、尙我に對する警戒の眼頗る嚴重となれり。

ロ、防禦工事增强の狀況

又長辛店北方高地には從來其の高地脚に永久的に二箇の側防機關銃陣地を、又高地上には野砲の陣地を構築しありしのみなりしが十二年六月に入るや遽かに東方高地端一帶に散兵壕を構築し、殊に蘆溝橋附近に於ては龍王廟附近より鐵道線路附近に亙り堤防上及其の東方臺上の既設散兵壕を改修增補す。且從來より北京方向に對し進出又は退却掩護の爲を以て、蘆溝橋を中心とし十數箇のトーチカを橋頭堡的に永定河左岸堤防上より一文字山附近に亙り構築し、土砂にて之を埋沒隱匿しありしが此の頃に至り掘開し而も其の作業は主として夜間隱密に實施せられたり。

尙團長は事件の發起を豫期し長辛店より當時北上しありしと共に長辛店の兵力を城內に集結しありしものゝ如し。爾後の戰闘により永定河右岸堤防上にも陣地を構築しありしを知り如何に彼等が諸準備に熱中ありしやを視て今更ながら冷汗三斗を禁ずる能はざりしものあり。

ハ、警戒配備の變更の狀況

又昨年六月頃より宛平縣城（蘆溝橋城）城門の警備は至嚴となり立哨人員を增加し、樓門上に輕機を据ゑ土嚢を增加せると共に、同月下旬に至りては龍王廟以南陣地に配兵し至嚴なる警備裡に夜を徹し、又從來一文字山は謂ふ所の我が勢力範圍內にして全く彼の警戒配置外にありしが、最近我が軍にて夜間演習を實施せざる場合には該地に兵力を配置し黎明之を撤去せるを見るに至れり。

蓋し斯くの如く兵力の増加防禦工事の増强、警戒配備の變更等は僅に其の一端を擧げしのみにて、彼等が如何に戰鬪準備に汲々たりしやを悉すものにあらず。

(三) 情勢の惡化と支那軍の態勢

豊台事件の逆宣傳及其の他前述せる如き抗戰準備の動向は一面抗日思想を旺盛ならしめ不遜の態度益々募ると共に反面には却つて我が軍を恐怖の觀念を以て眺むるの結果を萌芽せしめしものゝ如く、爲に前記増强の各手段となりて現れしのみならず、其の他の實例の一二を擧ぐれば左の如し。

1. 豊台附近兵營敷地問題

同問題は當初簡易に考慮せられしも抗日不遜、無協調無親和の觀念の爲全く停頓せるのみならず遂には實行困難となるに至れり。

2. 蘆溝橋城内通過の拒否

蘆溝橋城内通過は十一年豊台駐屯當初に於て之を拒否せるを以て、之に抗議し通過に支障なからしめたり。而も特に豊台事件以後は支那軍の態度大いに緩和し、日本語を解する將校(任參謀)を配置し、以て誤解なからしめんと勉めしが、十二年六月初旬頃より再び我が軍の城内通過を堅く拒否し、其の都度交渉せざれば通過を許さゞる如き煩瑣を生ずるに至れり。

3. 演習實施に對する抗議

我が軍の演習實施は支那の何處に於て實施するも差支なく、特に制限を受けざる如く議定書に明記せられあり。殊に蘆溝橋附近は射擊教練を爲すも何等差支なきやう條文に明記せられあるなり。

而も該地一帶は舊永定河氾濫期の河床地帶にして當時多くは砂礫の採取地區たり。從つて一帶荒蕪地にして單に落花生等を栽培するに過ぎず。

一方豊台附近は土地肥沃にして北京郊外の花卉蔬菜の所謂文化的農場地たるのみならず、高粱繁茂し部落亦集團せり。依りて我が軍は演習の爲往復の不便を忍びつゝ、好意を以て殊更豊台附近を避け、一文字山及蘆溝橋附近の地區にて演習を實施せり。從つて該地附近は豊台駐屯部隊唯一の練兵場なりしなり。

(註) 事件後現地を觀察せる某在鄉將校「現地に來り初めて豊台附近に

て演習せずして蘆溝橋附近にて演習をなせるの至當にして而も止むなき實情を知れり。內地に在りし時は何故好んで蘆溝橋畔にて演習せし極めて不審なりし」と述懐せしと云ふ。

然るに此等慣用的地區の演習にさへ十二年六月初旬頃よりは支那側は畑への進入を云々し、或は夜間演習實施に方り我は好意的通告を爲すに彼は恰も當然の處置の如く要求し或は、言を弄し剰へ夜間實彈射擊を爲さゞるに無斷實施せりと誣ひ綏靖公署を通じて抗議し來る等、一般に其の態度は不遜非協調的となれり。

4. 行動地區の制限

從來龍王廟附近堤防及同地南方鐵道ガードは我が行動自由の地區なりしに拘らず同時頃よりは附近に步哨を配して之を拒否し、我が兵力少き時は大刀を擬し、又は裝塡を爲す等威嚇的態度を以て交涉に任じ極めて非禮傲慢となれり。右の如き行爲は實に枚擧に遑あらずして此等は單に驕慢侮日の一現象たるに過ぎず。

5. 事件直前の支那軍の態勢

當時流言蜚語盛んにして日本軍隊、殊に日本軍使嗾の所謂日支人の浪人連なるもの何等かを畫策し事變を誘發せしめんとしつゝありと稱し七月初支那側官憲は數人の日支人を北京正陽門驛前に於て逮捕せり。而も彼等は其の畫策地點が豐台附近なりと妄斷し宜しく機先を制すべしとなし、誇大妄想的雰圍氣は相當險惡なりしならんと判斷せらる。前述の如くに蘆溝橋及長辛店附近の支那軍配備は特に夜間に增强至嚴にして或は陣地を占領し而も一面祕かに其の補强工事を實施しありしもの〻如し。

(四) 事變直前の我が軍の狀態

1. 蘆溝橋附近に於ける演習訓練

我が駐屯軍の支那軍に對する態度は前述の如く彼が極めて非友好的なるに拘らず、常に友好の意を以て之に接し、其の非行あらば之を諭し、特に帝國四圍の情勢に鑑み我が行動を極力愼重にし、以て事端を醸さざらんことに是れ勉めたり。然れども我は駐屯軍本然の任務達成に遺憾なからん爲銳意訓練に從事し特に夜間の演習に重點を置きしは當然なり。而も演習に恰適の地蘆溝橋附近を之に選定するも亦至極當然なり。蓋し五月下旬より漸次教育進度の進むに連れて野外廣地域に亙り而も其の回數の增加するは內地と同樣なり。

卽ち事變直前には檢閲期も切迫し其の最高調に達せしの時なりしなり。射擊亦然り（射擊は永定河河床を利用す）。

2. 上司の注意

前記の如く諸種の狀況を綜合するに情勢逐次惡化し抗日的策動頓に濃厚となりつゝあるは掩ふべくもあらず。殊に盧溝橋方面の狀況は特に險惡なりと判斷せられ、在北平警備司令官は七月五日在天津萱島部隊檢閲の爲南大寺（秦皇島南方）野營地に出張するに當り又聯隊長は七月六日夫々前記の環境に在る豐台駐屯隊長に對し自重戒心以て彼等に乘ぜられざると共に、出動準備を完整し萬全を期すべく注意を喚起せられ、同時に特に彼等のトーチカ發掘及工事增强の狀況に就き注意を要すべきを命ぜられたるを以て、部下一般に注意を倍蓰し、トーチカの調査につきては部下各隊に地區を配當し其の調査に任ぜしむ。

3. 豐台以外の部隊の動靜

一般には何等變化なかりしも、北平附近一帶（豐台を含む）警備の重任を負はるゝ警備司令官は既記の如く當時南大寺野營地に出張不在にて牟田口隊長之が代理たり。

在北平駐屯部隊の大部分は教練の練成及檢閲受檢の爲通州に出張中なり。

在天津萱島部隊の大部も亦練成及檢閲の爲南大寺に出張中なること既述の如し。

此等の諸件は、假に豐台又は盧溝橋附近に於て事件突發せんか決裁及指導竝に其の戰鬪威力發揮の上に頗る不利なる狀態なるは容易に首肯し得る所なり。由此觀是、當時我より絕對に事變の惹起を自ら求めしものに非ざるを證明し得べし。

4. 豐台駐屯隊の事變當夜に於ける演習の狀況

七月七日豐台駐屯隊の各中隊は中期檢閲を目前に控へ其の最終的訓練日として夫々演習を實施せり。卽ち穗積中隊は一文字山東側に於て夜間演習を實施し、駐屯隊長は前半夜これに臨場指導し、翌八日拂曉時は淸水中隊に臨場すべく豫定しあり。爲に穗積中隊に所見を述べし後一旦豐台官舍に歸還せり。此の穗積隊は七日午後十時三十五分頃演習を終了し一文字山東方砂利取場より歸營の途につけり。

又淸水隊は龍王廟、一文字山、大瓦窑の地區內にて同日薄暮より演習を開始し訓練實施中偶〻事件勃發するに至れるなり。其の他の部隊は豐台兵營に在り。

(五) 事變の發端

1. 清水中隊の夜間演習

昭和十二年七月七日豐台駐屯隊一木大隊の清水中隊は終夜演習を實施し以て中隊訓練の仕上げをなさんとし、同日夕豐台出發蘆溝橋に向ふ。同地北方龍王廟、一文字山及大瓦窰間の地區に於て先づ薄暮に於ける攻擊演習を演練せんとし、午後八時稍〻過ぎ龍王廟東方三百米附近より東方一文字山—大瓦窰の線に向ひ演習を開始せり。

午後十時三十分頃大瓦窰西方小高き地點（未發掘トーチカ附近）にて中隊長は演習を一時中止し所要の注意及修正をなさんとし大聲にて「演習終り集合」と號令す。其の時突如として二三發パン〳〵と蘆溝橋の西部城壁に近き方向（鐵橋監視の兵營附近の既設陣地なりしかとも思はるゝ）より急射せらる。

此に於て中隊長は突發的事故の發生せんことを慮り取敢ず中隊の集合を迅速ならしむる爲集合喇叭を吹奏せしむ。然るに此の時堤防既設陣地と城壁間の地區にては懷中電燈の如きを以て彼此相連絡をなすと共に龍王廟附近及西部蘆溝橋城壁方向より再び十數發の射擊をなすに至る。

2. 清水隊長の處置

中隊長は變に應じ機に處せんとして直ちに先づ人員の點檢をなさしむ。然るに幸に負傷者はなかりしも野地小隊の兵一名不足なるを知る。

此處に於て中隊長は單なる過誤の射擊に非ずして或は支那軍の計畫的策略に乘ぜられんとするに非ざるか、事は意外に重大たらんとする虞なしとせずと判斷し、未だ集合せざる兵を搜索すると共に、輕卒なる衝突を戒め、取敢ず大瓦窰附近にて對應の準備をなすと共に在豐台大隊長に狀況を急報すべく決し、岩谷曹長と傳令兵一名とを中隊配當の支那馬に乘せ乘馬傳令として豐台兵營に急派せり。

3. 傳令岩谷曹長の行動

岩谷曹長は途中夜間演習より歸還中なる穗積中隊に會して概要を通報し、更に大隊長一木少佐の官舍に至り正に就寢せんとしありし大隊長に此の旨を報告す。時に七日午後十一時五十七八分頃なり。

穗積中隊長亦駈歩にて大隊長の許に來り、途中にて聽取せる銃聲は空包ならざりしとの判斷を附加報告す。

此に於て大隊長は「斷然警備出動し清水中隊を應援すべき

盧溝橋附近豐台駐屯隊經過要圖

（七月八日拂曉前ヨリ薄暮ニ至ル）

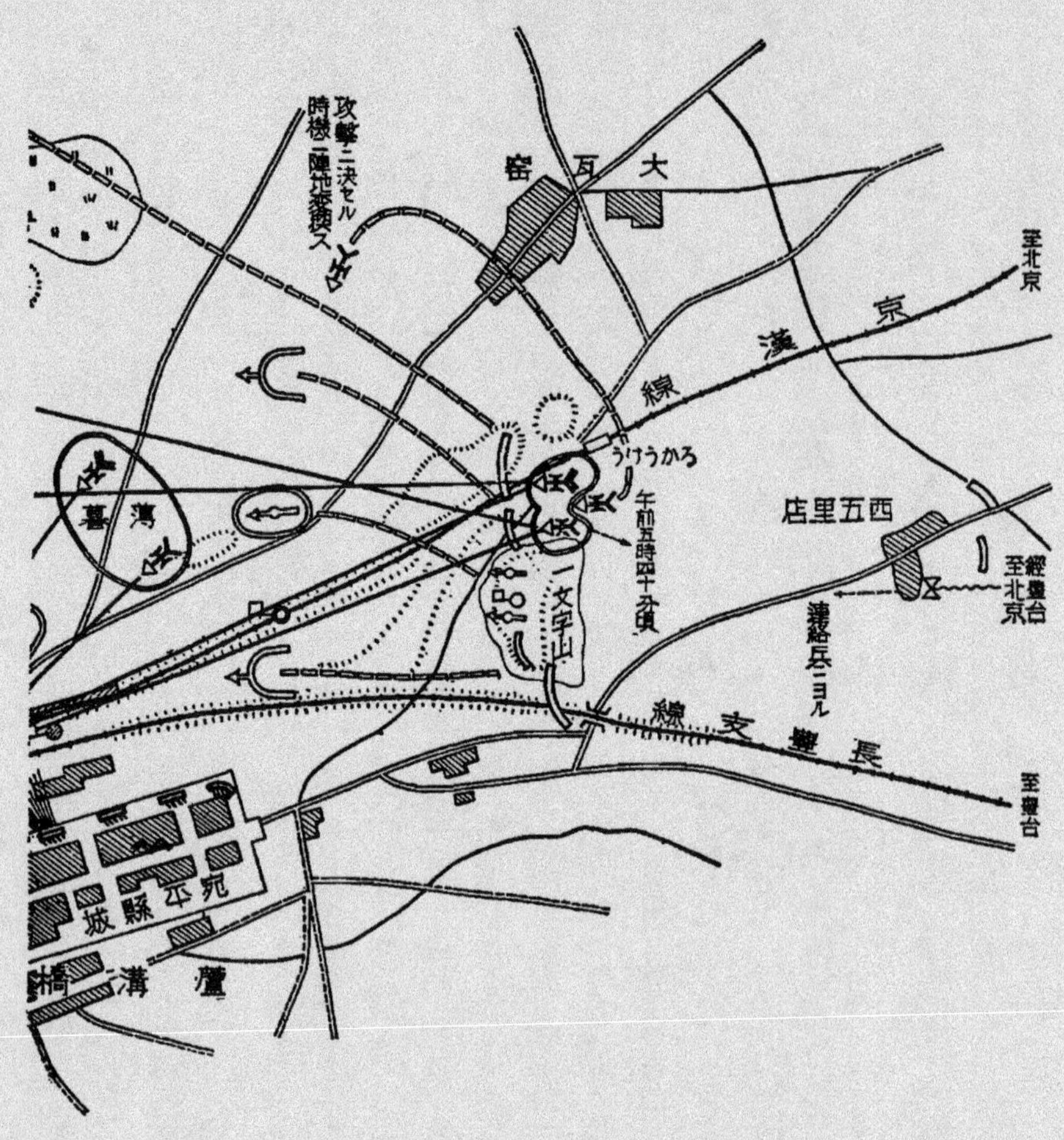

二

豐台及盧溝橋附近地理の概要

豐台 北平西南約七粁の一停車場を中心とする半農半商の新興市邑にして鐵道は北寧、平綏長豐支線により十字に通じ周圍には城壁なく、附近は肥沃の農場にして耕作物繁茂し部落集團す。

盧溝橋 永定河畔の一古城にして東西七百米南北三百米高さ十五米の城壁内にあり。城門は樓門と共に東西に各一個あり。北側城壁は砂丘にて埋まり壁上との比高約一米に過ぎず。（但し事變直前此等外側の土砂を除去し外部より一舉攀登困難なる如く改修せり）宛平縣治の所在なるを以て宛平縣城と稱するを至當とせん。東は北平に西は永定河上の所謂盧溝橋を渡りて長辛店に通ずる大道あり。北平を距る約十二粁、豐台を距る約六粁あり。城外一帶は永定河氾濫時の舊河床にして一般砂礫地にて殊に北側及東側は砂利取

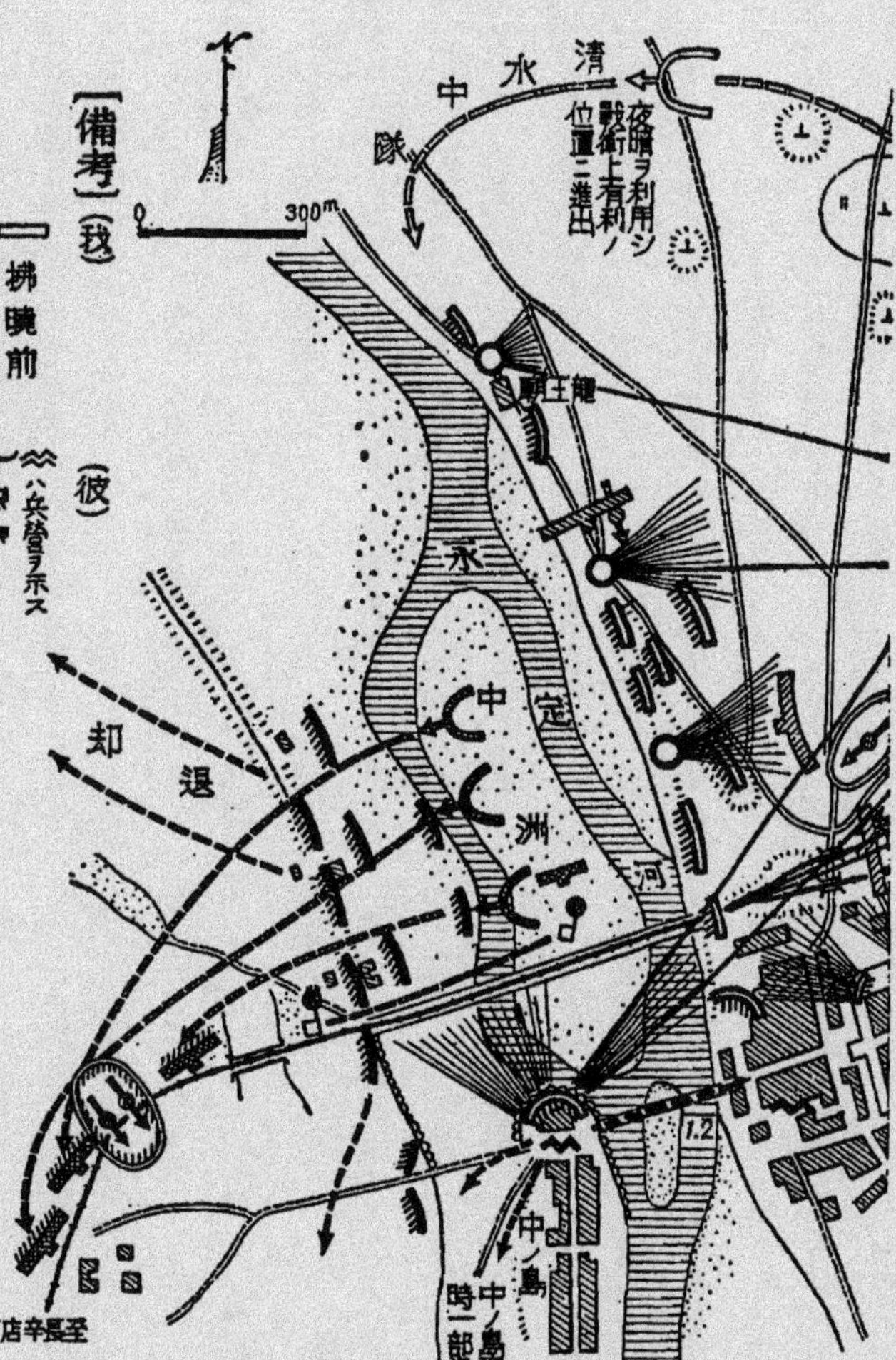

【備考】（我）
拂曉前
午前五時四十分前後
薄暮
（彼）
ハ兵營ヲ示ス

一、無線電信ハ一文字山ニ位置シ豐台ニ對ス
二、通信班ハ午前五時三十分一文字山東側麓ニ在リ爾後線次延線最後ハ鐵道橋中央部ノ中洲ニ達ス

場となり、其の掘削の爲處々大凹疵あり。又北方地區にては平漢線と長豐線と併行して通じ共に大凸道をなす。附近の農作物は高粱等少く落花生多し。蘆溝橋驛は城の東北角より約七百米に在り。

【永定河】水源は遠く張家口方面に發し河床は泥質濁流にして比較的水量多く流速緩なり。水深約八十糎、河幅は本支流に岐れ各〻約六十米河床幅六百米兩岸に大なる堤防あり。一般に小楊柳樹繁茂するも龍王廟と蘆溝橋間とにはこれなし。蘆溝橋附近には處々大なる中洲を有し、其の最大なるは城の西方「中ノ島」の如し。又鐵道橋及後の有名なるマルコポーロ橋あり、附近の護岸工事は大なる石疊み及ベトンにて構築せられあり。

（天候氣象）事變當時の日出は午前四時四十二分にして同三時稍〻過ぎより既に黎明となる。日沒は午後七時卅分なるも薄暮は午後九時頃迄なり。月齡は七月七日は陰曆六月一日にして暗夜なりき。

につき其の中隊は現地附近に於て待機すべし」と命じ岩谷傳令を中隊に歸還せしむ。

4. 其の後の清水隊の行動

集合當初不在なりし兵は小隊長野地少尉の捜索等により間もなく發見するに至り中隊は玆に全員異狀なかりしを知りしも、支那軍の挑戰的態度に對し爾後如何に處置すべきかにつき大いに考慮を拂はざるを得ざりき。

卽ち更に演習を繼續せんか再び射撃せらるべきは必然にして又此の儘演習を中止し、其の不法挑戰を默認せんか、豐台事件以上に彼等に逆宣傳の資料を與へ益々傲慢侮日を增長せしめ、皇軍の威信を失墜すること之より大なるはなき結果となる。然りとて不法射撃の證據を握り將來の交渉の資となさん爲には勢ひ戰鬪惹起の虞あり。又假に卽時斷乎應戰せんか四圍の狀況全く不明なるのみならず、何故の戰鬪開始なりや其の確乎たる證據を承認せしめ得ずして、反つて爾後の交渉を不利ならしむる虞あり。以上の諸件を綜合判斷して一時忍ぶべからざるを忍び、豐台駐屯隊主力の來著を待つて處置するを至當とし、竝に爾後行動の自由を留保し、且過早の戰鬪惹起を避け、むしろ此の間各種の資料を蒐集するを適當なりと判斷し約六百米東方の西五里店部落に占位し、兼ねて豐台駐屯隊の來著を掩護することゝせり。

(六) 戰鬪開始に至る迄の經緯

1. 各隊長直後の處置

官舍にありて前記報告に接せる豐台駐屯隊長一木大隊長は直ちに警備呼集の準備を命ずると共に北平警備司令官代理たる牟田口聯隊長の官舍に電話し直接聯隊長に事件の概要及現場に出動善處せんとする旨の意見を具申す。時正に七月七日夜の正子頃なり。

牟田口聯隊長は右報告に接し此の意見に同意し「現地に急行し戰鬪準備を整へたる後營長を呼出し交渉すべし」と命ぜらる。

聯隊長は之と同時に萬一の場合を顧慮し北平及通州に在りて警備竝に訓練中たる木原隊に警備出動の準備を命ずると共に在天津軍司令官及當時南大寺野營地に出張中なる北平警備司令官に報告し、且在北平赤藤憲兵隊長、松井特務機關長、今井陸軍武官に通報せられたり。

在南大寺野營地河邊警備司令官は代理たる牟田口大佐に善

處すべきを命じ自らは速かに歸還の處置をとる。

2. 其の後に於ける各隊長の處置

豐台駐屯隊長は七月八日午前零時七分警備呼集を命じ主力を以て蘆溝橋に向ひ前進するに決し一小部隊を豐台警備の爲に殘置（特に南苑方面に對し警戒せしむ）し、爾餘の主力は中島隊長の指揮により長豐支線以北の地區を蘆溝橋北側に向ひ前進せしめ大隊長は副官等を隨へ清水中隊の位置に先行す。

斯くて午前二時三分西五里店西端にて清水中隊長と會し其の報告を受け、直ちに附近要點たる一文字山を占領して爾後の處置を講ぜんとし、野地少尉等をして該地附近を搜索せしめ、支那兵なきを知るや同二時四十五分西五里店附近に到著せる大隊主力を掌握して一文字山に前進し同三時二十分同地に到著す。

然るに午前三時二十五分又もや龍王廟方面に三發の銃聲を聞き、今や支那軍の對敵意志の確實なること一點疑ひの餘地なしと判斷し、萬一に應ずる爲豫て斯かる場合を顧慮し立案せる計畫に基く豫定の配置に就くを可と信じ、右方に位置せる清水中隊（機關銃を屬す）を龍王廟東方約一粁墓地附近に夜暗を以て推進せしむ。

また大隊通信教官小岩井中尉の意見具申に基き豐台より一文字山に向ひ電話を延線せしめ且一文字山に無線班を開設せしむ。

此の間北平警備司令官代理牟田口大佐は支那側に不法射擊の事實を認めしめ所屬師長（第三十七師長馮治安）の謝罪を要求するを至當と判斷し、聯隊附たる森田中佐を其の代理とし問罪使として現地に派遣するに決せらる。

午前三時特務機關員寺平大尉は宛平縣長たる王冷齋、外交委員林耕宇を伴ひ北平警備司令官代理を訪ねたるを以て司令官代理は王冷齋に向ひ「貴下は如何なる資格を以て現地交涉に當るや」と尋ねしに彼は「宋哲元の代理たるの資格を以て交涉に任ず」と、依りて司令官代理は更に「宋哲元は冀察政務委員會の委員長たる資格と第二十九軍々長たるの資格とを有しあり、文官たる貴下が果して軍長たる資格を代理し得るや、又其の資格なくして將に戰鬪開始せられんとするが如き此の切迫せる狀況に處し而も不法を働きし二十九軍の兵に向ひ命令を下し得るや」と詰問せしに彼逡巡して答ふる能はず。彼は秦德純（當時宋哲元は天津にあり不在にて此の者代理をなしあり）の指令を受けんとて電話にて交涉せしも遂に要領を得ず而も狀況切迫し一刻の猶豫を許さず。

此に於て司令官代理は森田中佐をして速かに彼等を帶同して現地に急行せしむるを至當と判斷し、自動車を以て出發せしむ、時に午前四時なり。蓋し牟田口大佐は大勢上輕々に自ら北京を離るゝを許さゞりしに依るものなり。

當時森田中佐と共に現地に急行せし者左の如し。
特務機關員寺平大尉、憲兵隊長赤藤少佐等。支那側外交委員林耕宇、宛平縣長王冷齋、綏靖公署交通副處長周永業なり。別に二十九軍顧問櫻井少佐は自ら第三十七師の馮師長と會見後現地に先行す。

木原大隊に對する處置

當時木原大隊の大部は通州に廠營中なりしを以て司令官代理は速かに之を北平東郊朝陽門外にある射擊場附近に集結待機を命じ、以て北平城內又は豐台方面何れの狀況變化にも應ぜしめんとせり。

而して牟田口大佐は必要に應じては斷乎應戰を決意せられしも松井機關長よりの通報に依り「支那側は本事件を以て藍衣社の策動による日本軍と二十九軍との離間策なるべし」との見解を有する旨を知り、果して斯くの如く眞に支那側が日本軍を以て友好の軍隊と見做しあらば收拾の爲取敢ず蘆溝橋より兵力を撤退するを至當とすべく、我は素より敢て衝突を好むものにあらざるを以て此の際支那軍の同地撤兵こそ先決條件と爲すの要あるべしとの意見を同機關長に開示せり。

3. 戰鬪開始直前の經緯

七月八日午前四時西五里店南端迄電話は到著（線長不足にて爾後の延線不可能）せるを以て一木大隊長は之により在北平警備司令官代理と連絡し、前記支那軍の再度の對敵射擊の狀況を報告すると共に斷乎攻擊するを可とすとの意見を具申す。

牟田口司令官代理は暫時熟考の後「苟くも二回までも發射するは純然たる對敵行爲なり、斷乎攻擊して可なり」と、而も一木大隊長の此の旨を復唱したるに對し「午前四時二十分攻擊を命ぜり間違なし」と言明せらる。

茲に始めて斷然戰鬪開始の許可あり。一木隊長も亦重大決意を固むるを得しなり。依りて先づ副官をして一文字山に先行之が決意を部下主力に傳達せしむると共に、自らは用便をなし以て精神の沈著を圖り勇躍一文字山に歸らんとす。

一木隊長は一文字山に向ふ途中偶〻西五里店西方本道（北京—蘆溝橋道）東側畑地に於て冀察政府兼二十九軍顧問櫻井少佐の同官を探しあるに會し、一木少佐は斷然攻擊するの決意を披瀝し交涉の結果次の事を知る。其の概要左の如し。

支那の不法暴戻に對し斷乎攻撃するは可なるも、蘆溝橋城の攻撃に就きては待たれたし。只今馮治安師長に會見し支那軍の不法を詰したるに、馮曰く「馮の部下は絶對に蘆溝橋城外に配兵せずそれは支那軍に非らざるべし」と言明せり。又城内には多數の良民あり。

更に馮曰く「城外に配兵せられありとせば攻撃隨意にして予の部下にあらず」又「城外ならば假令馮の部下とするも斷然攻撃して可なり」と言明し、更に「城外にて發砲せしは恐らく匪賊の類ならん」と附言せり。

右は全く馮の狡辯にして當初より責任を回避せんとする支那要人の通有性常套手段にして、心事の陋劣正に唾棄すべきものなり。

此に於て一木隊長は櫻井少佐に、城内は攻撃せず然れども城外の支那軍は馮の部下たると否とに關せず斷乎攻撃し之が解決を圖るべしとの協議を遂げたり。

會見後櫻井少佐は蘆溝橋城内の支那軍鎭壓鎭撫の爲前進し、一木隊長は一文字山に前進す。

4. 攻撃計畫の變更と攻撃前進

一木大隊は概ね蘆溝橋城西北角を目標として展開準備しありしも、前項の如く城内は攻撃せざることに協定せしを以て、攻撃計畫變更の必要を認め、一文字山歸著後、一木隊長は馬上より一文字山東北側陣地にある久保田隊長に先づ目標を龍王廟と爲し射撃準備を命ず。

次で一文字山上に於て大聲にて參集しある各隊長及命令受領者に決心及攻撃目標の變更に關し左の如く指示す。

【方針】　大隊は蘆溝橋城内は攻撃せず城外に在る支那軍に對し斷乎之を攻撃す。

【要領】　攻撃は拂曉攻撃の要領に準ず。

次で大隊は現在の態勢たる右より安達隊、中島隊、穗積隊の順序、全部第一線、一擧龍王廟より鐵道橋に亙る間の敵に對し永定河の線に攻撃前進すべき大隊命令を下達し、直ちに一木隊長先頭に於て、前進方向「斜右」と指示し、駈歩を以て展開正面の變更と攻撃前進とを開始し、主力を直路平漢線以北の地區に移動し得る如く誘導す。一方清水隊にも之が變更及攻撃前進の時機及目標を指示す。

蓋し斯くの如く攻撃を急ぎしは時恰も黎明時期にして正に午前五時なりしを以てなり。然れども當時暗雲尚低迷し黎明の期長く、行動に便なりしは全く天祐といふべし。

尙攻撃を急ぎし他の一つの理由は、馮等の言よりする時は城外の支那軍が馮の命により、急遽城内に撤去遁入せんやも測り難く、斯くては何等の證據をも摑み得ざるに至らんことを恐れしが故なり。

一年有半隱忍自重、切齒扼腕せる大隊將兵は滿を持せる矢が弦を離れし如く、又は逆卷く怒濤のそれの如く前進す。而して大隊の主力蘆溝橋驛西方遠方信號の附近に達せしとき前方陣地を透視するに點々彼の散兵壕を望見し得。それとの距離正に三百米にして逐次龍王廟附近より鐵道線路に亙る一帶の既設陣地に支那兵充滿しあるを知るに至る。

此に於て一木大隊長は久保田隊に對し斷然射擊開始を命ず。然るに戰鬪準備完了しありし筈の久保田隊は未だ射擊を開始せず。依つて之を督促せるに當時一文字山に來著せし森田中佐により射擊の開始を中止すべく命令せらると。

蓋し森田中佐は北平聯隊本部に於て、聯隊長より問罪調停等の命を受け既記支那要人等を伴ひ午前四時自動車を以て北平を出發し、一路現地に急行し、先づ一文字山に來りしに、狀況既に急迫せるを知り、手近かに在りし久保田隊に射擊開始を一時中止せしめ、以て全般の狀況を確認せんとせしなり。

されば同中佐は既記午前四時二十分に於ける聯隊長の一木大隊長に下せし攻擊開始に關する電話命令を承知しあらざりしなり。

此に於て一木隊長は既に述べし如く攻擊開始の遲延は、大隊の爲極めて不利なるを以て新に森田中佐に、戰鬪開始に關する了解を得るの必要を生じ、通信班長及書記等を數次其の許に派遣し、之が意見を具申す。而も大隊長の位置と森田中佐の位置せる地點とは約四百米離隔しありて相當の時間を要するものと判斷せられたり。

依つて此の間を利用し現位置のまゝ大隊長は部下に朝食を喫せしむる如く命令せり。

5. 支那要人等監視の裡に支那軍の挑戰と我が應戰

此に於て大隊主力の全員は附近の地形地物を利用し朝食を爲さんとす。

此の時支那軍は我を目して行動の頓挫停頓及防勢怯懦なりと判斷せしものか、龍王廟竝に正面一帶の陣地より俄然我が軍に對し射擊を開始するに至る。

之によりて當時一文字山上にある日支要人殊に支那側交涉員等は森田中佐の誠意ある調停と日本軍の自重、軍紀嚴正竝に支那軍の不法無統制にして其の非の全然彼にあるの事實を明々白々自己の眼前に於て目擊せしめ得たるは、全く天與の好機なりき。

事此に至りては最早議論の餘地なく、我が隊は勇躍應戰、攻擊前進を命ず。久保田隊亦直ちに射擊を開始し初發より見事に龍王庙南側トーチカに命中。支那要人は唯拱手傍觀、啞然たるのみの光景なりき。時正に午前五時三十分。恰もよし旭日曉雲を染め燦として輝く。

（七）戰鬪經過の概要

1. 永定河左岸陣地の奪取

攻擊開始せらるゝや、久保田隊の精確なる射擊と中島隊の猛射との支援に依り、又は龍王庙北方より敵の左翼を突破席巻せる清水中隊と、竝に敵陣地動搖の機に乘じ其の右翼鐵道橋附近に一擧肉薄突入せる穗積中隊と、加ふるに正面より强壓突擊格鬪せる安達隊等の、疾風迅雷眞に鎧袖一觸的の攻擊により、敵を擊破し、玆に永定河左岸堤防上の支那陣地をば完全に我が有に收めたり。

此の間、當初白旗を掲揚（櫻井顧問の指導に依る）しありし蘆溝橋城壁上の支那軍は自働小銃、輕機等を以て我が第一線の左側背を射擊するあり、又は同城城壁西側部落より約百名の一團は我が左側に逆襲し來りしが忽ちにして之を擊退せる等のことあり。

2. 永定河右岸へ向ふ追擊

大隊當初の目的は永定河左岸陣地を奪取せば足れりとなせり。然れども今や蘆溝橋城は勿論、中ノ島（永定河内にある一部落）の兵營及右岸陣地よりも挑戰せしを以て一木隊長は徒らに敵火の包圍裡に停るよりも、寧ろ右岸に進出し敵の退路を遮斷し有利の態勢に於て爾後の處置を講ずるに如かずと爲し、直ちに各部隊を部署せしを以て、各隊或は徒涉し或は鐵橋上を猛烈果敢に敗敵に尾して前進し、午前六時稍〻前より逐次左岸陣地に突入し該陣地の敵を驅逐す。然れども我が第二線部隊の前進する頃より、中ノ島の敵側防火器により阻止せられ死傷者を出すと共に一時前後を分斷せらるゝの狀況を呈せり。

併しながら久保田隊及中島隊の犧牲的射擊により逐次主力は右岸に進出し得、爾後鐵道線路の凸堤を占領し長辛店北方高地及中ノ島方向の敵に對し警戒し爾後の行動を準備せり。

（八）爾後の戰鬪及交涉の概要

1. 支那側に就て

イ、城壁上及中ノ島の敵は櫻井顧問等の獻身犧牲的努力を無視し依然射撃を繼續し戰闘意識更に衰へず。

ロ、長辛店北方高地は撃退せられし敗兵なるか或は長辛店より北上せる部隊なるか不明なるも逐次該高地を占領しつゝ其の數増加せるを見る。

ハ、衙門口及八寶山方面には西苑部隊出動し該方面に進出しつゝありとの報に接す。

ニ、右の如く敵の戰意に相當牢固たるものあり戰闘の終熄に關する何等の徴候も認め得ず。然れども彼の師團を異にせる南苑及北平市内の各部隊の動かざるは我の爲幸とせる處なり。但し北平城門は八日午後一時稍〻過ぎ遂に閉鎖せらるゝに至れり。

ホ、蘆溝橋城にありては林交渉員及周參謀等と櫻井顧問、寺平特務機關補佐官等との間に交渉を重ねられしも、彼等の威力は更に軍隊に及ばず、爲に何等の價値及效力をも生ぜず。

ヘ、北平にありては秦市長及馮師長等松井特務機關長を介し牟田口警備司令官代理と交渉せるも是亦概して時機を失せると彼等の表裏相反する策動及一時を糊塗せんとする術策と面從腹反の無誠意とに依り概して交渉は遲延進捗せず。

2. 我が軍に就て

イ、永定河右岸に進出後は逐次戰死傷者の收容隊伍の整理に努め、戰闘は唯左岸地區に在る久保田隊之に當りて中ノ島兵營を砲撃せるのみ、大なる變化なし。次で第一線部隊は午前十時五十五分、森田中佐の指揮に入る。

ロ、在通州の木原隊は逐次北平に向ひ前進中なり。

ハ、牟田口警備司令官代理は八日午後岡村中佐に其の任務を申送り第一線指揮の目的を以て午後一時北平發汽車にて午後一時四十分豐台著、次で午後三時一文字山に來著し第一線を指揮し爲に士氣大いに振ふ。

ニ、河邊少將は八日南大寺より飛行機にて天津に、次で汽車にて豐台に來り同日夕一文字山に到著せり。

ホ、軍司令部は一部幕僚を現地に派遣せらるゝと共に在天津一部隊を出動せしめらる。

ヘ、以上の如く第一線は大なる變化なく、朝來の陣地にありて夜に入らんとす。

ト、蘆溝橋附近に在つては城内に於て眞に危險を冒しつゝ鎭撫にあたりし櫻井顧問及寺平補佐官等の決死的努力たる戰闘中止及鎭壓も頑迷なる彼等の容るゝ處とならず、遂には監禁同樣の境遇に置かるゝに至る。

又森田中佐は支那軍の戰鬪中止及右岸撤退に關し二十九軍王參謀及林交渉員等と交渉せるも確答なく荏苒時間を遷延せしむるのみ。

チ、北平に在りては牟田口警備司令官代理は特務機關及憲兵等を使用し各方面の情報蒐集に任ずると共に松井特務機關長を介して折衝し以て交渉の圓滑且進捗を圖れり。

松井特務機關長は交渉の主體として冀察政務委員會及第二十九軍主腦部に對し軍の意圖及第一線の要求に基き百方手段を盡し鞅掌せるも彼等の食言的行動と不信との爲に大なる進展を見ず。

リ、軍は和知參謀等を派し松井機關長と協力し現地協定に當らしめしも彼等の不誠意に禍されて大なる期待を得る能はざるに至る。

ヌ、此等折衝の重要條件は武裝解除或は永定河右岸撤退が主なりしも、共に容易に承認せられず、殊に彼等の上級者は容易に之を承認せるも、第一線諸隊は此等を頑强に否認し、爲に遂に全く不成立となるに至りしなり。而して此等の原因は蓋し事變發端前の彼等の動靜が證明して餘りあるものにして其の歸結するところ蓋し當然ならずんばあらず。

ル、爾後の戰鬪經過竝に折衝、殊に其の交渉に當りては波瀾重疊、眞に支那要人の根性を發揮して餘すところなきものあるも、本記述の使命外なるを以て略す。

結　言

本事變は發端の當初より迂餘曲折ありて遂に日支要人の環視裡に俄然開始せられ、爾後幾多の樽俎折衝も其の都度彼等に裏切られ幾度か和平協定の實を擧げんとしては每に彼等の不信不誠によりて破棄せられ、不擴大は遂に擴大となり、盧溝橋畔の一發は永定河左岸一帶にこだまし、次で京津地方を震駭し北支南支を席卷し、今や全支に波及せんとは。

嗚呼當時何人か之を豫測し得しものぞ。蓋し彼等と雖も吾人と齊しく夢想だにせざりし處ならん。今筆を執りて一周年前を追想するに方り、萬感交々胸に迫り涙滂沱たるものあり——

（二）事变发生之回忆（野地伊七）

资料名称：野地伊七《事變發端の思出》

资料出处：《偕行社記事·特報》1938 年 7 月號，防衛研究所図書館，第 22—27,30—32 頁。

资料解说：本资料是战时日军出版物《偕行社记事》在卢沟桥事变一周年之际发表的事变时担任日军小队长的野地伊七的回忆文章。暂缺原资料第二十八、第二十九页。

事變發端の思出（卷末要圖參照）

陸軍歩兵中尉　野地伊七

一　支那軍より射撃される迄

一木部隊の中期検閲は二日の後に迫つた。演練を行ふのも今晩限りである。概ね検閲が實施されると豫想される龍王廟の前方附近に於て薄暮攻撃引續いて翌朝の黎明攻撃を行はんものと、七月七日午後五時頃であつたと思ふ、夕食を濟まして豐台兵營を出發龍王廟に向ひ前進した。中隊長殿と私とは支那馬に乘つて行つた。それは先行して演習を行ふ豫定地の地形を偵察し假設敵等を配置するに便にする爲であつた。此の支那馬二頭が後に述べるが、非常に有利に使用された。七時頃千田部隊長殿が來られた時には防禦演習を行つた所で、休憩後午後八時過ぎ龍王廟の前より一文字山の方に向ひ演習を開始したのである。

此の時にも支那軍は龍王廟と盧溝橋との間に完全なる陣地を構築して各、陣地に就いて居つた。一文字山の方に向ひ先づ薄暮に敵警戒陣地を私の第一小隊が奪取し中隊の經始班が出て敵前約三百米に中隊の陣地を經始して後中隊主力が進出して此の陣地に就くといふ演習を行つて午後十時半頃と思ふが「演習終り集合」と中隊長殿が號令をかけると、其の時蘆溝橋の城壁に近い方より銃聲が「パン」と聞えた。私は誰か間違つて空砲でも撃つたのかと思つた。併し中隊長殿及中隊の三浦准尉、石井准尉等皆滿洲事變で彈丸の下を潜つた經驗者なので立ちどころに之は本當の彈丸だと叫んだ。成程「パン」といふ音の次には「シュー」と天空を飛んで行く音が確かに聞えた。中隊長殿は直ちに集合喇叭を吹かせた。其の時には中隊は横隊の隊形で居た。演習の時私の第一小隊が最後に陣地を占領した處で、其の附近では比較的小高い處であつた。喇叭を吹き終るか終らない中に龍王廟と蘆溝橋とに近いトーチカ附近の間に懐中電燈にてパチ〱と相圖があつたと思ふ中に今度は十數發の銃聲がして彈丸の空中を飛行して行く音が物凄く聞えた。中隊長殿は直ちに伏せを命じ人員異狀の有無點檢を命ずる。各小隊負傷した者は幸一人もなかつた。が併し私の小隊で東京附近より最近入隊して來た○○といふ初年兵が居らぬ。私が初年兵敎官として三ヶ月可愛がつて敎へた兵である。そして私が敵警戒陣地を取つた時に中隊長殿の處に出した傳令である。傳令は二人を使はなければならないのであるが、人員が非常に少いので一人でやつてしまつた。之は私の一大失敗であつた。誠に申譯がないと思つた。中隊長殿は先づ此の位置に居るのは危險であると思はれたか、少しさがつた所に集結を命ぜられた。此の時の決心は中隊長殿は非常に考へられたと思ふ。

私も種々考へた。今迄の駐屯軍は何うであるかと云ふと二十九軍は我と友好關係の軍である。事が起らばなるべく證據を取れ輕はづみな事は絶對してはいけないとの方針であつた。敵は明かに我に射擊を加へて居る。併し直ちに敵陣地を攻擊すべきや否やの問題が此の一瞬腦裏にひらめいた。駐屯軍の方針！　彼の陣地！　可愛い初年兵は先の射擊に射ち倒されたのではないだらうかそれとも無事なのであらうか。敵は散兵壕又はトーチカについて居る。彼の陣地を攻擊せんか駐屯軍の方針は、其の後の仕末は如何になるか、色々な考が瞬間頭にごつた返す。併しヂッとしては居られない。初年兵が居らぬ、自分が出した傳令だ。私は直ちに將校斥候を志願し、初年兵を探し、支那兵が居たら我が軍に射擊した證據につかまへてやらうと思ひ、中隊長殿に此の事を意見具申した。中隊長殿は默つて考へて居られたが之を許された。喜び勇んで下士官一名兵五名を率ゐて將校斥候となり、あちこち探し步いたが初年兵は見つからなかつた。初年兵は遂に支那軍の爲に射ち殺されたのではないだらうか。それとも無事で何處かさまよつて步いて居るのだらうか、と步きながら考へた。併し遂に見つからない。次の瞬間又次の考が浮んだ。もう一回喇叭を吹いて見よう。さうすれば生きて居れば歸つて來るだらう。又一縷の望はあつた。それで歸つて、又其の事を意見具申じた。中隊長殿は默つて考へて居られたが、又許して呉れた。今居る附近で喇叭を吹くと支那軍が又も其の音の方に彈丸を射つことは明かだから、中隊主力と少し離れた處で吹かなければならないと思ひ、約二百米ばかり左側方に移動して小高い處に喇叭手一名を連れて行き、喇叭を吹かせようとして、喇叭を口に當てようとした時、左前方に黑い姿が近づいた。私は直ぐに「〇〇ではないか」と云つた。すると黑い影は「ハイ、さうであります」と答へた。私は非常に嬉しかつた。早速中隊長殿の處に歸つて報告すると中隊長殿も非常に喜ばれた。のみならず中隊全員が非常に喜んだ。此の初年兵は演習の時「第一小隊は敵警戒陣地を奪取して同地を占領した」といふことを中隊長殿に報告して歸途についた時方向を間違へ私の小隊の居た右を通り拔け一文字山の方に前進して更に引き返し、支那軍の第一發を發射した時には我が友軍の演習と思ひ、其の方に前進して行つた。其の時に中隊の集合喇叭が鳴つたので喇叭の方に向つて前進して來たのであつたが、中隊が見あたらずウロ／＼して居つたといふことが分つた。

話は前に戻るが、中隊長殿と私と乘つて來た馬で岩谷曹長と兵一名の乘馬傳令を出して「龍王廟の前にて支那軍より射擊を受け兵一名行衞不明なる事」を豐台の駐屯部隊長たる一木部隊長殿に急報したのであつた。中隊長殿は私が將校斥候で前に出て居る時には中隊は如何にすべきかとの狀況判斷を考へて居られたらしくあつた。中隊長殿は靜かに中隊は如何になすべきかと意見を尋ねられた。私は暫く考へた。駐屯軍の方針より言へば輕はずみに戰鬪せず證據を得るを可とし證據を得るには努力するを要する。又豐台駐屯隊長は如何なる行動をするか、多分非常呼集をして此處に來るであらう。支那軍はトーチカ又は陣地によつて挑戰して居る、私は搜索を行ひつゝ豐台駐屯隊の來著を待つて爾後の行動を決するのがよいと考へ、中隊長殿に意見を申し上げた。當時一文字山附近には現に敵が居るかも知れぬ、大隊の來著を掩護して待つ目的を以て先づ西五里店に向ひ前進した。

二　我が軍が火蓋を切る迄

中隊長殿が出された乘馬傳令が豐台に到著した時の豐台駐屯隊は次の樣な狀況にあつた。卽ち穗積中隊は蘆溝橋附近に於て夜間演習を行つて歸つたばかりであつた。其の他の隊は兵營に在つた。一木部隊長殿は穗積中隊の演習視察から歸られたところである。其の時に乘馬傳令が到著したのである。

一木部隊長殿は直ちに非常呼集を以て集合せしめ、蘆溝橋に向ひ前進を命じ自ら早く集まつた將校を率ゐて馬で先行して來られた。我が中隊が蘆溝橋の東方二・五粁砂利取場といふ演習場の出口に來た頃先行した一木部隊長殿の一行に會つた。暗の中から次の事を云ふものあり。「野地しつかりやれ」仰ぎ見れば小岩井中尉殿が馬に乘つて居つた。

一木部隊長殿は一文字山前方五六百米の處で止まり、中隊にも停止を命ぜられた。やがて部隊長殿は傳令に命じて、私に來るやうに云はれたので、部隊長殿の前に行つた。部隊長殿は嚴然と私に命令を與へられた。

「野地少尉は將校斥候となり一文字山北側より一文字山北半部の敵情特に敵の有無を搜索して直ちに報告せよ」と。此の一文字山は蘆溝橋附近の要地である。故に一木部隊は先づ此の要地を取りて爾後の行動を準備せねばならぬと考へられたらしかつた。一文字山の南半部は同じく中隊の高橋准尉が出された。私は喜び勇んで部下二名を率ゐて軍刀の鯉口を切つて靜かに〳〵一文字山北側に前進し山の下から山頂を伺つたが敵は居らずと判斷して山に登つた。やはり自分の判斷通り敵は居らなかつた。早速歸つて部隊長殿に報告した。部隊長殿は私の報告によつて初めて一文字山に敵無きを知られた。そして其の時迄に集結されて居つた豐台駐屯部隊全部を一文字山に向ひ前進を命ぜられた。此の時中隊長殿は敵陣地前に兵を連れて敵情搜索と敵が我が軍を射撃した事の證據を取りに行つて居られた。私は中隊長代理として中隊を指揮し一文字山に向つた。一木部隊が一文字山に集結終つた時は夜もほの〴〵と明け初めた朝の三時半か四時頃であつたと思ふ。

此の間二十九軍顧問の櫻井中佐が來られて、馮治安と會見の結果同軍は蘆溝橋城外には一兵も出してなく城外に在るものは匪賊であらうから隨意に討伐されたいと申した由を語られたさうである。

後から持つて來た彈藥を補充して居ると、急に前方に又もバン〳〵銃聲がした。前に出て敵情搜索の中隊長殿が敵から射撃せられたらしい。暫くして次のやうな大隊命令が來た。

「中隊（機關銃二隊を附す）は龍王廟に向ひ前進すべし」と。

彼等より見えないやうに遠く迂回して前進した。途中中隊長殿が歸つて來られて直接中隊の指揮を取られた。

龍王廟東北五・六百米の處迄來た。其處で準備を整へる。背嚢を下す。前方を見ると前に居るのは匪賊ではない。正に二十九軍の服裝をして居る。あざむかれたのである。我等は最後まで隱忍自重しやうと考へた。やがて一木隊長の命令が來た。「向ふが射擊せばこちらも射擊してよい、其れ迄前進せよ」と。故に中隊長殿は向ふが射ち出せば直ちにこちらも射擊するつもりで機關銃に射擊準備を命じた。そして散開して一意前進した。向ふは少しも射擊しなかつた。龍王廟の北方一五〇米か二〇〇米の處の永定河堤防上にトーチカがあつて之について居たので、更に其の北方二〇〇米位の處に向ひ前進した。漸く其處に達し更に其のトーチカ及龍王廟、蘆溝橋の方に向ひ永定河堤防上を中隊は第一第二第三小隊の重複を以て前進し、私は第一小隊長として一番先頭を前進した。トーチカ前七、八十米まで前進すると敵の將校らしきものが一人出て來て「止れ、止れ」と叫ぶ。

中隊長殿は自分に交渉せよと云ふ。私は士官學校で四年間支那語を學んだので、下手ながらどうにかこうにか、「今命令を受けて龍王廟より蘆溝橋に向ひ前進中なのである」と支那語で答へた。彼はそれでも「止まれ、止まれ」と手まねをしながら云ふ。もはや猶豫は出來ないから分隊毎に前進を續ける、敵前五、六十米まで近づいたと思ふ時其の支那の將校らしきものはトーチカの中に入つた。其の瞬間敵は撃つなと思つたから直ちに伏せさせた。思つた通り敵はバリ〳〵と射擊を始めた。そこで直ちに射擊開始を命じ之に應戰する。配屬機關銃も射ち出す。之で敵より射擊されたこと四回目である。四回目で始めて我が日本軍は射擊を開始したのであるが、併し之が支那事變の發端にならうとは思はなかつた。此の時一木部隊主力は龍王廟と蘆溝橋の敵陣地正面前方五、六百米の處で停止して居つたのであるが、我が中隊の戰鬪行動開始と共に正面の支那軍から射擊を受け直ちに攻擊前進を開始した。

三　其の後の戰鬪

私は初年兵敎育中、射擊動作をやかましく云つたので思はず部下の射擊動作を見ると、直ぐ左に恐ろしがつて射擊動作の非常に不確實な者があつたので、笑ひながら「お前それで當るか」と云つたら射擊動作がよくなつた。すると間もなく「敵兵退却」と云ふ聲がする。見ると成程逃げて居る。其の瞬間しまつた、敵兵退却を知らなかつたのは非常な不覺であると感じた。後れを取つてはいかぬと猛烈な速度を以て敵トーチカ陣地に突入すると、最早敵は逃げ出して居た。敵は直ぐ前を退却中である。早速引續き龍王廟まで約二百米を非常な速度で追撃し難なく龍王廟を占領した。前方四、五十米を敵はあわてゝ逃げて居る。何と思つたか、私は突然少し敵をおどかしてやらうといふ考へが浮んだ。そこで大きな聲で「此の馬鹿野郎」と叫んだ。すると敵があわてゝ後を振り向きながら逃げて居るのが見えた。

龍王廟の南角に來て敵情を一寸見ると、そのうちに部下は止つて追撃射撃を初めた。此の樣に止つて居ると敵を逃がすと思ひ先頭に立つて前進し、止つては射撃し、射撃せしめては前進した。敵は自分の堀つた散兵壕の中を直ぐ前方二、三十米を一列側面縱隊で逃げる。其の敵を射撃するのだから面白い。一發の彈丸で丁度團子を串に刺すやうに將棋の駒でも倒すやうに倒れる。兵隊は勇んで立射膝射で我も我もと射撃する。散兵壕の中には敵が折り重つて死んで居る。散兵壕外を前進すると敵の射撃を受ける處があるので、止むを得ず敵死體を踏んで前進をする。さうかうして前進中次のやうな聲がする「小隊長殿危くあります。さいぜん敵の敗殘兵が小隊長殿を狙撃して居りました。小隊長殿私が先に行きます」と。之は小隊の加藤一等兵と第三分隊長の檜山上等兵とであつた。此の二名は勇敢にも小隊長の直ぐ後方を續行し敵敗殘兵を射ち殺して吳れた。お蔭で私は殺されずに濟んだ。激烈なる戰鬪に於て沈著勇敢機宜に適する動作を爲したのには感心した。やがてトーチカのある處まで行くと、歩兵砲は猛烈に射撃して居つた。これから前進すると少し危險なので、前進を一寸止めて歩兵砲に連絡しやうと思つたが、何も無かつたので私は軍刀を振つた。兵隊は銃劍の先に戰帽を上げて振つた。中隊長殿は汗で汚くなつたハンカチを振られたとのことである。歩兵砲の彈丸は黑い煙を上げて目前數米の處で破裂して居た。誠によく命中して氣持よかつた。歩兵砲の射撃が止むと又再び追撃前進に移つた。此の二名の兵と先を爭ひつつ前進した。斯くて約千米餘りを突撃し急追し、二、三十分で突破して盧溝橋、永定河の平漢線鐵橋に向ひ急追して大隊主力と合した。

後で北平の陸軍病院分院で盧溝橋の城壁上から此の戰鬪を見て居られた櫻井中佐殿の話を聞いたら、此の戰鬪は實に勇壯であつた。演習そのまゝであり寧ろ演習よりも戰鬪經過が早かつたと云つて居られたが、其の能く然るを得たのは猛烈再び第一線に出でんとするものあり、又屍體が橋畔に五個ばかり轉がつて居り、我が行く手を阻支せんとする兵もあつたが之に停戰を命じつゝ橋上に到著した。我が兵は深き胸に達する永定河を渡河中であつたが、中洲より約二百米を側射せる輕機二があつたので之を制止し、更に對岸橋畔にあつだ輕機一を制じある時、我が軍の一部は既に渡河を終りしが如く、射擊益々盛んにして、先の中洲の輕機再び射擊せしを以て又之を止めしに、永定河右岸のもの射擊を再開し又之を制しある時、城內で射擊を開始し如何ともすべからざるに至つたので、城內に引返したが、死傷の增加に營長激昂し拳銃を擬し龍王廟より後退せる少尉を斬り決意強かりしも、團長をして抑止せしめ、寺平大尉を城外日本軍と連絡せしめ、縣廳に陣取り電話を以て北京の秦德純に對して局地解決をする爲には絕對に他の軍隊を動かさざることを要求し、特務機關と連絡した。夕刻牟田口大佐一大隊を率ゐて來著せられ、午後六時を期して攻擊する旨を傳へる使者が來た。

私は支那側團營長を集めて「良民を救ふ爲に永定河右岸に撤退し衝突を避くべきこと」を勸告せしも、命令無くして退却せば死刑となる旨を答へて聽ぜず、籠城に決し部署に就いた。私は城と運命を共にするに決し使を出し、縣廳前に出て巡查及良民を遮蔽せしめ憲兵隊に到りし時、我が砲擊開始せられ兵營、縣廳等忽ち破壞せられ營長以下十數名負傷し其の威力の大なるに支那側はいたく驚いた。

其の夜數回全線に射擊起り賑やかなことであつた。十一日も宛平に宿泊したが矢張三度全線射擊があつた。之は恐怖に驅られ一部の者が射擊を始め高粱等に命中し劇しき音がするので、敵襲と間違つて全線賑やかな射擊となるものである。拂曉となるや果して又日本軍の砲擊が始まり城門等に命中するのを見たが暫くにして止み、停戰命令を持つて中島中佐が周參謀を伴つて來られたので、あとは現地で射擊交換中の彼我を引分けて、支那軍は永定河右岸に、日本軍は一文字山に兵力を集結し、宛平縣は保安隊（石友三の部下）百五十人で治安維持を爲す事となつた。爾後不擴大方針に基いて東奔西走したのであるが、藍衣社やＣＣ團や共產系の暗躍と南京の煽動等の爲に、永定門外にて彈藥運搬中の自動貨車に對し射擊を爲し、或は南苑の南方團河に於て我が騎兵を射擊し戰死者を作り、我が軍が大人しくして居ると軍規嚴正の結果と知らないで日本爲すなしと多寡をくゝるやうな譯で、切角の協定も一向實行されず第三十七師を保定方面に輸送する約束も僅か四列車を實行せしのみで、却つて南方にありし第百三十二師を北上せしめ南苑に集中する等著々戰備を整へ、南京より參謀次長熊斌來り四箇師の中央軍を北上せしむるに至り、我が不擴大方針に拘らず事態は益々惡化するに至つた。

◇廣安門事件

十八日には私は通州に行き殷汝耕に會つたが、此の時は日本軍が居たので宿營や支那車馬の徵備等に便宜を與へて居た。細木大佐、甲斐中佐以下にも此の時が別れであつた。甲斐中佐の案内で奈良、鈴木、萱島部隊と連絡したのであるが、此の頃は事態は擴大するものと判斷して居たが、顧問として在任間は死力を盡して日支間の衝突防止不擴大方針を堅持すべき信念の下に毎日支那側の司令部、軍隊と連絡しありしに、二十五日郎房事件あり、二十六日には最後的通牒を松井大佐より宋哲元に手交するに至り、北京居留民保護の目的を以て廣部部隊を自動車により豐台より廣安門を經て北京に入ることゝなり、中島中佐は豐台より之を誘導し、私は川村通譯を伴ひ廣安門上に登り之を迎へんと午後五時一度門に行きしに、秦市長の命なりとて門扉を閉ざし防備嚴にして、今迄一連の守備兵なりしを新に第百三十二師の連後門を守りあり、交渉の結果宋哲元秘書の張來り開門することゝなり、私は外門樓上北側に立ち兵は銃を手より放ち座せしめて我が軍の自動車を通過せしめんとした。門扉の外には齋藤通譯及吉富機關員あり、先頭の自動車に中島中佐、廣部少佐、早川大尉搭乘し外門を入りし時城門南方城壁より二、三發の銃聲聞え「アッ」と云ふ暇もなく後門の兵射擊及手榴彈投擲を開始し全線の射擊を誘發した。此の時我が部隊は貨物自動車に壽司詰になり一列側面縱隊なりしが速かに射擊を中止せざれば多大の損害を生じ申譯立たざるを以て外門兩側の輕機は直ちに之を制し、城壁上を走り王隊長を擁し射擊中止を命じ外門側は辛うじて之を停止せしめた時、門外約百米位の處で我が下車中なるを認めた。我が十車は城內に突入し終りしを以て射擊は一時パッタリと熄んだので、張秘書をして宋に報告せしめ、川村と共に王を擁して射擊の嚴禁を命じありし時、我が軍城內外より迫るを見て再び戰鬪開始せられ、負傷を生じたるを以て激昂して射擊止まず、特に新に增加せし第百三十二師の兵は私を知らないので連長の命に服せず、遂に兩方より拳銃、大刀、銃、輕機を擬したるを以て之を制止中亂鬪となり、川村は左方に對しある間斃れ、私も亦左股に貫通銃創を負ひしを以て隊長を投げ倒したる瞬間內壁を超越し內外門の中庭に跳び下りた。

丁度民家の屋根に右足を著き轉落中電線に引掛り煉瓦敷の上に墜落したが、直ちに外門內北側の小屋に入り、萬一の用意をして居る內に夜となつた。外門內小屋の後方で土を掘つて居る物音がするので川村を埋めるものと思ひ感無量であつたが、後で見ると土嚢を拵へて門扉を閉塞して居たのであつた。銃聲は城の內外に斷續し我が軍の近く迫つて居ることは明瞭であつたが、松井大佐等の努力により午前二時頃城內に入りありし廣部少佐の指揮する約一中隊は兵營に入つた。私は三時頃面識ある支那巡查が迎へに來たので內門を入つた時、約一營の增援隊來著し包圍を受けたが、營長を呼び出し之を制し事無きを得た。此の時は城外とは尙交戰中で、稲光が時々閃き小雨あり物すごい光景であつた。約千米東方にある公安分局まで巡查二人附添ひ步いたが、あとから入院後一步も步けなかつたのと比較し、人間は氣合一つといふことを感じた。周參謀が迎へに來て自動車で特務機關に歸り、入院した時は夜が明けかゝつて居て、我が將兵の戰死一、負傷早川大尉以下十五名で、新聞記者三人の負傷と川村の戰死に對しては誠に相濟まずと考へしも、幸城外には一名の死傷無く、翌二十七日には居留民約一千人一名の事故無く、兵營に引揚げたと聞いた時には、重荷を下した心地がした。

斯くの如く我が軍の隱忍自重も、特務機關長以下の晝夜兼行、生命を賭して行はれた調停も無效となるに及び、二十八日拂曉より我が軍は斷乎として膺懲攻擊に移り、北京全周銃砲聲に掩はれ、病床飛行機の爆音を聞き私の冀察顧問としての任務は遂に終つたのである。

◇結　言

事件一周年を迎へ皇軍の各地に於ける奮戰の狀を聞く每に血湧き肉躍るものあり、幾多の尊き犧牲者に對し深甚の弔意を表するものであるが、特に不擴大方針の下に日支の調停中に斃れし通譯川村芳男や叛亂の犧牲となり殘念な戰死を遂げし細木大佐、甲斐中佐以下の英靈に對し謹みて其の遺志を體し事變の徹底的解決を誓ひ、亞細亞一體の理想實現を期する次第である。

（三）中国事变一周年战局地图

资料名称：支那事变一周年戰局地圖

资料出处：《東京朝日新聞》昭和十三年七月七日。

资料解说：本资料是 1938 年日媒刊载的卢沟桥事变一周年之际的战局形势地图。

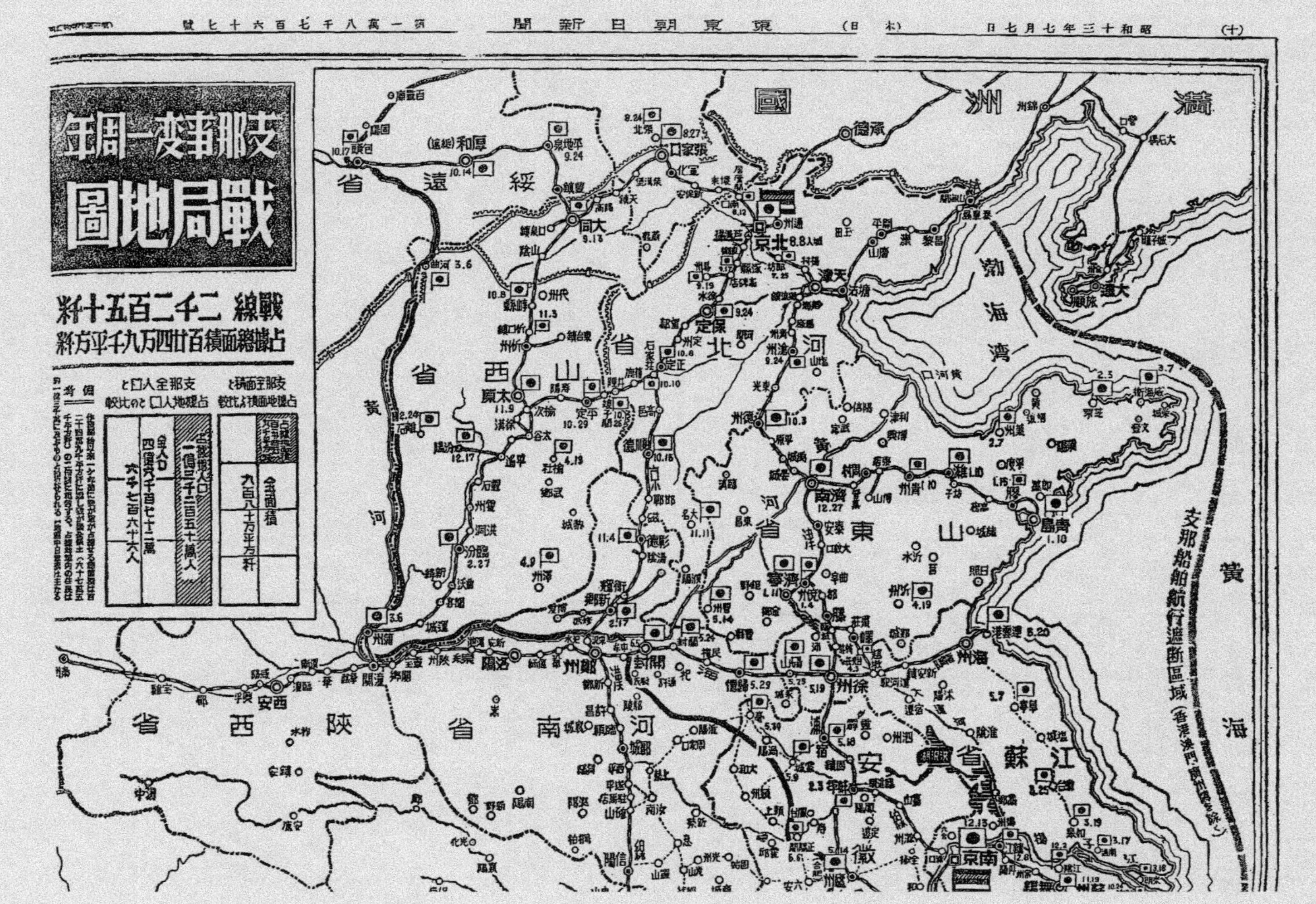
昭和十三年七月七日
東京朝日新聞
支那事變一周年
戰局地圖
戰線 二千五百粁
占據總面積百廿四万九千平方粁
支那全人口と占據地人口との比較
支那全面積と占據地面積との比較
滿洲國
渤海灣
黃海
支那船舶航行遮斷區域
山西省
河北省
山東省
河南省
陝西省
安徽省
江蘇省
綏遠省
北京
天津
太原
濟南
青島
徐州
南京
開封
鄭州
大同
張家口
保定
石家莊

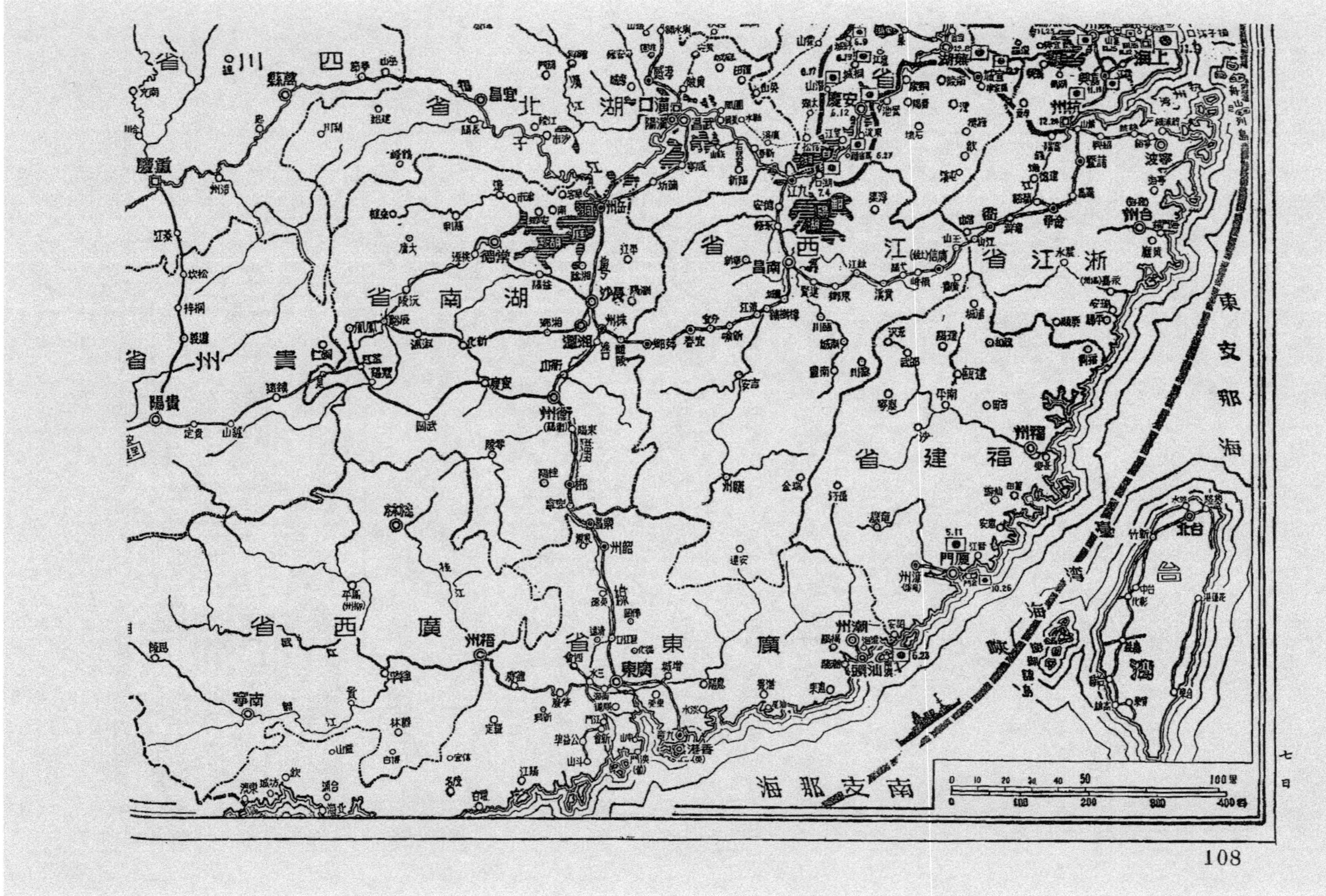
南支那海
東支那海
台灣
福建省
浙江省
江西省
湖南省
廣東省
廣西省
貴州省
四川省
湖北省
108

（四）变异的世界史，重要的是今后的措施

资料名称： 變移する世界史　今後の措置こそ重大

资料出处：《東京朝日新聞》昭和十三年七月八日。

资料解说： 本资料是《东京朝日新闻》在卢沟桥事变一周年之际，召开座谈会的情况报导，与会者强调侵华战争的「意义」并展望未来日本采取的措施。

第一萬八千七百六十八號　（第三種郵便物認可）

盧溝橋事件一周年回顧座談会 ⑩

変移する世界史
今後の措置こそ重大

一本中佐　私は城外から攻撃することになつて夜中の二時半まで雨の中を待つて居た、これが今生のお別れと思つてね

寺平大尉　広安門の晩は実に気持が悪かつたですわ

櫻井中佐　僕は自分の家を北京と宛平の間の戦場と、自分の家と三つ取れと音を聞いて居たよ

寺平大尉　当時あの状況において北京城内にあれだけの支那兵が充満して居るに拘つて居いたら北京を兵火の巷に化して居ることは明瞭です、よくあれだけ際どい所まで行つて北京城内に火がつかなかつたものと思ひますね

櫻井中佐　北京に日本軍が我慢をしてくれた

寺平大尉　今にして考へると あの時死んで居つたら本当に死に場所としてはよかつたと思ひますな

園田氏　広安門事件のときは戦火が北京に及んだナと思ひました、雨の降い晩でした、あのとき君の方は[?]の桜田君と映画班の田畑君といふ二人の同僚が豊台から広部部隊のトラックに同乗して戦争の中に飛込まれたので居ても立つても居れないくらゐ心配しました、どうなつてゐるのかサッパリ判らないし連絡も全然取れないのです、あんなに心配したことはない、すると夜中の二時頃に突然民家の中から桜田君が電話をかけて来て「無事に北京に帰つて来た」といふ、あのときは涙の出るほど嬉しかつた、そこで早速君の通訳手記を作成してゐると何時の間にか夜が明けて来まして、そこに大使館から電話で引揚げ命令が来ました、そこで一切の後始末をつけて正午頃公使館区域に引揚げたのです

緒方主幹　当時から新聞班におられる岩崎さんから伺うぞ

岩崎少佐　蘆溝橋事件勃発当時における支那軍の不信行為については只今まで色々と詳しい話がありましたが、当時の天津の空気の一端を申上げます、第一線において支那軍に対して厳重に抗議して居つたといふことは軍司令部においても十分承知して居りましたが、何分不拡大現地解決の中央の方針に従はなければならないので当事者としては中々苦心されたやうでありました、内地の輿論は漸次硬化してくる、天津における新聞記者諸君の中でも政府の遣方に憤慨して抗議を言ふ者が少くなく従つて第二十九軍当局を膺懲する空気は約二旬の天津の空気は非常に不明朗極まるものでありました、当時我々の方でもいかに不拡大主義を持しても当時の南京政府及び支那軍隊の実情では結局全面的日支衝突となり彼に一撃を加へなければ真の日支提携は出来ないのではないか、又暖合現地解決をするためにも国内の強硬な輿論が事変解決上極めて緊要であると考へ、我々報道関係者を[?]る者としては支那側の不法行為を有りのまゝに報道することに努力した次第であります、内地の輿論は日に日に硬化して参りまして之が当時我々は眼[?]手心を加へるやう度々担任を受けた訳であります、但し内地輿論の硬化は敢て我々が働つた為でもなく当局政府が[?]く所以を認識して輿論指導に任じた結果であると信じて[?]い所であります

但成人が「殿下内地輿論が一致結束国民精神が昂揚してきたといふことは現地に任ずる者としては強く感ぜられ国家のため誠に慶にたへないが、斯の如き輿論の結束が事変勃発以前我が国において一致して居たならば恐らくは今事変も起らなかつたであらう」と感じて居られたが国民ひとしく反省すべき点ではないでせうか

一本中佐　最後に一言申上げたい事があります、それは事変当時の第一線将兵指揮官の心労苦と当時の豊台居留民の熱烈なる救援の努力とであります、一線の高級指揮官即ち事件の[?]に当られし河辺少将及び牟田口部隊長の御心労は[?]で見る目も気の毒の程が出ました、河辺閣下は七月八日南大寺の野戦（豊台の南）から飛行機及び汽車で急遽出發せられて其の夕方豊台に来られ直に第一線たる一文字山に出陣、爾後直接指揮に、外交折衝に任ぜられ

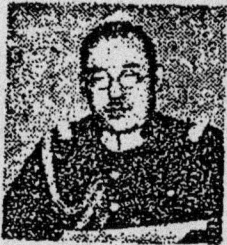

な　致　い　部　て　夫　と　貴　盛　益　手　な　的　部　日　下　察　支　反　日　誹　歐　七

の內蒙兩の一文字山や南京虫の「ニーヤ」の十箇に夜を徹せられましたのみならず一ケ月若余豐台兵營——とは申せ倉庫バラツク——の兼大隊長室に起臥られ日夜邦務に終始せられたのであります、閣下は殆のみ着のままで來られ一枚の御着換へ寄もたく、食事も亦兵と同様にて一汁一菜以下でありました、從つて御入浴も殆々出來ぬと云ふ有樣でガン／＼ゴウ／＼號けつく本部にトウ／＼頑張通されました、それがため遂に閣下は盲腸等を患はれてグン／＼日に日に御やせになられました様は恐共當時を偲び感激に堪へぬ次第で御座います、之等を見聞する我々は丁度日露戰爭當時の乃木將軍の様な氣がすると回顧致し、僞られ路を申上げますとあゝ頑張られては閣下は勿論我々下のものもやり切れぬぞ何とかして下さらねばと年少氣鋭なるべき我我が意氣を舉げ閉口して了ひました、牟田口部隊長も赤手袋な豐台駐屯兵營將校集會所——と申しても畑の中のバラツク——の一室に陣取られて本部事務室兼部隊長室兼本部附佐官將校室兼將校室と云ふ工合にて、部隊本部の總員が一室にスシヅメの盛況にて暑苦熱の時に汗を洗ふ様でありまして、時々白いシヤツ一枚で部隊長以下が頭大の西瓜に武者振りついて居られましたのが今でも眼前にチラ／＼と浮びます、又一面從軍の豐台居留民は寺田三郎洋服店、吉田旗亭酒保茶店長、工藤及び中島等民會役員、久任洋服店長等の指導と全員の協力一致にて事變勃發するや、豐台居留民團の山田團長の指導を受けて豐台の居留民團長に任ずると共に後援及び團隊としての活動は勿論戰場に老幼男女總動員と云ふ工合にて豐台兵營に馳せ參じ小使主計大尉、炊事兵の指揮にて炊事炊夫となり炊飯炊出しといふ事になり握り飯を出してくれましたあとで聞きましたが女の人に從事の女がむけ火器の彈になつたさうであります、此件は特に一周年の今日紙上を通じて謝意を申上度いのであります

貴忘れて居ましたから一寸申上ますが支那の冀察政府機關のウソ八百振の一、二を御參考迄に申上ますと、例の事變突發に方りまして支那の某新聞には次の様なのが出ました、それは支那の火藥庫だか彈藥庫だかの傍で子供が二人火弄びをして居る處を若き日本兵に曰く「危險！」として在りましたが、どうです其子供二人は河邊閣下と牟田口部隊長との似顔が畫いてあるのではありませんか、又私の負傷に關しても尊大りとばかりに世界戰報の如きは豐台駐屯部隊長一木少佐陣歿と大々的の見出にて天誅を受けたりと記載して大喜びになつて居りました殊に惡しいのは我の○○將軍は責任を負うて自殺せりとか、又は○○副將軍は責を負うて自殺せりとか又はそれが爲めに內閣總辭職を爲せられたりと云ふ如くその虛構捏造振りは實に天下の誇大妄想狂も顏負と云ふ話でありました

盧溝曉月

盧溝橋畔の碑文

川本中佐　今回の現地の新聞なる說明を拜聽しますと大變大の様な所見が致します、冀察政府は對する日本の態度は中央といはず出先といはず終始一貫不擴大方針に徹底して居る、殊に出先軍においてはあらゆる手段を盡し極力事件的に不擴大の目的達成に努力したとは明白でありましてその道程ふべからざるが如きことも隨分忍んで來たのであります、然るに支那側の態度は如何であつたでせうか、冀察及び第二十九軍の上層部はよしんば日本側が不擴大方針に徹底して居つたかもわからぬが其結果は實行方面に於て少しも現れては居りませぬ、十九日の和平交涉成立後に於ける盧溝橋事件の不實行の如きは實に然りであります、又第二十九軍の中下級將校に於ては抗日意識が熾烈なことは甚しくはかりで各方面に於ける感情の不徹底惡行爲は枚擧に遑がないほどであつたことは衆人周知の通りであります、我軍の不擴大主義に徹底した寬大なる態度に反して敵側が事件を擴大したといふことは事實がよく說明してゐるのであります此の如き支那側の大局に動くの明に欠けて居たことが遂に小事を大事に至らしめたのでありまして實に近衞內閣の聲明通りと謂へるのであります

顧つて考へますと盧溝橋事件はその事件自體は些事ではありますがその依つて來る所以のものは頗る重大であります、如何となれば盧溝橋事件は支那の多年に亘る抗日思潮の所產であつてこの一大抗日工作が盧溝橋の現地大の地方で爆發したからです、この意味に於て帝國の武力たる不擴大方針が支那側の不信義民の爲に蹂躪せられ遂に膺懲をして暴虐の邸を忍ばざるを得なかつた必然性が明瞭になると存じます

次に盧溝橋事件の日支の將來に及ぼす影響を考へますに盧溝橋事件は支那の歷史を變動し延いて世界歷史をも改めんとして居ります、如く變るか如く變るかは一に今後に於る我國の實力如何に懸つてをります、勿論盧溝橋事件の眞を發して國となし得る實力もあり又さうなくてはなりませんが今後に於る支那民衆の處置が盧溝橋事件の眞使命の實現を左右するものと考へられます、盧溝橋事件の一周年に際り右事件を回顧して特に右の點を深くし我國一般事態の解決に努力せねばならぬと考へて居ります

緒方主筆　誠に有難い所を遂くまで有益な話をお聞かせ下さいまして大變有難う御座いました、この座談會の記事を通して國民に事變勃發の事情を明かならしめると共に各方面に對する國民の感謝を促す事多大なるものがあると存じます、ではこれで閉會致します【完】

出席者

陸軍少將（紙上參加）　牟田口廉也氏
陸軍步兵中佐　櫻井德太郎氏
陸軍步兵中佐　一木　清直氏
陸軍步兵中佐　川本芳太郎氏
陸軍步兵少佐　岩崎　春茂氏
陸軍步兵大尉　寺平　忠輔氏
本社東京部次長　藤田次郎氏

（五）冀察缓冲地带崩溃

资料名称： 冀察緩衝地帶崩れ　抗日遂に發火點　事件勃發直前の情勢

资料出处：《東京朝日新聞》昭和十三年七月十八日。

资料解说： 本资料是《东京朝日新闻》在卢沟桥事变一周年之际，召开座谈会的情况报道，与会者分析卢沟桥事变之前的局势，认为冀察地区失去缓冲，是事变爆发的重要原因。

第一萬八千七百五十八號

盧溝橋事件一周年回顧座談會

①

冀察緩衝地帶崩れ

抗日遂に發火點

事件勃發直前の情勢

出席者

陸軍少將（紙上參加）牟田口

陸軍步兵中佐　櫻井

陸軍步兵中佐　一木

陸軍步兵中佐　川本

陸軍砲兵少佐　岩崎

陸軍步兵大尉　寺平

岡田

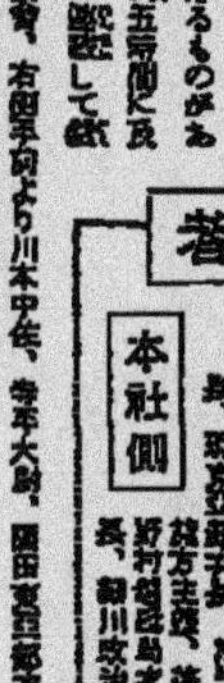

本社側

東京朝日新聞

日支両軍北平郊外で交戦

支那兵突如不法発砲

【北平特電八日発】八日午前零時頃我が駐屯部隊が[illegible]二十九軍第三十七師[illegible]不法にも数十発の射撃を加へた[illegible]

[illegible]

牟田口少将

（六）北京广安门事件调停

资料名称： 樱井德太郎《北京廣安門決死の調停》

资料出处：《話》昭和十三年七月十日。

资料解说： 第二十九军顾问、在卢沟桥事件后担任调停工作的樱井德太郎对广安门事件的回忆。

北京廣安門決死の調停

廣安門事件の際、城壁上にあつて支那軍を制し遂に傷いた櫻井顧問が、同事件經過を具さに說き、今後の決意を語る。

陸軍中佐　櫻井德太郎

北支軍閥沒落の原因

北支軍閥興亡の跡を探るのに、長くて三年、短かきは六ケ月の壽命がお定まりである。この事は民國二十七年の歴史に見ても明らかであるが、然らば彼等の沒落は如何なる原因に基いてゐるか。

第一に、北支の主となるまでは誰しも生命懸であるが、一度主權を手に收めるや、今まで張り詰めてゐた氣持が次第に弛んでしまふのである。兵の間にも贅澤の風が浸み込み、訓練は投げやりにせられ、惡事が行はれるやうになる。かくして惡聲巷に滿ち、地方に於る人望が地に墜ちると言ふ段になれば、最早沒落の一歩手前である。次に各將領は大業成るまでは皆同盟として協力して來るのであが、天下を手中に收めた曉に於ては、軍人と雖も皆文官を兼ねるやうになり、その時經濟的手腕をも併せ持つ者は大いに惠まれる事になるのであるが、然らざる時は不遇の境涯に陷る。又、各將領は種々の役に就き、その任務上、離れ〳〵にならなければならないので、とこに又新らしく天下を覗ふ者が「代表」と稱する者をその間に往來せしめ、種々の離間策を講ずるのである。かくして互ひの間に中傷に依る猜疑心が生じ、意志の阻隔を來し、政權の中心に動搖を生ずる。これが沒落の第二の原因である。第三は日本との關係が惡化する事であつて、その結果立場を失ふならば、たとへ各將領との間がうまく行つて居り、兵の規律訓練が行届いて居つても、沒落の運命は免れ難いのである。今度の宋哲元の場合などはそれであつた。

私は宋の所に一ケ年居つたが、彼の軍隊は夏などは朝の五時から訓練を始める、外出もしないと云ふ調子で、その規律の嚴格であつた事は、北京を撤退する時に於てさへ、少しも掠奪しなかつた位である。常に會合を行つてゐたから、各將領の間に離間策などが介入する隙もなく、意氣がよく合つてゐて、宋哲元の意思によく服從してゐたのである。日本との提携にも心を用ひ、時に經濟提携と云ふ點に就ては、經濟視察の爲に張自忠が日本にやつて來た位で、この方でも完全に手を握り合ふ寸前の所まで來てゐたのであるが、南京側の反對に會つて、躊躇してしまつた。若しもこの時に彼が、南京が何と言はうと、思ひ切つて日本と提携し、不可分の關係を結んでゐたならば、北支に於るあゝした不幸な事態も突發せず、彼自身の位置も安全であつたらうと思はれるのである。

蘆溝橋事件の眞相

今度の事變は、その因を遠く一昨秋の西安事件に發して居り、あの事件の結果、蔣介石が張學良と妥協して、容共政策を執るに至り、さなきだに抗日、失地回復を叫んでゐた所へ共產主義を引込んだのであるから、反日的空氣が愈々全支に濃厚に瀰漫した事が原因である。

蘆溝橋事件が突發した時は、兵團長は野營地にあり、部隊長は丁度その夜北京に歸つた後であつて、それ位であるから、こちらでは全くさうした事件の勃發を豫想さへしては居なかつたのである。最初の支那側不法射擊のあつたのは七月七日午後十一時であつて、私は寢ようとしてゐる所を電話で起されたのだが、早速支那側の代表と共に現場に驅けつけ、眞相を調査してゐるうちに、又射擊があつた。そこで向うの大隊長を連れて止めに行つたが、中々鎭まらない。日本軍の方でも、已むを得ず射ち出すと言ふわけで、結局この衝突に依て、支那側は百二三十名の死傷者を出し、日本側でも鹿內准尉が戰死し、野島少尉が負傷、その他下士官以下に死傷二十名を出した次第である。

（左端ヘルメツトを冠れるのが當時の櫻井中佐）

私は支那軍を取鎭めに行つてゐて、宛平縣の城壁の上から兩軍の樣子を眺めたが、支那軍も中々勇敢であつて大部分二十歲以下、しかも四ケ年の訓練を經たものであるから、怪我をして送られて來たものも、再び前線に飛び出して行くと言ふ有樣であつた。龍王廟から逃げて來た少尉を、そこにゐた大隊長が斬つて捨てるのをさへ見た位である。日本軍の勇敢さは言ふに及ばず、永定河を渡つて、果敢に進擊して來るのを私は見てゐたが、平時の訓練の賜と言ふべきか、演習の時と少しも變りがない。

そして日本軍の砲撃の的確さと威力には支那軍も非常に驚いてゐた樣である。

北京では皆心配して、早く戰鬪を中止させなければいかぬと言ふので、翌朝には停戰の約束を結び、中島顧問と周參謀が命令を持つてやつて來た。

かうして兩軍を引分け、支那側は永定河の右岸に撤退する事になつて、乾隆帝の書で「盧溝曉月」と記されたあの橋を、死傷者を擔いで下つて行つた。

この日の午後、日支双方共に、上の方の者は喧嘩はやめようと言ふ事に一致してゐたのであるが、何分にも現場は激昂してゐるので、油斷がならない。

皆元氣のよい者同志であるし、それに仲間の者の間から死んだり傷いたりした者が出ると、氣が立つてしまつて、お互ひに一寸近附き合つただけで、危險が醸されると言ふわけである。時に日本軍が溫順しくしてゐると、それが軍規嚴正の結果だとは知らないから、向うの者は日本軍の勢力を弱少であると侮つて來る。それと言ふのも、藍衣社やCC團系統の色々な奴が前線に入り込んでゐて、宣傳や煽動に努めてゐたからであつた。

廣安門に於る支那側不法射撃事件

この頃北京附近の支那軍の兵力は一個師團であつたが、その一部が保定方面へ移動を開始し、又情報に依ると、國民政府軍の參謀次長が北上して來るとか、四個師の中央軍が南からやつて來る事になつたと言ふ事である。

この樣な危險な雰圍氣はその後も依然として解消されず、二十五日には、郎坊へ電線修理に向つた日本兵を三十八師の支那兵が射撃し、鯉登部隊がその急を救つたと云ふ事件があつたが、茲に於て遂に二十六日松井特務機關長は、支那軍に向つて、最後的抗議の通牒を送つたのである。

この時北京には在留邦人千名に近く、我が守備隊の兵數は僅かであり、それに對して一個師の支那兵及び三千名の保安隊が在る事を考へると、どうしてももつと有力な兵を入れて置かねば、危險である。それで我が軍では廣部部隊を北京に入市せしめる事に決し、同部隊は廣安門から入城する事になつたのである。

二十六日廣部部隊は中島顧問に豐臺まで出迎へられ、午後六時廣安門に到着した。城門外に着いた時、城壁の兩側から二三射撃する者があつたが、その儘入城して行くと、城門の上から手榴彈を盛んに投げつけ、その爲入城を見るために從軍して來た新聞記者が負傷したのである。そして先頭の部隊が城門內に入り、日本軍は門の內外に斷ち切られてしまつた。殘餘は城門外にて下車を始め、この時再び城壁の上の支那軍と門の內外に居る日本軍の間に、猛烈な射ち合ひが始まつたのである。私は川村芳男通譯と共に、城壁上で支那軍の射擊を制止し、宋哲元祕書の張をやつて連絡させた。今度は激昂してゐるので、言ふことを聞かぬ。

日本軍の方でも門内の者は門外のものを中に入れねばならぬ、門外のものは門内の者を獨立させてならぬと云ふので、矢張り非常に激昂してゐるのである。そこで愈々私が乘り出し、城壁の上で隊長を捉へて諭してゐると、兩側から彈丸が飛んで來る。新に增援にやつて來た連中は、まだ檢閲した事のない、顔を見た事もない奴等であつたが、私のぐるりに機關銃を突きつけ、口々に「日本人を殺せ」などと叫んで射擊を始めた。

川村は斃れ、私も左股に貫通創を負うたので、私の胸にピストルをさしつけてゐる隊長を投げ飛ばした所、そのはづみに、城壁から下に飛び降りたが、民家の廂の上に落ち、電線に引掛つた。その時右の足首を折り、又隊長を投げ飛ばした時に、突きつけられてゐたピストルが當つて、肋骨に挫傷を負つてゐたが、その家の中に隠れ、萬一の時の用意をしてゐたのである。

この家は外門の内側にあつた譯であるが、家のすぐ外側で土を掘つてゐる物音がするので、川村を埋める用意をしてゐるなと思つてゐたところ豈はからんや、後で見ると外門を閉塞する土嚢を拵へてゐたのであつた。

この結末は、元より日本側も支那側も、北京が戰火の巷となる事を好んでゐなかつたと云ふやうな事情から、同夜午前二時の停戰協定となり、午前三時廣部部隊は完全に北京入城を完了し、一人の戰死者を除いて、悉く日本兵營に入つたのである。

これより先、巡査が懷中電燈をともして、私を迎へに來たが、內門の內側に入つてから、約一個大隊の支那側の增援隊がやつて來るのに出會ひ、口を酸くしてこれを追返したと言ふ樣な事もあつた。外門の內側までは停戰の事が知れ亙つてゐても、外側の日本兵は何にも知らないので、まだ盛に射擊してゐた間であつて、稻光りが劇しく閃いて、物凄い光景を呈してゐた。

私は二十七日の朝八時に入院したのであるが、その翌日は南苑攻擊のあつた日であつて、飛行隊の爆擊の轟音が北京の空を壓してゐた日であつた。

今後に處すべき吾人の覺悟

その後、私は命ぜられて軍參謀として北支にあり、廣い地域に亙つて、寡兵を以て大敵を引受け、雨の中泥の中を奮戰してゐる各兵科の兵を見て誠に心強く思つたのである。

その中には、表面には現はれないが、重要な任務を持つて働らいてゐる者とか、花々しくはないが、緣の下の力持的な仕事をしてゐる者もあるのであつて、かう云ふ人の努力には一層感激させられるのである。

徐州、開封が陥ちて、戰線は愈々南へ伸びて行く事と思ふが、隴海線沿線が砂地である爲、非常な暑さであるのに、漢口に近附けば近附く程暑さは益々劇しく、濠が沸いて、ボーフラが死んでしまふ位である。

その地方は八九月になれば涼しいのであるがとれからの六七月と言ふ時候が最も暑いのであつて、さう言ふ時に活動する將兵の苦勞は思ひやられるのである。

今後我々のやつて行かねばならぬ事は、軍事的には徹底的に行動し抗日分子の一掃を闘ると共に、占據地域の良民に對しては、治安を回復し、產業を興し、立派に生活出來るやうにしてやる事であつて、それを妨害せんとする第三國に對しては、亞細亞の平和を紊る者として徹底的に膺懲しなければならないのである。

日支兩國民の提攜については、思想的方面を重視すべきであると言ふのが、私の持論である。

赤化思想抗日思想等淺薄な思想に躍らされる事をやめて、同じ亞細亞人であるからには、同じ敎へを通じて一體にならう、と言ふ見地に立つて進むべきである。

この爲には佛敎回敎喇嘛敎等の宗敎的方面に注目して行かなければならない。宗敎的會合を開くと言ふやうな場合には、敵の戰線の向うからでもやつて來させると云ふ程の偉大なる力を、宗敎は持つてゐるのである。

又黃帝四千年以來の國の姿を認識して、新らしい思想を振ひ落す事を支那國民に勸めなければならない。凡そ天下治まる時には儒敎が行はれるのが支那の例であるが、かう言ふ敎へもとれから大いに興して行かなければならないのである。

津浦線が全通して、臨時政府と維新政府が合體するやうにでもなれば、我々は日本と支那とを思想的に一體のものとして結びつける爲に一層努力しなければならないのであつて、それには先づ我々としても、今迄の態度を反省して、さうした境地へ到達し得る樣な體制を國內に於て準備しなければならぬ。

との準備は勿論一朝一夕にして成るものではない。先づ手を染むべきは敎育の方面であるが、との方面に於ては第一に敎員を改造しなければならぬから、その敎員に依て學生を改造するまでには、數十年の日子を要する。然し何十年かかつても、これはやつてのけなければならないのである。

第一、二十五歲までの最も元氣のよい時期に腕に覺えをつけなければならぬ。人間を弱くしてから社會に出す樣なことでは、いけないと考へる。

かやうな事態は產業の方面に於ても言へるのであつて、機械を作る爲に先づ機械を作る機械を製造しなければならぬと言ふのが、日本の現狀である。けれども、それが如何に困難な、辛抱を要する仕事であつても、我々はとれを成し遂げなければならぬ。そして第三國あたりにとちらから氣を使ふと言ふやうな境遇から脫して、向うからよろしく賴む、と言つて來る樣にせしめなければならぬと私は考へてゐる次第である。

要するに亞細亞人の亞細亞として、完全に亞細亞の盟主となる日の近づきしことを喜び、一大覺悟を以て今次事變の解決に死力を盡さんことを期する次第である。

（七）卢沟桥事件勃发的真相

资料名称： 今井武夫《蘆溝橋事件勃發の眞相》

资料出处：《話》昭和十三年七月十日。

资料解说： 本资料是战时日媒刊载的时任日本驻北平助理武官今井武夫回忆事变的背景、经过，以及自己进行的调停工作等情况。

蘆溝橋事件勃發の眞相

前北平駐在武官
陸軍歩兵中佐　今井武夫　談

今井中佐は蘆溝橋事件勃發前より、北平駐在武官として現地に在り、事件勃發するや支那側と幾度か折衝を重ね、最も當時の事情に通じてゐる。蘆溝橋事件が如何にして勃發したかの眞相を訊ぬべく、一日參謀本部に同中佐を訪うた處、特に本誌の爲に次の談話を發表された。

轉換した東亞の歷史

突如として全世界の神經を動員、震駭させた支那事變は早くもここに一周年を迎へ、東洋の歷史に劃期的な一頁を加へた。今や東亞の時局は一周年の今日、益々發展性と重要性を深刻に描きつゝ推移して行く。この過程に於て第一線の我が將兵と銃後の國民は聯結一如、東洋平和の道に向つて一途邁進してゐる。精鋭無比の皇軍は銃後國民の赤誠を推進力として暴戾限りなき支那軍の殲滅に奮戰してゐる。既に戰線は大黃河の南方に展開され隴海線の淸掃も目捷に迫り、今や蔣政權の首都たる漢口を睥睨壓してゐる。千古に輝く不滅のこの勝利は前線將士の血と肉と、銃後國民の淚と汗の尊き犧牲の賜である。こゝに事變一周年を迎ふるに當り、我等は犧牲となられたる尊き英魂に對し心から追悼を捧ぐる者である。

嵐の前夜

今日の北京卽ち當時の北平を中心とする北支の政局は昨年六月中旬頃から非常な不安定狀態にあつた。田代軍司令官と宋哲元との會談の不首尾に氣を腐らした宋哲元は、六月上旬墓參と稱して鄕里山東省樂陵に歸臥して冀察政權の政務は北平市長秦德純が代行してゐた。當時南京から冀察政務委員會宛に次の如き電報が飛んだ。「漢奸の跳、何事か策動するの兆あり、特に日本軍の行動に注意され度し」と、この結果六月二十六日以降北平には戒嚴令が極秘裡に實施され不穏なデマが亂れ飛んでゐた。劉桂堂麾下の便衣隊が正陽門驛に下車した所を逮捕されて北京乘取りの陰謀が暴露したためだとも傳へられた。又冀東政權が五千人の浪人を北平に入れて冀察政府を乘取り、冀東政府に合併する策謀があるといふデマも飛んだ。兎に角種々の謠言が百鬼夜行のすさまじき有樣でまことしやかに耳から耳へ傳はり、宋哲元不在の北支時局は人心兢々たる狀態であつた。

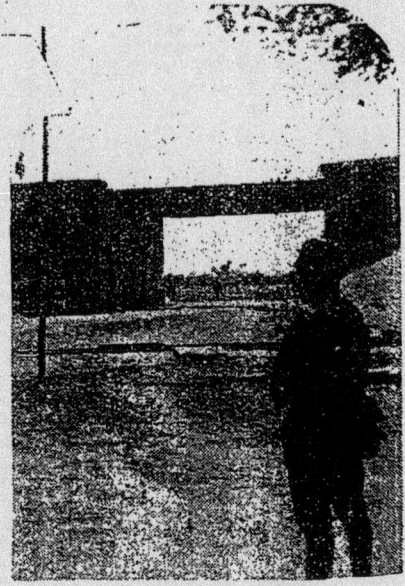

その頃ソ滿國境ではカンチャズ島事件が突發し、平津地方では日蘇關係の緊迫度が極めて誇大に報道されてゐた。而も支那新聞は何れも認識不足な社説をでかく掲げて大衆の神經をたかぶらせた。この無軌道な支那側の神經過敏に刺戟された北平駐在の外國新聞通信記者團は再三私に向つて日本軍の動向を打診して來た。そこで私は七月二日、日、支、外國記者團を武官室に招致して、折柄北平郊外に於て實施されてゐた我軍一部の演習の意義を明かにし、日軍教育の規定による檢閲に備へる年中行事の演習で、何等他意なきものである——と説明して彼等の疑念を氷解するのに努めた。

かくの如く事變直前の北平はデマが亂れ飛び、暗雲低

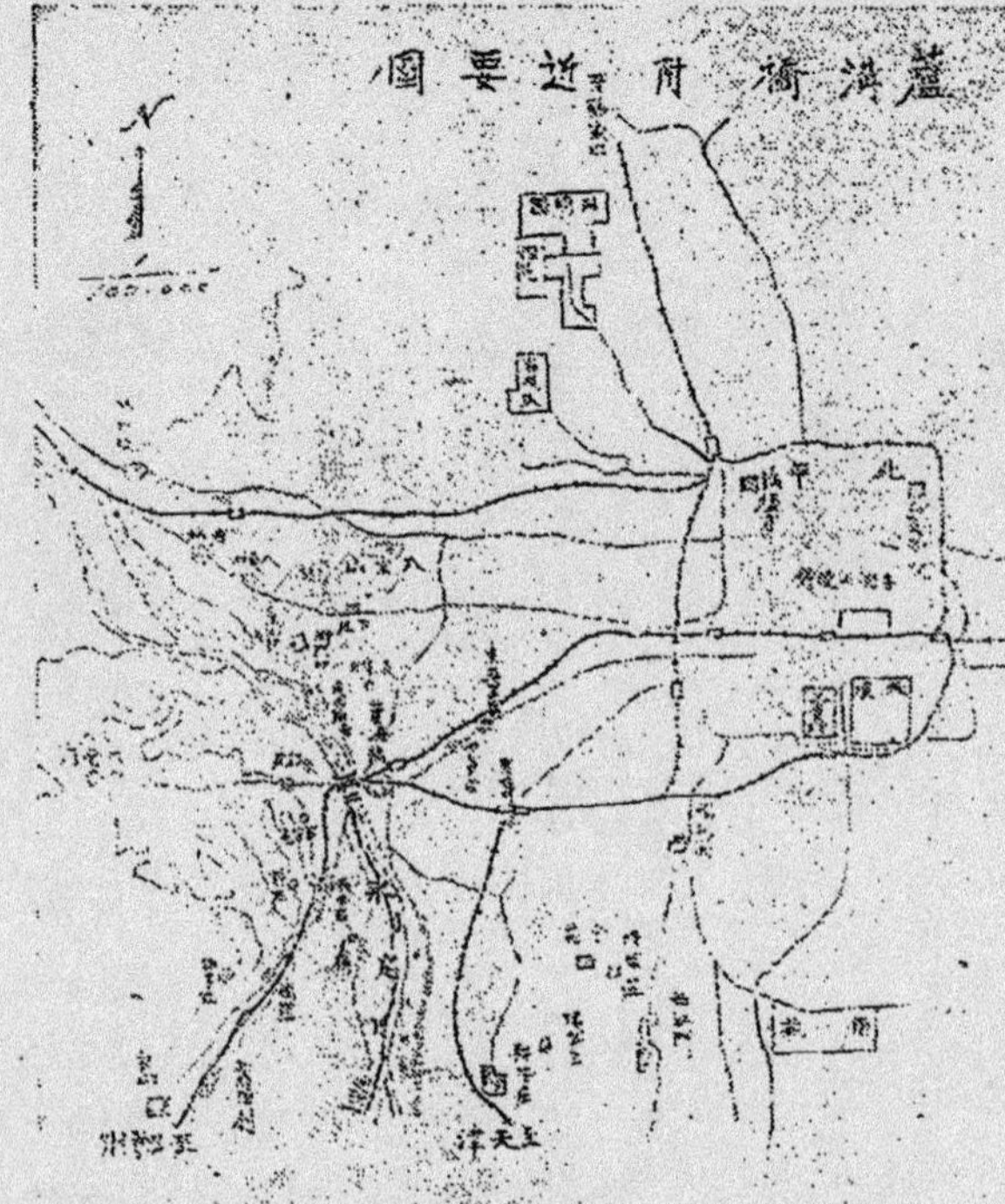

(蘆溝橋附近要圖)

(蘆溝橋下を守る我が哨兵)

迷一入激しく、風光麗しき北平の初夏は風樓に滿つる無氣味な空氣をはらんでゐた。

事變直前の保定行

北支の排日の中心地は天津、北平ではなく、その本源は實に保定であつた。保定は舊名を淸苑と言つて河北省政府の所在地でありまた第二十九軍の實權者馮治安の居城でもあつた。當時宋哲元は從來兼任の河北省政府首席を馮に讓り、馮は第二十九軍中の精鋭第三十七師を引具し、日本の壓力の比較的及ばない保定に本據を置いて猛烈に反滿抗日を煽動してゐた。七月三日拂曉、私は馮から保定見物をすゝめられた。六月中旬も同行を勸められて公務の都合上果さなかつた事もあるので今度は早速保定視察を約束した。この時私の接待役として同行したのは映畫「東洋平和の道」の補導役としてさき頃來朝した張迷生と張我軍君であつた。冀察政府の北平社會局祕書長であつた彼が事變を契機として日支親善映畫の助手にならうとは當時夢にも思はなかつた。

車中私は馮と北平に於ける戒嚴並に日本軍の演習について話題をすゝめた。彼は戒嚴については極力語る事をさけたが、演習については神經を細かく動かして多大の關心を寄せた。私は彼が六月二十六日以來北平戒嚴司令として暗躍してゐる事實を知つてゐたが、彼は何故か言葉を濁して明答をさけてゐた。

（下、支那軍の山砲隊）

抗日の都保定に着くと萬福麟を始め省政府要人連も驛まで出迎へてゐた。これらの要人達と晝餐を共にしたり、或は蓮池書院、中山公園、第五十三軍兵營等を視察した。第五十三軍の兵營は嘗つて保定の軍官學校であつた建物で我陸軍からも教官を招聘した事もある縁の所である。

私は保定に一泊して翌早朝歸平し

たが、蘆溝橋にさしかゝると、橋畔で支那軍が演習を實施してゐるのがべつ見された。それから三日後に東洋の悲劇がこの名橋に捲起る事實を神ならぬ身の知る術もなかつた。歸平して見ると、北平は夏季特別警戒と稱して依然戒嚴が實施されてゐた。

（上、小癪にも我軍に刃向つた二十九路軍の演習）

不思議な豫告

七月六日、蘆溝橋事件勃發の前日、私は冀北保安司令石友三と晩餐を共にした、その時彼は實に不思議な話をした。「今日午後三時頃蘆溝橋で日支兩軍の衝突が惹起した」と言ふのである。私は事の眞相を深く突きとめようとした所「詳細は知らぬ」と答へた。私は「そんな事はあるまい、若し事件が起きれば必ず余にも急報がある筈だ」と否定すると「兎に角詳細は分らぬが、今日確かに兩軍が衝突した事は事實である」と自信たつぷり私の否定を頑强に否定した。「例へ日支兩軍が開戰しても日軍は私の軍隊だけは決して攻擊しない様に取計つてもらひたい」等と石友三は冗談交りに話したのである。これは事變勃發の前日で、その一日後に勃發した蘆橋事件から見れば石友三の言は單なる偶然の暗合とばかり思へない樣な氣持すらするのである。

事變勃發

私が家人に北平駐屯軍から電話がかゝつたと起されたのは七月七日の夜半であつた。直ちに電話口にかゝれば蘆溝橋附近で我軍が演習中、突然支那軍から射擊を受けた——と事件の概況を聞かされた。私は當時北平の險惡な空氣を知つて居たから「いよ〳〵やつたな！」と胸にぴんと來た。そして事件の重大性を感知して直ちに軍裝に身を固め、部隊長以下幹部の方々と連絡を取り、情報を綜合判斷して各方面に打電したがその後益々擴大の兆を認めたので、午前四時頃日本記者團一同が集合したので武官室の前庭で事件の眞相を發表した。そして「支那側の出樣如何では何處まで事件が發展するかも知れない」と事件の見透しを話すと記者團は緊張した面持で電報局へ飛んで行つた。私は記者團と別れて午前五時半庭前の招魂社に參拜し皇軍の萬歲を祈つた。折しも小雨がしと〳〵降り出した。その瞬間西南方の暗闇を破つて殷々たる砲聲が轟いた、私は事變の急變を察して暁の盧溝橋をぢつと見つめたのである。その後の日支兩軍の動きは已に誰でも御承知の通りである。その時降り出した雨は天意か、夏中降り續き、數十年來になき長雨となり北支の曠野を洪水に浸したのである。

事件の直後

八日も雨である。北平市中の戒嚴は益々露骨に、然も加速度に嚴重を極めた。支那側の政府要人は會議中だとか、西苑に赴いたとか口實を設けて日本側との會見を何故か回避した。既に北寧線は列車の運行を停止したため、我軍の兵糧、患者輸送に不便を來した。日本側は直ちに外交委員長に條約に基く北寧鐵道運行の權利を強硬に主張した結果、翌日午前十時から漸く臨時列車が入平し戰傷兵も北平に迎へる事が出來た。

九日も雨が降り續いた。戒嚴はいよ〳〵嚴重で、市中の通行も出來ない始末に陷つた。十日は漸く晴れた。北平では日支兩軍當事者の間に事件の解決策が講ぜられた。支那側は專ら張自忠が交渉の任に當つた。然し解決條件に不一致の點が多く交渉は一向進展せず、局面は刻一刻重大化して行つた。

前線では時々戰鬪が繰返された。この夜十時、事變の推移を話すため、日本記者團の參集を求めたが、戒嚴が嚴しく支那側が大使館のある交民巷になか〳〵記者を入れないので、二、三時間の後、集つた者は僅か三人であつた。かくて七月十一日午前零時が過ぎた。日本側委員は戒嚴の間をついて、要所〳〵で支那兵の誰何を受けつつ北城の近くにある張自忠の邸宅を訪れた。張は數日來大腸カタルで病臥中であつた。彼は昨日死んだ實兄の訃も知らず事件の解決に頭を惱ましてゐた。責任を負ひながらこの難局を收拾する術を知らない冀察政府の要人達は張自忠に解決を押しつけた。そのため實兄の訃報さへ知らせなかつたのである。日支双方は共に極力事變の解決を念願しつゝ會談二時間に及んだが、この日も交渉がまとまらず引上げた。

第一線では十日午後十時頃龍王廟を夜襲して、これを奪取したが尊き犧牲者も續出した。我軍の少數部隊に對し敵は永定河左岸に一聯隊を集結した外、西苑駐屯の二箇旅團は八寶山に前進し、その一部は衙門口附近に於てしば〳〵發砲した。南苑には第三十八師がひかへて居り、戰況は極めて緊迫を告げてゐた。

交渉はかゝる危機をはらんだ情勢の下に於て、急速有利に展開せしめねばならぬ。秦德純から午前五時頃電話がかかつて來た「責任者の處罰は容認するが、軍隊の撤退は出來ない」と多少讓歩して來たが依然解決の見込がつかない。

午後十一時半頃張充榮邸で秦德純、齋燮元、孫潤宇の三人と會見が行れ種々曲折はあつたが、支那側は兎も角、我方の要求を全的に容認した。こゝに於て東亞の悲劇が一時阻止されたかの如く見えたが、爾後支那側は解決條件を忠實に實行せず、事件は再び惡化の一途をたどるのみとなつた。

日本の立場

この程K代議士から三間餘の長い手紙を受取つた。彼は昨年英米兩國に國民使節として使し、「日支事變に於ける帝國の立場」を得意の雄辯で外國人に宣明して歸朝した國際人である。一昨年十二月たま〳〵北平を訪れ、世界のトピツクとして耳目を集めた西安事變に遭遇したのであつた。

手紙の內容は當時を回想して日支事變に及んで所信を披瀝したものである。西安事變が起るや日本側は日、支、外人記者團に對し「日本は隣邦の領袖が不慮の災厄にかゝつた事に關し、衷心同情に堪へない」との見解を發表した。そして支那側には鄭重な見舞を述べたのである。

K代議士はこの事實を北平に於て私を訪問して知つてゐた。そこで昨年渡歐後もこの事を回顧し、西安事變を引例して日本は支那に對し絕對に挑戰者でない事を明らかにした。

「今度の日支事變に關し、日本は隣邦支那に對して何等侵略的意圖を有しない。若し日本が侵略者であると假定するなら、西安事變の時こそ絕好のチヤンスであつた。そして西安事變の機に乘じて侵略を敢行したであらう。

日本は斷じて侵略主義者で無かつたため、むしろ蔣介石並に南京政府に對し同情の意を表し、かゝる時機こそ日支兩國が相互に理解し緊密化する轉機たらしめんと努力したではないか」と喝破して、外國人の猜疑心を除き、蒙を拓いたといふのである。

K代議士の演說の如く飽くまで挑戰者ではない。常に武士道的精神に立脚して東洋和平の一途に向つて行動してをるのである。

若し事變勃發當初の解決に於て支那側が眞に反省し、まとめた解決條件を實行に移してゐてくれたなら、支那に取つてかゝる不幸は招來しなかつたであらう。

東洋平和の礎

右の如く今度の支那事變は全く支那側に挑戰せられ、彼等の陰謀によつて支那民衆が苦しんでゐるのである。蔣政權が永年に亙る反滿抗日の思想が、盛に血氣にはやる若い軍人や學生をして抗日決戰の夢を煽かしめ、遂に彼等自ら墓穴を掘るに至つたわけである。そこで我等は支那民衆が抱いてゐる抗日の夢を打破し、反省を求め東洋平和永遠の基礎をきづかねばならぬ。

今や事變一周年に際し、眼を外に轉ずれば國際情勢の波は容易ならざるものがあり、世界は支那事變の推移を凝視してゐる。我等はこの緊迫せる空氣を圈外に抑へ、この事變を根源にさかのぼつて、解決を徹底せしめるため、官民、上下心を一にして進まなければならぬ。

事變一周年を迎へて新たなる感銘を呼び起すと共に、犧牲者の英魂の安らかならん事を希望するものである。

（八）谈谈事件的发端

资料名称： 寺平忠輔《事變の發端を語る（蘆溝橋篇）》

资料出处：《創造》昭和十三年八月，アジア研所藏，第80—81,84—95頁。

资料解说： 本资料是卢沟桥事变一周年之际，日本《创造》杂志刊登的时任北平特务机关辅佐官的寺平忠辅对卢沟桥事变的背景、起因、经过以及交涉情况的回忆。

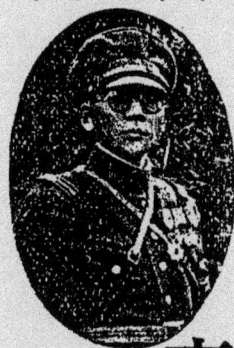

事變の發端を語る

（蘆溝橋篇）

陸軍步兵大尉　寺平忠輔

寺平大尉が如何なる方であるかは贅しない、本篇がよく說明して吳れるであらうから——。たゞ一言附記しておくのは本篇が極めて好讀物であると共に、それが非常な正確さで書かれてあることである。讀者は本稿によつて事變勃發の當初日本が不擴大の爲に如何に多大の努力を拂つたかを知られるであらう。玆に正確且つ好讀物たる大尉の手記を掲げ得たことをわれ〳〵は非常な誇りとする。尙ほ篇中人物はすべて當時の職官名であることを附記しておく。

七月七日、蘆溝橋事件の勃發當時、私は北京特務機關の輔佐官として、事件の中心地にあり、日支兩軍の間に處して直接現地折衝、和平不擴大交涉の衝に當つて居たので、當時私の親しく視、又體驗したことゞもを、以下有りの儘に申述べて見たいと思ふ。

七日の夜十一時も稍々過ぎた頃、宛平城北方地區に於て、折から夜間演習中であつた我が豐臺部隊の〇〇部隊が、龍王廟附近から、十數發の不法射擊を受けた事が抑々此の事件の發端であるが當時此の部隊を指揮してゐた部隊長淸水節郎大尉は、大局を慮かつてよく隱忍自重、先づ直ちに部下部隊の集結を命じ、〇隊主力の來着を待つて徐ろに爾後の策を講ずべく決心したのであつた。

一方此の情況は即刻電話を以て北京、天津の各機關に報告され又電報となつて全國各地に傳播せられたのである。

そこで天津軍司令部からは、機を失せず北京特務機關長松井大佐及び當時の北京駐屯部隊長であつた牟田口大佐に對し、次の要旨の命令が下された。

『北京からは直ちに蘆溝橋に軍使を派遣し、事件の交涉を開始せしむべし。同時に步兵〇ヶ中隊を以て宛平縣城の東門を占領し、軍使の交涉を容易ならしむるを要す。交涉の精神は飽く迄も不擴大主義に則る事肝要なり』

其處で北京特務機關長は、輔佐官たる私、及び二十九軍軍事顧問櫻井德太郎少佐を宛平縣城に派遣するに決し、同時に冀察政權からも、代表として外交委員會委員林耕宇及び宛平縣長王冷齋などを現場に同行せしめられることゝなつた。〇〇隊からは部隊長代理森田中佐以下一ケ分隊を派遣せられたのであるが、まだ夜の明け切らぬ七月八日の午前三時過ぎ、一行を乘せた自働車數臺は、北京廣安門を出て坦々たる街道を蘆溝橋指して走らせたのである。かくて午前四時前後われ〳〵一行は蘆溝橋東方約一千米、一文字山南側の一軒家に到着した。

夜はほの〴〵と明けはなれて、あたりの叢からは蟲の音が微かに聞えて來る。豐臺から駈けつけた〇隊主力も既に到着したと見え山の稜線上には、點々として散兵の姿が見受けられる。一軒屋の側からは、チリン〳〵と軍用電話のベルが聞えてをるが、附近一帶は極めて靜寂、一向に重大事件の勃發と云ふやうな感じは起らない。『山雨正に臻らんとして風樓に充つ』と云ふ言葉は或はかういふ時の氣分を形容したものであらうか。

そこでわれ〳〵一行は、兎も角こゝで〇隊長一木少佐と連絡するため、車を捨てゝ一文字山の砂地をザク〳〵と登つて行つた。と、突然遙か前方の稜線の方向から

『攻擊前進！』

といふ裂帛の叫びが聞えて來た。つゞいて吾々のすぐ側の窪地から

『第〇分隊前へ！』

と云ふ號令が起り、疎開した分隊がチョロ〳〵ッと、恰かも鼠の匍ふやうな格構で、彼方此方から前進しはじめた。見ると、どうもその攻擊目標が、龍王廟方向へ向つてゐるやうである。

—事變發端の地龍王廟—

共處で私は森田中佐に話しかけた。

『中佐殿！これは一體どう云ふ譯なんでせう？左宛平城の城壁には、あの通り灰色の服を着た支那兵が右往左往してゐるのに、あれにかまはず、まるで敵前で分列式をやる様な格構で龍王廟を攻擊するなど、どうも譯が判らんですなア』すると森田中佐は

『ウム、僕も今そう思つてゐたところなんだ。何れにしても吾々は不擴大の方針で進まなければいかぬ。〇隊長命令として、兎に角此の攻擊は中止させ樣。早まつたことをしたらとんでもない結果になつしまふ』

やがて森田中佐は、一文字山の纛上に立ち上り、〇隊副官を介して、〇隊長命令としての攻擊中止を、一木〇隊長に傳達させた

方口角泡を飛ばし、卓を叩いて激論を始めた。この激論の眞最中突如城外に於て猛烈なる銃聲が捲き起されたのである。是が即ち日支交戰最初の一瞬時であり、又暴支膺懲最初の第一彈だつたのである。時に昭和十二年七月八日午前五時三十分、私及び櫻井軍事顧問は、殆んど同時に席を蹴つて立ち上つた。

『少佐殿！萬事休す、交渉はもう打切りませう……』

『うん、仕方がない、任務は拋棄だ！』

そこで吾々は直ちに金振中に對して申渡した。『交渉は打切りだ。貴官は直ちに部下に對して射擊中止を命令せい！吾々は日本軍の射擊中止を連絡する』

こう話し合つてゐる時も時、日本軍の小銃彈が『ピユーン』

異樣な響をたてゝ、吾々の頭上にとび込んで來た。それが應接室の向側の屋根に當つて『パチッ』音立てゝ、跳彈となつて吾々の部屋にまでとび込んで來るのである。

その中に砲彈が隣の家の屋根をぶち破つて落下する、城內城外相呼應して、殷々轟々實に凄まじい光景に一變した。

私は傍の電話器をとり上げて、北京特務機關を呼び出して松井大佐に報告した。

一兩國軍折衝の現場人物右より寺平・櫻井・營長金振中一

『機關長殿ですか？寺平です。輔佐官です。只今宛平縣城內に居ります。支那側の代表と交渉中、城外でたうとう日支兩軍衝突してしまひました。今猛烈にやつてゐます。ホラ、銃聲砲聲が電話を通して盛んに聞えてゐますでせう私達は交渉の任務を拋棄します。とりあえず支那軍に對して射擊中止を命じさせました。奴等まだ盛んに射つてゐます。えッ？北京に歸つて來いと仰言るんですか？あゝさうですねエ……特務機關の方も益々御忙しくなるでせうねえ……

然し私達、駄目です。とても北京には歸れません。城門はすつかり土嚢で塞がれてしまつたんです。

今支那兵がドヤ〳〵此の部屋にとび込んで來ました。私達を包圍してゐます。

機關長殿、何時還れるかとても見當つきません。事によると……これが最後の言葉になるかも知れませんが、しつかりやりますから御安心下さい。とりあえず電話を切ります。機關員の皆によろしく……これで失禮します……』

その時金振中の所には、各方面からの報告が櫛の歯を引く樣に集まつて來て居つた。金振中と櫻井顧問とは今から射擊中止の勸告に行く爲に、部屋の隅ッこにあつた寢臺の敷布を引ッ剝がして軍使を標榜する白旗を拵へて居つた。

やがて一行は、東門の所から城壁上に上り、其處でボンボン射つてゐる支那兵に對し、射撃中止を命じた。そして逐次城壁傳ひに西門の方へ進んで行つたのであるが、此の城壁上からする支那兵の射撃は、實に我が軍の左側背方面から、恰かも田楽刺しと云つた形で、猛射してをつたのである。

城内からは迫撃砲が、まだドカン〳〵と盛んに日本軍目がけて射ちかけてゐる。

これをも沈默させて、一行は一應縣廳に歸つてきた。こうして城壁上の支那軍の射撃は、一時いくらか沈靜に歸したとは云ふもの〻、城の西側、所謂蘆溝橋の橋梁方面では、まだ依然として銃聲砲聲が絶えない。

櫻井顧問は

『もう一遍出かけなきやいかん、大分西の方が又猛烈にやり始めてゐる』

と云つて、金振中と私、櫻井少佐の三人は縣廳を後に、西門の方へ歩を運んだ。丁度その時、今の今まで日本軍と交戰してゐた金振中隷下の第十一連一ケ中隊の兵が、ドヤ〳〵と西門城壁から城内に下りて來て、私達三名を包圍してしまつた。

第十一連長耿錫訓、極めて精悍な男であるが、ツカ〳〵ツと二三歩前へ進み出るなり、拳銃を頭上高く振り上げて

『敵だ！ぶち殺してしまへッ』

銃口を吾々の方に差し向けた。

その一瞬、私の右に立つてゐた金振中、飛鳥の如くとびか〻つてその前に立ち塞がり、

耿錫訓の持つてゐた拳銃を叩き落しボカ〳〵ッとその頬をぶん殴るなりこれを突き飛ばして大地にへたばらせてしまつた。

『馬鹿！軍使や軍事顧問に對して何を無禮なことをするかッ、血迷つた眞似をすると承知しないぞ！』實にすごい見幕で怒鳴りつけた。その鼻息に怖れをなしたのか支那兵達は一人減り二人減り、段々西門の方に影を沒して消えて行つた。

—連長耿錫訓—

金振中、事件の責任者たることは所詮免かるべくもないが、この時に於ける彼の此の態度丈けは却々しつかりしたもので、敵ながらも天晴れと感じ入つたのである。

金振中は更に吾々の方に向つて

『事件解決のため、部下を抑制することに就ては、充分努力し度いと思ひます、然し唯今御覽になりましたやうに、私の部下はもう極度に興奮して參りました。私の微力を以てして、これをどれ丈け抑え得るかと云ふ事は、私自身既に非常な疑問となつて參りました。就ては此の際あなた御二人共、同時に城外に出てしまはれたら、日本軍は城内に日本人なしと見て、猛然宛平城の攻撃にか〻つて來るかも知れませんし、又そうしたら、私の部下は益々猛烈に射撃を續行することゝなるでせう。就ては此の際、御二人の中一名丈け城外に出て、一名城内に殘つて頂いた方が却つて好都合なんですが……如何でせうか？』

其處で櫻井少佐は

『ウン、そうか。それも理由はあるな……ぢや僕は城外に行つて射撃中止をやらせるから、寺平君！君は此處に殘つて居て呉れ。すぐ還つて來るよ。』

そう云つて、櫻井少佐は勇ましくも、北機第〇號の自働車の屋根上に、馬乘りになり、白旗を打ち振り〳〵、金振中と共に西門外へと出て行つてしまつた。

とり殘された私、上官の命令なのだから今更如何とも致し方ない。謂はゞ體裁のいゝ人質と云つた形、營本部の一室で櫻井少佐等の歸りを待つことゝなつた。入口の所には支那兵の歩哨が、拳銃を持つて護衛だか、監視だか知らぬが、突立つてゐる。

銃聲、砲聲は靜まつたり、激しくなつたり、恰かも呼吸をしてゐるやうな狀態で、彈丸が吾々のゐる家の中にも飛び込んで來て時には歩哨が悲鳴を揚げたりしたこともあつた。

又そこいらをウロついてゐる支那兵は、折々入口の所まで私を覗きに來るがさも憎々しさうな表情をして、中には拳銃や大刀を振り翳して私を狙ふ格構をする奴もある、然し先程の金振中の見幕に怖れをなしたのか、再び、そうつと元の鞘に收めて彼方へ行つてしまふ。

この間、私はボロ椅子に腰を下し、銃聲、砲聲を耳にしながら獨り瞑想に耽つて見た。

嘗つて隊附勤務をしてゐた當時、よく部下の精神教育に

『皆は戰場に於て、武運拙くもしも、捕虜となつた場合は、假令理由の如何を問はず、生きて再び、故國に還らうなどゝ云ふ事を考へてはならぬ。帝國軍人の名譽のために、この際執るべき手段は唯死あるのみだ。拳銃がないから自殺が出來ないとか、軍刀がないから腹が切れないとか、そんなことは云ひ遁れにしか過ぎないのだ、男兒一度死を決した以上、自分で自分の舌を嚙み切つてゞも結構死ねるだらうし、現に、われとわが頭を牢屋の壁にぶつつけて、頭骸骨を粉碎して、美事自決の目的を遂した青年將校すらもある』

と云つた樣なことを話してゐた。

今日自分の、この境遇は一體捕虜と云ふ狀態なのだらうか、どうか？

城内に踏み留まつたと云ふ事は、櫻井少佐からの命令でもあつたし、又今のところ、まだ行動の自由を束縛されると云ふ程度にはなつては居らない。軍刀も持つて居れば、拳銃も所持してゐる。それに軍使を捕虜にすると云ふやうなことは、國際法規でも認めてをらない筈だ。

して見ると、まだ捕虜といふ身分にはなつて居らぬのかな？

然し、こうドカン〳〵やられたのでは、今日と云ふ今日こそ俺も愈々戒名をつけられる身になることだけは、どうやら決定

的の亦實らしい。

『軍人として戰場に臨み、部下を提げて敵陣中に躍り込み、壯烈な最後を遂げることはかねて心に期した所ではあるが、こんな穢ぐるしい、ボロ家屋にタツタ一人、そして然も日本軍の彈で「ピシヤン」とやられ様とは、今の今まで考へて居らなかつたことなんだ。人間の運命と云ふものは、盗し測り知られないものだなあー』

そんな事を聯想しながら、此處で三四時間を經過した。

やがて銃砲聲共、いくらか下火になつて來た頃、櫻井顧問が城外から歸つて來たので、一緒に元の縣廳の應接間に入つて、早速

『如何ですか、城外の情況は？』

と訊ねた。すると

『駄目々々。僕等が戰線を廻つて歩くと支那兵共「やあ顧問が來た、顧問が來た」と云つて、すぐ射撃をやめるんだ。然し吾々が通り過ぎてしまうと、もう顧問は行つちやつたと云つて、すぐボン〳〵やり始めるんだから、いくら大聲で怒鳴つたつて、役に立たん。金振中の威令なんか少しも行はれんのだからね』

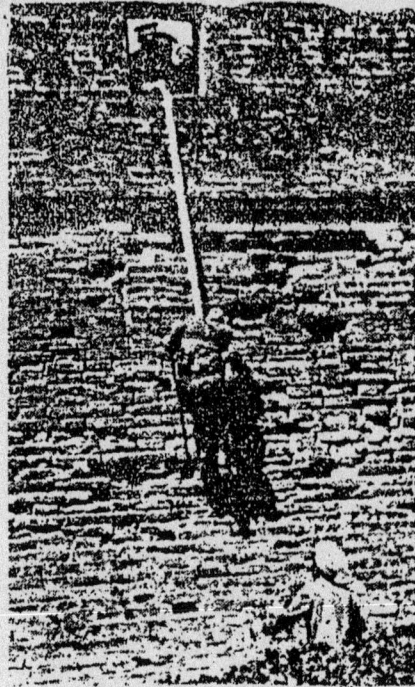

『さうですか、それで今、日本軍の第一線は如何なつてます？』

『ウン、もう永定河を渉つとる。一部は河の西にとつついて、今グン〳〵南の方に押しとるんだ……こうなつちや今更和平だの不擴大だのと云つたつて、結局は駄目だね……僕等としてはもう處置なしだ。あゝ睡い〳〵、昨夕から一睡もしとらんもんだから睡くていかん。もう運を天に任せて寢てしまはうぢやないか……』

二人はゴロリ、ソファーの上に横になつた。然し、少時ウツ〳〵しかけると、

『ドカーン』

間近に炸烈する砲彈の響きで、すぐに眼を覺まされてしまう。そこで二人はテーブルの上に又々地圖を擴げて相談しはじめた。

『この情況で夜に入つたとしたら河の西岸でも東でも、えらい接戰を惹起してしまつて、とても拾收出來なくなつてしまひますね、これは陽のある中に、何とかして日本軍は河の東に、支那軍は河の西にといふ風に、引き分けてしまつたら、兩軍永定河を挾んで一時平靜狀態に復し得ると思ふんですが……

さうして置いて、一方に和平交涉を進めて行つたらどんなもん

— 寺平大尉の宛平縣城脱出 —

ですかねエ……』

『うん、それはたしかに名案だ。早速金振中を喚んでやらせようぢやないか。たゞ日本軍がおとなしく、河の東に引き揚げるか如何かが問題だな』

『さうです。ぢや兎も角、金振中を呼びにやりませう』

やがて金振中は、五六名の護衛兵を随へて應接間に入つて來たそこで早速いまの內容を説明し、自發的に永定河西岸地區への撤退を勸告した。

すると金振中は

『御趣旨はよく判りました。それは確かにいゝ方法だと思ひます。たゞ私は平常から宛平城に駐屯し、此の地を守備せよと命ぜられてゐるものですから、上官の命令とあらばすぐにでも實行に移れますが、私の獨斷で西岸に下ると云ふことは、どうも難かしい問題ですなア……』

『だが大局上から見て、事件の不擴大といふことが、此の際何よりも重要問題なんだ。その解決の鍵は今貴官たゞ一人が握つてゐるんぢやないか……貴官の決心一つが、日支兩國の幸福を招來するか、否かの岐れ路と云ふ事を考へたら、この際是非一つ愼重考慮の上、善處していたゞきたい……然も此の撤兵問題は決して支那側一方的といふんではなく、現に河の西岸まで進出してゐる日本軍も、忍び難きを忍んで河の東岸に移動させやうと云ふんだから、謂はゞお互ひ樣だ』

と再三再四、口を酸くして勸告したのであるが、金振中はたゞもう『上官の命令でなければ……』の一天張りで、一向承知しさうにもない。そこでこちらは更に第二段の策を考案して、金振中に對し要求した。

『如何しても撤退を肯んじないと云はれるのならば、それで宜しい。日本軍は斷然この宛平城を攻略する許りだ……そして二十九軍と潔ぎよく此處に輸贏を爭ふことゝなるだらう。

唯さうした場合、罪科のない宛平城內外二千の住民を、二十九軍の道伴れとして、之れを鏖殺しにしてしまうと云ふことは、吾々人道上から見て、洵に忍び難い所なんだ。どうか至短時間內に、此等住民を河の西岸長辛店方面へでも移動させるやうにしていたゞきたい……勿論吾々兩名、今更決して逃げも隱れもしない。始終貴官の營本部と行動を俱にして、日本軍砲擊の下に貴官とその生死を共にしやう……』

と云つたところ、金振中これに對しても首を縱にふらず『私には行政上の命令權がありません』とか、何とか逃げを張つて結局は又『上官の命令さへあれば』と例の責任回避をやるのである。

金振中の肚の中を推測して見ると、或は城內外二千の住民を『ダシ』に使ひ、これさへ抱へ込んで置けば、日本軍は絶對この城を攻擊して來ないだらう、といふやうな、卑劣極まる考へを持つてゐたのかも判らぬし、或は又これを攻擊したが最後『日本軍は無辜の民を殺戮した、世界人道の敵である』位の看板を揭げて、支那一流の宣傳戰に利用するつもりだつたのかも分らない。

『もうかうなつた以上仕方がない。タヾ殘された手段としては北京にゐる二十九軍の首腦部に、撤退命令を下させるのみだ』

そこで私は又もや電話器を把り上げて、北京を呼び出さうとしたのであるが、この時電話線は、何時の間にか日本軍のため切斷されてしまつてゐて、全然用をなさない。

『もうかうなつたら、吾々が直接北京へ行つて、馮治安や秦德純に交渉するより外仕方がありませんな、それにしてもこの戰の眞最中ぢや、出るにも出られず……』

二人は顏を見合せたまゝ、少時默り込んでしまつた。

やがて櫻井少佐は

『一つ城外にとび出すかな』

『さうですねえ……やりませう』

『そこで又、人質が必要なんだ……今度は僕が殘る番か……』

『ハハア、さうですねエ、午前は私が人質でしたから午後は貴方に代つていたゞきませうかねエ』

話は立ち所に纒つて、日本側としては私、支那側としては林耕宇が代表として宛平城を脫出し、北京まで撤兵勸告に赴くことゝなつた。

特務機關の乘用車は、今朝ほど縣廳の前庭まで乘りつけて來てはあつたが、城門が既に土嚢で閉鎖されてしまつた今となつては、これで城外に脫出することは、到底不可能なことである。

かくて縣廳で櫻井少佐に別れた私は、東門の處までやつて來て、城壁上から繩を下し、繩づたひに城外に脫出することゝした。

一二十九軍長馮治安一

當時余線は、まだ盛んにドン〱バリ〱やつてゐたが、東門まで見送つて來た金振中は、時に城門の守備兵に對し『白旗を揭げた軍使に對しては、絕對に射擊してはいけないぞ』と、嚴に命令を與へて吳れたりした。

私が繩を傳はつて城壁を超える時、其處に外國新聞通信員の一人がゐて、私の姿をフイルムに收めてゐたのであるが、私は下手な英語で其の通信員に對し

『おい！君の自働車を一寸貸して吳れないか？鐵道線路のクロス點まで行くんだから……』

と云つたところ、其の通信員は極めて氣輕に其の申出に應じて吳れた。

て、私は外國國旗の代りに、軍使の白旗を自働車上に揭げて、約一千米突ばかりの街道を、一文字山に向つて素ッとばせて行つた。

城門守備の支那兵共は、流石に金振中の命令を守つて、吾々に對して何等の妨害も加えなかつたのであるが、約二三百米突もやつて來るとその命令を聞いてゐなかつた宛平城東北角方面の守備

兵が城壁上から猛烈な小銃弾射擊を私達の車に向つて、浴せかけて來た。

　敵の射擊といふ奴は、前方から受ける場合は、それほどでもないが、後から射たれるのは、何だか彈丸が頸筋あたりにとんで來るやうな感じがして、あまり氣持のいゝものではない。支那兵達には、軍使も何も、そんな見境ひは少しもないらしい。

　運轉手の支那人は、此の不意射ちを喰つて驚いたの何の、突然とてつもない猛スピードを出して、車を一散にとばせはじめた。お蔭で車には何等故障を生ずることもなく、跳彈か何かで、僅かに私の左手にホンの微かな擦り傷を受けた位で、無事一文字山の一軒屋に到着することが出來た。

　一行は一文字山の東側を廻つて蘆溝橋の停車場に行き、更に其處から戰線に向ふべく、平漢鐵道の線路傳ひにボクリ／＼と永定河方面の第一線指揮官森田中佐と連絡するために歩きはじめた。

　こゝで一寸戰況に就て述べるが、此の日の朝五時過ぎ、一木〇隊が龍王廟攻擊の態勢を整へて攻擊前進を始め、敵前數百米突に達した時に、例の森田中佐の

『攻擊中止』

の命令を受けとつたのである。

　そこで〇隊長は、とりあえず、部下に前進停止を命じ、森田中佐と連絡をする間に、部下には朝食を濟まさせやうと思つてその命令を下したのであつた。兵は背負袋から、堅パンをとり出して嚙り始める。

　ところが、今まで前進して來てゐた日本軍が急に停止して、何かごそ／＼やり始めたものだから、龍王廟方面の敵、これは日本軍の攻擊が頓座したものとでも思つたのであらうか、俄然日本軍めがけて『パリ／＼ッ』と、猛烈なる火蓋を切つて射ちかけて來たのである。

　これは先程述べた通り、丁度午前五時三十分であつて、私共が城內で盛んに激論を鬪はせてゐた最中なのである。

　この情況に直面した一木〇隊長、卽座に

『攻擊前進！』

を命令した。

　今迄隱忍に隱忍を重ね來つた我が軍は、時こそ來れり！と許りに、一齊に膺懲の火蓋を切り、猛擊また猛擊、躍進また躍進、瞬く間に龍王廟一帶の堤防線を占領してしまつたのである。昨夜來我に對して不法射擊を浴せかけた敵が、紛れもなく正眞正銘の二十九軍正規兵であつたことは勿論である。

　勝ちほこつた我が軍は、勇躍更に永定河の濁流に躍り込み、敗退する敵の急追に移つたのであるが、當時永定河は、水量增嵩し、濁水胸を沒するばかりであるから、渡渉も却々容易な業ではない。そこへもつて來て、支那軍は對岸土壁の銃眼中から

機關銃を以て渡渉中の我が軍に對し、一齊に鐵砲火を浴せ始めたのである。

此の日の戰鬪に於ける損害の大部分は、實に此の渡河戰の際に拂はれたる犧牲であつて、河の眞中に於て傷手を負つた我が勇士は、しかも一足たりとも退くことを敢てせず、前進又前進、河の中洲までは全員匍ひ上つたのである。

然し、彼我激戰の眞最中であるから、衛生機關の追及が如何にしても間に合はず、そのため出血多量で、遂に此の河の中洲に於て　陛下の萬歲を三唱し乍ら、言絶えて行つた勇士も少くない。

私は鐵橋の稍々東寄りの處で、森田中佐と會見し、先刻城內で私共の考案した、解決第一案と第二案とを說明した。第一線指揮官たる森田中佐も全然吾々の意見に同意され、早急北京へ行つて支那側當局に對し、交渉を開始して欲しいとのことであつた。

て私と林耕宇とは、憲兵〇隊長赤藤少佐の自働車を借用して、急遽直に北京に引返して行つた。そして午後三時頃から早速、三十七師長馮治安及び二十九軍副軍長たる秦德純を其の公館に訪れて撤退交渉を開始したのであるが、由來、秦德純の外交折衝といふものは、いつも所謂八方美人式のノラリクラリした、そして時日の遷延策を計るといふ遣り方で、それが彼の常套手段なのであるから、今日といふ今日こそは、この手を喰つたが最後こちらの敗北だと肚を決め、是が非でも、こちらの望む回答を得んがため、秦德純の家に座り込んでしまはふぢやないかと、一緒に行つた西田外交顧問とも、豫め打ち合せして出向いたのである。

北京に於ては、この頃既に全市に戒嚴令が布かれて居り、二十九軍の正規兵や巡警などが、街の辻々を物々しく堅めて、至嚴なる警戒に任じてゐる。吾々が秦德純の所へ行くのにも、特務機關の自働車などでは、勿論市中の通行を許される筈もなく、特に電話で連絡して秦德純の乘用車を呼び寄せ、それに乘つて漸く警戒線を突破出來たやうな狀態であつた。

秦德純は例の如く、ニコ〳〵しながら吾々と會見した。私の方からは、先づ、蘆溝橋方面全般の情勢に關し、今迄に支那側に判つてゐる情報に就て訊して見たところ、先方では只單に日支兩軍衝突と云ふ一事の外、一向に的確な報道が入つて居らない樣子である。其處で、今度は私の方から、直接目撃して來た情況に就て逐一說明し、ついて本日の交渉主眼目たる、永定河以西撤退案を切り出した。

が、相手は老猾無雙の秦德純である。交渉極めて圓轉滑脫『本日貴官は劍電彈雨の裡を非常な御活躍だつたさうで……』とか『今晚はまた重大な軍事折衝の任に當られて、まことに御苦勞です』とか、極力こちらの感情緩和を巧んでゐるらしい。そして愈々撤兵問題に入ると、

『これは非常に重大問題で、一應馮治安其の他と軍事會議を開

いて見ませんと決定出來ませんので……』と云つた調子で席を外づし、彼獨得の遷延策をはじめた。

午後五時、六時、七時、八時と、時間のみは經過して行くが、交渉は依然として暖簾に腕押して、何等の曙光をも見出すことが出來ない。

幾度か席を蹴つて起たうかと、いら〲した氣分に引摺り込まれて行つたのであるが、こゝが我慢のしどころ、先方の術策に引掛つてはいけないと、無理にも平靜を裝ひ、手を代え品を代え、秦徳純説得を繼續した。事件不擴大の大精神に基く、條理ある理論に、秦徳純も遂には返すべき言葉に窮してしまつたと見え

『只今貴方の仰言つた御趣旨は、まことに御尤もでございます私個人としては全然同感でございますが、軍事會議の結果、當面の最高指揮官たる馮治安が、どうしても撤退させるとは云はないのです。

又、われ〲としては、平素長らくの間、宛平縣城に駐屯してゐたあの部隊に對し、河の西に撤退せよと云ふことを命ずるのは人情上云ふに忍びませんし、又本日の事件に原因して、撤退を命ぜられたと云ふことになりますと、當の指揮官たる金振中の面子を壞すことにもなりますので、こゝらあたり、充分御考慮になつて頂きたいと思ひます。』

と云ふ申出である。

私は秦徳純の話に耳を澄ましながら、そうッと机上に指先で「人情」と云ふ字と「面子」と云ふ字を書いて見た。そこで秦徳純の話がをはるや否や、直ちに其の言葉を引取るやうにして

『唯今貴方は「人情」「面子」と云ふことを仰言いましたね。然しよく考へてください蘆溝橋の戰況を此の儘に放つて置くと、これが將來どんな風に進展すると判斷されますか？私の想像としては、貴國軍は平漢線を利用して保定方面

—副軍長秦徳純—

から續々兵力を此の戰場につぎ込んで來るでせうし、また日本軍としては、同様天津方面或は關東軍乃至日本本國からも續々大兵を送つて來ることゝなつて、本日の單なる蘆溝橋附近の衝突なるものが惹いては西部戰場、中央戰場東部戰場と云つた風に擴大し、結局はこれが日支兩國の、全面的衝突と云ふことになつてしまはぬとも限りません。もしさうなつたら、これは兩國のため、最も悲しむべき事態なんぢやありませんか、ところが蘆溝橋にある部隊を、西岸に撤退せしめさへすれば、それが未然に防止出來ると云ふ今の場合、一小部隊の人情とか、面子とか、そんなことは云つて居られないんぢやありませんか！』

と突込んだ。

時計は既に午前の一時を指してをる。秦徳純はニコ〲と笑顔を示して、

『御趣旨よく判りました。私も昔陸軍大學で、戰術戰略の講義を聴きまして、翼側延伸の結果、戰線が擴大される原則を習つたことがございましたが、本日の場合もその虞れが多分にあると云ふ譯なんですね。その點充分考慮に入れまして、今一應軍事會議を開き、御意見をよく申傳へることゝ致しませう。そし

て何れにせよ、この問題を解決しまして、唯今もう午前一時半ですから、三時頃までには張允榮を特務機關に派遣し、正式に御回答申上げることゝいたしませう』

とのことだつたから、私は

『和戰何れかの蓋が、午前三時には開けられる譯ですね。では一切を貴方に御委かせして、三時を待つことに致します。呉々も大局に着眼して、愼重善處方を御願ひしますよ』

と申渡して、吾々は秦徳純邸を後にした。

その夜半午前三時、特務機關では松井機關長を始め、和知駐屯軍參謀今井陸軍武官など、一同參集し電燈は煌々室内を照し、待ち構へてゐる處へ張允榮がやつて來た。

そした彼の齎した回答は若干の細目こそあつたが、要はこちらの要求を全面的に容認したことゝなつたのである。そして支那側の協定事項としては、

「日支兩軍午前六時を期して一齊現在地を撤し、支那側は永定河の西岸に、日本側は東岸一文字山附近に移動を開始する」

と云ふのである。

其處で此の協定は、速時軍から第一線部隊、牟田口〇隊長の許に傳達せられたのである。

七月九日午前六時、日本軍は協定に基いて自發的に一齊撤退を開始した。

然るに同時に撤退を開始すべき筈の支那軍は、城壁上と云はず堤防上と云はず、全線に亘り、我が軍の背後に對して、こゝぞと許りに、小銃、機關銃の一齊射撃を浴せかけて來た、日本軍が退却を開始したとでも判斷を誤つたのであらうか？

そこで憤激したのは第一線の指揮官である。

『協定を結んで置きながら、それを履行しないのみでなく、却つてそれを利用して、日本軍に對し反撃を浴せかける、もうこうなつた以上容赦するものか協定もへちまもあつたものではない。徹底的にやつつけて仕舞へ！』

全線總攻撃の命令と共に、敢然火蓋を切つて怒濤の如く、前面の支那軍に對して攻撃し出した。

此の時である。北京特務機關の電話がチヤン〳〵鳴り始めたので、私が受話器を把り上げると、相手は第一線の〇團參謀からである。

『おい！　北京の特務機關か？午前六時を期して日支兩軍とも撤退を開始すると云ふ、あんなインチキ協定は一體全體誰が結んだんだ。二十九軍は撤退しないばかりか、午前六時を期して一齊に猛烈な射撃を始め、日本軍にはもう其のために負傷者すらも出してゐるぞ！　支那側なんかに嘗められて、あんなヘマな交渉を結ぶなんて特務機關一體何してるんだ！氣は確かか？俺達は今度といふ今度こそ、もう徹底的に支那軍をたゝきつけ

るからさう思へ！二十九軍の親戚みたいな特務機關なんか、もう相手にしない』

さう云つて、ガチャリ電話は切られてしまつた。私は暫し呆然涙がハラ〳〵ところげ落ちた。

「暴戻支那軍たゝかざるべからず！」

個人としては兼てから此の信念を持つてゐた私ではあつたが、任務の命ずるところ、事件勃發以來機關は終始不擴大方針に基いて、行動を律して來たのである。

然し今日と云ふ今日、二十九軍の親戚と罵倒せられてまで、尙且つ支那側との和平協調策を講じて行かなければならぬだらうか？砲煙彈雨の中にイキリ立つた第一線の參謀が、インチキ協定と罵るのは當然過ぎる當然の事だ。よし！然らば今から二十九軍首腦部に對して其の不信行動を徹底的に糾彈し、これを限りに支那側との協調をたゝき破つてしまはふ、と決心したのであるが、その時又もや私は別の電話に呼び出された。天津軍司令部の某參謀からである。

『やあ、寺平君！昨日から非常なお骨折りで本當に御苦勞樣でした。愈々支那軍の撤退協定が纏つたんだから、先づ一段落といふところだね、軍司令部も今一息ついてゐるところですよ。就ては支那軍をして確實に此の協定を履行せしめると云ふことが、この際何より必要ですからね、どうか其の點一つ拍車をかけて置いて吳れ給へ』

そこで私は釋然として悟つた。

『さうだ。矢張り吾々は大局に着眼しなければいかん。中央といふものは、常に大所高處から冷靜愼重なる判斷をくだしてゐるのだから、吾々が一時の感情に驅られて局面の情況に眩惑し馬車馬的行動をとつたらそれこそ國策も何もブチ壞してしまふとんでもないことをするところだつた』

早速二十九軍司令部に電話をかけて先方の幕僚を呼び出した。そして

『蘆溝橋方面に於ける撤退狀況が今どんな風になつてゐるか、貴軍司令部方面には判つてゐるのか？』

と訊ねて見た。すると

『あゝもう六時半ですね。撤退は開始してゐる筈です』

『筈ですとは何ごとだ、其の言葉には何等的確な根據がないぢやないか？一體今蘆溝橋はどんなことになつてゐると思ふ？

日本軍の最も忠實なる協定履行に對して支那軍は之を守らないのみならず、遂に反撃を加えはじめてゐる、ホラ！今盛んに砲聲が響いてゐるのが聞えないのか？この責任は一體誰が負ふのだ！』

すると支那側は『そんなことはない筈ですが一應今から連絡して見ませう』

それから二三十分して二十九軍側からの返事が來た。

『まことに申譯ありません。實はあの協定の內容は軍用線が切斷されてゐるものですから市街線で先づ營長を呼び出し營長から人をやつて、宛平城內に連絡させたのです。ところが其の人間宛平城外まで行くと、そこに日本軍第一線があつて、それから城內に入れないものですから、今營長まで引返して來て命令の傳達が出來なかつたことを報告して來ました。洵に何とも申譯ありません』

× × ×

以上申述べた樣な情況で、蘆溝橋事件勃發の劈頭、日支兩軍の間には、我が軍當局の努力によつて、幾度か和平協調事件不擴大の機運が釀成されてゐたのであるが、支那軍の不信不義、軍隊訓練の不充分から、それが片端から破壞されて、擴大へ擴大への一途を辿つて行つたのであり、大自然の偉大な張力に牽引せられて當時の微妙なる動きが、遂に日支の全面的衝突にまで發展したことを回想すると、洵に感無量なるものがある。

敵軍の死傷數

（六月三十日現在）

方面	作戰	地域	期間	遺棄死體數
中支方面	上海會戰	上海附近	十月末日迄	八一、〇〇〇
	湖東會戰	太湖附近一帶	十一月上旬より同下旬まで	五三、〇〇〇
	南京攻略		十二月中	八三、〇〇〇
	掃蕩期間	津浦南段、太湖西方、南方	一月中	二、一五〇
			二月中	九、五〇〇
			三月中	一三、二五〇
			四、五、六月（？）	三、〇〇〇
	安慶作戰	淮南作戰及安慶	六月	二、六四七
	徐州會戰	山東南部及徐州包圍戰	三月下旬より五月廿四日まで	一二三、〇〇〇
	徐州會戰後黃河以南會戰	蘭封附近	五月下旬より六月に及ぶ	五、三〇〇
北支方面	北支作戰前期	平津、津浦京漢及正太線方面	十一月上旬迄	五三、四七〇
	北支作戰後期及掃蕩期間…		二月	六、〇〇〇
			三月	一七、五〇〇
			四月	二〇、九三七
			五月	五、六五五
蒙疆方面	察哈爾作戰	內蒙方面	十一月上旬まで	二二、五〇〇
	掃蕩期間	河曲作戰	三月	三、六〇〇
		陰山作戰	四月	一、五一〇
		和林方面	五月	一、七九〇
		滂水河、偏關方面	六月十五日まで	一、三〇〇
合計				五一〇、一〇九

【備考】本表は判明せる敵の遺棄死體のみにして敵に與へたる損害總計は百三十餘萬と判定せらる、尚我軍の戰死は三六、六二九である。

（九）回忆卢沟桥事件——中国事变四周年纪念座谈会记事

资料名称：《蘆溝橋事件の回顧——支那事變四周年記念座談會記事》

资料出处：《偕行社記事》1941 年 7 月號，防衛研究所図書館，第 39—66 頁。

资料解说：本资料是日军出版物《偕行社记事》在卢沟桥事变四周年之际，组织部分卢沟桥事变当事人和亲历者，回忆所经历的事变过程等情况。

大戰點描
難路行（希臘）
渡河追擊（希臘）
山險突破（希臘）

（昭和十六年七月號）

蘆溝橋事件の回顧

——支那事變四周年記念座談會記事——

偕行社編纂部

はしがき

昭和十二年七月七日蘆溝橋事件に端を發したる今次の支那事變は本年早くも四周年を迎ふるに至つた。本誌は些か之を記念すべく、事件突發の當時現地に大隊長として活躍されたる一木清直氏（現大佐）竝に其の麾下にあつて奮鬪されたる數氏に參席を請ひ、左記の如く一夕座談會を開催したのである。本記事は卽ち其の速記錄であるが、内容上割愛した部分の少くないことを諒とされたい。

座談會實施日時　昭和十六年六月七日
同　場所　東京、九段、偕行社

座談會出席者

一木大佐（當時の大隊長）
中島少佐（〃　機關銃中隊長）
穗積少佐（〃　第七中隊長）
菅沼軍醫少佐（〃　大隊附軍醫）
小岩井大尉（〃　第七中隊附聯絡通信班長）
野地大尉（〃　清水中隊小隊長）
澤邊大佐（偕行社編纂部理事）
勝屋少佐（同　幹事）

一般の情勢と經過の概要

一木：一寸御挨拶申上げます。本夕は豐臺にをりました私共をお招き下さつて、かうした會をお開き下さいまして、誠に有難うございます。大したお話も出來ないかと思ひますが、どうぞ、適當に取捨して頂きたいと思ひます。

それではお依頼によりまして、私から先づ戰闘一般の經過をお話致し、それから座談會の進行係りをさせて頂きたいと存じます。先づこの事變がどういふわけで始まつたか、どんな空氣の中で起つたかといふことを申上げますが、當時はほんたうに日支兩軍の喧嘩といふやうなことでありまして、今次の支那事變の端緒となるといふやうな考へはありませんでした。その日のうちに直ちに戰ひは終るといふやうな考へでをりました。

そこで當時に於ける彼我一般の情況はどうであつたかと申しますと、北京（當時は北平）には宋哲元を政務委員會長としてゐる冀察政府といふものがありまして、その軍隊は二十九軍で全力は北京にをり、その他、天津とか、南は河間、大明、西は保定附近、北は長城線を越えた張家口附近にまで配備されてをりまして其の全兵力は十萬位だつたのであります。それから別に通州を本據としてゐる冀東防共自治政府といふのがありまして、これは日本に好意をもつてゐ

る殷汝耕といふ人の下に小さな政府があつたのであります。一方我が支那駐屯軍は北清事變以來ずつと居留民の保護、鐵道の警護といふやうな名目で、各國の軍隊と共に駐屯してをつたのでありますが、それが滿洲事變後、北支の重要性といふものが増しまして昭和十一年の四月に兵力を増强しそのために私共の大隊は豐臺に參るやうになつたのであります。私共の大隊は第八師團の兵で編成された部隊でありますが、第八師團は御承知のやうに軍隊の素質が特別よろしく、それがために私共は非常に倖せしたのであります。昭和十一年に北支駐屯軍が增强されて大體歩兵二箇聯隊、その他砲兵、騎兵、戰車といふやうなものが北京、天津、山海關の間に駐屯するやうになり、其の兵力は約五千といふやうなことでありました。さうして當時の軍司令官が田代閣下で天津にをられ、歩兵の方は北京に警備司令官、旅團長として、河邊閣下がをられた。さうして私の方の第一聯隊長は牟田口閣下で北京にをられ、萱島閣下が第二聯隊長で天津にをられたやうな情勢でありました。

そしてこの宋哲元の二十九軍、つまり冀察政府軍といふものと日本の軍隊とは手を結んで唇齒輔車の關係で行くため

二十九軍の指導のため軍事顧問も行つてをるといふやうな次第で、私共駐屯軍と致しては支那軍を弟の軍隊であるといふやうに思つてをつたのであります。さうして軍事教練のみならず、總てに於て彼等に範を示してやるといふわけで、それが日本軍の大體の方針でありました。

ところが冀察政府そのものはどうかといふと、表面は親日でありましたけれども、内面は抗日、侮日、蔣介石政策の延長、出店機關といふやうな範圍を出なかつたのであります。冀察政府委員長であり、軍長である宋哲元そのものは大體優柔不斷の男で、積極的にどうかしようといふやうな氣持はないやうでありますけれども、副軍長であり、副委員長であつて、當時北京市長の秦德純といふ男、それから二十九軍のうちで馮治安といふ三十七師長、この兩名が暗に蔣介石と手を握りまして、何時かは日本を北支から追拂はふ、さうして滿洲の失地囘復をしなければならない、それが吾々の使命であるといふやうに考へてをつたやうであります。所謂支那の要人達はそれ等の使ひ分けをやりまして面從腹背の二樣の行動を致しましたけれども、團長以下のものは、世界地理も知らなければ、國際情勢も判らない、中には中隊長にして文字も分らないものがあるといふやうな程度でありますから、日本軍は敵であるといふことを言はれゝば、さういふやうな行動をするといふやうな軍隊でありました。

然るに日本軍の方は上から下まで一貫して軍規嚴正であり、言はれたことは、その通りちやんとやります。從つて事變の起きますまで、日支兩軍の間に小さなゴタ〳〵が絶えず繰り返へされてゐたといふのが、その頃の一般の情況でありました。

例へて申しますと、駐屯軍の增强と共に私共は豐台に始めて參りました所が支那軍も直ちに其處に移駐して來まして、三十七師の馮治安の軍隊が一箇大隊をるやうになりましたが、此の軍隊は日本軍の兵營の建築に妨害を加へたり、敷地の中を馬で通過したり、大工を拉致してゆくといふやうなことがありました。私共が建築の狀況を見に行かうとすると、天下の大道である普通の道路を通す、通さないといふやうな問題を起すとか、或は御用商人を脅迫する、其のボーイを拉致する、品物を賣らせないといふやうなことで絶えず妨害致しました。さうしてついに昭和十一年九月十八日には彼等の不法行爲に基き豐台事件といふものが起り穗積君の中隊が驛前で衝突して一晩相對峙して支那軍の武裝解除をするといふやうなことがありました。

次に演習場につきましても豐台附近は北京の臺所みたいな所で、附近一帶は野菜畑ばかりでありましたので演習も出來ず、一里ばかり離れた蘆溝橋附近（永定河畔）で演習をしてをつたのですが、この蘆溝橋の支那軍隊は特に抗日意識が強く絶えずゴタ〳〵が起るといふやうなことで、日支兩軍の間といふものは圓滑に行つてをりませんでした。

ところが北京の要人共が宴會といふことになりますと特務機關の連中、軍の方も、實に日支圓滿（北支明朗といふので歌までつくつてをりました）で、非常に明朗だといふやうに云つてをりました。そこで豐台でそんな不明朗な筈はないといふので、特務機關の上の方から、お前達の所の兵隊か、將校あたりが、どうも可笑しいのぢやないかといふやうな具合に思はれましたが、兎に角豐台附近、蘆溝橋附近といふものは、三十七師の支那軍隊がをつた關係から、絶えずゴタ〳〵が起つてをりました。

前申じた如く、豐台事件は私共の方では一發の彈も撃たず

して武裝解除といふ單なる條件で、事件を早く片付けることに專念したのでありまして、つまり根本方針に基いて、事なかれ主義で解決したのであります。大體、軍から私共の所にも、特務機關の方にも何でもいゝから速く片付けろといふのが要點であつたのです。

ところがさういふ機密の關係といふものは支那軍に直ぐ漏れまして、日本は餘程ひどいことをしても不擴大といふ方針なんだらう。俺達を利用しようといふ考へがあるんだらう。だからして日本軍は飽まで戰ひをするといふやうな氣持は持たないであらう、と見くびりまして、日本軍組みし易しといふやうな考へをもつてをつたのであります。

あの時にガーンと、ひどく拳固でも加へてをいたなら、日本軍は恐しいと感じたかも知れんが、餘り寛大な處置をとつた結果、日本の軍隊が舐められるといふやうな結果になつて、それ以後は、北京あたりの日本人に對する空氣といふものは居留民にも軍隊にも益〻惡くなつて參りました。

次いでその年の秋の綏遠事件では、蒙古軍が負けましたが、彼等は、蒙古軍の背後には日本軍がゐる、滿洲の軍隊がゐる、それが支那軍に負けたといふことは日本軍が弱い

といふことである、といふので、益々日本軍を舐めるといふやうなことになりました。

綏遠事件の慰靈祭の時には支那側は非常に氣勢をあげまして、これは國を救ふの軍である、といふやうなことで、二十九軍の代表も、冀察政府の代表も行つて弔辭を讀んでをります。さうして日本軍は組みし易い、今のうちに叩いてしまはなければ不可んとか打倒日本といふやうな激烈な弔辭を讀んで志氣を鼓舞してゐるのです。

そんなやうな關係で、日本に對する氣勢といふものはだんだん擧つてをり、而もソヴエートの尻押しといふやうなこともありまして、南京政府と致しましては北方に向つて保定附近に陣地を構築するやうになつたのであります。

從つてそれに對しまして日本軍側から詰問致しますと、これは共産軍に對する戰鬪準備である、防共のためであるといふことを言つてをつたが事實は日本軍に對する戰鬪準備を、をさ／＼怠らないといふ關係にあつたのであります。

當時私共、軍司令部に行きまして、保定附近の寫眞圖を見ましても相當立派な〝トーチカ〟を骨幹としたところの堅固なる陣地が出來てをりました。

それと相前後致しまして、日本の方でも、これでは不可んといふので、六月の始めには參謀本部から部員が二人もやつて參りまして北京附近を振出しに山西省から山東省まで廻つて、その方面に對する萬一の場合の作戰の用意をするといふことで、現に私達は蘆溝橋を越えまして、永定河の向ふまで地形偵察に案内をして參りました。さうすると蘆溝橋の向ふには長辛店といふ所があつて、一箇大隊をりましたのが、これが直ちに一箇聯隊になり、附近にドン／＼陣地を構築する。又六月末頃には永定河、蘆溝橋附近まで、その陣地の構築が擴張され、蘆溝橋附近には以前から構築してありました〝トーチカ〟の陣地を修築して何時でも使へるといふやうな準備が出來ました。

といつたやうな具合に、向ふではどういふ所から指令が出てをつたかは知りませんけれども、對日戰鬪準備をやつてをりました。當時私共の考へましたのは、これは畢竟、自分が臆病であれば薄も幽靈に見える、所謂疑心暗鬼を生ずる、そこへ日本軍が此の附近でドン／＼演習をやる、演習をやればやるだけ彼等は神經過敏になつて、自ら怯えてゐるのだらう。また、吾々が當然の權利で夜間演習をやるのに、北京の河邊閣下の所に抗議を申込んで來る、夜間空包を使用してゐるのに、實包射撃をやる、といつて抗議を申込んで來る。殊に事變直前に於きましては、丁度私共第二期檢閱の直前で中隊教練を晝夜兼行で熾んにやり出しました。又其の上に六月末には軍司令官の檢閱があつたのでありまして、蘆溝橋附近に軍の主腦部といふ方々が集つて來られ、一文字山附近でも夜間演習をやる。また七月初には歩兵操典の普及といふことで、此の附近で教練をやる、陣地を作る、といふ次第で、之がため北京の聯隊の幹部がみな豐臺、蘆溝橋附近に集まられましたが、それ等のことも非常に彼等の神經を尖がらしたことゝ思ひます。以上申上げたやうな復雜な諸關係の裡につひに七月七日の晩となりました。そして疑心暗鬼の結果か或は計畫に依る示唆によつてか我が演習部隊に向つて發砲し卽ち皇軍に挑戰し來つたのであります。

そこで我が軍も從來の行き懸りからして、この際、一つやつけてやらうといふので、私達もそれに應戰するといふやうなことであつたのが、大體事變の始まりであります。何かそのほかに中島君あたりから…………

中島　別にありませんなあ。

一木　それでは私からもう一つ、この事件は日本軍が計畫的にやつたのだらうといふやうなことをよく言はれるのでありますが、そのことについて一寸申上げてをきます。あの時は、決してさうではないといふことを申上げることは、今頃馬鹿〱しいことで、申上げる範圍ではないのでありますが、若しもあの時に日本軍が計畫的にやつたのなら、もつと上手にやつたらうと思ひます。北京にをられるところの警備司令官の河邊閣下は若し計畫的に我が軍に依つてやられたならば、北京にをられた筈です。ところが河邊閣下は天津の第二聯隊の檢閱があるので、山海關の傍の南臺寺といふ演習場に行つてをられたのであります。それからまた北京に駐屯してをるところの我が聯隊の第一大隊の主力は蘆溝橋とは反對の通州に全部行つてをり、北京には一箇中隊弱しかをらなかつたといふやうなわけで、若しもほんとにやる氣ならば、全部北京にをつて、さあつ、と云つたら一網打盡的に蘆溝橋附近をやつてをるし、二十九軍の主力のをる南苑も亦西苑も皆潰してしまふと思ふんです。それ等をやらなかつたといふことは、突發的に起つたためで、その當時、實際日本は計畫的にやつてやらうといふやうな考へは毛頭なかつたのであります。

そこで、事變の起りはその位でありますが、經過と致しましては八日の朝から始まつて、九日まで續いて、九日に一たん停戰といふことで兩軍引上げました。所が直ぐまた向ふが約束を履行しないので、十日には再び攻撃するといふやうなこととなり、其の結果また停戰、さうして交渉、その後、また蘆溝橋の軍隊が日本軍に不法の發砲するといふことになり、我が軍は之に對し二十日には蘆溝橋に對して膺懲射撃を實施したのであります。

次で郎坊事件といふものが起り、支那側が飽まで約束を徹底的に履行しないので、つひに二十七日には宋哲元に最後通牒を手交する。さうして天津からも增援が來る。ところが廣部大隊が北京の廣安門から半分入城したところを門を閉められたといふやうな廣安門事件といふものが起り、此處に於て不擴大方針は遂に放棄されて全面的に攻撃するといふことになり、二十八日には南苑の總攻撃に成功、二十九軍は二十八日の晩に北京から撤退するといふやうなことになり、私共はつひに蘆溝橋を二十九日の夕方攻撃してこれを占領し、永定河左岸から二十九軍を一掃して南の方に追ひ拂つた、とかういふ事變の經過であります。

七月七日の夜間演習

一木　以上、を以て經過の概要をお話しましたから、これから七月七日の晩の夜間演習當時のことに移りたいと思ひます。當時私の大隊には穗積、淸水、九、機關銃の各中隊と聯隊砲これだけありました。これで人員は約五百人、これが豐臺の軍隊です。では穗積君、やつてくれ。

穗積　私の所はあの晩、一文字山附近で演習をしてをつたんです。銃聲を聞いたのは十時頃でしたかね。

小岩井　演習が終つて歸りかけた時でした。

穗積　大隊長があの晩に「演習を今晩やつたが、これが明日にも實際の役に立つかも分らん」と言はれまして………（笑聲）さうして私がまたそれに附加へて二、三の注意を與へて、連れてかへりかけたんです。さうしたら十發ほど銃聲が聞へたんです。そこで今のは一たい、空包だつたか實彈だつたか、といふことで、しかし今、始まるとは思つてゐませんでしたから、空包か、實包か、などと言ひながら歸り出しました。すると岩谷とかいふ清水中隊の曹長が馬で駈けて來て「兵が撃たれた」「それは、ほんたうか」といふわけです。その時私は週番司令で（週番司令でも演習に交代して出て居りました）非常に驚いたのです。それからだんだん始まつたんですが、あの晩起るとは考へませんでした。第一の銃聲はほんたうの銃聲か、どうか、判斷出來なかつた、さういふ狀況であつたんです。

勝屋　清水中隊は………

穗積　清水中隊はこの邊（一文字山附近）でやつてたんです。豐臺に歸らうと思つたとき、小岩井君と私とがその銃聲を聞いたんです。さうすると、傳令が馬で走つて來たんです。

一木　馬で走つて來て、君も僕の所に飛んで來た。

穗積　「やるんですか、やらないんですか」といふわけで、氣合ひがかゝつてゐる。大隊長も北京に電話をかけられて、いよいよやるといふことになつて、それから大騒ぎになりましたね。

小岩井　しかしあの晩は何か變でしたね、大隊長も變な豫言をされますし。（笑聲）

穗積　しかし今直ぐに起るとは思はなかつた。

小岩井　銃聲と、それから一文字山附近では懐中電燈がピカピカする。

一木　それで將校斥候を出した。野地君に行つてもらつた。大體さういふことも虫の知らせといふことだらうと思ふんです。あの晩に天の川の話をした。八日は軍裝檢査九日は檢閲といふので七日の夜間演習は演習の最後の晩でした。

穗積　大隊長あたりは旅團長、聯隊長とも話してをられるのですから頭の範圍が廣いが私等中隊長以下のものは、極く概略のことは知つてゐますけれども………

一木　僕だつて、そんなに切迫してゐるとは思はなかつた（笑聲）たゞ內地とは違つて、事變が起れば、この附近が大變だ、さうすれば演習場卽ち戰場だ。そこで天の川の話をして、今夜は鄕里のことや、うちの人のことを思ひ出して御奉公を確かりやるやうに勵ましたんですが、さういふことも虫の知らせでせう。

小岩井　さつきのお話ですが、軍隊そのものとしては勿論戰鬪準備は充分出來てをつたんです。しかしその晩に始まるとは思はなかつたんです。

野地　敵も或はやるつもりでやつてをつたかも知れません

ね。その證據としては、自分の中隊では、其の晩自分と中隊長しか將校はをりませんでしたが、豐臺を出發して、この邊（一文字山）で飯を食つて、この邊（龍王廟）に支那軍が陣地についてゐますから、支那軍の陣地を面白いから一寸入つて來ませうか、と言ふと、中隊長から、自重してやれ、と言はれましたので、敵前五〇か一〇〇米で、こつちに引返して參りました。自分が第一小隊で、この邊（龍王廟の前）から準備をして、一文字山の方に向ひ攻撃の演習をやつたのであります。午後十時半頃と思ひますが、中隊長殿が「演習終り集合」と號令かけられました。さうしたら、何處からか判りませんが、一發、パーンと撃たれました。それで最初、空包かなと、思ふと、ヒユーンと彈丸が通つてゆく音がするのです。これは不可ないといふので、喇叭を吹きまして集合させました。さうしたら今度は宛平縣城と龍王廟あたりで懷中電燈で合圖をしてゐるんです。さうするとパン、パンと續けてやつて來ました。これを見ると支那軍は準備してをつたと思ふんです。これは不可んと思つて、直ぐ伏せをさせて、人員點呼してみると兵が一人足りません。その兵は傳令に中隊長に出したものなんです。

それでこの時に、中隊全部が突撃して、これを占領しようか、さうすれば、上の方では抑へてをられるのに自分の中隊が、それに反してはいけまい。それで中隊長も自分に相談されて「野地どう思ふか」と言はれましたが、その時、自分は「支那兵を捕へて來て、發砲の證據を取つて置いてから何時でも戰さの出來るやうにしたらどうでせうか」と申したのであります。それで「中隊長殿、兵隊が一人をりませんし、發砲の證據をとるために、支那兵を捕へて來ませう」と申しますと、「さうせい」といふことで、出かけましたが暗くて判りません。うろ〳〵してをりましたが、そこでもう一回、集合喇叭を吹いてみたら兵隊が出て來たので、之を連れて中隊長の所に參りました。その時にも中隊長は、餘程考へてをられたやうでしたが、「野地少尉はどう感ずるか」と言はれました。その時、私は暫く考へましたが、どうも今直ぐやつたら、上司の意圖に反するやうに思はれますし、それに豐臺に傳令がやつてありますから、やがて命令があると思ひましたので、それを待つてしたらどうかと思ひ、この附近に攻撃の準備をしてをいたらどうかと思ひまして、そのことを申上げました。

小岩井　實に可笑しいのですが、普通の演習をしてゐるのと同じやうなんです。

穗積　こつちから仕かけたのでないことの證據には、この日は鐵兜をもつてをらなかつたし、第一彈藥も持つてゐないのです。

一木　三十發もつてゐた。

穗積　三十發ぢや戰爭は出來ませんよ（笑聲）

一木　晝間演習をやつて、私は中島君の機關銃隊と第九中隊とを見た。夜は穗積君の中隊を見て、さうして虫の知らせ的のことを偶然言つてゐたわけなのですが翌朝は野地君の所の演習を見るわけだつた。そこで中島君の中隊も休んでゐるし、私もそんなことがあるとは思はないから、官舍に歸つて來て著物をぬいだ。丁度衣だけ、ぬいだ時にパカッパカッと馬の音がする。今頃何處の馬か、可笑しいと思つてゐると、直ぐ入つて來て「やられました」といふ報告なんです。私の副官や菅沼君はその晩は北京に行つてゐて留守でしたが、知らせを受けると泡くつて歸つて來たわけで、實際其の時はびつくりしましたよ。

私は報告を聞くと、直ぐに電話で北京の聯隊長に申上げたのですが、（もう休んでをられると思つたのに、その晩は寢られないで、まだ起きてをられて、直ぐに電話に出られました）聯隊長は「それでは關係者を全部引張つて來て嚴重に抗議を申込む」かういふ話でした。そこで私は警備方針で、全部を集合させた後、中隊長にそれ〴〵指揮を命じ、私は副官がをらんので、副官代理の龜中尉に淸水中隊に行つてもらひ、小岩井君に將校斥候に行つてもらつた。また敵に豐臺を襲擊されては居留民が危ないから、豐臺にをる領事館の警察と、居留民の義勇隊、さういふもので警備させて、主力は蘆溝橋に行くことにした。後には僅かの兵が殘つてゐるだけです。此等の手配を濟ませてから後は中島君に賴んで出かけたのでした。その邊のことは中島君話してくれ。

中島　私は今話されましたやうに、六日の晩から七日の拂曉にかけて、演習をやりましたので、その日は軍裝檢査、休養といふことで、官舍で凉んでをりました。二發、妙な音が聞え、それから服を著始めたが、非常喇叭が鳴りましたので、急いで兵營に行きました。その時には大隊長はをりませんで、龜中尉が大隊長からだといふ指揮の委任命令を受けました。それが何時頃でしたらうか、十二時……

一木　零時半頃だらう。

中島　さうして出發までに丁度一時間位かゝりました。

穗積　出發が一時位でした。

中島　さうして西五里店の西南側で大隊長に……それが二時半か二時頃でしたね。

一木　そんなものでしたらう。そんなわけで、みんなびつくりしました。あの時は官舍の前の、半鐘を叩いた。

穗積　さうでしたかなあ。

一木　ところで、聯隊長の一番御心配になつたのは、單に盧溝橋だけの軍隊ならいゝが、全面的に北京附近の軍隊が動くといふことならば非常に重大問題だ。それで直ぐ特務機關、密偵關係と聯絡する所に聯絡して、その調査を一番先にやられたさうです。ところが北京の四周は動いてをらんといふことが判つて、漸く安心したと言つてをられました。それならば、といふので、二十九軍の代表者といふものを呼んで、さうして謝罪させるために現地にやつて、現地に於て解決させよう、かういふことであつた。御自分は河邊閣下が留守で、代理をしてをられるので、北京を離れるわけにゆかないから、森田中佐に現地に行つて交渉させるといふので、北京にをつた二十九軍の代表者を呼んだけれども、宋哲元は北京にをりませんし、馮治安師長も來ない。秦德純もやつて來ない。代理に來たのが林耕雨といふ日本の高等師範を出た男なんです。もう一人は、この宛平縣城の知事の王冷齊といふのがやつて來た。それから詰問されると共に盧溝橋に行つて不擴大謝罪といふやうなことで、森田中佐と一緒に北京を出發させられたといふのであります。

戰鬪開始に至る經緯

一木　それで、私は西五里店といふところで淸水中隊長とぶつかつたんです。それで引上げてしまへば、この事變といふものは起らずに濟んでしまつたのです。ところが先ほど聯隊長から嚴重に交渉せよと云はれましたから、若し引揚げなければならないにしても、日本軍は發砲さへすれば、演習もやめる、引揚げもする、かういふことでは、大いに日本の軍隊の威信を失墜するのみならず、將來の演習といふものも殆ど出來ないやうになる。これはとにかく何でも嚴重に抗議を申込んでやらなければいけない。そこで

蘆溝橋附近豐台

七月八日拂曉前

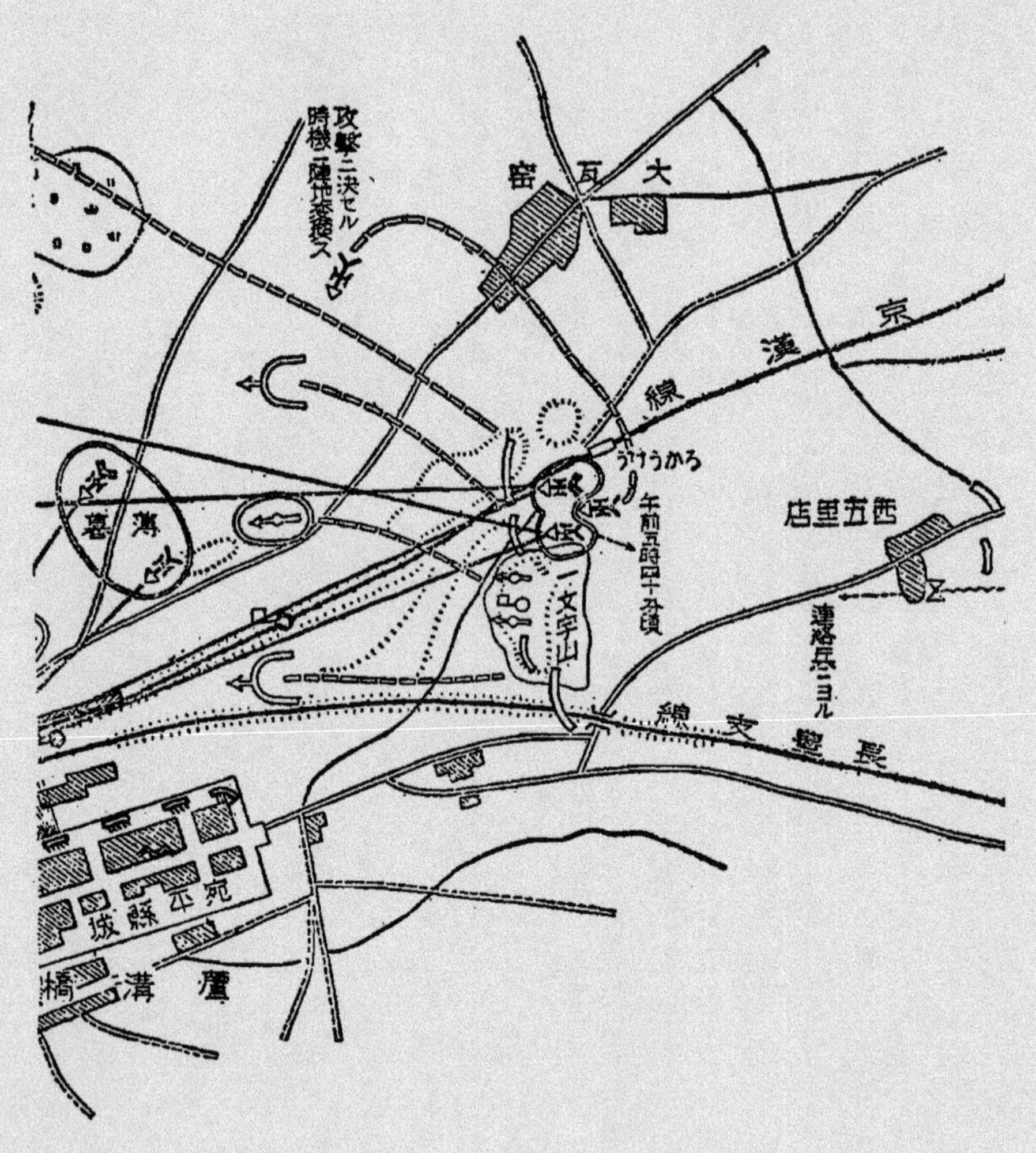

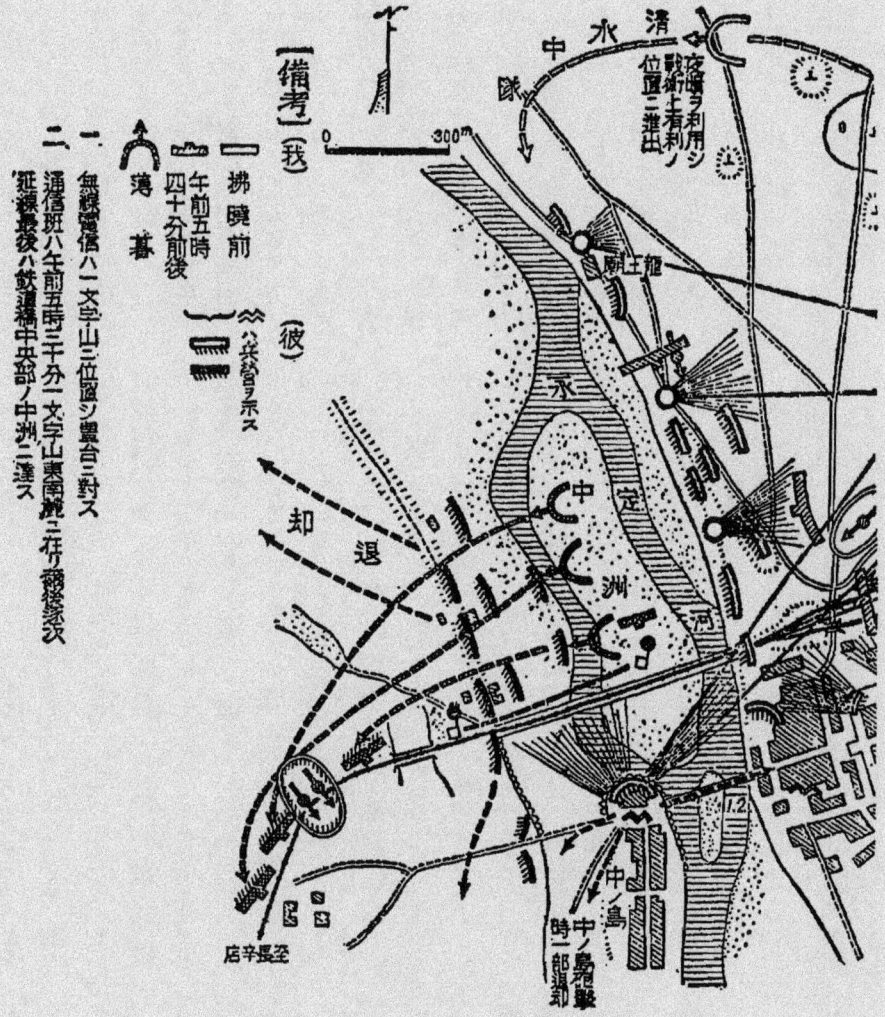

駐屯隊經過要圖

ヨリ薄暮ニ至ル

【備考】（我）

━ 拂曉前

午前五時四十分前後

薄暮

（彼）

ハ兵營ヲ示ス

一、無線電信ハ一文字山ニ位置シ豐台ニ對ス

二、通信班ハ午前五時三十分一文字山東南麓ニ在リ爾後逐次延線最後ハ鐵道橋中央部ノ中洲ニ達ス

豐臺から中島君の引張つて來た主力が來たら支那軍と交渉しよう、かういふわけで、主力の來るのを待つてゐたのです。その間に、この一文字山からこの蘆溝橋の線、これを取つてをきたい。それで一文字山の上に探照燈があつたといふやうなことで、敵を捜索してみた。ところが敵はをらんといふことが判つた、その時には野地君に將校斥候に行つてもらつたな。交渉するにしても、戰爭するにしても、この一文字山に據ることがいゝので、主力が到着すると直ぐに一文字山を占領して和戰兩様の構へをとつたわけです。この間に清水中隊としては、鐵兜を取寄せたり、彈藥を取寄せたりして、戰鬪準備をやつたわけです。ところが一文字山に前進する途中で、私は氣が立つてゐたんですが、大隊本部のあの主計さんと、軍醫さんの倉本君がをつたが、(菅沼君はさうでないが)これから戰爭をするのに少し氣合かけてをかなければならんと思つて「大隊長が歩くのに何を愚圖々々してゐるか、ちやんと歩かんか」とやつた。何にみんなちやんと歩いてゐるんですけれど(笑聲)それで後になつてからも、「あの時、大隊長は怒つてをつたと言つて、ひやかされますが、さういふやうな具合で一文字山に行つたのが、三時半頃だつたでせう。

私達は一文字山附近を占領し火器は宛平縣城に向けて待機してをつた。一番左が穗積君の第七中隊、それから右へ機關銃、第九、清水中隊が竝んでゐた。それで三時半頃だつたでせう、この邊でパン〳〵とまたやつた。敵は非常に警戒が嚴重であつて斯様に支那軍が全面的な警戒をしてをつたといふことは、準備をさ〳〵怠りないといふことを證明してゐるので、これはうか〳〵すると敵にやられる。それなら、今のうちに宛平縣城を夜襲して乘取つてをいて、さうして交渉した方がいゝんぢやないかといふ考へを起したんです。それで實際に突擊しようか、攻擊しようかと心配してをりました。さうした時に北京から聯隊長の電話だといふわけです。その電話といふのが、これは小岩井君の非常な功績で私がはつきり命令したのではないが、獨斷で豐臺から電話線を引張つて來て、西五里店までひいて來てゐた。つまり豐臺で中繼して北京と直接話が出來るやうにしてあつたのです。私は聯隊長に此の方面の情勢を申上げて決心を促すのに非常に好都合だと思つて大へん喜んで其の電話にかゝりました。ところが聯隊長の方も待つてをられたと見えまして、北京の方から、向ふの代表と森田中佐をやつたから、現地で解決するやうに、今、出發した、と言はれたのが四時頃だつたんです。私が電話に出たのは四時少し過ぎてゐたでせう。森田中佐が現地調停のために出發されたといふのですからこれはまた戰爭は出來ないなと思つた。それで聯隊長に大袈裟に申上げた。「聯隊長はさう仰有いますけれども、かういふ狀況で、パン／＼とやりました（それは淸水君の斥候が見付かつたと思つた時のことです）、これでは交涉といふものはとても駄目でせう蘆溝橋を占領してしまつて、その上で交涉した方がいゝと思ひます」かう申上げたのです。すると聯隊長は、武力行使といふことになつては問題が大きくなるので「よし」とは仰有らなかつた。これは後で聞いたことですが、聯隊長も電話口で沈痛な顏をして考へられたといふことです、御尤なことと思ひます。聯隊長御自身も「自分もどうしようかと思つた」と言はれましたが、「これは北京全部の支那軍が動いてゐるわけぢやない。單に豐臺だけの事件と思ふからその點は非常に安心だ。だから、今、森田中佐をやつたから、それによつて話を進めるやうに」かういふことを仰有つた。

ところが私の考へとすると、尙更、全面的に動かないといふことになると、「この際に蘆溝橋の支那軍をひつぱたいてやらう、やつた方がいゝと思ひます」かう申上げた。ところが暫くして聯隊長は「やつてよろしい」と言はれた。まさか聯隊長が、やつてよろし、と仰有るとは私も思はなかつた（笑聲）少し衝を外されたやうな氣がした。

そこで、「ほんたうにやつてよろしいのでありますか」と念を押した。聯隊長が「やつてよろしい」とまた言はれた。「今、四時二十分、間違ひなし」と仰有つた。それからほんとうにやることになつたのです。八日の午前四時二十分！　これが事變が始まつた時なんです。丁度其の時、後から追駈けて來た大隊副官の龜中尉が來てゐましたから、直ぐ一文字山に歸へつて、蘆溝橋を攻擊する用意をするやうに言ひました。それで私は、落著いてしなければならんと、その前に大便をして確り考へてやらうと思ひました（笑聲）。馬を待たせて私は大便を始めたんです。さうして考へて見ると四時二十分です。夏ですから普通ならば夜が明けてゐるわけなのですがその時には黎明の始まつたばかりであれも非常に天佑だつたと思ふのです。併し四時二十分といふと、何時夜が明けるか判らん。ぱつと一時に明るくなつては大變だと、氣が氣ぢやない。それで大便をやるのをやめてしまつて、(笑聲)馬に乗つて、少し來ると向ふから大きな男がやつて來る、櫻井少佐です。もう櫻井少佐が來たのか、この前豐臺事件の時も二十九軍の顧問をやつてゐた野島中佐と櫻井少佐が入つて仲裁してしまつた、それで小岩井君が野島中佐と喧嘩して「貴方は支那軍か」と言つたんですが、顧問といふことになると、中に入つて交渉をやることは當然で——これは惡いものに行き會つた。と思ひました、そこで今度は高飛車に「櫻井さん、今度はとめてもやりますよ。許可をもらつた」「いや、止めはせん。止めはせんが、一たいどういふ情勢か」とまあかういふことで、情勢を話したところが、櫻井少佐の言はるゝには「馮治安が言ふには、俺の部下は城外には出てをらんから、城外にをるのは匪賊だらう、之をやつてくれ、城内を攻撃するのは待つてくれ、城内には良民もをるのだから事が面倒になる」かういふことでありました

そこで一寸考へたんです。滿洲事變の時にも錦州を爆撃して問題を起したことがあつたので、良民を苦しめるといふことはやりたくありませんから「よろしい」と言つて城内の攻撃はやらんといふことを約束した。しかしこれから城外を攻撃をしても、支那軍はをらんといふことになると、こつちの面子が立たん、名譽といふものも失はれてしまふ、それが非常に心配になつて來た。櫻井少佐は蘆溝橋の方に行つて城内の軍隊に行動させぬやうにするといふので自動車に乗つて行つてしまはれた。私は一文字山に上つたが、これは後に聞いたのですが、他のものは聯隊長の所に相談に行き櫻井さんだけが、先に獨り自動車で來られたとのことでした。

戰　鬪

一木　一文字山は、西五里店から五〇〇メートル位ですが、この間私は馬でやつて來た。それで先づ歩兵砲の目標を龍王廟に向けさせた。さうして中隊長に今のことも話さずに、城外の、この陣地の敵を攻撃するんだ「右に方向を換へて前進」といふので、これから前進を始めたのです。何時夜が明けるか判らない、成るべく急がうといふので、非常に急いだんです。その時に清水中隊は中隊長がゐなかつ

たので、野地君に中隊をつれて龍王廟の北方へ廻はつて、此の方面から敵の退路を遮斷するように攻撃を命じたのですが、これがこの攻撃の非常に旨くいつた素因になつたと思ひます。その時の感想を一つ中島君どうです。

中島　さあ、別にありませんが、敵が出て來ればいゝなといふ感じはもつてゐました。

穗積　私の方はこの土手の所を行くのですが、側面（宛平縣城）から撃たれたら私の中隊は非常に困るので、約束はしてあるけれども、それを心配してをりました。

中島　城壁には白旗を出してゐましたね。

穗積　さうでした。

一木　それは櫻井少佐が立てさせたんです。ところが後では撃つたんだね。

穗積　さうです。私の所の鹿內少尉がやられました。一番先に戰死しました。この攻撃を始めたのは五時頃でしたね。

一木　その頃だつた。

穗積　前進開始の號令と共に前進したんですが、城內には特に注意したんです。

勝屋　始めのうちは……

穗積　撃たなかつたんです。

一木　野地君の所は……

野地　自分は隊長が留守で、其の時はこれはほんとうに攻撃するのか、どうか分らんけれども、自分が中隊を指揮して戰爭出來るのかと思つて、とても嬉しかつたんです。さうしたら中隊長が歸つて來られて……それで中隊長と代りまして戰鬪準備を此處で整へました。さうして敵が撃つたら直ぐ撃てるやうに準備をして、前進をしました。この時も鐵兜をもつてゐませんで、自分の當番がもつて來てくれたんですが、自分だけ被るといふことは、どうもいけないので、鐵兜なしにやりました。だん〴〵薄明るくなつて來まして、敵からは見えてをるのでありますが、敵は撃ちませんでした。自分の小隊は第一小隊で、その小隊の先頭に立つて行きました。眞中に中隊長、その後に第二小隊といふやうにして前進しながら、七〇メートル位まで接近しました。トーチカのある所まで、ずつと接近して來たら、敵の將校が立つてをつて、支那語で「止れ」といふやうなことを言ひました。それで中隊長が後にをられますし、自分が何時もかういふ時に出て交渉するので、此の時も「野地交渉せい」と言はれて、私は出かけました。「日本軍は前進命令を受けてをる」と言ふと、これはいよ〳〵駄目だと思つたのか、その將校がトーチカの中に隠れました。直ぐ自分は撃つなと思つたので、直ぐに「伏せい！」とやりました。案の條パラパラやつて來たんですが、トーチカが皆東の方を向いてをつて、私の中隊の方を向いては撃てないんです（笑聲）是れがためにトーチカまで直ぐに行き著きましたが、敵の彈と友軍の彈とが頭の上でヒユン、ヒユンと飛ぶので、これは恐るぐすると友軍の彈に撃たれると思ひまして、直ぐ連絡したんですが、敵兵が間もなく逃出しまして、このトーチカは難なく取つてしまひました。

一木　その時に君は永定河の深さを計つたといふことがあつたな。

野地　中隊長が、永定河を渉つて、向ふに行つたらといふことで、何時もこれは渉れるのですが、この時は水が増してをりまして、それで計つたのですが、これは向ふに渉れるといふことが分りました。

一木　そこで清水中隊の方はさういふことですが、私の方もどんどん前進したんです。私として心配なのは、敵がをるか、をらんか判らん。馮治安は、自分の所の軍は外に出てゐないと言つてゐるので、若しも出てゐても、これを全部城内に入れてしまつてゐたら、日本軍どうだ、と嗤はれて手を叩かれる。さうなつては困るので、をらんといふことが一番心配になりまして、それでみんな眼鏡を出してみろ、と言つて見たのですがやはり判らん。それから益〻急いだんです。さうしてこの邊まで來ると、散兵壕から頭を出してゐるのが見えた。それでやつと安心した。それで後に向かつて歩兵砲に「撃てい！」とやつた。命令を出しても撃つて來ない。それで、どういふわけで撃たないのかと思つて、大隊副官をやりましたが、やはり撃つて來ない。さうすると森田中佐が止めてをられるといふことが判つた。私は森田中佐のことは忘れてしまつてゐたんですが、何時の間にか北京からやつて來て私達の戰爭してゐるのを見て止められた。それで歩兵砲が、森田中佐が止められてゐて撃てない、といふことです。それで鼻柱の強い小岩井君を交渉にやつたんです、その時に小岩井君どうだつた。

小岩井　森田中佐殿の北京を出られた時は廬溝橋に行つて交

渉が出來るといふ考へであつた。ところがその後になつて、情勢が變つて來て大隊長は電話で命令を受けてをられる。そこに喰違ひがあるので、そのことを申上げたのです。森田さんも、私も支那軍はやらなくちやいかんと思つてはゐるが、しかし命令だから、とかう言はれました。さうして涙を流されました。私も涙を流しました。かへつて、其の事を大隊長に傳へると大隊長殿は「電話命令を受けてをる」と申されて、何んとも言へない氣持で涙を流さんばかりの顔をしてをられました。さうして、もう一同私が行つて「大隊長が電話命令をもらつてをられます」と言はふとしましたら、その時に森田さんが「撃てい！」と號令をかけられました。私は嬉しくつて、嬉しくつて……

一木　私の方は小岩井君をやつたが、やつぱり撃つて來ない。そんな馬鹿なことはない。黎明は加速度に夜が明るくなつて來てしまふ、あゝいふ時の心理狀態といふものは可笑しなもので、その時に自分はかういふやうに思つたんです。これは不可ん、この前の豐台の時も戰鬪意識がない、といふやうなことを言はれたけれども、今度こそは、と思つたが、今度もこれは戰爭は出來ない。森田中佐が止めてをつて戰爭は出來ない。我々は戰爭する機に惠まれないのだ、かう思ひました。それから昨夜からまだ飯を食つてゐない。それで川島といふ喇叭長がをりまして、これに言付けて「全部止まれ」と言つて、「朝飯を食へ」とやつた。どつちにしても昨夜から食べてをらん。それでかういふ命令を出したんです。その間に小岩井君が交渉をしてをつた。私は砂利取りの穴があつてそこにをつた。みんな背負袋からパンを出して食べようとした。中島君もやり始めてをつた。その位、こつちは諦めてをつた。森田さんに止められては仕方がない、どうせ我々は運がないんだ。そこでゆつくり朝飯でも食はうと思つて、やり出すと、あつちの方からパンパンとやり出した。それで私の方も、これは不可んと思つて、それから直ぐに「朝飯やめい！」といふ號令を出して、全面的にやり出した。ところがこの歩兵砲のドーンといふ最初の一發は見事このトーチカに命中したんです。そこで私達は攻撃の隊勢をとつて、非常に勇氣が出た。その時に五時半でした。急に夜がぱッと明けて、私は絶えず後を向いては號令をかけてゐたので、よく判りましたが、その頃旭日燦と輝いて今度の事變の瑞兆のやうに、ほんたうに綺麗な太陽がパッとあがりました。それまではほんたうに薄暗かつたのですが、いよ〳〵攻撃前進となるとぱッと、夜が明けて、ほんたうに見事な太陽があがつたのでした。

穂積 その時の感想ですが、私の所からは清水中隊の情勢がよく判るんです。それで、敵がパンパンと撃つたから、直ぐ、それ！ といふので攻撃前進しまして、その時は大隊長の命令をもらつたか、どうか覺えてゐません。

小岩井 あの時の機關銃は早かつたですね。

一木 滿を持して待つてゐたから……

穂積 何しろ、この前進は八〇〇メートルを十分かゝらずに……

一木 早かつたなあ。

勝屋 その時に戰死傷者は………

穂積 前進中は一人もありませんでした。ところが龜中尉が清水中隊に連絡に行つてトーチカの所を、かういふやうに通つて、歸へつて來たんです。敵だと思つて撃たうとした位でした。馬に乗つて此方に來るんですから。あの時の剛膽には驚いたですね。此方からも熾んに撃つてゐる、その弾の中を馬に乗つて………

一木 清水中隊に連絡にやつた歸へりなんだが、あの時に帽子を振つてゐたのは此處が戰線だといふことを知らせるために振つたといふんだ。しかしその龜中尉も徐州會戰でたうたう戰死をされたが、殘念なことをした。

穂積 それから戰況が進んでからですが、私の方の小隊は、此處（城の所）にへばりついてしまつた。それで、主力は前進をしてゐると壕の中の敵の頭がみんなこつちに移動してゐるのが見えるんです。これは一つの敎訓だと思ふんですが、こつちに一小隊、豫備が一小隊で、個人の惡口を言ふのではありませんが、これに連絡をつけようとしても、どうしても、これがつかない。此處に來るまで、この豫備隊がたうたう手に入らなかつたんです。

一木 早かつたからなあ。

穂積 さうです。それでこれが手に入らんで困つてゐると、この鐵道の官舍の小舍があつて、これが砲で吹飛ばされて、柳の枝が落ちてゐる。非常な壯觀だつたんですが、私が豫備隊を呼ばうとして焦つてゐるのを見て、阿部といふのと、原といふ曹長が、二人だけで飛出して行つたんです。

殆ど聯隊砲の射撃を被るやうにして、此處に突貫したんです。さうして阿部といふのが壕にをる奴に斬り込んだのですが、きれいに斬つてゐました。やがて私の小隊が突撃しました。淸水中隊はかういふやうに來ましたし、敵はドンドン逃げました。

小岩井　その時、私は見てをつたんですが、歩兵砲の第一發がトーチカにきれいに命中したのは、この時の川村といふのは私と同期ですが、あれはその前日の演習の時に狙つたトーチカだつたさうです。それで「昨日と全部同じ」とやつたさうです。（笑聲）

穗積　阿部が出ました時に倒れましたが、やられたと思ひましたね。餘波を食つたんですが………

小岩井　非常に壯絶な戰鬪でした。然しあんな氣持のいゝ戰鬪といふものはやつたことはありません。

中島　あの時、敵狀が判らんでをつた時に「大隊長殿敵がをります」と言つたら「何ぼをるか！」とやられまして………（笑聲）

一木　ゐるといふことが判つた時は實に嬉しかつた。

小岩井　教練の時と同じやうでしたね。

穗積　恐いといふ感じはありませんでした。演習の氣分のまゝ、ずつと揃つてゆきました。

澤邊　逃げをくれた敵はをりましたか。

小岩井　澤山をりました。

穗積　隱れてゐたのも大分をりました。

一木　永定河を渉つて大部分は逃げました。兵は喜んでしまつて立つたまゝ撃つてゐるんです。伏して撃つものなどはない。見ると澤山死んでゐますから、それで實は「前進止め」と思つたんです。さうして喇叭手を呼んだんですよ。ところが、これからドンドン撃ち出した。これが鐵橋に當るんです。

穗積　その時に私は、この方向に（宛平城西側）敵が澤山逃げますので、これを追つてゆかうとしたんです。さうしたら大隊長が來られて、こつちだ、こつちだ（橋の方）と言はれたのですが、かういふ所で戰術眼と云ひますか、私の考へと大隊長の考へとは違つてゐました。

野地　私は此處でトーチカの中に逃げをくれた敵からやられるところでした。これは部下のために命拾ひをしたのですが、この川村中尉の砲が自分の二間位前で炸裂するので、合圖をしましたけれども、なかなかこの射向が直りません、そのうちにこれが直りまして、支那軍が逃げてゆく、兵隊が喜んで撃つてゐるので、私は斬るのをやめてをりましたが——一人は斬りましたが、旨く斬れませんでした、突いたら、これは非常に旨くゆきました——一列に逃げてゆくので、一人を撃つと、バタバタツと倒れるんですね。それで兵隊に負けては不可んと思つて行きました、ところが不圖「野地」と呼ばれたので、見ると小岩井さんが立つてをられ、その時に私の臀に彈が當りました。「小岩井中尉殿」と言つた、その時に、ドーンとやられたんです。

小岩井 會つた時は嬉しかつた。昨夜から會はなかつたんだから……

穗積 それと、こゝで大隊長殿を前にして何んですが指揮官の姿勢ですね。この時に大隊長は馬の蠅拂ひをもつて振廻はしてをられたんです。

一木 あの時は、兵が立つて撃つてゐるのを見て、自分の立つてゐるのは忘れてしまつてゐた。

小岩井 大隊長殿は線路上を行かれたでせう。

一木 線路を行かうとして、途中で河に飛降りた。

渡邊 負傷は野地中尉が一番でしたか。

穗積 鹿内の方が早かつたでせう。此處で眼鏡を出して城内の樣子を見ようとした時にやられた。私は戰死のことは知らないで、橋を渡つて向ふに行つてしまつた。

小岩井 それが六時四十分頃でした。

穗積 私が鹿内の戰死を知つたのは十時過ぎでした。

一木 その時のことを申上げると、私は自分は立つてゐて「立つて撃つては不可ん、姿勢が高い」と言つてゐたんですが、さうすると穗積君が鐵橋を渡つてゐる。成ほどあれは旨いことだと見てをつたんです。そのうちに山本といふ中尉が、これも徐州會戰で戰死されて氣の毒なことをしたが、これが永定河の中に飛込んだ。

穗積 あの時は、上がもう渡れんので、この所に正面に機關銃が据えられてをつたんで、この輕機關銃一つがずい分惱ましたわけです。私の行つた時は、まだ、よかつたのですが、だんだんひどくなりました。

小岩井 私もあの時には中洲に飛降りました。

一木 さうだつたなあ。儂は野地君が戰死したといふことを聞いたのはあの時だ。一ぺん渡りかけて、戻つた時で、それから野地君を見に行つた。さうすると鹿内少尉も戰死したといふので、「ほう」と思つてびつくりした。さうして野地君を直ぐ探しに野地君の所に行つた。鐵道の直ぐこつちの方に一〇メートル位の所にゐた。

野地 上でやられて……

一木 「野地判るか」つて言つたら……

野地 私は夢中でした。

一木 直ぐ菅沼軍醫が飛んで來て……命は大丈夫だと言はれたので「確りせい」と言つて。それから向ふに行かうと思つてゐると、その時に龜中尉が渡つて來たでせう。それで私も鐵橋を渡らうとしたが、どうも氣持が悪い。それで此處から飛降りた。さうすると高橋軍曹がやられた。これはやられるぞと思つてゐる時に太田軍曹が飛んで來て、右に敵の銃をもつてをつた。さうして私の所に來て報告した。鹿内少尉が戰死したことを話した。さうすると太田軍曹が話をしてゐたのにグル／＼廻はり出した。何んだ可笑しな奴だと思つたら、やられてゐたんです。「太田、確りせい」と言つたけれども、口をキッとつぐんで鼻から血が出る。それつきりだつた。その時に私も手をやられた。

穂積 この時に私は先に渡つてしまつたんです。其の後がひどくなりました。

菅沼 一時永定河を赤く染めました。

穂積 損害が多かつたからね。

小岩井 戰死者又は負傷者が河を流れると、敵中に流れて行つてしまふので……

一木 側方からやられたんだな。

穂積 輕機關銃がずい分、邪魔になつたんですね。それで、この中洲にゐては、この上流の方は彈が來ない、鐵橋が邪魔になつて撃てないんですよ。

一木 穂積君は始めに渡つたからよかつたが、私は途中で降りたので、渡れなくなつてしまつた。

穂積 最後にまた鐵橋の處にかへられたですね。

一木 どうも此處で後方との電話聯絡があつたのみで其の後聯絡がつかない。その時に初年兵の三宅といふのが這つて行つて聯絡しました。それから小岩井君がかへつて來た。

小岩井 私は一度河の向へ渡つて第一線と大隊本部との連絡にまたかへりまして……

一木 それから中洲から出て橋の桁を横に這つて、向岸に渡つたがこれは慢慢的だつたなあ。今度は引揚げてかへつて來いといふ聯隊命令なんですよ。

小岩井　敵と停戰協定が出來て、引揚げろ、といふことだつたんですね。

穗積　鐵橋の向ふに行つたのが八時でしたね。

一木　（地圖を見ながら）この邊に機關銃がをつて、大體に於てこんな態勢だつたんですが、この時、敵が長辛店のこつちからぐんぐん出て來たんです。さうすると此處にをつたのでは、後をやられるといふので、土手を占領して態勢を整へるために陣地偵察に行きました。ところが停戰協定が出來たから、日本軍は左岸に退れといふ聯隊命令が出た。それが晝頃でした。だが退れと云つても、永定河の中には友軍の負傷者、戰死者がゐるので、退るわけにはゆかない。一人を救けにゆくために二人戰死、一人は重傷を負ふといふやうなことがあつて、夕方戰死傷者を收容するまでは退がれないと頑張つてゐました。聯隊長が晝少し過ぎに此處に來られたので私達は聯隊長の指揮下に入るべき命令をもらひました。

穗積　戰術なんかでは、退れと云はれたら退る、といふことですが、戰死傷者の收容といふやうなことは戰術にはない。中隊長として十名、二十名の者をそのまゝ殘して引揚げるに忍びず、大隊の戰鬪を阻害した、といふことも感じましたけれども、私の中隊としては退がれない。夕方暗くなつて、死體の收容が出來るまで殘つてをりました。そのために大隊全部が殘りまして、戰鬪を膠著させて、非常に具合が惡かつたと思ひますが……

渡邊　退れ、と言はれても、退り得ない狀況にあるわけですね。大隊長として、聯隊長から、さういふ命令をもらつても、停戰協定が成立つてからも、向ふは尙擊つてゐるからどうしても退れないわけでせう。

穗積　私が頑張つたために大隊長の決心を妨害したんぢやないかと思ひまして……

渡邊　それは中隊長の意見具申としてゞしたか。

穗積　いや、さうぢやありません。

一木　あの時はさうぢやない。退れと言はれても退がれんですよ。

穗積　戰術では、さういふことは考へずにやりますが、實際の場合には出來ないと思ひますよ。

一木　そんなことで「戰陣訓」なども出來たと思ふんです。戰術では積極的なことばかりで、死傷者など構はないのですが、實際には退れと云つても、そんなことは出來ないと考へるんです。

穗積　大隊長は大分頑張つてをられたんです。

一木　退れないですよ。あの時にかういふことを考へました。どうせ早晩終るんだ。終るならば、直ぐ後で交渉に移る。それで軍紀、風紀といふことに非常に頭を使つて、寸毫も犯してはならない。橋を渡つた向ふに西瓜の畑があるんです。西瓜なら、いくら食つても構はないけれども、一つでも日本軍が西瓜を盜んだといふことでは、後の交渉の時に不可んといふので「西瓜は一つでも食つては不可ん」と嚴命し金を渡して「お前の所に金を渡して買ふから」と言つて西瓜を買つて分けて食ひました、があれは美味かつたなあ。

穗積　あの時は朝飯も晝飯も食つてゐないのに、戰鬪がぶつゞけですから、西瓜の美味かつたことは………

中島　美味かつたですね。

穗積　乾麵麭はもつてゐましたね。

一木　それはもつてゐる。そんなやうに、絶えず日本軍の名譽といふことについては非常に氣をつけて、惡いことのないやうに考へました。豐台事件の時には、こつちは立派な態度でゐたに拘らず、色々苦情を言はれたので、一つでも惡いことがあつてはならんと非常に氣をつけました。さういふことで、私達の名譽、責任が一番心配でした。私は撃たれるとか、撃つとかいふことは考へてをりませんでした。それで後から言はれたんですが、此處を始めに前進する時は、まるで演習をするやうだつた。あんな馬鹿なやり方はない。それで私は現地で或る人から、何故貴官はそういふ風な行動をしたのか、まるで演習だと言はれました。ずつと揃つて、實にきれいだつたさうです。

渡邊　常識で考へて判らんことがありますな。

穗積　それはありますね。相手が相手ですから、撃たんと云つても………

渡邊　それは櫻井少佐が………

一木　撃つのを止めさせて歩いたのです。自動車に乘つて、白旗を振つて止めて歩かれた。さうして此處に（川の中洲）來られると止める、此方（向ふ岸）に行かれるとまた此處

（川の中洲）で始める、といふやうな調子でした。それから支那軍の抗戰意識は非常に强いもので、或る支那の將校は逃げて來た奴を城門の中へ入れないで斬つてをつた。それから交渉が出來たから、支那軍も全面的に永定河の右岸に退るからこつちも左岸に退がれ、さうすれば和平停戰が出來るといふので、退がらうとしたが、敵も死體の收容の出來ない以上は退がれんと言つてをつたのですが、支那軍としても立派な精神だ、之も三十七師馮治安の部下で二十九軍のすぐれた點だと見ていゝと思ふんです。

又その他の例では、昨年の豐台事件の時などに於ても、この時は武裝解除といふことになつて、中に入つてみると、一人の將校が劍を地に刺して慨然として立つてゐた。日本軍に理不盡に武裝解除されるといふことは面目が立たぬと慨歎してをつた。如何に彼等が對敵觀念の旺盛なものであるかゞ判るんです。

菅沼　死傷者の件について一寸お話したいと思ひます。先程この附近で鹿内少尉が戰死されたといふお話がありましたが、第九中隊の戰死者が三名、河の緣までには、それだけの死傷者でありました。それから此處まで突擊するまでは殆ど死傷者はない。陣地に入つて淸水中隊、第九中隊と集つて來て、その時に此處でバタバタと出來ました。これは宛平城から來る彈のためと思ひました。此處で十名ほど出來ました。それから大隊長が中洲に渉られて、通信兵が電線架設に向ひました。それが河の中でやられました。中洲と右岸とで合計戰死者が六名、負傷者が二十三名、そのうち輕傷者が七名。この方面の負傷者は大體此方に引揚げるまでは運べなかつたのであります。それから淸水中隊では、この方面から擊たれた彈のために十名ほど負傷者が出來ました。此處では淸水中隊だけで運ばれたので非常に助かりました。

それから野地少尉の負傷でありますが、野地君は先程のお話のやうに胸部の貫通銃創を受けまして、これを運ぶのに心配しました。豐臺には一箇小隊しかをりませんで、衛生兵は一人しかをりません。病院は北京です。どうかして北京に運ぶより方法がないのですが、丁度妙な乘合バスがやつて來まして、これで運びました。豐臺から、而も城壁の下を通つて……

一木　あれは小畑主計が偉らかつたんです。彈藥と糧秣をもづて來たのです。

菅沼　その自動車に乘せまして、北京にやりました。然し廣安門からは入れない。それから萬壽山の方から西直門が半開きになつてゐて、乘合自動車でしたから遊覽自動車と間違へられて、野地君達は北京に入れたわけです。看護兵が隨いてゐて、これはシャツ一枚になつてをりまして、外からは地方人のやうに見えたんです。運轉手は兵隊ではない。これで西直門を無事通過して、四時頃著いてゐます。

渡邊　野地君知つてゐるか。

野地　非常に苦しくつて腰かけに麻繩で縛られまして（笑聲）始めは道を行きましたが、そのうちに高粱畑を通つたり、鐵道線路を通つたり、道のない所を進んで來まして、時には畔を通りまして、その時は誰か殺してくれんかと思ひました。生れてから、あれが一番苦しかつたと思ひます。

菅沼　私は北京に送るといふことに就ては、不安はあつたんですが、まだ戒嚴令が布かれてゐるかどうかといふことは判斷つかなかつたし、此方で手當の出來る見透しもないので北京に送りました。續いて鈴木中佐が天津から救護班を送つたから、五時には著くといふ報がありまして、それからは、その救護班を待ちましたが、天津部隊から一番速く來て、非常に嬉しかつたわけです。

小岩井　戰鬪そのものとしては、その後の戰鬪の時もそれ以上のことはあつたと思ふんですが、政策と戰鬪とがこんがらがつて、一寸皆さんの想像出來ないほで、やりにくい戰鬪だつたと思ひます。その點、大隊長としては、非常にやりにくかつたんぢやないかと思つてゐますが……

一木　どうも、攻擊してゆけば、直ぐ退却しろ、非常に苦心をして、死傷者を收容して、九時頃、蘆溝橋の驛まで、千五百か、二千位あつたね。十一時過やつと患者を大事に收容して行つてみると、直ぐまた攻擊だ。その時鐵橋を越えて支那軍が、この邊まで戻つて來てゐる。長豐支線がこれで、九日もこれから蘆溝橋を攻擊すると、また止め、また攻擊、また退れ。十日にはまた攻擊で、一度退がると、其の度に支那軍がまた全部を占領してゐる。また攻擊、といふやうなことで、政策と戰爭とが半分々々で、非常な困難を感じました。

渡邊　大隊長や皆さんのお話を伺つてをりましても、皆さんが戰場といふ觀念なしに頗る冷靜で、終始戰をせられたといふ感じがしました。大隊の前進が綺麗で、天覧演習のやうであつたといふやうなことも、大隊長が河を渡つてから、西瓜を食つてならんとか、金を渡して買はれたといふやうなことも、恐らく普通の戰場に於ては出來なかつたと思ひます。恐らくこれは徹底した平生の教育訓練の結果であつて、大隊長がこの戰場に於て始めから終りまで頗る冷靜に少しも戰さをやつてゐるといふやうな氣分をもたなかつたのもそれが爲で、全員が平生の訓練通りの行爲が出來たといふことは非常に私共の感銘したことであります。

小岩井　自分達は、排日の空氣の中にあつて皇軍の使命を果す、といふ風に常に訓練されてをりました。

穗積　敵を恐しいといふ感じは一つもありませんでしたね。

小岩井　東亞新秩序のために支那人を先づほんたうにリードしてやることが大切で、これが東亞全般のためであり、支那をさういふやうにしてゆくといふことは當時から抱いてをるところの念願でありました。

一木　これで、一つ話を終ることにいたしたいと思ひます。非常にどうも內容のないことを申上げましたが、事變の發端の經緯、その當時の空氣といふものは、今申上げた通りでありますし、これから先、私共はいろ〳〵な問題があつて事變は進みましたけれども、あの時には今申上げたやうなことでありまして、あれが北京の周圍の支那軍が全面的に動くといふことであつたら、ノモンハン以上に一時防勢に立たなければならなかつたでせう、さういふことを考へますと、私共は一度は死んだも同じでありまして、益々御奉公に專念しなければならんと考へてをります。先程澤邊さんが仰有つたやうに、大體私達がやつたのは駐屯軍の名譽のためといふ、そればかりでやつてをりました。その點だけで他は何も考へません、そこが良い所であると思ひます。演習のやうにやつたといふことは、櫻井さんも見てをられて、實に堂々たるものであつたと言はれましたが、それ等もみな日本軍の名譽のためといふ以外に何もなかつたためと思ひます。だから責任を重んじてやるといふことが戰地では大事なことだと思つてをります。恥を知り名を惜む、それが一番大切でありませう。それがあれば、きつと強いと思ひます。そんなことが御參考にでもならば非常に有難いことだと思ひます。ではこの邊で……

澤邊　どうもいろ〳〵有難うございました。

六六

二、日军对于事变后局势的认识与处置

（一）具体对应中国事变之方策要纲

资料名称：支那事变对処具体的方策要綱

资料出处：臼井勝美、稲葉正夫解説《現代史資料》9《日中戦争》2，株式会社みすず書房1976年発行，第44—48頁。

资料解说：本资料是日本关东军司令部在1937年10月11日拟定的对侵华战争的意见书，对用兵、在「蒙疆」和华北扶植傀儡政权、对外关系等各方面提出建议。

一八　支那事変対処具体的方策要綱

（昭和十二年十月十一日　関東軍司令部）

方針

一、今次支那事変収拾の根本方策は我出師の目的たる抗日運動の禁絶容共政策の芟除等大義名分を中外に宣明し、軍事行動の成果と外交措置の機宜と相俟ち、支那を警醒せしめ明澄なる日支間の国交を樹立するのみならず、列強を啓蒙し東亜の現勢を再認識せしめ事変の帰結をして究極日満支三国の融和共栄の顕現に帰納せしむるに在り。之が為長期に亘る戦争行為を辞せず。

二、事変解決の端緒として、先づ以て我軍事行動に依り、支那をして速に戦意を抛棄せしむるを目途とし北支方面は黄河以北の抗日諸軍を撃攘したる後に於ては、主力を以て該方面の要地を占拠して特に接満地帯の安定と対蘇作戦準備の為背後の安全を策し、一部前進拠点を占めて航空根拠地を推進し、又上海方面は之を略取したる後に於ては北支方面と相俟ち専ら航空作戦を徹底化す。

此間海上封鎖及航空作戦に関し海軍の強大なる協力を行ふものとす。

・戦局に眩惑せられて深入し遂に過早に対蘇戦誘発の動機を作らざることに関しては厳に注意を要す。

三、我軍事行動の進展及之に伴ふ諸施策の遂行に依り、差当り概ね黄河以北、北支那、内蒙等一帯の安定確保を図り、自治政権発生の機運を促進し、其樹立するや所在に之と提携し、真に民衆の慶福を具現して容共政策の矛盾と軍閥の秕政とに対照覚醒せしめ、我協力援助の下に赤化の患より救国するの趣旨を普遍化す、又反蔣政権の擡頭に対しては将来の施策を妨げざる限度の支援を与ふ。

情勢の推移に伴ひ南京政権に国交断絶を宣し新に発生せる政権中其基礎鞏固なるものを承認す。

事変の終結に於ける国交の調整は、東亜の現勢に即応し在来の行懸りに拘泥せざる抜本的条件とし、真に日支の提携を庶幾するものとす。

四、列強に対しては特に防共に対する我主張と支那救済の道義的意欲並支那事態の正当なる認識の理解に努めしめ特に蘇聯の巧妙なる謀略に乗ぜざらしむ。

不当なる干渉は断乎之を排除す。

44

五、右施策に伴ひ持久対支戦争〔遂〕行並対蘇戦〔勃〕発に対処すべき軍備の充実国防国家の完成、日満北支開発の促進等最悪の事態に即応すべき準備を完成す。

要　領

一、兵力の行使

兵力の行使は概ね左の要領に準拠す。

㈠ 北支方面に於ては山西、河北省等概ね黄河以北地区の敵を掃蕩したる後、一部を以て太原附近、主力を以て石家荘、徳州附近に要地を占拠し、各一部を適宜其南方地区に派遣して航空根拠地を推進掩護し、努めて多くの兵力を抽出す。

㈡ 蒙疆方面に於ては軽易且特殊の一軍を配置して該方面の安定確保特に接満地域の明朗化を図るの外、赤化防壁完成の後拠たらしむ。

㈢ 前二項各範域内に於ける主要交通線及軍事施設は差当り帝国軍を以て警備し、爾他の地域の治安確保は、帝国軍を中核とし特に設定を認めたる一部原住軍隊及保安隊に拠るの外、非武装的警察及在住民の自衛組織を鞏化して之に任ぜしむるを原則とし努めて民間に散逸せる武器の回収を図る、之が為一時一般住民が敗残兵土匪等より被害を蒙ることあるも已むを得ざるものとす。

㈣ 上海方面に於ては之を略取したる後に於ては主として航空根拠地形成の着意の下に兵力使用を律するも敵の攻勢に対しては随時反撃す。

㈤ 海上封鎖に必要なる要地の占拠は、海軍を以て任ずるを原則とし必要なる海上作戦を行ふの外一部陸兵を使用することあり。

㈥ 陸海両軍とも所要地点に対し、果敢執拗なる航空作戦を反覆し我占拠地方の制空権を確保すると共に敵の戦意の喪失を促進す。

㈦ 情況に依り随時瓦斯攻撃敢行の準備を整ふ。

㈧ 速に在満鮮兵備を充実し、万一対蘇戦併発するも遺憾なからしむ之が為北支方面よりの抽出兵力の大部は満洲に移駐し所要の改編を行ふものとす。

二、対支政略の指導

対支政略指導の根本基調は、今次帝国軍の出動は〔六字不明〕多年の抗日政策に一大転換を要求し、中国主権及領土を侵害するものにあらざる旨を明徹し、日支民族相協力して赤化の患より救国すべきものなるを認識せしめ、以て其建設に大義名分を与へ明朗なる自治政権の確立に希望と光明とを認めしむるを以て第一義とし、民族の対抗意識を克服して之を協和に利導するに在り其拠るべき施策概ね左の如し。

㈠ 蒙疆方面は該地域を粛正して各地自治政権を統制し、特に接満地帯の安定を鞏化し対内外蒙古工作等を有利に進展せしめ、日漢蒙各民族の融和を基調とする明朗化を図り赤化防壁を完成且推進し、蘇支の連結を遮断す。

㈡ 北支方面は差当り概ね山西、河北等、黄河北岸地域を統轄する自治政権を樹立し該地域の粛正、明朗化を図ると共に山西、河北、天津、北京、冀東等の関係を調整す、済南攻略に伴ひ山東の施策を進め之を統合す。

㈢ 前記二方面の政権は努めて在住民の自発的自治政権発生の機運を促進し、原則として現地住民の自主的組織の政治機関を確立し、人民自治の完成を期するも日満両国より必要なる支援援助を与へ交通施設及資源を開発して軍事の要請を充足す、特に其施策に方りては敵国領土占領の観念より脱却し占領地行政は之を行はず不当なる圧迫干渉を厳に戒むるものとす。

㈣　北支方面及蒙疆方面は当分分離せる指導を行ひ特に密接に関聯する部分に付要すれば適宜調整を加へしむ。

両方面共海関塩務等は之を実質上接収し適宜対外関係を調整す。

㈤　上海方面は上海自治特別市の建設を促進し将来概ね海門、崑山、松江、金山の線以東地区に局外中立地帯の設定を庶幾す。

㈥　爾他の支那各地に対しては、中南支に於ては特に日支通商貿易の増進及発展の永続に適する情勢の出現を期するの外、蒙疆及北支方面の自治政治の具現により其善政の影響を如実に反映せしめて反省を促し一方我航空作戦及海上〔三字不明〕其他施策よりする困憊疲弊により反蔣政権擡頭の機運を醸成す。

㈦　南京政権に対しては容共の実体と現下の指導力とに鑑み各政権をして其羈絆を脱し自治宣言をなさしむ、又機を見て速に我国体と相容れざるの理由により国交を断絶し全権大使を引揚ぐ、但中華民国を否認するものにあらざることを明にす。

㈧　北支に於ける清朝復辟運動又は満洲国の延長主義は之を禁絶す、中国中央政府の帰属に付ては各地自治政権の進展に応じ自ら帰結せらるべきものと予想するも情況により北京方面たることに付準備を完成す。

㈨　各自治政権の基礎強化するに従ひ、先づ以て夫々之と地方的和平協定を締結し、特に排日教育の禁止、抗日運動の禁絶、防共の徹底化を期する等着々成果を収め根底を固くし以て将来支那中央政府との国交調整を有利ならしむ。

㈩　南京現政権との和平協定は彼の戦意喪失し自ら進で提案し若は困憊遂に第三国を介し申出来るに於ては其容共政策及排日政策〔脱文カ〕支那中央政府との国交調整は東亜の現勢に即し各地の実情に即応せしめ、実質上真に日満支三国の融和共栄を基調として欧米の不当なる侵害より解放し、我が襟度を大ならしめて徒に優越的若は征服的観念を棄て進んで啓発善導するの主義を堅持し、特に北支及蒙疆方面等接満地帯の明朗なる安定確保、中南支に於ける通商貿易の増進、全支に於ける排日禁絶防共完成等を主眼とし、蒙疆方面は駐兵権を獲得し、其他地域の撤兵は我方の自主的措置に出づるものとす。

(十一)　在支居留民には差当り救恤等を行ひ個人的損害に関しては将来、支那側の補償を求むるも、尚避難居留民中善良なるものは必要に応じ満洲、北支方面等に移入せしめ生活安定の途を講ぜしむ又今次事変に対する帝国国民の動向に鑑み、支那に於ける経済開発に対する挙国的寄与の方途を講じ軍部官憲の表面的進出は之を抑止すること必要なり。

三、対外方策

今次事変に対する対外方策の根本は我出師の本義は支那〔三字不明〕との認識を明確にし、特に人類平和の維持と文化の建設との為、容共政策の糾弾と民族対立の是正、資源配分の衡平の原則を宣明し一民族、一国家の独占的自恣心を去らしむると共に、一方実勢に即応せざる観念的国際法規論を排し、真に八紘一宇の皇謨より発する道義

46

的世界建設の主張を堂々闡明し、自主的方策を講ずるに在り。

其執るべき要項概ね左の如し。

(一) 支那に対する我道義的建設協力支援の立場と、民族協和の主眼防共戦線の強化に関し宣明し、列強の対殖民地支配乃至領土侵略観念との差異に関し較量せしめ、特に過去に於ける列強の対支侵害の事実を指摘し反省を求めしむ、要すれば中国共産党の反帝運動を逆用し列強を牽制す。

(二) 列強対支既得権益就中経済上の利益に関しては努めて之を尊重し戦禍に依り受けたる損害は至当に補償し進で我に好意を持たしむると共に無用の刺激を与へ紛争を醸すことなからしむるも軍事の要請其他事変帰結を速ならしむる為の機宜の方策は仮令、租界其他に関聯する問題と雖大局的考慮の下に断乎主張を貫徹す。

通商並財政経済事項に関しては支那をして戦意を拋棄せしむるを主眼として之を律し対支援助乃至対日経済圧迫の挙措あるものに関しては報復す。

但特に我実権下に把制せる方面に在りては上海自治特別市の設定北支経済開発等に関し友好国に対しては進んで之と提携の機運を促進し其嚮背を有利に転換せしむ。

(三) 独国との提携を益々緊密ならしめ、防共戦線を鞏固ならしむるのみならず、経済的提携、航空連絡の促進に依り、欧洲特に蘇英を牽制す。

伊国とも右に準拠し速に満伊及日伊防共協定の締結を促進し〔四字不明〕英仏を牽制するの外、聯盟及九国条約廃棄の端緒を作為〔三字不明〕前記両国をして南京政府及各地自治政権に対し　帝国ト同一歩調を執らしむ。

之が為北支方面等に於て一部経済上の利益に関し他列強に比し優先的に与ふることあるを考慮す。

(四) 米国に対しては東洋殊に比島、廣東方面の利益を尊重し、又努めて経済上及文化上の提携を促進し、要すれば日米二国のみの太平洋防備問題を提案して情勢の緩和に資し、又我主張は率直大胆ならしむると共に特に支那赤化の事変を認識せしめ輿論を我に有利に転換す、要すれば一部謀略施策により其対支輿論を悪化せしむることあり。

(五) 英国に対しては、究極在支権益に関し利害の衝突あるは免れざるも差当り之を尊重し我軍事行動支援の下に南京政権系金融幣制機構を圧迫すると共に、一方上海方面建設の為協力を求め無用の刺激に依る硬化を防止す特に経済上濠洲を利導して牽制す。

(六) 蘇国に対しては、満洲特に北満に於ける我兵備の充実と相俟ち威重を以て厳に其挙措を監視し、徒に無用の刺激を与ふるは之を避くるも、彼の不法行為に関しては積極的態度を堅持して之に臨むものとす。

但我より進んで開戦の口実を与へざる如く特に留意す。

(七) 仏国に対しては蘇聯との連衡を努めて妨害し、波国其他の反蘇小国に対しては努めて独伊との提携に拠り其反蘇気分の強化を策し牽制す。

(八) 国際聯盟の決議干渉は断乎之を排除し九国条約国会議の招請には之に応ぜず。

万一列強の対日経済封鎖等の圧迫ある場合に於ては必要なる報

復手段を講ず。

㈨　第三国の居中調停は先づ以て中国側の泣訴に拠りたる以外之に応ぜず、泣訴に拠りたる場合と雖、会議地は帝国内又は我実権下に把制せる支那の地域に選定し会議の内容に第三国の介入を許さず上海局外中立地帯設定問題は先づ以て日支の間に懸案の解決を見たる後第三国諸国との協議を開始するものとす。

四、対内方策

今次事変は対蘇戦準備乃至東亜に於ける帝国の地位の飛躍的発展確保の為重大意義あるに鑑み其趣旨の徹底を期して朝野の決意を牢固たらしめ、国際情勢の最悪化に処する為、将又躍進国家の使命達成の為、国家機構を其実行に支障なからしむる如く改革し、国民の持久心を養ひ、軍備の充実、国家総動員体制の名実共の完成、耐久的挙国一致の具現等国力戦に対処すべき方策を促進し、国家諸般の運営を之に適合せしむるものとす。

又日本民族の大陸発展上の資性向上に関しては格段の着意を倍加し先づ満洲国に於て之を顕現修錬せしむるものとす、拠るべき主たる事項概ね左の如し。

㈠　国民精神動員を行ひ、事変に対処すべき国民資質の向上〔三字不明〕図り、徒に小乗的観念に捉はるることなく、〔九字不明〕顕現すべき濶達且堅実、剛健なる氣宇の養成に努〔五字不明〕問題の理解を増進す。

㈡　国家機構就中金融、経済、産業の諸機構を敏速且徹底的に国家目的の到達の為運営し得るが如き抜本的改革の方策を講ずると共に、徒に形式的統制、官憲の圧迫に陥るを避け勤労心の向上に付留意す。

㈢　軍需工業動員を完成するの外軍需産業開発及関係施設等の鮮満方面の重点主義を徹底化す。

㈣　日満北支の経済ブロックを確立し最悪の事態に対処し得べき国防産業の開発、代用品の産業転換に付急速準備を整ふ。

㈤　軍備充実を促進し特に航空威力の強化、在満鮮兵備の増強及定員増加、防空及警備上の民兵的制度の確立、対満移民の徹底的遂行による安定等真に挙国一致、日満一体の国民国防の完成に遺憾なからしむ。

48

（二）解决中国事变方针案及对「满」施策案

资料名称：支那事変解決処理方針案　対満施策ニ関スル件

资料出处：臼井勝美、稲葉正夫解説《現代史資料》9《日中戦争》2，株式会社みすず書房1976年発行，第51—53頁。

资料解说：本资料是1937年12月1日日军大本营陆军部制定的对侵华战争的处理方针。文件记录了日军准备向中国提出的所谓「最低限」的条件，包括承认伪满洲国，禁止抗日运动，成立华北政权以加强同日「满」的融合等。

二〇　支那事変解決処理方針案

（昭和一二、一二、一　大本営陸軍部）

注　意

一、本処理方針は我国として忍ぶべき最下限を示したるものとす。

二、本処理方針を軍部外又は国外に出す場合折衝上の戦術として開示すべき輪廓は別に慎重なる考慮に基き之を定むべきものとす従つて本案の取扱には特に周到なる注意を要す。

支那事変解決大綱

本次事変の解決は左記諸項に準拠して之を処理す。

其一、解決大綱

一、解決は日支間全般の問題を一括して根本的に之を行ふものとし其交渉は日支直接に之を行ひ第三国の干渉を許さず其過程に於て第三国善意の内面的斡旋は之を認むるも正式交渉には関与せしむることなし解決条項中満洲国に関係あるものは同国に対し別途承認せしむるの処置を執る。

二、解決の斡旋又は交渉中と雖支那が其一の第一、第二項及其二乃至其四の全要目承認の時期迄は休戦することなく所要の作戦行動を継続す。

三、解決の気運醞醸せば事変の終結を促進し其成果を有利にし且爾後の国交調整を便ならしむる如く戦争指導上百般の処置を講ず特に作戦行動をして之に即応せしむ。

四、休戦に関する議定事項は別に之を定む。

五、休戦後解決条約批准迄の期間に於ては適時再び開戦し得るの態勢を緩むることなし。

六、解決に方りては努めて事変前に於ける欧米列強の在支権益に触るることを避くるも已を得ざる第三国関係事項は解決成立後処理するを以て本旨となす。

七、解決条約の為の附帯事項は別に之を研究す同事項も亦批准事項に包含せしめ媾和成立後の平時外交に持越すことなし。

其二、締結方針

日支両国は協力して東洋の道義文化を再建設し亜細亜民族の復興を期すべきことを誓約し過去一切の相剋を清算し東洋平和と互助共栄とを図る為左記諸項を約す。

左　記

一、日満支三国は渾然相提携して東洋の平和を確保し善隣友好の実を挙ぐること之が為相互の好誼を破壊するが如き政策、教育、交易手段等を全廃すると共に右種の悪果を招来する虞ある行動を禁絶すること。

二、東洋の道義文化に対する侵略破壊は其の武力的思想的政治的の何れなるを問はず日満支協同して之が防衛芟除に当ること。

三、日満支三国は互助共栄の実を挙ぐる為産業経済等に関し長短相補有無相通の主旨に基き協同互恵を約定すること。

其三、締結条項

一、支那は満洲国を正式承認すること。

二、支那は北支及内蒙に夫々日満支互助共栄及防共強化の具現を容易ならしむべき政権を樹立すること。

三、支那は排日及反満政策を放棄すること。

四、支那は防共政策を確立し日満両国の同政策遂行に協同し尚満洲国と共に日独伊防共協定に参加を約すること。

日満支三国又は其何れかが三国以外の国より受くる侵略特に武力侵攻及共産赤化工作に対しては三国商議の上直接若は間接に協同防衛の措置を執ること。

五、日本は支那の新上海建設に関し協力すること。

六、日満支三国は資源開発物資交易航空連絡交通等に関し所要の互恵的協定を設定すること。

七、支那は本事変のため日本居留民の受けたる損害に対し補償の責に任ずること。

八、日本は本条約の成立と同時に左の諸協定を廃棄すること。

梅津何應欽協定

河北停戦協定

土肥原秦徳純協定

上海停戦協定（昭和七年）

其四、保障事項

日支両国は本条約を誠意を以て履行するの保障として左記事項を約定す。

一、日本軍の進出せる地域は非武装地域となし現在する日本軍は地方治安の恢復と共に自主的に撤兵すること。

北支に於ける重要地域及上海附近に於ては日支協同して治安の維持竝防共の為支那警察隊に依るの外最少限度の日本軍の駐屯竝必要の軍事施設竝主要交通の管理拡充を容認すること。

二、支那は日本に対し北支五省に於ける金融、関税処理、資源開発、交通通信管理等に関し特種権益を与へ所要機関の存置を認むること。

日本は本条約及之に伴ふ諸約定の実現を確認するに於ては右保障の為の約定を解除し之に伴ふ権益中保障の目的を以て保有せし部分を支那に返還す之と同時に日本は支那の国権回復及其復興等に協力の目的を以て従来より有する其在支利権は当時の情勢に応じ之を支那に返還すべき用意あることを約す。

二一　対満施策ニ関スル件

（昭和十二年十二月十日　発）

陸軍省軍務局長〔町尻量基少将〕、北支方面軍参謀長〔岡部直三郎中将〕
参謀本部総務部長〔中島鐵蔵少将〕、北京特務部長〔喜多誠一少将〕　宛電
〔関東軍〕参謀長〔東條英機少将〕

近時新聞其他ニ於テ北支開発案若クハ今次重工業会社設立ニ関スル論評中相当責任アル当局ヨリ「満洲ニ於ケル在来ノ統制主義ハ失敗セルニヨリ北支ハ資本家ノ自由進出ニ任ス」トカ「満洲ハ統制主義ニ失敗シテ重工業会社ノ設立ニテ資本家ニ屈セリ」トカ若クハ「満洲ノ失敗ヲ北支ニ於テ繰返サス」等喧伝シ惹テ軍ノ指導上若クハ満洲国政府ノ施策ニ機微ナル影響ヲ与フルモノアル所、右ニ関シテハ申ス迄モナク経済政策ノ遂行ハ現実的事態ニ即応シ最モ適切ナル方途ヲ必要トシ情勢ノ推移ニ伴ヒ亦自ラ幾多ノ進境ヲ示スヘキモノニシテ特ニ此種無稽ノ論評ヲ防止スルノミナラス進テ識者ヲ啓蒙〔八字不明〕シテ大局的ニテ建国五年間ニ於ケル進歩特ニ軍並満洲基調トシテ鋭意邁進シアル実績ノ跡ヲ説明セラレ北支開発ニ於テモ能ク現下ノ政治的経済的事態ニ適応スル如キ確乎タル方策ヲ執ラルルコトニ関シ御高配相煩度

又今次事件対処ノ大局的見地ニ於テ徒ニ資本家、企業家ノ進出ニ齷齪シテ国民全体ノ福祉増進乃至道義的対支援助ノ根本義ニ背馳スルコトナキ様特ニ関係向キノ御指導ヲ望ム

（三）事变之对应处理要纲案（一）

资料名称：事变对処要綱案（一）

资料出处：臼井勝美、稲葉正夫解説《現代史資料》9《日中戦争》2，株式会社みすず書房 1976 年発行，第 54—55 頁。

资料解说：本资料是日本大本营陆军部制定的以国民政府为交涉对手之际的应对方案，包括军事、经济、思想等各方面的内容。

二二　事変対処要綱案（対現中央政府解決の場合）

（昭和一二、一二、一五　大本営陸軍部）

方　針

一、現戦果を拡張強化しつつ速に現中央政権と日支全般問題を一括解決することに諸般の措置を統合す。

二、此間爾後持久戦争に移行の為に必要なる考慮と準備措置の実行とを併せ行ふ但し之が為方針第一項の達成を阻碍することなし。

三、持久戦争移行の為の決意の時機は方針第一項の目的を達成すること能はざる実情を確認したるとき又は現中央政権が実力上一地方政権たるに至りたる時とし其時機は南京攻略前後とす。

要　領

一、軍事行動

対支圧力強化の為積極的行動を継続す其実施は全般に於ける戦争指導上の機微に吻合せしむ。

軍事上必要なる所要の防衛交通通信其他の軍事施設を促進す。

二、経済対策

㈠　従来実行又は研究せられある事項を促進強化す。

㈡　占拠地域内民需を充足し北支の経済開発を促進し且新上海の経営に着手す。

㈢　列国対支貿易特に列国よりの武器、米国及南洋よりの石油、「シャム」よりの米の輸入阻止に関し所要の方策を講ず。

三、思想対策

㈠　中外に対し我出師目的、日支提携の本義防共の真義等に関する認識向上支那敗戦感の付与等を策す。

㈡　特に対支宣伝の強化を図る。

四、対各政権方策

㈠　尚現中央政権（蔣政権又は其継承政権）の存在を認む但し敵対せば之を崩壊せしめ又一地方政権たらしめ得べき要機の把握に努む。

㈡　北支政権は其自然発生の気運を助長し爾後情勢の推移に即応し得るの発展を期し適時支那の有力政権となり又は他政権と合流し得べき資質の付与を考慮す但し目下の処直に之を中央政権と為し又は全支の分裂を招来するが如き積極的指導を行ふことなし。

㈢　蒙疆自治政権の内容を整頓す。

54

㈣ 上海方面自治政権の発生を促し治安整頓に任ぜしめ南京方面陥落後同方面自治政権との合流を準備す。

五、解決促進策

㈠ 解決は現中央政権（蒋政権又は其継承政権）を対手とし全支の問題を統一して解決処理するの方針を採る。

㈡ 解決は支那側の講和提議、第三国善意の斡旋に起るを本旨とす。

㈢ 此期間に於ける支那の内情及列強態度の推移を審にし現中央政権をして解決気運の醸成を容易ならしむる機会を与ふる場合あるを顧慮す。

㈣ 此際北支蒙疆及上海等の問題は全支問題の部分として之を処理し此等各方面の既成自治政権は支那本然の事態に即し中央主権下に於ける範囲の存在として之を継承容認せしむ。

㈤ 解決の為の処理方針は別冊「支那事変解決処理方針」（昭和一二・一二〔ママ〕大本営陸軍部案）の如し。

六、北支開発

北支に於ける治安、交通、経済、文化開発等は予定に従ひ之を実施す。

七、外交工作

㈠ 外交工作の重点を対米親善に指向し特に我が産業国策遂行に資すべき経済上の提携及米国輿論の好転に努む。

㈡ 欧洲に対しては独伊枢軸に拠る欧洲諸邦特に蘇英の牽制に努む。

㈢ 英国に対しては排英思想を打破し大局的冷静を以て正当に対処す但し英よりする対日親善的転向あらば之が利用を考慮し我外交国策を対蘇反共一正面の態勢に誘導す。

八、戦力準備

所要兵団の作戦遂行の為の軍需を整備し革新的軍備の充実を準備す。

九、国家総力の整備

総動員及軍需動員は予定計画の実行を促進強化す之が為総軍の約半部に対し一年間に応ずる軍需を基礎とし特に産業五ケ年計画を統合し諸産業就中其基礎に於ける堅実なる発達を期する如く所要の事項を促進す又別に総軍の作戦遂行に即応し得る如く総動員の全面的発動を準備す。

国内諸機構の強度なる戦時態勢移行、所要の戦時法令の制定等を準備す。

十、対内指導

㈠ 事変終局の目的に関し我国是に立脚する観念を確立し事変処理に関する国論を統一し国策遂行上の目的に帰一せしむ。

㈡ 戦歿遺家族及傷痍軍人の物心両方面に於ける優遇対策を確立す。

㈢ 日支国交の調整と近き将来に予想せらるべき国際的難局克服の為国家総力を以てする耐久的国防準備、国勢整備等の為所要の国論指導を行ふ。

（四）事变之对应处理要纲案（二）

资料名称：事变対処要綱案（二）

资料出处：臼井勝美、稲葉正夫解説《現代史資料》9《日中戦争》2，株式会社みすず書房1976年発行，第56—58頁。

资料解说：本资料是大本营陆军部制定的不以国民政府为对手之际的应对方案，包括军事、傀儡政权、消灭抗日政权、对华北政策、外交、军备、思想、经济、整顿国力、对内指导等各方面的内容，以及对侵华战争陷入持久战的准备。

二三　事変対処要綱案（従来の中央政府否認後）

（昭和一二、一二、一五　大本営陸軍部）

方　針

一、従来の支那中央政権を否認し北支に親日満防共の政権を樹立し之を更生新支那の中心勢力たらしむる如く指導し之と連繋して各方面共親日（又は非抗日）反共政権を樹立し支那全局面に於て抗日共産政権に対する圧縮壊滅を策す。

二、所要地域に於て我兵力を以てする軍事的占拠其地域内に於ける劃期的善政指導及新樹立政権の勢力拡大等に依り之に伴ふ領土喪失感と抗日共産領域内住民の困窮とに依り対抗政権及其所属民衆をして抗日容共の非を悟らしめ時と共に依日救国の大勢に順応するに至らしむ。

三、成るべく速に全支の自然的統一状態を誘致し無期分裂抗争に基く支那の赤化又は欧米勢力侵襲の罅隙なからしむ。

四、全期間を通じ我国防国策の主眼を依然対蘇反共に置き其以外数正面に亘る戦争準備の余儀なき情勢に立ち至らざる如く政戦両略に亘り運用施策す。

五、我国家総力就中国防力の培養強化及統整を促進すると共に支那に対する我国力の消耗を制限し且対「ソ」作戦の準備を強化整頓す。

要　領

一、軍事行動

㈠　我が上陸兵力を以て所要の地域を軍事的に占拠す其範域は概ね持久転移の際に於ける戦果を基準とすべきも持久の便易、樹立政権の自立性強化其他全般政戦両略上の大局を考慮し適時占拠線の整理、要点要域の攻略、敵軍撃滅等を行ふ。

㈡　海上兵力を以て海上交通線の遮断を一層厳にする外適時要点要域の攻撃又は攻略を行ふ之が為適時戦時封鎖の発動を準備す。

㈢　航空兵力を以て敵の軍事施設、交通線、政権等に対し執拗なる破壊を反覆す此の行動間常に対兵対民衆思想宣伝を併用す。

㈣　占拠地域内に於て所要に応じ治安の維持、交通線の確保等に関し所要の処置を講ずるも努めて支那側政権自治の精神を尊重助成す。

㈤　我が軍事行動の為占拠区域内政権をして所要の便宜を供与せしむ。

56

(六) **軍事行動の細部は別に定む。**

二、**親日政権の助成指導**

(一) 北支政権は親日満反共の思想的根基を政策の主根たらしめ隣域合流及在支同種政権提携の為諸般の実力を具有するに至らしむ。

(二) 北支新政権に包含せらるべき地域は軍事行動進展の程度に依るべきも差当り河北、山東及山西の三省とし冀東自治政府は之を解消し特別区たらしむ。

(三) 蒙疆方面に関しては現蒙疆連合会をして指導せしめ親日満防共と蒙漢協和とを政策の根基たらしめ時機を見て察南晋北両自治政府又は全蒙疆を北支政権傘下に合流せしめ其特別区たらしむ。

(四) 日満蒙疆及北支間の軍事、防共、文化、経済開発、交易等に関しては機に応じ所要の協定を締結す。

(五) 中南支に於て情勢の推移に伴ひ江蘇、浙江、福建、廣東方面に樹立せらるることあるべき親日反共政権は之を助成し逐次北支政権との合流を指導す。

此等政権とは速かに経済交易居留運輸航空等の特恵的協定を締結す。

三、北支開発

(一) 戦禍水災に因る窮民救済を策す。

(二) 交通通信線の統整拡充は軍事上の要求に応ずるを急とし日満北支総力の増強を終局の目標として之を律す。

経済開発は日満産業拡充の計画に吻合せしめ特に国防上の需要と日満北支民衆の慶福とを主眼とし鉱工業塩田開発棉花培養等を行ひ之に必要なる電力交通等を併せ開発す之に要する資本は日満支民間よりするの外、外国資本の導入を図る。

(四) 金融は日満に依存せしめ関税塩税其他の政府収入は主として之を北支処理の経費に充当す。

(五) 文化開発は現地住民在来の風俗習慣を尊重し安住に資せしむ自然科学の向上を図り漸を以て行ふ科学的開発に資せしむ、又精神科学は日満支各民族精神の基底たる東洋の道義文化を普及徹底せしむ。

四、抗日政権壊滅策

(一) 政権に対し諸外国よりする補給を妨碍遮断す。

(二) 我占拠地域内に抗日政権倒滅の鞏固なる組織結成を策し之を支援推進し地域外全支の軍隊民衆の反政府行動を助成す。

(三) 政権内部抗争激化の為赤白短〔ママ〕勢力反日親日両勢力等の存在を利用する崩壊謀略を行ふ。

(四) 金融の指導を策し抗日政権を金融崩壊に導く。

(五) 補給遮断、思想工作、謀略等の為我航空兵力回教徒「カトリック」教徒、「ユダヤ」人等を利用す。

(六) 謀略諸機関を拡充強化す。

五、外交方策

(一) 欧洲に於ける対蘇謀略及独伊枢軸の強化に依り欧米、就中蘇を同方面に牽制し特に日満支に対する独伊の経済関係を利導す。

(二) 対米親善の為経済上の提携及輿論の好転に努め特に我産業拡充上の需要充足と日満支対米間の経済関係を調整利導す。

(三) 英に対しては威力と功利との併用に依り其の対日態度の転向を策し過早の日英紛争惹起を避くるも拝英追随の政策を排す。

㈣　爾他諸国に対する多面的親善に依り貿易の振興集団干渉の不成立等を策す。

六、経済対策

㈠　経済国力の増強を堅実耐久的ならしむ之が為先づ生産力拡充を促進し所要の機構調整経済各部門の統整等に関する対策を策定実施す。

㈡　非軍需経済の運営を合理的ならしめ特に時局の打撃甚大なる農民及中小商工業者等の為所要の措置を講ず。

㈢　長期に亘る内外需給の均衡を図る、之が為金融配給消費労務貿易等に関し所要の堅実なる統整を行ひ特に対東亜諸邦貿易を振興し独、伊、米との交易関係を密接ならしめ且米よりの資金流入に努む。

㈣　北支経済開発、新上海の経営其他既定経済対策を促進す。

七、思想対策

㈠　思想戦諸機関の拡充強化を行ふ。

㈡　対支就中抗日政権及其勢力圏内に於ける軍隊及民衆に対する宣伝に万全を期す。

㈢　対満蒙鮮湾諸民族に対する啓蒙教化宣伝の為指導精神を確立し所要の統整を行ふ。

㈣　対内教化の為指導精神を確立し且諸般の機関を総動員す特に指導者階級の教化に重点を指向す。

八、国防国策の樹立及軍備の充実

㈠　東亜に於ける新態勢と近き将来に予想せらるべき国際的難局を考慮し新国防国策を樹立す。

㈡　新国防国策に順応し我建軍の本義我国の新国情、世界列強の趨向、支那事変の体験等を加味し陸海空の三兵力に亘り急速なる革新的軍備の充実を計画実行す。

㈢　此間常に対「ソ」戦備の強化充実を遺憾なからしむるを以て百般の基調となす。

九、其他の対内指導

㈠　出征者家族及戦歿者遺家族並傷痍軍人の物心両方面に於ける恒久的優遇対策を確立す。

㈡　引上げ居留民の救恤補償及現地復帰に努む。

㈢　総国力の充実が時局及国際情勢の一般を打開克服するの要諦なるを徹底せしめ発動中の軍需動員総動員の実行を強力堅実ならしむると共に一般の国力充備就中産業拡充に関し努力を倍蓰して之が具現を強行す。

㈣　国是国風に立脚し堅実なる国論の統一動倹力行の習性化、国防的挙国一致の具現等と相俟ち逐次耐久的国家総動員の形態に誘導す。

㈤　国内諸機構の強力化に依り時勢に即応し得べき綜合恒久的国家態勢を整ふ。

十、持久終結の為解決要領

解決処理方針は別に定むる所に拠り解決は各方面に樹立せらるべき新政権と逐次に解決し後之を綜合す。

十一、以上諸項の具体策は夫々別に之を定む。

58

（五）对于中国事变之世界舆论动向

资料名称： 支那事変に対する世界輿論の動向

资料出处： 葛西純一編訳《新資料・蘆溝橋事件》，成祥出版社1975年発行，第87—97頁。

资料解说： 本资料是日本杂志《世界知识》收集的各国媒体对卢沟桥事变的反应和相关报道。

世界知識（臨時増刊）

『支那事変に対する世界輿論の動向』（資料は主として外務省週刊時報による）

昭和十三年二月五日　発行

第一部　日本側資料

〔支那紙〕

蘆溝橋事件勃発す

▼立報（七月九日）

蘆溝橋事件は日本軍の不法攻撃によって生じた。北支の戦亡は単に北支の問題でなくして全国の重大問題である。（以下略）

▼晨報（七月九日）

今回の事件は明らかに日本軍の計画的行動であることがわかる。日本軍事当局は国内の不人気を他に転嫁せしめんが為に再び侵略行動に出たものである。（以下略）

▼新聞報（七月九日）

事件発生後わが当局は外交手段によって解決せんとしておって少しも挑戦の意思はない。しかしながら日本軍が敏速に撤退せずして改心の情なき時は、支那軍は自衛権の発動また国土保全のため唯防禦あるのみである。決して威嚇に屈してはならぬ。

▼大公報（七月九日）

冀察当局は外交的折衝によって之を解決せんとし、吾人もまた国権の喪失に亘らないかぎり事態の拡大を望むものではないから、宋哲元は速かに北平に帰りてこの対策を講ずるの必要がある。国民は中央地方ともに団結協力し、国策の存するところに基づいて之を後援すべきであるから、節制ある態度を以って実効を挙ぐるよう行動せられんことを望む。

▼益世報（七月九日）

日本に対して、支那の無抵抗主義が過去のことに属し、土匪、浪人、便衣隊等による政策が積極において破滅を招来することを深く認識し、対支政策を国際道徳の範疇に立脚しない以上は徒らに我国民の怨恨を重ねて、いかに北支経済合作に奔命しても徒労に終わらんことを忠告す。

▼実報（七月九日）

（前略）日本はここ数年来の政策を翻然改めて、最近に至っては近衛公組閣に成功し、川越大使再び赴任せんとして何れも中日関係の調整を唱道したが、之が調整方式にして本事件の如きものとせんか、吾人はただ徹底的対策を為すのみである。むしろ玉砕するも瓦全を欲せざるものなり。

▼世界日報（七月九日）

本事件の発展は予測し得ないが、近衛内閣成立して中日関係好転の空気濃厚の秋に当たって日本側が突然事を起こしたことは、平和を愛好する中国人士の遺憾とする所であることは勿論、日支関係の調整を頻りに提唱する日本側識者の痛惜する所である。幸いに事態は未だ収拾困難なる点までに達していないから、日本側が他に重大企図を有しない限り速かに解決し得らるるものと思われる。

（以下略）

▼中山日報（七月十日）

日本はさきに南京において蔵本失踪の際、擅に謡言を作って抗議したるうえ兵を動かし、その軽挙妄動は天下の物笑いとなったが、今次蘆溝橋事件において「銃声を聞く」「一名行方不明」という理由で擅に入城した。九・一八の先例に似て公理公法を無視するものである。日本は政治紊乱し、軍費膨脹、物価騰貴等で、民衆は極度に不安に陥り、政党財閥等の倒閣運動がまた起こらんとする

90

秋に、少壮軍人は現在のファシスト政権維持のために民衆の眼を外方に向けんとし、外方に対し事を構えんとしているもので、今次の事件もその底意に出たるものであって、もし本件が拡大するときは東洋平和の維持は四億中華民族の生命を共にして決定せらるるであろう。

▼広州日報（七月十日）

中国の統一久しからず東北四省未だにわが手に帰らず、平津一帯敵に蹂躙せられている際、またも日本軍隊の攻撃を受けたと聞くからには、国民は今こそ起って敵侮禦に邁進しなくてはならぬ。

▼環球報（七月十日）

日本軍は演習中一兵卒行衛不明となり、また銃声を聞いたと県城の捜査を無理に要求し、わが方が之を拒否するや自衛と称して前進したるもので、その故意挑戦は至って明らかである。（以下略）

▼群声日報（七月十日）

華北の軍民同胞が予てより日本軍の鉄蹄下に蹂躙をうけていることは、吾人の痛く憤激する所であるが、川越大使が国交調整を交渉しつつある際この如き不幸なる事件を惹起したのは誠に失望に耐えない。

▼越華報（七月十日）

日支間の一切の紛争は、武力を以って前駆となしており、この日本の侵略政策を知る者は今次の事件が、恫喝の故智に出たものであることが明らかである。

▼青島時報（七月十日）

盧溝橋事件に現われた支那軍の力強き抵抗と土着民衆の憤慨は、河北の民心軍心未だ滅びなくこれを証明するものである。（以下略）

▼星光日報（七月十日）

今次の事件の直接原因は、日本軍が演習中不足兵員捜査のため宛平県城入城を強行したこと、その遠因は日本の一貫した侵略政策に在ること勿論であるが、さきに北支交通の要衝である豊台を手に収めたる日本軍としては、冀察政権が次第に中央化しようとしている今日、さらに平漢線を支配すべく盧溝橋に着目したこと当然であって、右両地を日本軍に占領せらるるにおいては、中央と冀察との連絡は完全に遮断せらるべく、この意味よりして本事件は単なる一衝突として看過し得ない。吾人は従来しばしば日支国交改善の声を聞くが、このような事件続発するにおいては日支問題の和平解決は全く絶望というべく、本事件に対してはこの際、華北当局の決意と中央の全幅的援助を希望してやまない。

▼北平・天津タイムス（七月十七日）

思うに吾人は日本及び冀察側が、今直ちに今次事件の首謀者を罷免せずして北平城内及び付近の軍隊入換えによって、一時的妥協により正面衝突を回避しようと努力中であるから、両者の間に一層重要なる問題を協議する時間の余裕も生じ、また北平付近における戦闘によって国際的紛争を惹起する危険も免れることとなろう。日支両軍の敵対行為はかくして数週間あるいは数か月間延期せらるべく、結局南京政府は河北の地方的解決を否認する以上は、何事かを為さなくてはならぬ。

▼新沙市日報（七月十二日）

今次事件の発生と事件発展の責任は明らかに日本側にある。日本が飽くまで華北侵略のため事態の拡大を図ろうとするならば、支那軍民は領土の保全と自衛上神聖なる発動を辞せず、十三日、再び事件は日本側の事態拡大によって形勢逆転したが、右は日本側が軍事的手段によって外交の目的を達せんとするものであって、日本が武力を以って来る以上は支那もまた武力を以ってこれに挑戦すべきである。

▼江声報（七月十三日）

日支経済提携を唱えて失敗した林内閣に代わって近衛内閣が出現したが、政府に対する軍部の圧力はますます増大しており、今次の事件において日本は容易に撤兵をなす模様なく、中国もまた易々と城下の誓いをなすようなことはなく、本件は単なる一地方問題として終わらないから、この平和的解決はいよいよ困難である。

〔英国紙〕

▼ロンドン・タイムス（七月十四日）

蘆溝橋事件の是非論の如きはすでに第二義的である。吾人の知る所では、それは神経質な歩哨または不手際な将校の責とみるべきである。日支両国政府の慎重な自制は特筆に値いする。不成功だったにせよ、幾度か停戦協定の作られた点のみでも重視すべきだ。現に柳条溝事件の際は停戦協定の話はなかった。（中略）日本は得る所に比し危険多き戦争を欲せぬであろう。日本は戦闘に勝ち得ても支那を征服することは出来ぬ。北平併合の如きは得る所少なく招く所は全国的な排日であろう。故に最も賢明にして世界の尊敬と感謝を得る方法は速かに停戦し、蘆溝橋事件真相の調査を開始するにある。しかし、日本の支那人に対する不信、蔣介石の地位及び支那全体の強化、右に伴なう支那の公然かつ不謹慎な対日態度硬化等に対する内心の憤慨は、右和協策実現の機会を少なくしている。要するに最後の瞬間に賢明な意見の通らぬ限り、今後相当大規模な敵対行為があるものとせねばなるまい。

▼デーリー・ヘラルド（七月十四日）

本事件は明らかに日支戦争に発展する危険がある。日支のみならず世界にとり、極東における戦争は大不幸である。日支戦争を防止し得る最善の方法は、米英両国の速かなる共同動作のみである。

〔米国紙〕

▼ニューヨーク・ヘラルド・トリビューン（七月十二日）

北平付近で真実のニュースを通信するは殆んど不可能故、北支事変の真相を知るには、日支両国及び諸外国政府の公式発表をよく咀嚼し、種々の宣伝的ニュース中から事実の破片を選択せねばならぬ。停戦協定は成立後二、三時間もたたぬうちに破られている模様だが、これは何も不思議ではない。一度衝突が起これば不規律な支那軍を統制することは困難である。（と述べた後、日本側における事情を揣摩し）普通ならばかくて停戦協定が出来、相互に面子をつぶさぬよう外交的折衝が行なわれるわけであるが、蔣介石は麾下の精鋭を北上せしめつつあるとの報道が真実ならばそうも行くまい。蔣介石が今真に日本と決戦しようとは思えない。しかし軍隊を北上させるようなことがあれば、紅軍が長らく宣伝し来たった政策に乗るようなもので、支那自身が混乱に陥り、日本軍も深い奥地に広汎な戦線を張らねばならぬ、遂には財政的に行き詰まるであろう。

▼ニューヨーク・デーリー・ニュース（七月十四日）

吾人は今事変に対する国務省の慎重な態度を称賛する。満洲事変当時のスチムソン前国務長官の態度が慎重を欠いたことは人のよく記憶するところ、当時ス氏及びフーバー前大統領は英仏の国際連盟における正義の叫びに眩惑され、英仏が利口に彰に隠れている間に、米国は単独で抗議を続け、危く日米開戦の危険に直面した。この間、ハル国務長官は今日までのところ上手にやっている。勿論吾人は極東においてもまた平和のために協力するにやぶさかでないが、支那における英仏の利益擁護の手先に今回はならない。英仏は勿論米国の友邦なるも、国際間の友誼には限度がある。もしハル長官がこの態度を堅持するなら多くの米国人に喜ばれよう。吾人は弱者支那に消極的同情を持つが、米国が今次の戦争で積極的に支那側につく情勢は想像できぬ。願わくはスペインにおけると同様、アジアにおいても冷静を失うなかれ。いずれの戦争も吾人の関する問題ではない。

▼サンフランシスコ・ニュース（七月十三日）

最近、支那側が呉淞方面の防備を固め、また北支那方面においては軍用飛行場など軍事施設を行

94

なって日本の感情を著しく刺激し来たったことが、今次北支事変の原因である。（ジョン・トムソン）

▼バルチモア・サン（七月十四日）

北支における日本の意図は不明であるが、最も重要な点は、支那軍の衝突地帯撤退を要求していることである。今度は南京政府も強気に出た。これは蔣介石が真に抗日を決意せるを示すものだ。

〔ドイツ紙〕

▼ベルリナー・ベルゼン・ツァイツング（七月十日）

日支両軍衝突の原因は北支民衆及び支那軍隊の中にある抗日気分である。すなわち冀察政務委員会が従来の慣例を破り、日本軍の演習に異議を申立てたとすれば、右の抗日気分に気がねした結果である。

▼ドイッチェ・アルゲマイネ・ツァイツング（七月十二日）

今日の欧洲人は全く傍観者となり、昔なら恐らく介入したはずの極東の事態に対しても、今日は全く「平静だ」と考えている始末だ。（以下略）

〔ポーランド紙〕

▼ガゼータ・ポリスカ（七月十七日）

今次事件は日支両国間の問題に止まらず、その政治的意義は更に深いものがある。問題の重点はソ支間の関係であるが、第一に不可解なるは支那側の態度である。北支政権が日本と和解せんとするに拘らず、南京はかえって事態を悪化せしめさかんに戦争準備をなしている。もし外蒙乃至新疆においてソ連に対してのみ同様の態度に出たるものとすればともかく、日本に対してのみかくことごとく強硬態度に出るのは、明らかに黒竜江事件と今次事件とが関連せることを示すもので、ソ連は支那における共産主義宣伝を抗日国家主義宣伝に代え、以ってソ支共同して日本に当たらんとするのであるが、このソ支共同工作はかえって日本国内世論の統一と国民の挙国一致を助長した点で失敗といわねばならぬ。故に南京も万一対日本戦争に成功しても、北支がやがて外蒙と同様の運命に陥り、かつ国民党に代わり赤色政権が支那を支配するに至るべきを洞察し、ソ連の混言に迷わされざるよう自覚するを要する。けだし日支戦争はその結果いかんに拘らず、支那国民の自殺行為であろう。

〔アルゼンチン紙〕

▼ナシオン（七月十五日）

一九二二年以来、ソ連が極東において行なった共産主義の宣伝は、日本として国家存立上厳重なる防共措置を講ずるに至らしめ、まず満洲国の建設となり、次いで北支の分離運動となったが、長城、黄河間を日本勢力下におく時は、日ソに武力争闘勃発するであろう。

96

〔葛西注〕

以上、外国紙二十七紙のうち、最も的確に蘆溝橋事件の本質と未来への展望を述べたのは波蘭（ポーランド）紙『ガゼータ・ポリスカ』（七月十七日）一紙だけであった。

中国紙は一紙も的中したものがなく、わが国の的中紙『毎日新聞』（関公平記者。本書一二九頁）一紙のみと共に、哀れな現象といえよう。新聞論調はおおむね当たらないもの、という見本である。

（六）中国事变中的活跃人物

资料名称：支那事変に躍つた人物

资料出处：葛西純一編訳《新資料・蘆溝橋事件》，成祥出版社1975年発行，第97—105頁。

资料解说：收集整理了卢沟桥事变之际中日双方相关政、军人物的基本资料。

世界知識（臨時増刊）
『支那事変に躍った人物』

昭和十三年二月五日　発行

〔日本人側〕（抄録）（板津直光記）

近衛文麿＝青年宰相。見るからに上品、インテリ型で革新的なところが若い人々にもてる。思想的哲学的な深みがあり、とくに父君霞山公に薫陶されたため、対支政策に一見識をもつ。事変直後、自ら蔣介石と談じあい大所高所から支那問題を解決せんとした。

杉山元＝陸軍大臣。漠然として捉えどころないのが価値あるところ。

米内光政＝海軍大臣。颯爽、無敵日本艦隊を象徴するもの。

広田弘毅＝二・二六事件直後の難産内閣の首班者。非欧米派で国士風的な人物。外務大臣。

賀屋興宣＝大蔵大臣。生えぬきの大蔵省育ち、官僚出身にしては珍しく太っ腹。

末次信正＝内務大臣。海軍大将。事変に対する強硬論者。

木戸幸一＝文部大臣。侯爵。近衛首相と無二の親友。

吉野信次＝商工大臣。重要なる発言権を有す。

大谷尊由＝拓殖大臣。将来、支那事変に重大な役割りを行うかも知れぬ。

中島知久平＝鉄道大臣。飛行機製作で事変と直接関係あり。政党の代表である。

永井柳太郎＝逓信大臣。電力国家管理案で事変と直接関係あり。政党の代表である。

故・馬場鍈一＝内相。近衛首相の相談相手で種々の建策をなし、内閣参議制度の実現は有名。

宇垣一成＝陸軍大将。内閣参議十名の筆頭で、十名が一堂に会し国家の根本政策を談論する光景は事変中の豪華版である。

郷誠之助＝財界の大御所。男爵。

池田成彬＝金融の大物。前日銀総裁。三井の池田で知らる。

町田忠治＝民政党総裁。徳の人。

前田米蔵＝政友会代行委員。智の人。

松岡洋右＝満鉄（南満洲鉄道）総裁。国際連盟脱退当時の立役者で横紙破り的な存在。

秋山定輔＝近衛公の先代より因縁浅からぬ策士。

秋田清＝十人の参議のなかの一人。陰の人である。かつて犬養木堂の革新党を政友会に売り、現

98

在は既成政党、小会派、無産党までも一丸とする合同を企つ。最近は衆議院議長として日支問題に一役かわんとす。

鮎川義介＝日産の鮎川。

津田信吾＝鐘紡社長。

十河信二＝興中公司社長。

〔外人側〕（抄録）（鈴木東民記）

ナッチブル・ヒュウゲッセン（前英国駐支大使）＝支那事変勃発以来の彼の大車輪の活動は有名で、戦火の南京、上海間の途上で飛行機の機銃掃射を浴び負傷し、更迭さる。西安事変の際、南京と張学良の間の調停を必死になって行なった。万一調停失敗の際は張学良を外遊させるべく、イギリス軍艦を某所に待機させたりした。日英同盟が失われた後は、国民政府を強化して日本と対抗すべく努力した。

ノーマン・デヴィス（九国条約国会議アメリカ代表）＝実業界の出。財務次官、国務次官等を歴任した。六十歳。

オスカー・トラウトマン（ドイツ駐支大使）＝六十一歳。駐神戸総領事、東京大使館員を経て帰国。外務省東亜部長から駐支大使となる。国際法が専門、東洋美術の造詣すこぶる深し。

W・L・ドナルド（南京政府私設顧問）＝前身は新聞記者。西安事件以来一躍有名となった。祼一貫の支那風雲児。張作霖の顧問をつとめたこともあり、張学良外遊のときはお伴をした。

ドミトリ・ワシリエヴィッチ・ボゴモロフ（ソ連駐支大使）＝一九二〇年の夏から開始されたソ連と支那の復交交渉は一九二四年にやっと妥結、ソ連代表カラハンと支那代表顧維鈞が調印した。しかし一九二七年、北京政府（葛西注＝張作霖政権）の共産主義運動弾圧に際し支那側が北京のソ連公使館を襲撃、ソ支国交は断絶された。その後、一九三〇年五月モスクワでソ支復交会議が開かれたが、支那側がハバロフスク協定の無条件承認を拒否したので決裂。

満洲事変勃発で支那側は日本の行動を牽制する必要からソ連との復交を急ぎ、当時モスクワに在った王曾思を代表に、ソ支不侵略条約の締結を条件に復交を提議させた。その結果、一九三二年十二月ソ支国交回復し、翌一九三三年四月、駐支大使としてモスクワから南京に派遣されたのがドミトリ・ワシリエヴィッチ・ボゴモロフである。だが、ボゴモロフ着任と同時に引続き交渉される筈だった不侵略条約の件は、支那側の逡巡のため進展しなかった。ところが、待てば海路の日和（？）で支那事変が勃発、支那はソ連との接近を必要とするに至った関係から、今度は支那側が不侵略条約締結を焦りだした。今までさんざんじらしぬかれていたボゴモロフは、支那事変という絶好のチャンスをつかんで、遂にソ支不侵略条約の締結に成功した。

100

ソ支不侵略条約の背後には軍事密約があるという噂も伝えられた。彼は四十八歳の少壮外交官。

【支那人側】（抄録）（波多野幹一記）

蔣介石＝軍事委員会委員長。事変以来の動きはフにおちぬことばかり。一時の賢明さは全くみられず、病竜の末路哀れである。

孔祥熙＝行政院長兼財政部長。宋閥の代表者宋子文をしのぐ実力者。支那要人で最初に主和論を唱えた。

宋靄齢＝孔祥熙夫人。男まさりのラツ腕家といわれる。

宋美齢＝蔣介石夫人。哲婦という言葉がピッタリ。西太后、淀君といったところで、南京を滅ぼした女として後世に名が残ろう。

宋子文＝経済委員会委員長。支那第一の財政家。最近は香港にいるが、蔣との間に溝ができたか。

陳立夫＝教育部長。兄の陳果夫とともにC・C団の首領。共産党嫌いで、将来国・共分離といった場合は反共の中心となるだろう。

陳　誠＝青年軍人派首領。四十三歳。保定軍官学校卒。主戦派の首領でもある。最近馮玉祥にかわって京漢線方面の戦区総指揮に任ぜられたようだ。

胡宗南＝第一師長。黄浦軍官学校卒、四十四歳。蔣介石直系軍中第一の勇将で、共産軍中の勇将

徐向前も胡宗南が苦手。毎度手痛くやられていることは有名な事実。

張治中＝湖南省政府主席。保定軍官学校卒。第一次上海事件で日本と戦い、今度もまた上海で戦ったが、国府分散遷都前、何鍵に代わって湖南省政府主席となった。四十八歳。

何応欽＝軍政部長。蒋介石に次ぐ軍の実力者。著名な知日派。準備不足を説いて主戦論者をおさえていたが、血気にはやる青年軍人に押しきられた。

張　群＝行政院副院長。抗戦の無謀を最もよく知っている男。

翁文灝＝経済部長。ベルギールヴァン大学卒の博士。支那有数の地質学者。経済手腕は未知数。

張公権＝交通部長。慶応卒。中国銀行の主で、浙江財閥のブレーン。

汪兆銘＝国民党元老。武の何応欽に対し、文の汪兆銘といわれる。主和論者。

陳公博＝汪派の領袖。事変後イタリアで外交活動をしているが、成果なし。

白崇禧＝広西派の領袖。支那第一の軍略家である。一身の理財につとめず、支那では希にみる高潔な男。

李宗仁＝広西派首領。白崇禧を使いこなしていることで、その器は想像されよう。

陳済棠＝元広東の実権者。割拠軍閥の最大たる広東派の首領であったが下野外遊。事変後コッソリ帰国、李宗仁を頼って捲土重来を策す。

閻錫山＝山西派首領。共産軍の山西侵入で中央軍の援助を乞い、南京に頭が上らなくなった。

韓復榘＝旧山東省政府主席。もと馮玉祥下の猛将だったが、一九二九年馮が反蒋戦を起したとき、

102

うまく見切って蔣介石につきトントン拍子で山東省主席になる。反日風潮にも雷同せず、山東省を北支の模範省としたが、今回の事変で蔣の隠し目付けたる蔣伯誠に牽制され、ついに山東の日本権益破壊をやり、あげくのはて敗戦の責を負わされ銃殺された。

孫　科＝立法院長。孫文の長子。中ソ文化協会長。抗日人民戦線派のシンパでソ連の積極的援助を懇請。

馮玉祥＝軍事委員会副委員長。北方旧軍閥から国民党へ転向。それでいながらいく度か反蔣戦発動。また著名な抗日家でもある。しかし力はない。

于右任＝監察院長。孫科、馮玉祥と共にソ連派の首領。共産党の温床といわれた上海大学の校長をやり、娘も共産党員になったという。事変後、共産党員はみな于の宅を根城にしている。

陳銘枢＝十九路軍産みの親。陳済棠の以前に、広東の実権者だった。一九三三—四年の福建革命後、急速にモスクワに接近。

蔡廷楷＝旧十九路軍首領。第一次上海事件で日本軍と戦った十九路軍の総指揮者が病気で、軍長の彼が指揮した。一員の虎将。抗戦失敗を露骨にいった最初の男。

李済琛＝旧広西派首領。当世の奸雄。蔣介石が国民革命軍を率いて北上したとき留守居役として広東を預り、蔣が北伐に成功すれば当然広東を貰うし、失敗すれば蔣を広東から締め出す算段をした。その上、弟分の李宗仁軍の給養をよくし、白崇禧を国民革命軍参謀長代理（参謀長は李済琛本人）にし蔣を監視させた。計画図にあたり、北伐成功当時には広西派の勢力範囲は、広西、広東、湖南、湖北の四省に及んだ。そこで必然的に蔣との争いになり、広西派の若殿様である胡宗鐸が武漢で火蓋を切ったが、早すぎて失敗。李済琛は蔣介石に監禁。満洲事変後釈放されたが、広西でも迎えられず、陳銘枢らと福建革命を起したが失敗。今度の事変ではどう動くか。

郭沫若＝左翼作家の元老。九州帝国大学卒（現・九大）の医学士。日本女性を妻に、支那文壇に新風を起こしたロマンチシズムの驍将。共産党に入り、左翼作家の犬として蔣介石から逮捕令が出て、日本に亡命約十年。事変後、逮捕令が取り消され上海にゆき抗日宣伝の中心人物となる。

章乃器＝人民戦線派領袖。元銀行家。独学の経済学者、論客として有名。一九三六年十一月の上海邦人紡績スト煽動のかどで沈鈞儒、鄒韜奮、王造時、李公樸、沙千里、史良女史らと一緒に逮捕された人民派七領袖の一人。事変後釈放、相変わらず抗日宣伝をしている。

宋慶齢＝孫文未亡人。姉靄齢、妹美齢とは性格が違い、ロマンチスト。一貫した容共主義者で、蘇州監獄にいる人民派七領袖釈放運動で坐りこみ戦術をやった。

毛沢東＝共産党首領。恐るべき組織者。共産軍の根拠地たる陝西省北部にいて時々漢口、長沙等に現われているらしい。漢口陥落すれば、共産系の人物や軍隊が蔣とは別になり陝西省に逃げこもうから、毛の計画は至極賢明だ。

104

周恩来＝共産党総書記。内訌の激しい共産党で十二、三年にわたって党中枢に蟠拠、不倒翁の綽名をもつ政治家だが、その政治家ぶりを最もよく発揮したのが西安事件だった。同事件の三日後にはもう西安に現われ、自由自在の掛け引きで蒋介石を翻弄し、連露、容共、抗日、を約束させた。国共合作交渉で八面六臂の活動を続け、事変後も各地に奔走。最近は朱徳が閻錫山の地位にとって代わったそうだが、これらはコミンテルンの意をうけた周の成功を物語る。

朱　徳＝共産軍首領。共産軍の草分けは毛沢東の組織した農民バルチザン隊と、朱の率いる国民党軍崩れの叛乱部隊が合体した紅第四軍である。国民党にじっとしていれば、顧祝同の次の椅子に坐れる男。

陳紹禹＝王明ともいう。中共モスクワ代表団主席。ソ連の支那通でモスクワ中山大学校長やコミンテルン極東代表をやったりしたミフの片腕。コミンテルンの命をうけて帰国、当時中共を牛耳っていた李立三のコースを猛烈に攻撃、これを引きずり落した功により中共総書記をかち得た男。その後モスクワに戻り中共代表団主席。抗日人民戦線理論の最高組織者。パリに『救国時報』を組織、最近は漢口に乗りこみ、党機関紙『新中国日報』を創刊したという。

（七）卢沟桥事件（葛西纯一）

资料名称： 蘆溝橋事件

资料出处： 葛西純一編訳《新資料・蘆溝橋事件》，成祥出版社1975年発行，第129—133頁。

资料解说： 本资料是在事变现场的媒体人对事变的回忆，着重记载了事变后的交涉事宜。

大阪毎日新聞（北支版）

関公平『聖戦南北—戦陣秘話①』より

昭和十三年七月二日　発行

蘆溝橋事件

二つの怪！

七月七日、支那の旧都北京郊外の蘆溝橋畔、その深夜に起こった暴戻支那軍の皇軍に対する不法射撃——蘆溝橋事件が火の如くに燃えひろがって今日の重大なる支那事変になろうとは、誰が予期したであろうか。懸軍万里、今や皇国未曾有の大聖戦は五日ののち、早くもここにその一周年を迎えんとするに当たり、かつて、また現に、弾雨の下に筆をひっさげて軍に従える本社記者たちのその思い出深き「戦陣秘話」を聞いていただきたい。

◇

蘆溝橋事件の現地電報を本社に打ち終わってホッとしたのが昭和十二年七月八日の午前九時頃であった。この電報が支那事変の第一報になろうなどとは、本当に私は夢想だもしなかった。新聞記者として、私として光栄あるあの第一電を思うとき、文字通り永劫忘るることが出来ない。

私は蘆溝橋の現場で偶然にも一外人記者に会い、その記者を通じて事件に対する日本の真意をよく世界に伝えることが出来たと思っていた。私の打った蘆溝橋事件電報の一部。

午前八時半、戦況がやや落ち着いたころ米国大使館員ソルスベリー氏とA・PのW記者とが連れだって来た。W君は真相を確かめに来たという。そこで記者は抗日意識に燃えた二十九軍の挑戦によって事件が突発したこと、先方が二度も三度も発砲し来たに拘らず、わが軍は自重して発砲しなかったこと、夜明けまで一発も射たなかったわが軍の隠忍にもかかわらず、夜明けにかけて彼が攻勢に出たので、遂に自衛上わが方も応射するに至た旨を大略語った。

まずこんな意味で、日本の真意をかれら両氏に説明したのであった。思いきや事件がもつれて遂に七月二十七日、邦人居留民の交民巷（葛西注＝外国大使館区域）籠城となったが、八月九日には皇軍の威武により早くも籠城は解かれたのであった。八月末の某日、私は米国在住の或る未知の一日本婦人から一通の手紙を受取った。文面には故国の重大事件に痛心されておる様子がありありとうかがわれていたが、用件は大体次のようなものであった。

貴下の電報にあるあのW記者（葛西注＝オーエン・ラチモア記者）は実に怪しからん電報を打っている。しかもその電報を載せた新聞社の主筆が、同記者は七年も北京に住み北支の諸事情は表裏ともよく知っている、故に同君のこの現地報告は信頼するに足るものであると前書きをし、日本軍は夜間演習にかこつけてどうしたこうしたと日本軍を誹謗した記事で全紙が埋められている、その新聞は貴地の軍当局に送るが、どうかW記者に忠告してくれ。

との注文であった。

◇

「きのうの晩ヤッとわかったぞ」

と北京特務機関の門前で出会いがしらに私に怒鳴るようにいったのは、冀察軍事顧問のN中佐であった。

「何が？」

聖戦南北 戦陣放話

蘆溝橋事件

二つの怪！

米記者の報道と銃声

関公平

当時の事件を報じた毎日新聞

とおうむ返しに問うた記者の前に支那服を着た中佐は額の汗をハンケチで拭きながら自動車から降り立った。蘆溝橋事件が勃発してから五、六日経った早朝のことである。そのころは、わが方の事件不拡大の精神が二十九軍首脳者にも通じたのか、局地解決必ずしも不可能ではないとさえ思われていた時であり、蘆溝橋の二十九軍は約定の地点に撤退、事件責任者の処罰その他の協定が日支両軍の間に成立し、彼我両軍は一定（以下紙面一部欠落につき不明）あったのである。ただどうも夜分になると、どこからともなしに銃声らしいものがするので、双方から監視役を出し、銃声がどちら側から起るのか監視をしていたのであった。N中佐は昨夜二十九軍の陣地でその役目を勤めていたのであるが、中佐は、

「日本軍は約束を違えることは絶対にない」

と二十九軍の立会将校に断言したその途端、三発の銃声が聞こえた。しかもそれは確かに日本の陣地からである。今の今、大見えをきった自分はすぐに電話を日本側にかけた。するとわが軍から、

「いや、いま貴方に電話をしようとしたところである。何時何分、どの方角で三発の銃声を聞いた。それは確かに二十九軍側であるから厳重抗議をせねばならぬ」

との返事である。おかしいじゃないか、僕が聞いた銃声も三発、時間も方向も同じ、それが対陣している日本軍からは支那側に聞こえ、支那軍からは日本側に聞こえる。どうもその中間どころ（以下紙面一部欠落につき不明）紛れての共産分子（以下同、不明）ていうことに結（以下同、不明）う思う。君はと（以下同、不明）「テッキリそ（以下同、不明）えたのであった。私はかねがね北支は勿論

132

二十九軍内部にも共産分子が暗躍しつつあったことを聞いていたし、例の西安事件に引き続いて抗日強硬論のため、二・二事件を引き起こして王以哲師長を血祭にあげた上、北支に潜入した赤化背年将校孫銘九らが、二十九軍内部に盛んに働きかけているというような風説も小耳にはさんでいた時なので、私の判断もすぐそこに落ちたのであった。しかし、とにかくこの銃声ようのものが、当時ではまだ一般にはどうも変だという程度を出なかったのであるが、月日のたった今日では共産分子の手だったということがハッキリして来た。

◇

ここに二つの事件余聞を通じて二十九軍の抗日意識、共産分子の暗躍がどんなものであったか、第三者が事件の勃発をどうみていたか、これによって多少ともその間の事情が理解し得られると思う。盧溝橋、月の名所で名高い盧溝橋畔にわが同胞の尊い血が注がれてから早くも一周年を迎えんとしている。

〔葛西注〕

この毎日新聞切抜きは、〒665宝塚市小浜三丁目五—一八　藤野幸治氏提供。この記事が掲載された毎日新聞は、毎日新聞東京本社、国会図書館のいずれにもなかった。終戦直後になくなったらしい。

（八）事件之分析与考证

资料名称：事件の分析と考証

资料出处：寺平忠輔著《蘆溝橋事件——日本の悲劇》，読売新聞社 1970 年版，第 427—453 頁。

资料解说：本资料是寺平忠辅对事变的分析和考证，认为打响事变第一枪的是第二十九军，而背后策动的有中共说、冯玉祥说、第二十九军说、日军说、冀东傀儡政府说等各种说法。此外还考证了日军士兵走失事件，和各相关当事人回忆中的事变过程等。

第三二章　事件の分析と考証

不法第一弾の実体は何か？

七月七日夜十時四十分、突如清水中隊の頭上を飛んだ不法の第一弾、これはいったい何者が放ったか？　という問題をめぐって、従来いろいろな推測が行なわれてきた。そしてそれは今日まで、まだ何等ハッキリした結論には到達していないのである。

時の総理大臣近衛文麿氏は「どうも日本側自体が怪しい」と洩らし、後の法務大臣犬養健氏は「イヤあれは確かに中共の中間策動に違いない」と割り切っている。

近衛氏の判断の基礎は「軍が華北権益の把握を焦慮する余り、例によって例のごとく勝手にひき起した謀略行為だ」というにあるらしく、犬養氏の場合は事件後頻発した中共の各種策動を楯にとり「だから最初の第一発も、やッぱり彼等が手を下したんだ」という推定に他ならない。

ところがあの時、現地にあって、射撃の閃光まで目撃した野地小隊長や清水中隊長、ないし事件後直ちに真相の究明に乗り出した一木大隊長や赤藤憲兵分隊長は、いずれも二十九軍説をとなえて譲らない。そして私もまた、今日まであらゆる角度から検討を重ねた結論として、あの引鉄はやはり二十九軍の兵によって引かれた、という見方の妥当性を支持するものである。

「発射地点に関する考察」

まず射撃の真相を究明するに当っては、発射した地点と状態、これをハッキリ知っておく事が肝要である。これだけは机上論では決められず、どうしても現地について確かめなければならない。近衛説や犬養説も、一度現地に臨んだならば、恐らくその考え方が百八十度変ってしまうのではなかろうかとさえ思われるのである。

私は事件直後、この点を現地で清水中隊長以下下士官兵に、直接確かめた事がある。その時彼等は異口同音に「発射地点はあの竜王廟南側、トーチカ付近の堤防上でした。また弾数は合計十八発ぐらいだったと記憶します」と教えてくれた。戦傷を負ってその当時入院中だった野地小隊長の手記にも、この事がハッキリ載せられている。

　そこでこれが確実だという事になると、地理的に「両軍の中間地区」から、あるいは「死角」から射ってきたという説が、完全に覆えされてしまう事になる。たとえ策謀であったにもせよ、その時下手人は「堤防上から射った」という事に限定されてしまうのである。

　もともと中間策動というのは、日華双方を同時に刺激するのが狙いであるはずだが、七日の夜、日本軍の方には弾がとんで来たが、中国側に対しては一発の弾もとんで行かなかった。中間策動にあらずして純然たる一方的策動である。

　今、かりに百歩を譲って、それが「中間策動」であったとした場合、びっくりするのは決して日本側ばかりではなく、中国側だってこれを奇怪視するのが当然である。彼等はすぐさまこれを馮治安に電話急報するだろう。通信連絡の点では彼等は既設線の利用が出来るのだから、原ッパの真ん中にいる日本軍演習部隊より、遙かに有利な立場にあったわけである。逆に中国側の方から日本側に対して先に、不法射撃の抗議が提出されて然るべきであろう。

　私は事件勃発以来、終始交渉の矢面に立たされたけれど、七月七日夜の出来事を、日本軍の不法射撃だなど、先方からいわれたことは一回もなかったし、日本側交渉機関の他の人も、一人としてそんな話は聞いた者がない。

　またあの時の小銃十八発という弾は、決して一人や二人が放ったものではない。目撃者の説明によれば、閃光はかなりの間隔を持っていたとの事だから、少なくとも数名の者が交互に発射した事が想像される。

　両軍の距離は僅々千メートル足らず、しかも平坦な土地である。この中間に何名かの工作員が、銃をたずさえて割り込んで来るがごときは、実際問題として非常にむつかしい事である。またこの発射位置は、死角というような射撃しやすく、離脱しやすい場所でなかった事は、地図を開いて見れば一目瞭然である。

「中間地区での策動」という見方は、これでますますその影が薄くなってしまうのである。

「中国兵がやったという事実」

秦徳純は八日午前二時半、桜井顧問に対して、「城外には断じて配兵していない」と弁明した。しかし、現実は完全に彼の主張を覆えしてしまった。即ち七日夕刻、中国兵が陣地を掘っていたという事実、夜間は一ヶ小隊くらいが陣地についているという河務局工兵の証言、八日午前四時、清水中隊長が発射点近くの堤防上で親しく中国兵と談話を交えている事実、さらに交戦後、発射位置付近に点々二十九軍正規兵の死体が転がっていたという事実、これらに徴しても当夜城外に配兵されていた証拠は歴然たるものがある。

副軍長という高い地位につくと、末端部隊の細かい配置がどうなっているか、ご存知ないのは無理もない。彼の言葉は単なる原則論であって現実論ではなかったのである。

日本軍の旅団長がこの堤防上の工事進捗状況にまで気をくばっていたという事は、日本軍なればこそ、河辺少将であればこその、周到な着意と言い得るのである。

そこで今ここに、何等の技巧を加えることなく当時のありのままの実情について、さらに検討を進めてみることとしよう。

六月中旬、南京の軍中枢部から何応欽の名をもって、二十九軍に対し、一通の訓電が発せられて来た。内容は「最近軍事緊迫の折り柄、日本軍の夜間演習に対しては特に警戒を厳重にし、虚に乗ぜられて不測の事態を生起せざること肝要なり」というのである。二十九軍は早速これを隷下に通達した。そこで団長吉星文はこれに基いて現地の具体的実情を勘案し「日本軍は演習の名目の下に、近く宛平県城を奪取する企図を抱懐している。現地守備兵はこれに対し、万遺算のないよう昼夜警戒を厳重にせよ」というあの訓示を下したのである。

だから兵は全員、上司のこの指示を金科玉条と心得、——日本軍は今に必ずやって来るぞ——という観念が深く脳裡に沁み込んでいた。現地指揮官がにわかに堤防上の塹壕を補強し始めたのも、終夜これに配兵し始めた理由も、一にこの訓令の結果と見ることが出来よう。

七日の夕刻、竜王廟の東に清水中隊が固まっているのを見て——今晩あたり、あの中隊が攻めて来るのかも知れないぞ——と、兵は徹宵陣地を離れなかった。ところが清水中隊は一向攻めて来そうな気配がない。それどころか、竜王廟を背にしてだんだん遠ざかって行ってしまう――ハテな？　今夜は攻撃を取り止めにしたのかな？――と思ってちょっと気を緩めた。とたん、午後十時四十分、にわかに仮設敵の軽機射撃が始まったわけである。――来たッ――そう思った瞬間、覚えず引鉄に指がかかり、弾が発射された。つまり恐怖心と警戒心、それに敵愾心を加えて三つに割ったような気持が、兵の間に動いていたものと想像される。

続いて間もなく集合喇叭が鳴り始めた。「今度こそ攻撃開始の合図の喇叭だッ、射て射てッ」たちまち十八発の射撃を始めた。

私は各方面からいろいろの資料を蒐集し、あらゆる場面を想定して研究してみたが、結局これが一番真相に近いもののように感ぜられる。もちろん、その時の中国兵から直接話を聴いたわけではないのだから、これが真実であると断定する事だけははばかっておく。

さて、以上のような経緯の下に引鉄が引かれたとすれば、事は極めて単純である。しかしこの判決が果して妥当であるかどうか、その背後にだれか糸をひく者がありはしなかったか、この点について今少しメスを入れてみることとしよう。

「二十九軍の計画説」

二十九軍が自らあの事件を計画したとすれば、その指し金は当然馮治安から出ているものと考えなければならない。彼は抗日の権化であり、また蘆溝橋部隊の直系師長でもあるからである。しかし我々が直接当面の団長や営長に会って話し合った感じとしては、工作の命令が吉星文や金振中を経由したらしい形跡はない。

例えば八日の朝五時三十分、両軍いよいよ本戦惹起のあの瞬時、金振中はびっくりして我々との会見室からとび出し、部下に対して大声叱呼「射つな、射つな！」を連発した。さらに彼は城壁上に駆け上り、身を挺して兵の射撃を抑制し、部下の幹部を面詰した。もし彼自らが命令して起した事件なら、その部下の目の前であれだけ大胆な制止抑圧が出来るはずはない。また吉星文が宛平城内で私に対し「本当に困った事が起ってしまいました」と言いながら眉をひそめたあの表情は、これまた決して誤魔化し的態度とは受けとれなかった。

こうした現地に在る枢要な指揮官が、いずれもこの策

431　事件の分析と考証

謀に関与していないという事になれば、結局連長、排長以下の行動という事に局限されてくる。それにしてもいやしくも計画的行動という事であれば、戦術上の見地から一文字山には当然一部の兵が配置されていてしかるべきである。それすらやってなかった点から判断すると、たとえ計画的であったとしても、これは単なる連長以下の暴虎馮河の勇か、ないしは単なる嫌がらせくらいにしか解釈出来ないのである。

「馮玉祥の策動説」

クリスチャンゼネラル・馮玉祥は、もともと大の日本嫌いだった。彼はかつてその最高顧問、松室孝良氏に対し「とかく日本の政策は、どれもこれも私の性分に合わんものばかりだ。これが私の日本嫌いの理由であって、決して個々の日本人が嫌いなわけじゃない。むしろ大いに仲よくしたいと思っている」と感想の一端を洩らしている。その反動か知らぬが、ソ連や中共とはかなり親しくしていた。

ところが一旦反蒋運動に失敗してから、彼は西北の地盤と兵力とを失ってしまい、不遇の日々を過さなければならなかった。事件当時は軍事委員会副委員長という、実権の伴わない空名を与えられ、ただわけもなく南京と廬山の間を往復して、再起のチャンスを狙っていた。したがって中共側の企図する「逆九・一八」の構想など、彼は十分知っていたに違いない。

――これは一歩を先んじて、自分がこの火付け役を買って出たら、たちまち抗日の英雄に祭り上げられ、再び時代の脚光を浴びる事もあえて難事ではなさそうだ――こう考えた彼は、早速旧部下だった馮治安に檄をとばして煽動し始めた。これによって中共側の計画よりも先に、蘆溝橋事件がひき起されたという見方もある。

彼に共産側とのつながりがあった事や、同じ系統の石友三や韓復榘あたりから、頻々策謀に関する情報が流れてきた事に思いをめぐらす時、一応そうした計画があり得る事も考えられない事はない。

馮治安を煽動したまでは間違いないが、さてそれによって馮治安がどう踊ったかが問題である。これまた前と同じく、これに間違いないという具体的根拠は摑めていないのである。

「日本側の策謀説」

これには民間右翼団体説、軍の中堅幹部説等いろいろある。しかしこれこそ本当に「中間策動」か「死角の利用」でもやらない限り、他に手段方法はないはずである。第一発の発射地点がすでに、堤防上に限定されてしまうと、日本側の工作員がいかに巧妙に装っても、中国兵のいる場所までも潜入する事はまず考えられない。

右翼団体といえば、昭和八年一月一日、山海関事件を作為するため、彼等が満州国国境警察隊を使嗾して、日本憲兵隊に手榴弾をたたき込ませ、日華両軍を抗争に導いた前例がある。しかし蘆溝橋の場合、そうした片鱗は少しもうかがえなかったし、憲兵や領事館警察に尋ねても、こうした右翼団体の北京進出は当時全然見かけなかった。

軍の策謀という点では、和知機関、茂川機関、ないし北京特務機関が手を下した、という説が私の耳に入っている。当初は興味も手伝って、かなりまことしやかに喧伝されたものである。

和知中佐は軍の高級参謀である。軍の不拡大方針を最も切実に身に体していた一人である。つとに西南派工作に力を注ぎ、天津には私設無電までも装備していた。蘆溝橋事件が勃発するや、中佐は軍参謀長の命をうけ、不法射撃の数時間後、早くも北京特務機関に乗り込んで来て、爾来泊り込みで不拡大工作に精根を傾けつくしたことは、私がこの目でまざまざと確認している。一方で火をつけ、一方で揉み消し運動に奔走する。そんな一貫性のない馬鹿げた事を、軍の高級参謀ともあろう者がやるはずはない。また、軍参謀長としてもそんな危険性のある人物を、時も時、北京特務機関に差し向けたりしたら、火に油を注ぐ結果になるくらいは百も承知のはずである。むしろ参謀長の分身者として北京特務機関長に協力させるため、特派したと見るのが正しいのであって、非常な信頼を一身に集めていた事がうなずかれる。これを事件の画策者と睨むがごときは当らない。

茂川少佐は回教工作の権威である。これを事件策謀の黒幕だと言い出したのは、関東軍参謀田中隆吉中佐である。

彼は七月九日、天津にやって来て「茂川君、今度の事件の火付け役は君以外にない。僕にはそれがわかるんだ」と高飛車に出た。少佐はこれに逆らわず「そうですか。私なんかの存在がそれほどまでに認めていただけるんでしたら、本当に光栄の至りですなあ」としかるべく応酬した。参謀はこれを真にうけて、爾来至るところで茂川説を振り回した。

茂川少佐と私とは、従来最も懇意な間柄だったが、一日北京にやって来て「田中隆吉って随分当てずっぽうをいう男だよ。あんまりばかばかしいカマをかけてきたので、そうだそうだと相槌打ってやったら、すっかり悦に入ってしまって、とうとう僕がやった事にデッチ上げてしまった。君達も彼には十分気をつけ給え」と語っていた。

北京機関説を主張する者は「柳条溝の時は奉天機関がお膳立て万端を引き受けた。今度の場合、北京機関がお膝元におりながら、知らぬとはいわせない。補佐官が当夜、十河信二さんと一緒に飲んでいたなんていうのがそもそものクセ者だ。子分は蘆溝橋に行って、いくらでも弾をブッ放すことが出来るじゃないか」と理論づけている。推理小説もこの辺まで来ると、どうしてなかなかたいしたものである。ともかく、事件が現地軍関係の計画であったならば、軍のあらゆる態勢は、今少し何とかこれに応ずるよう整えられていてよかったはずである。満州事変の際、全関東軍は柳条溝の一発と共に、電光石火、行動を起し、一路所定の任務に向って邁進していった。よくもあれだけの準備が整っていたものと感心させられる。

しかるに蘆溝橋の場合は、まったくこれと正反対だった。当面の旅団長は南大寺の検閲に出張していて不在、北京駐屯の木原大隊は遠く通州に出向いて徹夜で演習をやっている。肝心の軍司令官田代中将は明日をも知れぬ病気危篤の状態である。あらゆる環境が、このように事件の勃発にもっとも不利な状態に置かれていた。中国側にこそ好都合であれ、日本軍がこの情況下において発動を企図する事は、一般常識として考えられないことである。

いわんや当面の清水中隊のごときは、七日の夕食を早目に食べたっきりである。パン一切れの用意もしていなかったので、丸三十一時間というもの、空腹を抱えて炎天下の戦闘を続けなければならなかった。中隊長以下純然たる演習の装備であって、乱弾の下、鉄帽一つ被っていなかった。これをしも計画的だというならば何をかいわんやである。

「冀東側の策動説」

昭和十一年から十二年にかけ、冀東解消という呼び声が大分高まって来ていた。冀東を冀察に合併し、完全な河北省として宋哲元政権を強化しようというのが、華北処理要綱あたりのねらいであった。

ところが殷汝耕としては——そんな事をされてはたまらない。機に先んじて冀察の地盤を崩壊させるにしかず——と、劉桂堂のような匪賊を抱え込んでみたり、孫殿英のような軍閥者流と話し合ってみたりした。

殷汝耕は日本軍をペテンにかけ、これを踊らせるような事をやる男ではなかった。そんな場合にはむしろ日本軍の腹中にとび込んで来て、何かにつけて関東軍参謀の田中中佐や、天津軍参謀の専田少佐あたりに一切の相談を持ちかけて行くのが通常だった。とりわけ専田少佐は土肥原少将の女房役として、冀東政権樹立工作を担当し、その後も引き続き軍と冀東との連絡に任じていたので、万事につけて冀東の肩を持ちたいのが人情だった。そこで彼は殷汝耕の話を聞くとすぐさま、深く心に決するところがあり、まず第一歩に馮治安の三十七師、少校参謀の李という男を完全に自家薬籠中のものにしてしまった。李参謀は中国軍の軍服こそまとってはいるが、実は正真正銘朝鮮籍の男だった。彼のもとへは専田参謀を通じ、冀東から相当の工作費が注ぎ込まれたらしい。しかしこれは日本側のある機関から、馮治安に対して厳しい警告が発せられたために、結局李参謀、手も足も出すことが出来なくなってしまった。馮治安とても、冀察の崩壊は決して望んでいなかったからである。

もちろん蘆溝橋の不法射撃が李によって計画されたとは考えられない。しかしこういうコースもあった事だけは、一応含んでおくことが必要であろう。

「中共側の策謀説」

中共は従来、声を大にして「逆九・一八」を呼号し、着々その計画を進めていた。だから蘆溝橋事件の製造者が中共ではないかとの疑惑は大きかった。ただ拡大者としての確証はいくらでも挙っているが、最初の第一発が果して中共の手によってなされたかどうか、この点の証拠は全然摑めていない。

事件全般を通じて見ると、中共側の常套手段は決まったように「中間策動」だった。そしてその遣り口は常に学生を使嗾し、土炮と爆竹を用い、本物の鉄砲など使ってはいない。

また、工作員の身の安全と、正体を曝露させたくないという見地から、常に両軍の陣地からかなり隔ったところでやっていた。八宝山の場合など、両軍の距離は図上測定実に六キロも離れていた。そして退避に容易なように、中心線より少しはずれたところでやっていた。蘆溝橋の第一発は、その距離わずかに一キロ足らず、こんなところで両軍から挟撃されたら、一たまりもなく捕獲されて、一切がわかってしまう。抗日戦の大切な初動を、若い学徒にやらせなければならぬほど、中共も人材には払底していなかったはず、また青年学徒にそれほどまでの危険を要求したかどうかが疑問である。

そこで中共が青年共産党員など、多数工作分子を二十九軍の中に混入させたのではなかろうか、なしいは二十九軍在来の兵を買収懐柔し、これに意図を含めて射撃させたのではなかろうか、という疑問も起って来る。それなら、清水中隊長が午前四時、彼等の目と鼻の先に現われたことは、彼等にとってまさに天与のチャンスだったはずだ。この機を捉えて大尉を射殺したら、こんな絶好な逆九・一八の動機はない。なぜそれをやらなかったかがおかしいではないか。「逆九・一八をひき起せ」というほどの重大な指令を帯びた青年共産党員なら、それが出来ないはずはない。むしろ潑剌とした企図心に燃え立っていただろうと想像される。

したがって我々の見解としては、かりにそれが共産系の者の行動であったとしたところで、単なる末輩者の私的行為に過ぎず、これが延安からの指し金に基いた計画的のものとは考えられない。

秦徳純以下責任ある幹部は「二十九軍中には断じて共産分子は介在しない」といきまいた。この言葉をそのままに受け取れば、結局無智な中国兵が、単に疑心暗鬼、恐怖観念から引鉄をひいたと見る他はない。それならば清水大尉を射殺しなかった理由も解釈がつく。つまり大尉の行動は余りにも大胆すぎている。背後に有力な日本軍がついて来ているのではなかろうか。一発発射したが最後、かえって自分達の方が一たまりもなくやられてしまう。臆病な兵だったらこう考えておじけてしまうのが普通である。だから神妙にしていたのだろうと判断される。

さらにもう一つの見方がある。馮治安が今井武官に語ったところでは、宛平城に向って夜な夜な機関銃を発射した者があるという。これが本当であるならばその実体が何であるかは別問題として、中国兵としてはこれら驕激分子に対し、少なからず反感を抱いていたに違いない。この次、射ってきたら反撃を加えてやろうと思っていた矢先、我が仮設敵の空包射撃三、四十発を耳にした。そこで早速応射の引鉄に手をかけた。という理屈も考えられない事はない。これは単に、こういう観察もあり得るという程度のものであって「そうだ」と断定し得る根拠は何物もない。

これに関連して岡村寧次大将の所見を引用すれば「私は軍司令官として北京に三年も在住していたので、この間しばしば蘆溝橋の戦跡をたずね、新しい事実を発見した。それは宛平城壁の弾痕である。この城は東から西に亙る矩形をなし、一文字山は東側に面しているにもかかわらず、宛平城の弾痕は北正面に対して真北から射たれた弾痕が大部分を占めていた。

これはつまり、中国側自体がわざわざ宛平城を射ったものであるということになる。竜王廟にあって日本軍を射撃した中国軍は二十九軍ではなく、共産軍ではなかったろうか？　夜暗に乗じて日本軍を射ち、また一方、中国軍をも射撃して両軍の戦闘を誘発させたのではあるまいか？

竜王廟奪取後、遺棄死体に二十九軍将校を装わしめたのも解し兼ねるところである」

だが当時の戦況上、宛平城北面城壁に注がれた弾丸は、戦闘詳報を照し合せて見ればわかる通り大半日本軍のものであって、これを一方的に「夜な夜な射ってきた共産軍の弾痕だ」と決めつけるのはいささか実情にそぐわないのではなかろうか。

これを要するに話がだんだんこういう機微な点に触れてくると、結局我々がここでいかに議論したところで、当時実際引鉄をひいた本人が現われて「今だから話そう」式にその時の具体的実情を公表しない限り所詮、机上論で終ってしまう。

綜合判断するにあの第一発は、偶発的と見られる公算はすこぶる多いが、計画的と思われる根拠は極めてとぼしいのである。

ここで、現地最高指揮官の証言を左に引用しておこう。

北京駐屯歩兵旅団長河辺正三少将

蘆溝橋事件に関し、私は市ヶ谷法廷でも証言したが、天地神明に誓って日本軍の立場に暗いところはない。これは私の信念である。あれだけ日本の立場を無視した東京裁判においてすら、この事件に関する限り、ついに一言も「日本軍の謀略行為だった」とは申しておらぬ。——

この点、かの奉天柳条溝事件を「計画的なものであった」と断じたのに比べ、全く異なった調子の判定であった。

行方不明の兵の動向

清水中隊が不法の第一弾を受けた直後、人員を調べたところ、兵が一名足りなかった。エドガー・スノーの著書にはこれを「七月七日の夜おそく、一人の兵士が脱走したのを口実に、日本軍は不意に宛平の町に入り、城内を捜索する事を要求した」と述べている。まるでこの兵が脱走したため、事件が起ったみたいな書き振りである。

この兵——志村菊次郎——は東京の下町出身で、昭和十二年三月、豊台の清水中隊に入隊して来た、至って温厚真面目な初年兵だった。旧制中学を中退し、インテリではあったが身体はあまり丈夫ではなく、いわゆる保護兵としての扱いを受けていた。

彼の行動は本文の中に詳述した通り、中隊長のもとに伝令に出され、その帰途あの広い原っぱで、方角を失ってしまったのである。だれが考えても確かに起り得べき情況である。私は事の経緯を事件直後、詳細にわたって野地小隊長の手記に読み、また清水中隊長からも聞かされている。この事実に決して間違いはない。

外国軍にはとかく逃亡兵が多いため、そうした判断を下したのかも知れないが、そのころの日本軍には、逃亡兵などめったにいなかった。いわんや外地においてである。

ある知識人たちの研究雑誌に「この兵は実は用便のため、一時隊列を離れたものであった」という記事が載せられてあった。これまた実に荒唐無稽な話であって、一度軍隊の飯を食べた者であったら、それがいかに不合理であるかがうなずかれるであろう。入隊後百日そこそこの初年兵である。それが軍紀厳正な演習の真っ最中、無断で隊列を離れるような大胆不敵な行動は、軍隊の常識として、絶対考えられない事である。

この点については左の証言を見ていただきたい。

第八中隊長清水節郎大尉

野地少尉のところから伝令が来たそうだが、ちょうどその時、私は兵の教育のため中隊指揮班の位置を離れていた。したがってその報告は三浦准尉が代って聞いた事と思う。私はその伝令には全然気がつかなかった。

私は細かい経緯を記憶していなかったので、手記の中には的確な情況を現わし得ず、用便云々の言葉も使ったが、それは用便であったとしてもという仮定の意味であって、そうと断定した理由など全然ない。この点については私の責任において、絶対否定する。——

さてその兵を探すために、日本軍が宛平城内に進入する事を要求したかどうかの問題であるが、東京裁判における秦徳純の供述書を見ると「松井特務機関長から城内捜索の申し出があった。しかし、日本軍が中国側に対し、何等の了解なく実施した演習において、たとえ兵が行方不明になったからといって、その責任までも一々負わされていてはかなわない。またもし捜索の必要があるとすれば、我々が宛平城内の県警察に命じ、捜索させたら事は足りる。あえて日本軍の入城などは必要としない」と述べている。

これは誠にもっともな理屈である。これに対し

北京特務機関長松井太久郎大佐

兵は城外の演習で行方不明になったのだ。それなのに武力をもって城内を捜索させろなど、そんな無茶な事は常識で考えたっていえる道理はない。

これは連絡を取り次いだ林耕宇が、現地の情況をわきまえず、とっさにそんなふうにデッチ上げ、それを秦徳純に報告したか、あるいは秦徳純自身がそういうふうに作為したかの何れかに違いない。

私は林耕宇に対し、事件の真相調査と、衝突防止のため、人を現地に派遣されたいと電話しただけであって、兵の捜索など要求した事実は全然ない。——

またこの件については中国側の著書「八年抗戦」の中に同様の事が記されており、これには私と桜井顧問とが

宛平城内に入ってから、兵の捜索を要求した事になっている。しかし私も桜井顧問も、すでに発見されたと知っている兵の捜索など要求した事実はまったくない。

ところがこの城内捜索要求の一件は、中国側の完全なデッチ上げだという結論が、七月八日の夜、すでにわかってしまったのである。

すなわち、私と西田顧問が秦市長からの迎えの自動車で、張允栄邸に赴いた晩、林耕宇は自分の発行する「亜州日報」を持って来て、得々としてこれを私に示した。宛平城の城壁を越える私の写真を見せたいのが目的だったらしいが、私はむしろ記事の内容に目を通した。ところがその中に「寺平は城内に入って兵を捜索する意見を堅持して譲らず」と書いてある。

私は眼を瞋らせた。そして鋭く突っ込んだ。

「林さん！　私がいつ城内の捜索なんかを要求したんだ」すると林耕宇はにわかにあわて出して「これはみんな実情を知らない記者が書いたんです。私だったらこんなウソは書かないんですが……」

と逃げを打ってきた。

勝負はこれでハッキリしている。創作だった事に間違いはない。強いて善意に解釈すれば、林耕宇は志村一等兵が二十分後に発見されたあの事実を、あるいは聞き洩らしていたのかもわからない。そこで私が主張した東門開放の問題と、兵の行方不明という問題とをからませて、城内捜索要求を勝手にデッチ上げたとも考えられる。事実と全く異なったこんな問題を勝手にデッチ上げられては、日本側として実に迷惑千万である。

ともかく創作者自身、兜を脱いでしまったのだからこれほど確実な証拠はない。それを事新しく、国際法廷に持ち出すに至っては、秦徳純は軽率のそしりはまぬかれない。

演習実施上の諸考察

華北には当時、米、英、仏、伊の各国軍が駐屯しており、共同防衛の場合には、日本軍司令官が列国軍を統轄指揮する事になっていた。これらの中でもっとも熱心に演習をやるのは、日本軍だった。我々の目に映じた列国軍は、いわば国際儀礼軍隊の感が深く、いずれもきらびやかな服をまとい、パレードに似た教練をやって、米軍などは夜ともなれば、兵営内に自国のダンサーや中国の姑娘などを引き入れて、軍楽隊の演奏も賑々しく、盛んに舞踏をやっていた。

ところが日本の兵隊は――俺達こそ国防の最前線を守る責任重大な作戦軍である――という意識を強烈に持っていた。だからいくら演習してもこれで十分だという限界はあり得なかった。ロンドンタイムズの特派員が「日本軍は実に頻繁に演習をやっているが、これで何等事故が起らなければ奇蹟である」とまで報じた。事実こうした外人達には、当時の日本軍の真剣なあの気持は、了解出来なかったところだろう。

そこでこの演習実施の権限の問題だが、これは北清事変議定書の条項、とくに明治三十四年六月ころの追加事項に明確に掲げられており、ひとり日本軍ばかりでなく、各国軍とも駐兵権に伴う付帯事項として許容されたものなのである。だから回数に多い少ないの差こそあれ外国軍もやはり演習はやっていた。

私はかつて、米国の植民地第十五連隊の野外演習に観戦武官としてついて行った経験があるが、彼等は鉄道沿線から十キロも二十キロも離れた田舎に、泊りがけで出かけて行って演習を実施した。演習実施地域に関しては、議定書のどこにも何等明確な取り決めが掲げられていない。換言すればどこでやってもかまわぬわけである。北清事変以来三十七年間、その解釈で押し通し、いまだかつて抗議もなく、議定書改定の試みさえなかった。ただ実弾射撃だけは危険予防の建て前から、実施の場所と日時を中国側に予告する事になっていた。

一木大隊の駐屯している豊台の部落、これはその名の示す通り、実に地味豊沃で花卉や蔬菜の栽培に適し、北京という消費地も近い関係上、さながら農場地帯だった。日本軍はここを荒すに忍びず、不便ながらも往復八キロ、蘆溝橋の原まで行って演習していた。この原は昔、永定河の氾濫期には河床地帯になっていたらしく、現在でも砂まじりの石がゴロゴロしていて砂利取り場になっており、作物といえば、せいぜい落花生くらいしか出来なかった。

永定河の中洲で実弾を使って射撃訓練をやった事もある。そんな時には中国兵はきまってマルコポーロ橋（蘆溝橋）の上に姿を現わし、まるであひるのように首を伸ばして見物していた。そういう微笑ましい風景もあったりして、日本軍が隊伍を組んで宛平城内を行進した事も何回かあった。当時中国側としては、一向それ等を問題にするような態度は見られなかった。

次にあのような緊迫した時期において、何故夜間演習を強行しなければならなかったかであるが、考えてみると当時の抗日的空気は、すでに四、五月ころから華北全域に兆しており、七夕を契機として遽かに生じたものでは決してない。一々流言蜚語を真に受けて、行なうべき訓練まで遠慮していたら、一日も演習できない。ことにあの時は中期検閲という、重要行事を控えていた。検閲は学校の学期試験みたいなものである。現地部隊としては流言蜚語くらいで検閲を取り止める事は出来なかったのである。

ただ反省すべきことは、軍上層部が大局的情勢を洞察し、事前に臨機適切な指令を発し、検閲実施の緩和策を講じていたなら、あるいはあのような事態にまで至らずして済んだかもしれないが、現地部隊としては規定は規定、あくまでこれに従う以外、如何とも措置方法はなかったのである。さらに夜間の演習に重点をおいた理由、これは当時、日本全陸軍の教育が対ソ戦一辺倒だった事に原因している。ソ連の稠密火網による損害を避けんがため、重点的に夜間、あるいは黎明、ないし払暁の攻撃を選ばなければならなかったのである。

事件直前、千葉の歩兵学校から、千田大佐がわざわざ豊台まで出向いて来たのも、こうした戦闘法の実地指導が目的だった。天津軍、つまり、豊台部隊だけが、故意に夜間演習をやったわけでは決してない。七月七日夜の演習に関し、秦徳純は法廷において「中国側に何等の許可なく実施した演習だ」と供述し、また法廷もこれを認め「あの夜、事件が起ったのは、そうした緊張と不安の雰囲気の中においてであった」と断じている。

演習予告は旅団の松山副官から確実に林耕宇を経て提出されており、林耕宇もまたこれを受取った事を私に物語っている。秦徳純のこの供述は、何等根拠はなく、極めて雑駁無定見なことを自ら告白したようなものである。

衝突回避の事前対策

「絶対衝突を起してはならぬ」これは当時、上は三宅坂から下は現地の一兵に至るまでを徹底して一貫した方針だった。参謀本部作戦部長石原莞爾少将は、北進論の

442

主唱者だった。「ソ連対策が先決問題である。今ごろ中国と事を構えるなどはもっての外だ」と喝破して、その意気当るべからざるものがあった。

この間の消息は次の諸資料によって、明かに証拠立てられる。

北京駐屯歩兵旅団長河辺正三少将

私は昭和十一年の五月、新編旅団長として華北に赴任するに当り、石原作戦部長のところに挨拶に行った。その際彼は、「河辺さん、参謀本部は中国と事を構える考えは毛頭持っていませんよ。この点よくよく含んでおいて下さい」と言い、私もまた、「その点は十分了解出来る」と返事をした。

また翌年六月、岡本中佐が天津軍の動向視察に来た時には、一夕彼と心おきなく懇談した。彼は昔、私がベルリンの大使館付武官をしていたころの補佐官だったので、相当突っ込んだ事情まで説明し、いくつかの資料を与え、十分自信をもって内地に復命出来るようにしてやった。——

北京旅団副官松山良政少佐

私は岡本中佐を旅荘に訪ね、その意見をたたいてみた。氏は「河辺閣下の方針は、中央の方針と完全に一致しています。今ごろ華北に柳条溝みたいな事件をひき起したからって、中央は全然取り上げはしませんよ。今、軍備充実五ヶ年計画の実施第一年度ですからね」と語った。——

天津軍としてもまた、中央の方針を方針として、行動していた事はもちろんである。

豊台第八中隊長清水節郎大尉

日本陸軍が対ソ戦に総てを投入して準備し、訓練し、二正面作戦の愚を避ける事に努めつつあった事は明瞭である。

昭和十二年春、私は軍からある方面の地形偵察の密令をうけたが、その時、調査班長長峯喜一中佐は私に対し、次のように語った。「対ソ戦の初期において、中国側がもし日本軍を攻撃してくるような事が起った場合、天津軍は独力でこれを拒止しなければならぬ。そして情況最悪の場合、軍は長城線まで後退し、この線を死守する事によって関東軍に後顧の憂なからしめる。これが対ソ戦に即応するための、天津軍の重大な責務である」

この話を聞いたとたん、私は初めて徹底不拡大の精神が納得され、また日華親善の重要性が、この時ほど深く心に刻み込まれた事はなかった。——

天津軍参謀長橋本群少将は、穏健慎重、しかも緻密周到な人柄だった。だから常に機会を捉えて隷下に訓諭し、ことに十二年五月の随時検閲には、懇々大勢の帰趨を説いて軍の軽挙妄動を戒めた。

旅団長河辺正三少将は、事件直前の七月五日、検閲視察のため南天寺に赴いたが、出発間際まで電話で一木大隊長に自重自戒を要望し、かりそめにも中国の策動に乗ぜられる事のないよう注意した。ことに永定河堤防上の中国軍陣地構築作業については、細心の注意を払うよう言い含め、また松山高級副官に対しては、中国側への演習通告だけは絶対手をはぶかないよう厳命した。

すべてがこういう考え方で一貫していたからこそ、事件勃発に当っての清水中隊長の措置は慎重だった。一発の応射すらもしていない。黙々として兵をまとめ、西五里店に向って引き下って行った。戦術常識から判断したら、当然一文字山に兵を集結すべきである。だが、中国側がもし、一兵でもそこに配置していたら、たちまち予期しない衝突が起るだろう。絶対の安全を期すため、西五里店集結の決心をとった清水中隊長の気持は、我々にもわかるような気がするのである。

各級指揮官の心境

我々はこの事件に直面した各級指揮官が、当時どのような心境を抱いていたかを知る必要がある。第三者が結果を知って後、事後批判をするのは容易だが、混沌とした情勢下で責任者の情況判断、決心は、微妙であると共に、苦衷そのものといわなければならない。

第一に当夜の指揮官

第八中隊長清水節郎大尉

不法射撃を受けた直後、私は一刻も速やかにこの事を上司に報告せねばならぬと判断し、岩谷曹長を伝令として豊台にとばせた。次に考えた事は、中隊としては今後いかなる行動をとるべきかであった。その時、私の頭の中にとっさに浮んだのは次の四つだった。

一、直ちに堤防上の中国軍を攻撃し、情況によっては宛平県城をも武力占領する。

二、堤防上の敵を襲って俘虜を獲得、併せて活発に敵情を捜索し、一文字山の要点を占領する。

三、現状を維持して上司の指示を待つ。ただし敵兵策動の顧慮ある場合、若干その位置を移動する。

四、兵全員の集結が終ったら、情況に拘泥することなく、直ちに部下を率いて豊台に帰る。

第一案は、中隊単独でも成功の自信は十分に持っていた。しかし軍の方針、上司の訓諭を思い浮べた時、これは明らかにその意図に反するものと判断した。

第四案、これはあまりにも消極退嬰（たいえい）に過ぎはしないか。現に敵から弾を食っておりながら、その実情さえも確かめようとせず、敵に背を向けて引き下って行く事は、日本軍としてのプライドがどうしても許さなかった。

第二案、これは極めて緊要な措置だと考えた。しかしこれを強行した場合、あるいは不期戦を誘発しないとも限らない。もしそうなったら、これまた軍の方針を毀（こわ）してしまう。やるにしても、上司の指示を仰いでからでも遅くはない、と判断した。そこで結局中隊としては、第三案を採ることに決心した。

携帯弾薬各人三十発、私は弾薬の量をこれで少ないとは思わなかった。夜間である。闇夜に鉄砲は無駄で、ほとんど必中は期せられない。また必要な場合には、豊台まで四キロの距離、伝令をとばせれば十分補給が間に合うと思ったからである。——

次に昭和十三年の六月二十二日、東京帝国ホテルで催された朝日新聞社の座談会における一木大隊長の発言をご紹介しよう。これには私も同席していたので、大隊長の口から直接聞き得たものである。

豊台第三大隊長一木清直少佐

私は中国軍から射たれたというだけならピンとこなかったが、兵隊が一人おらんという事を聞いて、一大事だと思い、すぐさま警備呼集をやる決心をとった。——

ここで我々は中隊長の考え方と大隊長の考え方とに、非常な食い違いが起っている事を見逃すことは出来ない。

第八中隊長清水節郎大尉

兵の行方不明は、重大問題である事論をまたない。しかし私は、あの時の情況では、兵が敵に捕えられたり、闇夜の鉄砲で殺されてしまった等とは、一向考えなかった。捜索しなくてもやがては戻って来るものと信じていた。

　だから私が岩谷曹長を豊台にとばせたのは、不法射撃を報告するのが目的で、兵の事は、単なる付帯事項として、付け加えたに過ぎなかった。それを岩谷曹長が、どういう言葉で報告したのか、大隊長の感じとしては、兵の行方不明の方が重点みたいになってしまったらしい。——

　しかしこの考え方の相違は、大隊長が午前二時三分、一文字山で清水中隊長の口から、兵発見の報告を聞くに及んで、一切ご破算になってしまった。大隊爾後の行動は、兵の問題からは完全に切り離され、専ら不法射撃への対策に移行していった。

　昭和十五年五月、千葉市登戸の一木氏宅において、大隊長が私に語った直話に次のものがある。

豊台第三大隊長一木清直少佐

　大隊は一文字山を占領し、夜明けを待って宛平城内の中国軍と交渉しようと思っていた。ところが午前三時二十五分、再び先方から三発の射撃を受けた。

　私は——こんな事を繰り返していたんでは、交渉を始めるといったところで、果して先方が素直にこれに応ずるかどうかも疑問である。要すれば宛平県城を攻撃し、一つひっぱたいた後で交渉するのも一法だな——という感じを抱いた。

　午前四時すぎ、牟田口連隊長から電話がかかってきた時、私はこの心境を報告し「私は断然攻撃すべきだと思います。連隊長殿はお許しになりますか」と水を向けてみた。

　すると連隊長、即座に、「やってよろしい」とお返事があったので、今度は私の方が面食ってしまった。私はまさかやれとまではいわれないだろうと思っておった。

　そこで、「いよいよやるとなると、これは重大問題ですよ。えらい事になりますが本当にやってよろしいんでありますか」と念を押した。

　すると、「やってよろしい。今、四時二十分、私は確実に命令を下した」という言葉だった。こう命令されてみれば、私はもう、天下晴れて堂々の攻撃が出来るわけである。直ちにその準備にとりかかった。

　宛平城を攻撃せず、竜王廟堤防の線に向ったのは、桜井顧問の意見に基いたものである。——

次に、この攻撃命令を下した連隊長の心境はどんなふうだったろうか。昭和三十六年七月七日、市ヶ谷台上防衛研修所戦史室において、連隊長は私に、その心境を次のように述懐した。

第一連隊長牟田口廉也大佐

前年、九月十八日の豊台事件の時、一木大隊長は「断乎当面の中国軍を武装解除するんだ」といってきかなかった。

私はこれを、「いかん」といってハネつけた。そして三十七師の副師長許長林少将に対し「私の部下はご覧の通り、今、憤激の極に達している。しかし貴軍がすでに、誠意をもって謝罪された以上、我々は友軍たる二十九軍に対し、武装解除の汚名を着せるような事をしたくない。日本軍のこの気持、これをハッキリ宋委員長に報告しておいて欲しい」と説明した。

ところが桜井顧問が二十九軍の公文書を見たところ、許長林の提出した報告には「日本軍は中国軍の威に怖れを抱き、遂に武装解除すらやり切らず……」との文句が記されてある。これでは猛り立つ一木大隊長を押し止め、武装解除をやめさせた武士の情けも水の泡、かえって彼から馬鹿にされた形である。

私はムカッ腹が立った。「ヨシッ、先方がそういう魂胆なら、この次やった時には承知せんぞ」と肚を決め、中隊長以上を集め、早速この旨を訓示した。

七月八日未明、森田中佐を蘆溝橋に派遣するに当って、私は交渉上の心構えを懇々注意し「中国側は、相手を日本軍と知らずに射撃したというかも知れぬ。その場合、その言い逃れだけは聞きいれてやるがよろしい」とまでいっておいた。すると中佐は、「反撃は加えないのですか、またこの前のように交渉でやるのですか」と不審そうに尋ねた。私ははっきり「事件は絶対起してはならぬ。あくまで不拡大方針で進むのだ。先方の弁解はたとえそれがこじつけであっても認めてやるがよろしい」すると中佐は「かしこまりました」と素直に答えて出発した。

午前四時過ぎ、大隊長が二回目の不法射撃を報告して来た時、私は即座に、「明暗の度はいったいどうなんだ。日本軍という事がわかるのかわからぬのか」と問いただした。大隊長は言下に、「ハッキリわかります」と答えた。

私は、相手が日本軍とわからずに射ったという事を平和解決の唯一の手がかりにしようと思っていたのだが、先方から意識的に挑戦してきたというこの実情を聞いて、すっかり考えさせられてしまった。念のためもう一度「そこから敵陣はわかるか」と聞いたところ「手にとるようによくわかります」との返事。

私は考えた。――子供でもいたずらをしている時、「コラッ！」と叱りつけるとおとなしく手を引くが、なまじのなだめ方をすると、かえってだんだん大きないたずらをするようになる。事件を最小限度に食い止めるためには、この際一喝を食わす事がもっとも賢明な方法ではなかろうか――と。

そこで遂に午前四時二十分、戦闘開始の命令を下す心境に立ち至ったのである。――

さらに当夜の旅団長、河辺正三少将の心境については

旅団高級副官松山良政少佐

七月七日の深夜、旅団長は南大寺の演習場において、軍無線の高井大尉から暗号電報を受け取った。ところが空電のため、電文が著しく崩れていて、意味がはっきり摑めない。拾い読みして行くうちに、どうやら蘆溝橋付近で何か事件が起り、一方の軍が発砲したらしいと判断された。私は早速「再電を要求致しましょうか」とたずねたところ、旅団長は「ともかくすぐここを引き揚げよう。そして豊台に行って不拡大の処理をつけるんだ」といわれたので、直ちに軍の航空参謀と連絡をとり、飛行機を山海関の北郊、天下第一関の外側飛行場に回してもらい、八日朝早く出発し、天津に向った。

天津では飛行場で、大木参謀から事件の顚末を聴取されたばかりでなく、駅前憲兵分駐所の電話を利用して、軍参謀長と長時間にわたって不拡大措置の打ち合せをしておられた。

正午過ぎの列車で豊台に直行、そして蘆溝橋駅頭で牟田口連隊長と会見されたのであるが、午後の陽はまぶしいまでに照りつけており、時折り永定河の方向から、鈍い砲声が轟いてきた。当時の情景は今なお私の脳裏に、深く刻みつけられている。――

拡大派と不拡大派

実に不思議な事があればあるものである。「北京 特務

機関交渉日誌」の中に、こういう文がタイプされてある。

七月八日午前二時四十分、小野口旅団副官より電話

旅団より軍に指示を仰ぎたるところ、大木参謀は「不法射撃に対しては断乎中国側の陳謝を要求すべし。現地に交渉に赴くに当っては、一ヶ中隊を帯同して宛平城の東門を占領し、中国軍を西側城門まで退避せしめ、双方の代表はその中間地区に在って交渉を開始すべし。必要に応じ、武力発動をも敢行すべし」との指示あり。

交渉日誌の記録内容はそれだけであるが、これより先午前零時十分、事件の第一報が機関にもたらされた時、松井機関長は即決「不拡大処理」の肚を決め「直ちに代表を現地に派遣」の構想を描いていた矢先だったので、私の頭には、この機関長の方針だけがこびりついていて、東門占領などという言葉には、そんな面倒な事までしなければならないのかくらいにしか感じなかった。「武力発動をも敢行すべし」という文句に至っては、一向にピンと来ず、そんなくらいなら、最初から不拡大交渉なんかやらない方がましじゃないかといった、反発をさえ感じ全然心に留めていなかった。

事実、私が宛平県城に入ろうとしたころの情況では、一木大隊から一ヶ中隊を抽出するような余裕は全くなかったし、またもし一ヶ中隊をあの東門に差し向けようものなら、先方から猛射されるに決っている。心ばかり焦っていた私は、軍の指示などには拘泥せず、単身城内にとび込んでしまった。

さて中国側と交渉を始める時になって、初めて先ほどの東門云々の言葉が思い出されてきた――この事は一応中国側に通じておかぬといかん。でないともし森田中佐が後から一ヶ中隊を東門の方に差し向けてきた場合、たちまち両軍は衝突してしまうだろう。全く余分な交渉だがなあ――とは思ったものの、やむなく私はこんな問題で金振中と渡り合わなければならなかった。

ところが後になって考えてみると、どうも奇々怪々なのはあの命令である。現に午前三時、橋本参謀長は松井機関長と親しく電話で「絶対不拡大」の意見を交換している。「必要に応じ武力発動」という気分は片鱗だにもうかがわれない。これについて

天津軍参謀長橋本群少将

現地交渉に関して、そんな細かい指示まで軍命令と

449　事件の分析と考証

して出した覚えは全然ない。大木参謀の指示内容に関しては、貴下が感ぜられたと同様、私にも全然不可解である。「不法射撃を相手方に認めさせ、陳謝を要求せよ」そこまではわかるが、細部の手段方法は現地の情況に応じ、現場の者が臨機応変に処置すべきであって、現地から遠く離れ、刻々の情況の変化すらわかっていない者が、こまごま具体的な指示をする事は、その事自体すでに疑問がある。

強いて推測すれば、電話でいろいろ問答している中、お互に個人的の意見が出た。その話合いの結果をまとめて文章にしたら、結局あんなものが出来上ったのではなかろうか。即ち大木が果して明確にあのような指示を与えたのか、あるいは受け取る方がそう誤解したのか、疑問の余地が生じてくる。

ことに最後の「武力発動をも敢行すべし」に至っては、表現が余りに大げさすぎて、軍の意図に反する事おびただしい。かりにそれが大木の個人的意見であったとしても、あからさまに口に出す事は考えられないし、また大木に限ってそんな策動をする人物だとは思われない。——

第一連隊長牟田口廉也大佐

この件については当時私も、小野口副官から大木参謀の言として、確かに同様の事を聞いている。しかしそのような事は、森田中佐が現地の情況に応じ、適宜とるべき手段であって、軍あたりから一々指示されるべき性質のものではないと考えたので、私は連隊長として格別の指示は与えなかった。

大木参謀の人柄は私も十分信頼しており、決して軽挙妄動するような人物とは思っていない。ただ、彼が懸念したかも知れない点は、我が方の代表に対し、中国側が危害を加える事も予想される。そこで交渉の万全を期する意味で、ああいった注意を与えたのではなかろうか。

不拡大方針はあくまでも堅持しなければならぬ。しかしこの上さらに不祥事をひき起させてはいかぬという、老婆心からの助言だったかもわからない。したがって、これをもって不拡大方針に悖る策謀、と見るほどの重要性はないと考えられる。——

事実、大木参謀の性格は、私自身知り過ぎるくらい知っていた。砲兵特有の纖細な感覚の持ち主であると共に、一見女性的な優しさすらあって、いわゆる、向う見ずの急進派の気分はさらになかった。だから私自身も、前述二つの意見と全く同じような見解をもったのであるが、ただ「必要に応じ、武力発動をも敢行すべし」この一語がどうも少々気がかりでならない。

天津における電話の主が、果して正真正銘の大木参謀であったかどうか、そこまで疑ってみたくなる。しかし大木参謀、小野口副官、共に亡き今日、この件は恐らく永遠に解明される事なく終ってしまうであろう。

天津軍の将兵は、不拡大については、いずれも徹底した信念を持っていた。しかし多勢の中に一人や二人、拡大した方が面白い、と考えている者も無いではなかった。

一木大隊の通信班長小岩井中尉などは、事件勃発の報に躍り上って喜んだ。前年の九月十八日、中国兵から馬の尻をたたかれて憤激、豊台事件の初動をなしたのも実に彼だったのである。だがこれも若気の至りというもので、実害をもたらすまでには至らなかった。

もう一人、軍の専田盛寿少佐参謀がある。事件発生の報を聞いた時「しめた」と彼が会心の微笑を洩らした経緯は、すでに「冀東側の策動説」のところで述べた通りであるが、彼は七月十一日、天津からわざわざ北京の今井武官に電話をかけて「停戦協定に調印するのは見合せろ」と高飛車に要求したりした。また私にも電話して「今度の事件に関する情報は、局外にある通州あたりの方がかえって正しいものが掴めるぞ。今後はそうした情報を、逐一君の方に送らせるから参考にし給え」と非常に親切にいってくれた。私はその好意に感謝したが、さて通州からはいったいどのような情報が送られてきたか。

(九日)秦徳純は三路抵抗軍を編成し、自ら総参謀長となり、張自忠、馮治安、劉汝明の三軍を指揮し、三方より日本軍を包囲攻撃すべく決定せり。

(九日)冀察は、張璧、張允栄、潘毓桂の三名を冀東解消専員に任命し、いよいよ解消工作を推進すべく決定せり。

注　この三名は冀察における、親日系人物だった。

(十日)宋哲元は楽陵より秦徳純に電報を送り、「日本側が撤退を承諾せざる以上、断乎武力をもって解決せよ」と厳命せり。

（二十日）馮治安は、北京を撤退するに当っては、城内に火を放ち、宮城を灰にして引き揚げる事を計画しあり。

すべてこれ、だれが聞いてもウソと判断出来るような幼稚極まる煽動的離間策ばかりである。このいそがしい最中、こんなでたらめ情報に目を通している暇はない。機関員は通州情報を敬遠し、てんで相手にしなくなってしまった。これが冀東政府一味の策謀だったのである。

一方、天津軍の中で不拡大派の中核をなす者は、軍参謀長橋本群少将、経済参謀池田純久中佐だった。加うるに松井特務機関長、今井武官などが現地にあって、善後交渉の要所要所を押えていった。だからこそ停戦交渉も進捗し「情勢は現地限りで大丈夫解決が出来る」との見透しが持てるようになってきたのである。

ところが言論機関の持つ力は大きい。事件発生の報は日本全土を熱狂の坩堝に投げ込み、国民の世論が国策を戦争へ、戦争へと引ずり込んで行くのだった。石原少将の北進論などに耳を傾ける者は一人もなく、政府までが世論に便乗して、一途に中国打倒に突き進んだというのが、当時の実情ではなかったろうか。この間の消息は、当時の新聞を手にとれば、一目瞭然である。

我々が北京から遥かに内地の空を眺めていると、さまざまな様相が目に映ってきた。国士、中野正剛氏の指導する東方会は「戦わんかな時至る。積極的に軍事行動を推進し、南京政府を撃滅せよ」と声明し、随所に熱狂的な演説会を繰り広げている。

政党出身の大臣は、当時は民政系の逓相永井柳太郎、政友系の鉄相中島知久平の二人だったが、閣議の席上、二人は中国打倒の意見を主張した。当の陸相杉山元大将はこの閣議の後で風見内閣書記官長に「今時ああいう考えを持っているバカもあるんだから驚くじゃないか。困ったもんだ」と述懐したという。

この杉山陸相が世間では、拡大論者のようにいわれているが、私の知る限りにおいては不拡大派を支持していた。陸軍省の業務内容を精細に記入した記録に「大日記」というのがある。これで見ると陸相は事変が上海に飛び火した後も、なお閣議において「情勢の如何にかかわらず、我々は不拡大の根本方針だけは、あくまで堅持する事が肝要である」と主張して、事変の早期終結を望んでいた。ところが、近衛総理は「事態がすでにこうまで悪化しており、国民の志気またこれほどまでに昂騰している今日、私としてはもはや、これを抑える事は出来ません」と答えている。万事がこういう調子で、国民の一部では現地軍の行き方を歯痒しと見て「軟弱橋本、松井、池田の三名は、世論に恥じて自殺せり」というデマまでバラまくようになって来た。

事件第二日の戦場を、関東軍司令部の辻政信大尉がうろついていた事は確実である。情況視察が目的だったのか、第一線の将兵をけしかけるためにやって来たのか、明らかではないが、牟田口連隊長に対して「関東軍がご援助いたします。思う存分やって下さい」といっている。

関東軍はこれより先、蘆溝橋の変事を耳にするや、八日の早暁急遽幕僚を糾合し、対華北情勢判断を検討した。その結果、軍の方針を一決し、とりあえず天津軍に対し「まさに絶好の機会なり。徹底的に中国軍を膺懲し、迷夢を醒されんこと切望にたえず」との電報を打ってきている。また別に関東軍声明なるものを発表し「暴戾なる二十九軍の挑戦に起因し、今や華北に事端を生ぜり。我が関東軍はここに、多大の関心と重大なる決意を保持しつつ、厳に本事態の成り行きを注視す」と宣言している。時の関東軍参謀長こそ、東条英機中将だったのである。

さきに第一次上海事変を画策し、後に百霊廟事件を計画した例の田中隆吉参謀のごときは、早速天津にやって来て、かなり長期にわたって滞在し、日夜天津軍を煽動する工作に専念した。

一方、新たに天津軍司令官の大命を拝した香月清司中将は、七月十一日、東京を出発するに当って中央部から「不拡大方針の下、兵力不行使、極力現地解決を図るべし」という指令をうけた事は確証がある。しかるに途中京城に立ち寄って、一晩、朝鮮軍司令官小磯国昭中将と話し合った結果、翌十二日早暁、記者団を集めて次のような決意を表明している。

「中国側の不信極まる態度並びにその暴虐は、今や黙視しているわけにはいかない。ここにおいてか日本は正義の軍を進め、彼の暴戻を断乎膺懲する事となったのである。軍司令官としての決心、並びに用兵作戦はすでに決まっている。どうか国民は暫くの間、皇軍の行動を見ていてもらいたい」これが果して不拡大を使命とする、軍司令官の言葉として受け取る事が出来るだろうか。中央に対する重大な反逆とはならないのだろうか。

飛行機は十二日午後、天津飛行場に着陸した。この時、発せられた第一声は、不拡大方針に基く時局収拾策にはあらずして、全面作戦に対する準備のための命令だった。池田参謀にいわせると「新軍司令官は京城でスッカリ不拡大のメッキを剝ぎ落され、完全に拡大派に色揚げされてしまった」のだそうである。確かにこの感を深うせざるを得ない。

この事に関し、柴山軍務課長は巣鴨拘置所を出た直後、私に対して次のような事実を物語っている。

「七月十三日、中央は香月軍司令官から一通の電報を受け取った。それによると天津軍は関東軍や朝鮮軍からの増援をまち、一挙二十九軍を撃滅し得るよう展開を準備し、二十日ころまでにはほぼこの態勢を完成させてしまう。

もちろんそれ以前といえども、中国側にもし、協定違反ないし不誠意な言動が発見された場合には、軍は躊躇することなく、断乎武力を発動し、これを黄河以南に追っ払ってしまう、と実に大変な鼻息なんだ。およそ東京で受けた訓令とは百八十度の開きがある。どうしてこうも心境が変ってしまったものかなあ。

そこで大臣や石原さん達、カンカンになって怒っちゃったね。こんな機関車を天津軍にくっ付けたら、軍をどこへ引っ張って行くかわかったもんじゃない。とりあえず、この脱線機関車を軌道に乗っけなきゃいかん。というわけで、そこで中島閣下と僕とが天津まで出かけて行く事になったんだ。中島閣下は参謀総長宮のお使者、僕は陸軍大臣の使者という資格でね。名目は戦況視察だった」

一方で手綱を引きしめる者があるかと思うと、一方では拍車をかける者がある。中国側の情勢も混沌としていたが、日本側内部もかなり足なみが乱れていた事は否めない事実である。

満州事変の際は現地が東京を引きずった形だが、蘆溝橋の場合は総じて逆に、内地の方から現地をけしかけた感が一入深い。

（九）日皇对于中国事变之书面谈话

资料名称： 支那事变に勅語

资料出处： 新聞集成《昭和史の証言》第十一卷，本邦書籍株式会社 1985 年発行，第 420 頁。

资料解说： 卢沟桥事变后日本昭和天皇在临时议会闭幕式时下达的书面谈话（敕语）。指责中国「不明真意」，鼓励日本国民「忠诚公事、一心翼赞」。

するなど軍閥の搾取から逃れた明朗張家口建設の諸計画は着々実施されてゐる

クーベルタン男 オリンピックの父

【九・四 東朝】【ジュネーヴ二日発同盟】近代オリンピックの創始者ピエール・ド・クーベルタン男（フランス人）は二日夕刻ジュネーヴの公園を散策中突如脳溢血で倒れ急逝した

クーベルタン男爵は一八六三年一月一日パリで生れパリの師範学校で歴史を専攻し英国へ留学中スポーツ精神器得し旧仏戦争後の仏国民の士気減退と体位低下を嘆きスポーツによる国際親善を企て一八九四年七月二十三日にパリにおいて古代オリンピア競技の復興の国際会議を開きあらゆる困難に打ち勝ち一八九六年の四月六日にアテネにおいて近代オリンピック競技の第一回大会を開いた。爾来四十年間オリンピック精神とアマチアリズムの確立に努力してその偉業は近代オリンピアの父として深く感謝され一九二五年に国際オリンピック委員会々長をラツール伯爵に譲りスイスのローザンヌに隠栖して居た、幾多の著書ある中「オリンピアの回想」は有名である

支那事変に勅語
臨時議会開院式 優渥なる勅語賜はる

【九・五 読売】勅語・朕茲ニ帝国議会開院ノ式ヲ行ヒ貴族院及衆議院ノ各員ニ告ク　帝国ト中華民国トノ提携協力ニ依リ東亜ノ安定ヲ確保シ以テ共栄ノ実ヲ挙クルハ是レ　朕カ夙夜軫念措カサル所ナリ中華民国深ク帝国ノ真意ヲ解セス濫ニ事ヲ構ヘ遂ニ今次ノ事変ヲ見ルニ至ル　朕之ヲ憾トス今ヤ朕カ軍人ハ百艱ヲ排シテ其ノ忠勇ヲ致シツツアリ是レ一ニ中華民国ノ反省ヲ促シ速ニ東亜ノ平和ヲ確立セムトスルニ外ナラス　朕ハ帝国臣民カ今日ノ時局ニ鑑ミ忠誠公ニ奉シ和協心ヲ一ニシ賛襄以テ所期ノ目的ヲ達成セムコトヲ望ム　朕ハ国務大臣ニ命シテ特ニ時局ニ関シ緊急ナル追加予算案及法律案ヲ帝国議会ニ提出セシム卿等克ク朕カ意ヲ体シ和衷協賛ノ任ヲ竭サムコトヲ努メヨ

支那事変による非常時局下に三日成立した第七十二臨時議会の開院式は四日午前十一時貴族院において行はせられた、この日両院議員は車駕親臨の光栄に輝く晴れやかなる面持ちのうちにも時局反映の緊張味を見せて燕尾服又は正装にて参列の顕官と善後して九時卅分ごろより続々登院、天皇陛下には陸軍様式の御正装に大勲位菊花章頸飾をはじめ各勲章を御佩用、金色まばゆき四頭立儀装馬車に乗御、百武侍従長御陪乗、十時卅五分宮城御出門、親王御総代高松宮宣仁親王殿下、王御総代梨本宮守正王殿下をはじめ奉り松平宮相、宇佐美侍従武官長、白根宮内次官、鹿児島式部次長、杉村主馬頭以下供奉申上げ燦たる天皇旗を先頭に近衛騎兵の儀仗による第二公式鹵簿粛々と同四十五分議事堂正門御車寄に着御、諸民の奉迎を受けさせ給ひ松平貴族院議長の御先導にて階上便殿に入御、御先着の各皇族方をはじめ奉り近衛首相以下各閣僚、平沼、荒井枢府正副議長以下各顧問官並びに松平、佐佐木、小山、金光両院正副議長等に拝謁仰付けられた、かくて陛下には鹿児島式部次長の御前行にて各皇族方、供奉員を随へさせられ諸員最敬礼裡に十一時式場に親臨遊ばされ玉座につかせ給ひ、近衛首相は川島内閣書記官の捧持せる勅語書を捧し御前に参進して恭々しく奉れば陛下にはこれを御手にとらせ給ひ玉音厳かに優渥なる勅語を賜つた、諸員恐懼感激にむせぶうちに松平議長は静かに御前に参進謹んで勅語書を拝受して退下しこゝに滞りなく御儀を終へさせられ陛下には十一時五分諸員最敬礼裡に御退場、同十五分議事堂御出門天機麗はしく宮城に還御遊ばされた

聖旨を体し緊張の臨時議会
徹底的支那軍粉砕 長期戦をも辞せず
上下一致堅忍持久邁進
近衛首相

【九・五 読売号外】支那事変下に召集された第七十二臨時議会は今五日愈よ議事に入つた、昨日の開院式において畏くも時局御軫念の勅語を拝した貴衆両院議員は恐懼感激、一同和協一心、協賛の任を竭し以て聖旨に副ひ奉らんものと緊張裡に議席につく、開会先づ近衛首相は起つて時局に対する帝国政府の牢固たる決意を示し、次いで広田外相の演説あり、杉山陸相、米内海相はそれぞれ戦況を説明してわが陸海軍は敵軍を徹底敵に潰滅せしめざる限り断じて鉾を収めざるの一大決意を表した

昨日開院式に当りまして、時局に関し特に優渥なる勅語を拝しましたことは真に恐懼感激の至りに堪へません、私は諸君とゝもに謹んで聖旨を奉体して一意報效の誠を竭し、宸襟を安んじ奉り度いと存ずるのであります

去る七月七日北支に事変が勃発致しまして以来、帝国政府が支那に対して採り来りました根本方針は、飽くまでも支那政府の反省を求めてその誤れる排日政策を放棄せしめ、以て日支両国の国交を

三、日军发动全面战争的形势判断与行动展开

（一）北京入城

资料名称：北京入城

资料出处：支駐步一会編《支那駐屯步兵第一聯隊史》（非壳品），内海通勝1974年印行，第29—30頁。

资料解说：日军发动大规模攻势，于1937年7月30日占领平津等城，进而于8月8日举办大规模的入城仪式和庞大的阅兵式。

北京入城

北苑兵営は我が友軍に撃滅せられ、北京城内外に在った二十九軍は我が軍首脳の努力により抵抗を断念せしめ、軍長宋哲元以下は南宛攻略の二十八日夜北京を脱出、永定河右岸を保定方面に南下した。

北京附近の戦闘は一段落したため、河辺兵団は北京の治安維持のため再び北京に帰ることとなり、八月八日入城した。

昭和十二年八月十日付東京朝日新聞は当時の模様を次のように報じている。

皇軍入城ここに完了
盛観！　北平の閲兵式
籠城邦人ただ感激の涙

〔北平にて進藤特派員八日発〕皇軍入城の八日、南宛の戦に偉勲を樹て通州の変事に際し一番乗りをした皇軍部隊は午前六時早くも朝陽門外に到着した。この朝陽門は曾て北清事変の際日本軍北京入城に当って通過した由緒も深い城門である。転戦又転戦、出発の時は真新らしかった軍服も今は見る影もなく汚れて了っているが、将兵は今日こそ北平入城だというので「これでもう死んでもよい」と張り切っている。（中略）正午愈々隊伍を整え歩武堂々の入城だ、部隊長の乗馬も晴の入城に勇み立って頻りに元気のよい嘶きをあげる、朝陽門大街を左に折れ哈達門に向って部隊が前進して来ると待ち構えていた居留民が手に手に日の丸の旗を振って感極まって万歳の叫びを浴せかける、婦人達は万歳万歳と叫びながら皆泣いている、これに応える将士の眼にもきらりと光るものがある。「万歳」の叫びと共に怒濤のような喊声があがる。(中略)

かくて永定門から入城した○○部隊の到着を待ち二時半から閲兵式が行われた。紫禁城正面天安門から始って交民巷北側電車通を東単牌楼まで入城部隊の将兵車馬が粛然と整列、その盛観、その厳粛、在留邦人一同は十三日間の籠城苦も一時に吹き飛んだ思いで今日は一人残らず昼飯もぬきだ」云々

北京も漸く平静に戻ったので、連隊は北京城外西北にある清華大学に主力が移り、北京の警備に任ずると共に戦闘後の整備、人馬の補充、爾後の出動準備に専念した。

八月下旬、敵中央軍良郷西方を北上する報を受け、第一大隊は木原少佐の指揮の下、門頭溝に赴き牛島兵団長の指揮下に入り、永定河の濁流を渡り、下馬嶺の嶮を冒し、標高七六〇乃至一二〇〇米の山嶽地帯で戦闘を続け、輝しい戦果を挙げ九月一日連隊に復帰した。

30

（二）扫荡平津地区后中央统帅部的形势判断

资料名称： 平津地方掃蕩後の中央統帥部の判断

资料出处： 防衛庁防衛研修所戦史室編《戦史叢書・支那事変陸軍作戦 1》，朝雲新聞社 1975 年版，第 229—232 頁。

资料解说： 日军攻占平津后，于 1937 年 8 月 5 日制定《形势判断》：「迅速对中国军队特别是中央军、尤其是空军，进一步给予打击，使南京政府在失败感之下不得已而屈服，由此而造成结束战局的机会。」

平津地方掃蕩後の中央統帥部の判断

平津地方平定後、対支処理をいかにすべきかは、政府、軍部ともに深刻な問題であり、各方面とも真剣な研究が実施された。

二十九日夜、参謀本部第二課長河辺大佐は軍令部甲部員横井大佐と会談し「内地師団の現地到着前に、本事変を解決するようできる限り努力する。見通しとしては保定まで進出することになろうが、それ以上は絶対に戦線を拡大させてはならない。そのため新情勢に応ずる実際的な新対支政策を研究すること」に合意をみた(82)。

当時、石原第一部長は「内地師団を動員派兵すれば全面戦争になる。しかしまだ南京政府との外交交渉により根本的転換をなす可能性も残されている。もしそれが駄目なら全面戦争で、しかも非常に長い長期持久戦となろう。しかし支那方面に使用できる兵力は、対ソ顧慮上、一一コ師団が最大限であり、このような小兵力で中国を処理することはできない。結局持久戦となれば、それは軍だけで処理できるものでないから、その間に政治的処理を図るか、あるいは速やかに兵を撤して国防本来の姿に還るべきである」という考えであった。

これに対し、参謀部内でも種々異論があり、陸軍省首脳も、事変か即時解決できることは望ましいが、今やその公算は極めて少なく、全面戦争の危険が逐次濃化するものとして対処しなければならない、という意見であった[79]。

しかし、八月二日、参謀本部は支那駐屯軍及び敵軍の行動並びに今後の戦局などについて次のように判断した[15]。

一 第二次動員主要部隊ノ天津附近到着予定ノ概要

八月十日前後ニ於テ応急動員二師団、十五乃至二十日頃迄ニ一師団並ニ前記二師団ノ充足人馬天津附近ニ到着スヘク後方部隊ノ全部天津附近集結完了ハ八月末トナルヘシ

二 支那軍ノ行動ニ対スル判断

萬福麟軍、馮占海等ノ雑 約三万ハ滄州、保定間ニ在リ中央軍ハ保定、石家荘間ニ約六万、石家荘、順徳間ニ約三万、北部河南省及鄭州附近隴海沿線ニ約二十万、徐州附近隴海沿線ニ約五万、計約三十四万集中セリ

山東省ニハ高射砲ヲ主トスル若干ノ部隊済南ニ到着セル外未タ大ナル部隊ノ侵入ナキカ如シ 我カ軍ニ撃退セラレタル第二十九軍中約二万ハ萬福麟軍、馮占海軍等ニ収容セラレ平漢沿線ニ退却シタルモノノ如ク又天津附近ニ在リシ約一万ハ馬廠附近ニ退却セルモノノ如シ 而シテ此等支那軍ハ平漢沿線方面ニ於テハ一部ヲ以テ我カ前進ヲ遅滞セシメ主力ヲ以テ中部河北省ニ於テ又津浦沿線方面ニ於テハ滄県、徳県附近ニ於テ相当頑強ナル抵抗ヲ為スモノト予想セラル 之カ為隴海沿線ノ部隊ハ前方ニ増加セラルルノ虞大ナリ

此等支那軍ハ我カ軍寡少ノ兵力ヲ以テ驀進スルカ又ハ我カ軍ノ集中遅延スルカ如キ場合ニ於テハ我カ後方ノ擾乱ヲ行フト共ニ進ンテ攻勢ヲ取ルコトナキヲ保シ難シ

山東軍及察哈爾省内ニ在ル第二十九軍ノ第百四十三師ハ概ネ中立的態度ヲ保持スヘク山西及綏遠軍亦一部ヲ省境附近ニ進出セシムル等消極的対策ハ之ヲ講スヘキモ進ンテ積極的行動ニ出ツル公算少キモノト判断セラル

空軍ハ消極的態度ヲ取リアルモ隴海、平漢沿線ノ主要飛行場ニハ著々所要ノ準備ヲ進メアルヲ以テ中部河北省作戦ニ際シ其ノ一部ノ参戦ヲ予期セラル

三 今後ノ戦況推移ニ関スル判断

支那駐屯軍ノ作戦地域ヲ概ネ保定—独流鎮ノ線以北ト為ス 而シテ支那側モ亦保定付近ニ於テハ真面目ナル抵抗ヲ為スヘク該線ニ進出センカ為ニハ相当激烈ナル戦闘ヲ予期

セサルヘカラス　支那駐屯軍司令官ハ平津地方ノ掃蕩ヲ行ヒツツ逐次到着スル増加兵団ヲ併セ適時上記ノ線ニ向ヒ前進スヘク其時期、兵力区分等ハ今後ノ情勢ニ依リ決定セラルヘシ

右の判断には第一部長の考えが強く入っており、作戦地域は、二十八日の臨命以来、おおむね保定－独流鎮の線で一貫していた。ところが八月五日には次のような参謀本部の「情勢判断」があり、参謀本部の大勢は作戦地域の拡大を認める空気であった(注)。

注　この情勢判断は支那駐屯軍の記録内に綴られているので、参謀本部から伝えられたものと思われる。第何部の起案かは分らない。作戦地域拡大の考えは、八月七日、河辺課長が軍令部甲部員に連絡した談話中「三コ師団到着後、保定ノ線迄進出、此ノ線確保ノ為ニハ前線ノ一部ハ石家荘ノ線迄出ルノ要アリ」と述べていることによっても裏づけられる。拡大の理由は、中国中央軍の北上、支那駐屯軍の意見具申、参謀本部内積極派が大勢を占め、石原第一部長も反対しなかったためであろう。作戦計画の拡大は、後述する支那駐屯軍の集中計画に関係をもつ。

判　決

帝国ハ成ルヘク速ニ河北省内ノ支那軍並ニ支那主力空軍ニ対シ打撃ヲ与ヘタル後　北支ノ要地ヲ占拠シ北支問題ノ根本的解決ヲ期シ　併セテ日支関係ノ調整ヲ図ルヲ要ス

処　置

一　支那駐屯軍ヲシテ新派遣兵団到着後速カニ北支会戦ヲ決行セシメ以テ河北省内ノ支那軍ヲ石家荘、滄州ノ線以南ニ撃攘シ且支那軍主力ニ徹底的打撃ヲ与フ　海軍航空兵力ヲ前記会戦ニ協力セシム

会戦開始ノ際　帝国政府ハ北支ノ不安ヲ一掃スル為　冀察範域内ノ支那軍ヲ膺懲スルノ趣旨ノ声明ヲ発表ス

二　会戦ノ効果ヲ大ナラシムル為　北支各軍閥、南京政府及上海財界等ノ動揺ヲ誘致スル如ク所要ノ施策ヲ行フ

三　本会戦間　青島、上海等ニ於ケル在留邦人ノ現地保護ハ海軍ニ於テ之ヲ担当シ　陸軍部隊ヲ派遣スルハ情況真ニ已ムヲ得サル場合ニ限ルモノトス

四　右会戦終結以前ハ一切ノ対支外交交渉ハ行ハス　又第三国ノ干渉ヲ排ス

五　会戦終結セハ北部河北省及察哈爾省ノ要地ヲ占拠シ機ヲ見テ南京トノ交渉ニ依リ事変ヲ解決ス

六　北支問題ノ根本的解決並ニ日支関係ノ調整ニ関スル要綱ハ別ニ研究ス

理　由

一　軍ハ迅速ニ支那軍特ニ中央軍就中其ノ空軍ニ対シ更ニ一

撃ヲ与ヘ以テ南京政府ヲシテ敗戦感ニ基ク屈伏ヲ余儀ナカラシムルト共ニ戦局終結ノ動機タラシムルコト緊要ナリ

保定、滄州ノ線ニ於ケル雑軍及中央軍ノ抵抗ニ支那主力軍カ積極的ニ加入スルコトハ予想シ得サルモ其ノ対内関係上本会戦ニ於テ相当頑強ノ抵抗ヲ予期セラレ従ッテ中央軍ニ対シ相当ノ打撃ヲ与ヘ得ル公算アリ

二　日支関係ノ現状ハ日支根本問題解決ノ条件ヲ固執スルニ於テハ和解成立ノ契機ヲ捕捉シ得ス　又最小限ノ要望タル北支問題解決ニ関スル善後処理案ノ実現ニ関シテモ少クモ石家荘、滄州以北ノ敵ヲ撃攘シ殊ニ支那自ラ其ノ精鋭ヲ誇レル中央軍主力ニ対シ大打撃ヲ与ヘタル後ニアラサレハ所期ノ要求ヲ貫徹スルヲ得サルヘシ

三　日支一般ノ情勢ハ既ニ全面戦ノ態様ヲ示シアリト雖モ実際ノ戦域ハ概ネ日本軍カ衝撃ヲ与フル部分ニ止ルヘク　従ッテ我軍ノ石家荘、滄州ノ線進出ニ依リ全面戦ヘノ拡大ヲ誘致スルモノニアラサルノミナラス却ッテ迅速ナル一撃ニ依リ全面戦ヲ避クルノ結果ヲ期待シ得ヘシ

而シテ内外情勢ヨリ見ルモ支那軍ニ一撃ヲ与フル時機ハナルヘク速カナルヲ要ス

四　軍ノ任務ハ北支ノ安定ヲ期スルニ在リ　支那軍特ニ中央軍ノ中央河北省盤踞ハ右任務ヲ妨クルモノニシテ又同時ニ帝国ノ警告ヲ無視シ梅津・何應欽協定ヲ蹂躙スルモノナリ故ニ軍ノ石家荘、滄州ノ線進出ノ名分ハ厳トシテ存スルモノト信セラル

注(四四)　国内世論が政府首脳の思わく以上に先行したのは、日本側だけでなく中国側においても同様であった。中国側においては、中共の役割が大きい。蘆溝橋事件勃発直後、中共は、即時全民族的抗戦の発動を主張し、宋哲元の和平交渉成立妨害、国共合作による共同抵抗の実現要求、宣伝工作の積極化と各種抗戦団体の組織に努めた。七月二十三日、中共は「華北事件に関する第二次宣言」及び毛澤東の「日本帝国主義の進攻に反対する方針、方法並びに前途を論ずる」論文を発表し、全国軍隊人民の総動員、政治機構の改革、抗日外交、国防教育など八項目の要求を掲げ、全面抗戦を叫んだ。このころから各界の抗敵後援組織は急速に発達し、現地協定反対の声は一段と高まった。

二十九日、日本軍の攻撃が開始されると、蒋介石は廬山で談話を発表し、あらゆる犠牲をしのび、最後まで抗戦すると言明した。

三十一日、沈鈞儒ら抗日救国会の七領袖、その他の政治犯が釈放され、急速に抗戦態勢を整えていった。

（三）华北方面军编成派遣和保定会战准备

资料名称： 北支那方面軍の編成派遣と保定会戦準備

资料出处： 防衛庁防衛研修所戦史室編《戦史叢書・大本営陸軍部 1》，朝雲新聞社 1967 年版，第 470—474 頁。

资料解说： 1937 年 8 月 31 日华北方面军成立，日军参谋本部规定其作战任务是：「一、华北方面军司令官应负责占领平津地区及其附近主要地区，确保这些地区之安定；二、以挫败敌之战斗意志，获取结束战局的时机为目的，迅速击灭河北中部之敌。」

御前会議決定
「支那事変処理根本方針」

大本営陸軍部は、十二月初めころから、事変処理に関する建設的根本理念を明らかにし、戦局とともに浮動し増大してゆく講和条件を固定不動のものとし、戦争目的を確立するとともに、蔣介石政権否認論をおさえるため十二月一日の「支那事変解決処理方針」を御前会議で決定したいという考えであった(18)。

しかし、その後、事変対処要綱、和平交渉の細目条件等も決定したので、外務、海軍側ではその必要なしと主張したが、参謀本部は「和平交渉ニ関スル対独回答審議ニ現ハレタル各方面ノ意向ハ甚タシク侵略的ニシテ日支国交ノ将来ヲ誤ル虞アルニツキ此ノ際御前会議ヲ開催シ日支国交再建ニ関スル根本方針ヲ確立シ置キ動モスレハ侵略的ニ傾カントスル国内情勢ニ対シ予防方策ヲ講シ置ク必要アリ」との意向を熱心に表明したので、外務、海軍もその精神に賛意を表し、十二月末、陸、海、外三事務当局間で御前会議の案文を作成した(27 18)。

昭和十三年一月九日及び十日の大本営政府連絡会議並びに閣議の審議を経て、一月十一日、御前会議が開催された。この種御前会議は日露戦争以来初めてのことである。陸海統帥部の両総長、次長、総理、陸、海、外、内、蔵各大臣及び特旨により平沼枢密院議長が出席、外相が原案を説明、両総長が意見を陳述、枢院議長が賛意及び希望を述べ、次のように決定し会議を終了した(25 97 16)。

支那事変処理根本方針

帝国不動ノ国是ハ満洲国及支那ト提携シテ東洋平和ノ枢軸ヲ形成シ之ヲ核心トシテ世界ノ平和ニ貢献スルニアリ　右ノ国是ニ基キ今次ノ支那事変処理ニ関シテハ日支両国間過去一切ノ相剋ヲ一掃シ両国国交ヲ大乗的基礎ノ上ニ再建シ互ニ主権及領土ヲ尊重シツツ渾然融和ノ実ヲ挙クルヲ以テ窮極ノ目途トシ先ツ事変ノ再起防止ニ必要ナル保障ヲ確立スルト共ニ左記諸項ヲ両国間ニ確約ス

(一)　日満支三国ハ相互ノ好誼ヲ破壊スルカ如キ政策、教育、交易其他凡ニル手段ヲ全廃スルト共ニ右種ノ悪果ヲ招来スル虞アル行動ヲ禁絶スルコト

(二)　日満支三国ハ互ニ相共同シテ文化ノ提携防共政策ノ実現ヲ期スルコト

(三)　日満支三国ハ産業経済等ニ関シ長短相補有無相通ノ趣旨

ニ基キ共同互恵ヲ約定スルコト

右ノ方針ニ基キ帝国ハ特ニ政戦両略ノ緊密ナル運用ニ依リ左記各項ノ適切ナル実行ヲ期ス

（一）支那現中央政府ニシテ此際反省翻意シ誠意ヲ以テ和ヲ求ムルニ於テハ別紙（甲）日支媾和交渉条件ニ準拠シテ交渉ス

帝国ハ将来支那側ノ満和条項実行ヲ確認スルニ至ラハ右条件中ノ保障条項別紙（乙）ヲ解除スルノミナラス更ニ進ンテ支那ノ復興発展ニ衷心協力スルモノトス

（二）支那現中央政府カ和ヲ求メ来ラサル場合ニ於テハ帝国ハ爾後之ヲ相手トスル事変解決ニ期待ヲ掛ケス新興支那政権ノ成立ヲ助長シコレト両国国交ノ調整ヲ協定シ更正新支那ノ建設ニ協力ス　支那現中央政府ニ対シテハ帝国ハ之カ潰滅ヲ図リ又ハ新興中央政権ノ傘下ニ収容セラルル如ク施策ス

（三）本事変ニ対処シ国際情勢ノ変転ニ備ヘ前記方針ノ貫徹ヲ期スル為国家総力就中国防力ノ急速ナル培養整備ヲ促進シ第三国トノ友好関係ノ保持改善ヲ計ルモノトス

（四）第三国ノ権益ハ之ヲ尊重シ専ラ自由競争ニヨリ対支経済発展ニ優位ヲ獲得スルコトヲ期ス

（五）国民ノ間ニ事変処理根本方針ノ趣旨ヲ徹底セシムル様国論ヲ指導ス　対外啓発ニツキテモ亦同シ

別紙甲　日支媾和交渉条件細目

〔十二月二十一日の独大使あて回答文細目に同じ〕

別紙乙

〔別紙甲のうちの保障条項、講和に関連して廃棄する約定〕

右会議において参謀総長は、とくに、本事変出兵の目的、事変処理の根本理念、交渉による早期解決の期待、国防力の充実整備の必要について陳述し、軍令部総長はこれに同感の意を表したほか、国防力の急速な培養を強調した。平沼枢府議長は、現中央政府との和議が成立した場合現地新政権をいかにするか、事変処理根本方針徹底のため世論指導をどのようにするか、などについて意見を陳述した。しかし、これらの審議及び陳述を通じ、根本方針が和戦両建とはいえ、各方面の思わくがまちまちであることが看取された(97頁)。（総長の陳述内容については、戦史叢書「大本営陸軍部1」第四章参照）

陸軍では御前会議允裁事項につき、とりあえず、現地軍司令部等に必要な事項を通知することとなり、十二日、参謀総長、陸軍大臣名をもって次のような電報を発した(98)。

一月十一日午後御前会議ニ於テ支那事変処理根本方針決定セラル　現地ニ必要ナル要旨左ノ如シ

日満支提携ノ国是ニ基キ日支両国国交ヲ大乗的基礎ノ上ニ再建スル如ク事変ヲ処理スル為帝国ハ政戦両略ノ緊密ナル運用ニ依リ支那ノ現中央政府ニシテ此際反省飜意シ誠意ヲ以テ和ヲ求ムルニ於テハ日支直接当和交渉ヲ開始ス　若シ彼ニシテ和ヲ求メ来ラサル場合ニ於テハ帝国自今之ヲ対手トスル事変解決ニ期待ソ懸ケス新興支那政権ノ成立ヲ助長シ之ト両国国交ノ調整ヲ協定シ更生新支那ノ建設ニ協力シ支那現中央政府ニ対シテハ帝国ハ之カ壊滅ヲ図リ又ハ新興中央政権ノ傘下ニ収容セラルル如ク施策ス

尚右二者何レヲ採ルヘキヤハ近ク決定ヲ見ルニ至ルヘシ

「爾後国民政府を対手とせず」の声明

十三日の中国側の回答　日本政府は、独大使を通じて示した和平交渉条件の中国側回答が一月五、六日ころまでには到着するものと期待しつつ年を越した。ディルクセン大使は、従来の責任上これを捨てておけないので、一月四日、廣田外相に対して国民政府との接触経過に関し中間連絡を行うとともに、本国政府及びトラウトマン大使にあて、日本政府から速やかに国民政府の諾否を求められていることを通告した(101)。（このとき、中国側回答期限を十二日ころとしたが、のち六日の四相会議で十日ころとするよう変更した）(40)

一月六日、しびれをきらした近衛総理は、陸海外三相を招き、国民政府にだめを押す相談をした結果、早く回答しないとためにならぬという意味の内閣書記官長談を発表した。この談話のなかでは「もし中国側が如実に反省の真意を示すならとにかく、わが方としては、あくまで所期の目的達成に邁進すべく、今後この決意のもとに百般の対策を講ずる」と述べている(100)。

このころ、すなわち年末から年始にかけて日本側の対支態度には非常な変化があった。中・北支における軍事的進展と北支、蒙疆における新政権の成立等により、軍部はもちろん政党、ジャーナリズム、有力な国民層とくに右翼団体等の間に、蔣介石の国民政府を相手にしなくても中国側を屈服させることは必ずしも不可能でない、という空気が濃厚に擡頭してきたので、講和促進論者は沈黙せざるをえない情勢となっていた。従って、前記書記官長談も、一般国民には和平無用論のような印象を与えた。しかし参謀本部首脳は、長期戦に対する戦力の限界を考え、和平策を堅持していた(102)。

このような情勢のうちに、現地にある川越大使もまた一月七日、上海で新聞記者に対し「中支新政権が出現するためには、日本政府が国民政府を公式に否認することが必要だ」という意見を発表した(頭註)。

中国側の回答は、独大使の督促にもかかわらず遷延していた。日本は、十一日の御前会議で、前記のとおり、事変処理の根本国策を決定した。

十一日、参謀本部第二部長は独武官から「㈠　十日正午独ハ発本朝着電ニヨレハ昨日『ト』大使ハ行政院副院長張群ニ『日本ニ対シ回答アリヤ』ト訊ネタルニ『尚目下日本ノ要求ヲ研究中ナリ』トノ返事ナリ　㈡　『デ』大使ハ昨日午後廣田外相トノ会見ノ後夕刻『ト』大使宛支那政府ニ対シ直ニ対日回答ヲ要求スル如ク打電セリ　㈢　『ファルケンハウゼン』将軍ハ蒋介石ニ対シ日本条件受諾ヲ強ク勧告シアリ　㈣　東京中国大使館ハ支那政府ノ決心ヲ承知セス」の情報を得ていた(40)。

十二日午後、堀内謙介外務次官は、独大使館の参事官と会見し「中国政府から即刻回答を得るため全力を尽くしてほしい。もし十五日までに回答に接することができねば、日本政府は行動の自由を保留しなければならなくなるだろう。日本は逐次回答期限を延期したが、もうあと二日か三日以上は待てない。なお、回答ということばは、明確な態度表明あるいは個々の細目に関する明確な質問という意味であり、問題を検討中だという趣旨の返事では十分でない」と述べた(28)。

トラウトマン大使は、堀内次官の要求を伝えた電報に接し、十二日、中国外交部長王寵恵と会見し、日本側の情勢を伝えて回答を促した。中国政府は、その日のうちに閣議を開き、翌十三日、王外交部長は閣議の結果を、日本向けの回答文としてトラウトマン大使に手交し、日本政府に伝達方依頼した。その回答文には「相当熟慮の結果、わが方は改変された条件は、その範囲多少広きに過ぎることを発見した。このゆえに中国政府は十分な検討を加え確たる決定に到達するため、新たに提議せられた条件の性質と内容を知らされることを希望する」と記されており、さらに外交部長は「日本側要求の詳細を知らされなければ、なんらの決定もできないし、またなんらの意見も表明できない」と説明した(28)。

一方、日本では、十三日の閣僚会合で「いつまでも便々として中国側の回答を待っておるわけにもいかないから、十五日中に中国側から確答がない場合には、直ちに、国民政府との交渉に期待をかけず、事態処理の第二手段をとる旨の声明を出すべきである。これは明十四日の閣議で決定する」という話し合いが成立した(27)。

しかし、陸海軍両統帥部は、右の場合に日本の態度決定は、少なくも大本営政府連絡会議にかけるべきであり、またこのとき直ちに決定せず、当方から更に日限を切って回答を促す必要があるという意見であった(40)。

十四日、午前中の閣議で「十五日で期限を切ること」に各閣僚は一応同意した。午後の閣議中、十六時半ころ、ディルクセン大使が廣田外相を来訪し、中国側の回答文（英文）を手交した上「中国側は日本の要求する細目が知りたいとのことであるが、在支独大使は、貴大臣から承った日本側の条件の内容は大体中国側に伝えたものと思う。しかし別に書き物をもって示したのではないから、この際、日本側の細目条件一一項を書面にしたため、中国側に手交することとすれば、今月二十日か二十一日ころまでには中国側の確答が得られるであろうと思われるが貴見はどうか」と尋ねた(27 40)。

これに対し外相は「中国側の回答文は、いかにも日本側が中国側に和を請うたような書きぶりをしている。そもそも講和の希望及び条件等は、進んで中国側から提示すべき筋合いであるのに、日本側の条件内容を大体承知しながら、なお中国側の意見を示さず、しかも日本側の条件につき説明を求めるのは、中国側に和平の誠意がなく、遷延策を講じておるものと考える外ない。目下、閣議の開催中なので、ただちに中国側申し出の次第を閣議に諮り追って何分の回答をする」旨を答えた(27 40)。

よって外相は、直ちに閣議の席にもどり、本件をひろうして閣僚の意見を求めたところ、閣僚は「もはやこのような遷延策には構わずに、予定のとおり国民政府を相手とせずとの声明をなし、次のステップに入るべきこと」に意見が一致した。しかし、これを聞いた大本営は、即断に反対し連絡会議の開催を要求した(40)。

注　参謀本部は、この閣議は、十五日までに回答が来ない場合のことを論議していたのに、回答が来ると、この情勢の変化を十分慎重に検討することなく、直ちに最後の決意に意見の一致をみたのは軽率であると観察していた。一方政府は、中国側に諾否を求めたのに対し、その種の返事がなかったと解したのである(40)。

（四）中国事变关系公文集

资料名称：支那事變關係公表集（第一號）／1937年

资料出处：JACAR（アジア歴史資料センター）Ref.B10070253500（支那事變關係公表集）（第一號）／1937年（情—167）（外務省外交史料館）。

资料解说：此件制作于1937年10月，是日本外务省情报部在日军完全占领平津、控制华北要地之后的系统而全面的公文汇集。其内容包括日方军政高层和各派出机关、部队的声明、负责人谈话、重要会议，以及各级军政要员的相关演讲，附录有蒋介石等中国政府要员声明、国际联盟等国际机构的相关决议等多种文字资料。

昭和十二年十月

支那事變關係公表集（第一號）

外務省情報部

支那事變關係公表集（第一號）

目次

一、蘆溝橋事件ニ對スル情報部長說明（七月八日）……一
二、演習權ニ對スル情報部長說明（七月九日）……
三、帝國政府第一次聲明（七月十一日）……
四、平漢線ニヨル軍需品輸送ニ關スル情報部長談話（七月十九日）……
五、外務當局見解（七月二十日）……
六、南京ニ於ケル交涉ニ對スル情報部長談話（七月二十日午前零時五十分發表）……一八
七、五里店ニ於ケル支那側發砲ニ對スル情報部長談話（七月二十日）……二〇
八、郎坊事件ニ關スル情報部長談話（七月二十六日）……二一
九、廣安門事件ニ對スル情報部長談話（七月二十七日）……二三
一〇、內閣書記官長發表（七月二十七日）……二五

一一、自衛措置遂行ニ當リ外務省情報部長談話（七月二十七日）……二九
一二、天津駐屯軍聲明（七月二十八日）……三二
一三、天津空爆ニ對スル情報部長談話（七月三十日）……三六
一四、支那軍北上狀況ニ關スル情報部長談話（八月二日）……三八
一五、天津治安維持會設立ニ關スル情報部長談話（八月二日）……四〇
一六、通州事件ニ關スル情報部長發表（八月二日）……四二
一七、保定治安維持會ニ對スル情報部長談話（八月二日）……四三
一八、通州事件ニ對スル情報部長談話（八月四日）……四四
一九、支那中央軍ノ北上狀況ニ對スル情報部長談話（八月七日）……四六
二〇、中央軍ノ津浦線ニヨル北上狀況ニ對スル情報部長談話（八月九日）……四七
二一、北京入城部隊司令聲明中ノ「政治干與」問題ニ對スル情報部長說明（八月九日）……四九
二二、上海ニ於ケル大山中尉殺害事件ニ對スル外務當局發表（八月十日）……五〇
二三、大山事件ニ對スル情報部長說明（八月十一日）……五四

二四、上海支那側空爆ニ對スル外務省情報部長談（英文）（八月十四日）……五八
二五、上海支那側空爆ニ對スル外務省情報部長談（佛文）（八月十四日）……六一
二六、上海ニ於ケル戰鬪忌避希望ニ對スル情報部長談話（八月十六日）……六四
二七、帝國政府第二次聲明（八月十五日）……六六
二八、北支事變ニ關シ「ドッヅ」英國代理大使堀內次官來訪ニ關スル件（八月十九日）……七一
二九、支那側檢閲ノ不法振ニ關スル情報部長談話（八月二十五日）……七七
三〇、中南支沿岸ニ於ケル支那船舶ハ交通遮斷ニ關スル外務省發表（八月二十六日）……七九
三一、「ヒューゲッセン」大使射擊事件ニ對スル情報部長談話（八月二十七日）……八一
三二、「ヒューゲッセン」大使射擊事件ニ對スル情報部長談話（八月二十九日）……八二
三三、我外務當局ノ見解（八月二十九日）……八三
三四、對ソ支不可侵條約見解（八月三十日）……八四
三五、本邦人ノ支那渡航取締（八月三十一日）……八五
三六、日本ノ對支政策ト題スル堀內外務次官「ラヂオ」演說（九月二日）……八七
三七、廣田外務大臣聲明（九月二日於外相官邸外人記者會見）……九五

三八、支那沿海航行遮斷ニ關スル外務省聲明（九月五日）……一〇五
三九、「ヒューゲッセン」大使遭難ニ關スル回答（九月七日發表）……一〇七
四〇、外務省發表（支那渡航取締方ノ件）（九月九日）……一一一
四一、支那戎克武裝狀況ニ關スル情報部長説明（九月十五日）……一一三
四二、支那ノ聯盟提訴ニ對スル外務當局ノ見解（九月十五日午前）……一一六
四三、支那船舶ノ國籍移轉及假裝ニ關スル在京各國大公使宛覺書（九月十八日）……一二一
四四、支那船舶航行遮斷ニ關スル記者團質問ニ對スル當局談（九月十八日）……一二二
四五、駐支英國大使遭難事件我方最終回答（九月二十二日發表）……一二四
四六、在支英國大使負傷事件ニ關スル昭和十二月九月二十三日附在京英國大使發外務大臣宛書翰（九月二十三日）……一二九
四七、日支兩空軍損傷ニ對スル日支兩國發表對照表（九月二十四日）……一三一
四八、諮問委員會ノ事業參加招請ニ對スル帝國政府回答（九月二十五日）……一三八
四九、南京空爆個所公表（九月二十六日）……一四一
五〇、南京廣東空爆ニ對スル情報部長談話（九月二十七日）……一四三

五一、支那各地空爆個所公表（九月二十九日）……一四五
五二、南京廣東空爆及支那漁船攻撃説ニ關スル情報部長談（於外人記者團會見）（九月二十九日）……一四七
五三、南京廣東空爆ニ關スル情報部長談（於外人記者團會見）（九月二十七日）……一五六
五四、南京空爆ニ關スル帝國政府囘答文（九月三十日）……一六〇
五五、機雷爆破事件ニ對スル情報部長談話（九月三十日）……一六四
五六、日本潛水艦ノ支那戎克襲撃説ニ對スル情報部長談話（十月一日）……一六六
五七、外人記者會見ニ於ケル情報部長談話（十月一日）……一六八
五八、日本飛行機ノ愼重ナル態度ニ關スル情報部長談話（十月四日）……一七六
五九、日支空軍損傷ニ對スル支那側發表振ニ關スル情報部長談話（十月四日）……一七八
六〇、支那戎克ノ海賊行爲ニ關スル情報部長談話（十月四日）……一八三
六一、外務省情報部長談（十月六日）……一八五
六二、情報部長談（十月六日）……一八九
六三、支那戎克問題ニ對スル情報部長談話（十月六日）……一九五

六四、外務省聲明（十月九日）……一九七
六五、臨時輸出入許可規則（商工省令）ノ公布ニ關スル發表（十月九日）……二〇一
六六、日本側ノ毒瓦斯使用説ニ對スル情報部長談話（十月十一日）……二二五
六七、支那側ノ非戰鬪員襲撃ニ關スル情報部長談話（十月十五日）……二二六

「附　錄」

(一)第七十一回帝國議會ニ於ケル近衛内閣總理大臣演説（七月二十七日）……二二七
(二)第七十一回帝國議會ニ於ケル廣田外務大臣演説（七月二十七日）……二三四
(三)勅　語（九月四日）……二四六
(四)第七十二回帝國議會ニ於ケル近衛内閣總理大臣演説（九月五日）……二四七
(五)第七十二回帝國議會ニ於ケル廣田外務大臣演説（九月五日）……二五三
(六)告　諭（九月九日）……二六四
(七)訓　令（九月九日）……二六六

（八）近衛內閣總理大臣演說「時局ニ處スル國民ノ覺悟」（九月十一日）……二六八

「參考」

一、諸外國側發表

(1)「ハル」聲明（七月十七日）……二七五
(2)「ハル」聲明（八月二十三日）……二七七
(3) 武器軍需品輸送禁止ニ關スル米國政府聲明（九月十四日）……二八〇
(4) 聯盟總會ニ於テ採擇シタル諮問委員會決議（九月二十八日）……二八一
(5)「ルーズベルト」大統領市俄古演說（十月五日）……二八二
(6) 聯盟總會決議全文（十月六日）……二九二
(7) 米國務省ノ聲明（十月六日）……二九三
(8)「ルーズベルト」大統領爐邊談話（十月十二日夜）……二九五

二、支那側發表

(1) 蔣介石聲明（七月十九日）……二九七

(2) 汪精衞演說「最後ノ問題」（七月二十九日）……三〇三
(3) 馮玉祥「ラヂオ」演說（八月六日）……三〇八
(4) 國民政府外交部聲明（八月十二日）……三一〇
(5) 支那聯盟提訴附屬文書（八月十二日）……三一一
(6) 國民政府外交部聲明（八月二十九日）……三一九
(7) 中國共產黨宣言及右ニ關スル蔣介石談話（九月二十二日）……三二二
(8) 蔣介石双十節放送（十月九日）……三二三
(9) 王寵惠ノ對米放送（十月十五日）……三二五

支那事變關係公表集（第一號）

一、蘆溝橋事件ニ對スル情報部長説明（七月八日）

We cannot but conclude that the occurrence of the Lukouchiao incident was due fundamentally to the ulterior scheme of the Chinese, especially of the Nanking Government. Some of the main reasons are as follows:

1. With the ultimate aim of forcing the Hopei-Chahar region to come under the direct control of the Nanking Government, the Blue Shirt Society and other elements, under the influence of the Nanking Government authorities, have been secretly endeavouring to alienate the Hopei-Chahar Political Council from Japan and thus bring about chaotic conditions in the region under the jurisdiction of that Council.

2. That the Japanese garrison troops in North China are perfectly entitled to hold maneouvers under the provisions of the treaty concluded following the Boxer Rebellion is indisputable. The Chinese troops stationed in the district where the incident happened had been showing a disagreeable attitude toward such maneouvers taking place there. This hostile attitude was further aggravated by the agitations of the Blue Shirt Society and of others. Anti-Japanese feeling ran high and the general atmosphere became quite tense.

3. In the Tientsin district, rumours had been rampant from the latter part of June to the effect:

1

(1) That the Japanese would start something.

(2) That the agents of the Blue Shirt Society would begin terroristic tactics.

From about the 25th of June until the early part of July, an extraordinary precaution had been taken nightly in and out of Peiping while the chief authorities of the Peace Preservation Department of the Hopei-Chahar Council had consultations for making concrete arrangements to meet an emergency, and by July 3, necessary guards had been placed accordingly.

4. Under such previous arrangements, the Hopei-Chahar Council showed no sign of perturbation at the time of the out-break of the Lukouchiao incident feigning as though it had happened as a matter of course, and put the city of Peiping under strict police vigilance in a comparatively short space of time.

5. Facts are established that the Nanking Government sent encouraging telegraphic and telephone communications to the Hopei-Chahar Council as soon as the incident occurred telling them that, if necessary, four divisions of the Central Army would be dispatched to the north for reinforcement. Thus it is evident that the Nanking Government regarded the incident as a golden opportunity for putting the Hopei-Chahar region under its authority.

一一、演習權ニ對スル情報部長說明（七月九日）

CONCERNING THE RECENT MANEOUVRES OF THE JAPANESE TROOPS NEAR LUKOUCHIAO, WHERE THEY WERE WANTONLY FIRED UPON BY THE CHINESE TROOPS, THE FOREIGN OFFICE SPOKESMAN MADE THE FOLLOWING EXPLANATION ON FRIDAY NIGHT, JULY 9, 1937.

Under the provisions of Article IX of the joint Note of the Allied Powers concerning the Boxer Rebellion, and paragraph IV of the Note exchanged between Japan and China concerning the Restoration of Tientsin, the Japanese troops garrisoned in North China have been accustomed to carrying on maneouvres without being subjected to any restriction as to locality or time. It is provided that with the exception of practice with loaded bullets no notice need be given for individual cases of maneouvres. However, as a matter of fact, in order to remove the anxiety of the local inhabitants, notice has been gratuitously served in advance. In the maneouvre in question, though it was not a practice with loaded guns, notice had been served as usual.

It may be added that other Powers maintaining garrisons in China may, and are, in fact, used to holding similar maneouvres frequently.

三.

四

1. The neighbourhood of Lungwangmiao, where troops were illegally fired upon, lies to the northside of Lukouchiao, and having but few houses, is best suited for military maneouvres. The autumn maneouvre of last year and many subsequent maneouvres, large and small, have been held there, so that the place has come to be regarded as if it were a regular practice field for our troops. Moreover, the river beach of the Yungting above and below the Lukouchiao Bridge has been frequently used as the grounds for target practice with the high land to the west as a mark.

2. Our troops, with the impending Annual Inspection in view, had been practising continuously day and night in the locality in question.

3. On Wednesday, shortly after 11 o'clock when our troops were fired upon, they had no real bullets with them, save a supply amounting to one cartridge per soldier which was kept by the commanding officer for emergency. There was only one case of ball-cartridges for light machine-guns. Of course, the supply was insufficient for returning the fire, and the commander, to meet the situation, immediately sent for reinforcements to the garrison at Fengtai.

These hastened to the scene with real bullets and infantry guns to oppose the Chinese. It was not until 5 o'clock on Thursday morning that our troops used solid shots in exchanging fires with the Chinese.

4. It is claimed by the Chinese that our soldiers had entered inside the village wall of Lukouchiao. Our troops are always strictly warned against the occurrence of untoward incidents. Moreover, in this particular village our soldiers have been accustomed not to force their way in order to avoid trouble, because the Chinese sentinels there are in the habit of stopping without reason Japanese soldiers even if they wanted to pass the gate. Finally, in order to approach the gate of the village it is necessary to cross twice a railway track running on an embankment. It would be impossible that a handful of our soldiers should steal inside the gate, and certainly it is absurd that they should court danger purposely by trying to enter the village at night.

三、帝國政府第一次聲明（七月十一日）

相踵ク支那側ノ侮日行爲ニ對シ支那駐屯軍ハ隱忍靜觀中ノ處從來我ト提携シテ北支ノ治安ニ任シアリシ第二十九軍ノ七月七日夜半蘆溝橋附近ニ於ケル不法射擊ニ端ヲ發シ該軍ト衝突ノ已ムナキニ至レリ爲ニ平津方面ノ情勢逼迫シ我在留民ハ正ニ危殆ニ瀕スルニ至リシモ我方ハ和平解決ノ望ヲ棄テス事件不擴大ノ方針ニ基キ局地的解決ニ努力シ一旦第二十九軍側ニ於テ和平的解決ヲ承諾シタルニ不拘突如七月十日夜ニ至リ彼ハ不法ニモ更ニ我ヲ攻擊シ再ヒ我軍ニ相當ノ死傷ヲ生スルニ至ラシメ而モ頻ニ第一線ノ兵力ヲ增加シ更ニ西苑ノ部隊ヲ南進セシメ中央軍ニ出動ヲ命スル等武力的準備ヲ進ムルト共ニ平和的交涉ニ應スルノ誠意ナク遂ニ北平ニ於ケル交涉ヲ全面的ニ拒否スルニ至レリ以上ノ事實ニ鑑ミ今次事件ハ全ク支那側ノ計畫的武力抗日ナルコト最早疑ノ餘地ナシ。

思フニ北支治安ノ維持カ帝國及滿洲國ニトリ緊急ノ事タルハ玆ニ贅言ヲ要セサル處ニシテ支那側カ不法行爲ハ勿論排日侮日行爲ニ對スル謝罪ヲ爲シ及今後斯カル行爲ナカラシムル爲ノ適當ナル保障等ヲナスコトハ東亞ノ平和維持上極メテ緊要ナリ。

仍テ政府ハ本日ノ閣議ニ於テ重大決意ヲ為シ北支派兵ニ關シ政府トシテ執ルヘキ所要ノ措置ヲナス事ニ決セリ。

然レトモ東亞平和ノ維持ハ帝國ノ常ニ顧念スル所ナルヲ以テ政府ハ今後共局面不擴大ノ為平和的折衝ノ望ヲ捨テス支那側ノ速ナル反省ニヨリテ事態ノ圓滿ナル解決ヲ希望ス又列國權益ノ保全ニ就テハ固ヨリ十分之ヲ考慮セントスルモノナリ。

DECLARATION OF THE JAPANESE GOVERNMENT ON JULY 11.

The Japanese forces garrisoned in North China always maintained a calm and patient attitude toward a series of anti-Japanese outbursts in North China. But unfortunately on the night of July 7 an inevitable clash occurred when the Japanese troops were wantonly fired upon by soldiers of the 29th Army, which had been cooperating with our forces in maintaining peace and order in that region. As the consequence, the atmosphere in the Peiping and Tientsin districts grew so tense that even the lives and property of Japanese nationals were endangered. However, the Japanese authorities made earnest endeavours to

七

localize and prevent the affair from becoming further aggravated, and succeeded in bringing the 29th Army authorities to agree to a peaceful settlement.

On the night of July 10, however, the 29th Army, in violation of the agreement, suddenly fired upon the Japanese troops causing considerable casualties. Besides, China has since pushed on warlike preparations by increasing her forces on the first line, by ordering the Chinese troops at Siyuan to advance southward, and also ordering the Central Government troops to the front. China has not only failed to manifest any sincerity to seek a peaceful solution, but has gone the length of flatly rejecting all of Japan's offers for amicable settlement at Peiping, leaving no room for doubt that the present incident has been brought about as the result of well-planned armed operations against Japan.

There is no need of dwelling on the vital importance to Japan and Manchoukuo of the maintenance of peace and order in North China. What is most urgently needed is that the Chinese not only apologize for the most recent lawless actions and manifestations of antagonism and opposition to Japan, but give adequate guarantee against the recurrence of such outrages in the future.

An important decision has been reached by the Japanese Government at today's Cabinet meeting to take all necessary measures for despatching military forces to North China.

But, desirous as ever of preserving the peace of East Asia, the Japanese Government has not abandoned its hope that negotiations may yet effect non-aggravation of the situation, and that prompt reconsideration on the part of China may bring about an amicable solution. As regards the safeguarding of the rights and interests of the Powers in China, the Japanese Government is, of course, prepared to give full consideration.

九

一〇

四　平漢線ニヨル軍需品輸送ニ關スル情報部長談話

（七月十九日）

(Made public on July 19th, 1937).

According to information received from a most authoritative source, it is said that unusual increases have been noted in the amount of military supplies shipped north from various stations in Hankow by the Peiping-Hankow Railway.

July 11.

Chiaokou station at 11:00 a.m. for Chĕngchou.

Ammunition: 2300 cases in six cars;

Water bottles: 230 cases.

Rice for army: 3700 sacks in nine cars.

Fodder: 1600 bags in 4 cars.

Hsunlimen station at 11:00 a.m. for Paotingfu:

Armoured cars: 8.

Cannons: 12.

Rice for armies: 4000 sacks in 10 cars.

On the side-track: for Paotingfu:

Tents: 300.

Rice for armies: 4500 sacks in 13 cars.

Fodder: 2500 bags in 66 cars.

At Liuchiamiao station, 3:00 p.m. for Shiechiachwang.

Hand-grenades: 700 cases in 2 cars.

Army motor cars: 5 in 5 cars.

Rice for armies: 5300 bags in 14 cars.

July 12.

Chiaokou station: 2:00 p.m. for Shihchiachwang.

Ammunition: 1300 cases in 3 cars.

Infantry rifles: 250 cases in 2 cars.

Water bottles: 220 cases in 2 cars.

Flour: 2700 sacks in 2 cars.

Rice for armies: 3100 sacks in 9 cars.

Hsunlimen station: 11:00 a.m. for Shihchiachwang.

Armoured cars; 3.

Mines: 110 in cars.

Tents: 250 in 2 cars.

Biscuits: 4600 cases in 4 cars.

Salt: 1100 sacks in 3 cars.

Fodder: 2400 bags in 6 cars.

On the side-track: for Paotingfu:

Hand-grenades: 700 cases in 3 cars.

Rice for armies: 6100 sacks in 15 cars.

Fodder: 1200 bags in 3 cars.

五、外務當局見解（七月二十日）

七月十七日日高代理大使ヨリ南京政府ニ對シ申入レタル要旨ハ

一、現地解決案ノ履行ヲ阻害スヘカラス

二、對日敵對行動ヲ一切停止スヘシ

ノ二點ナルカ

本十九日南京政府ノ右ニ對スル囘答ハ概ネ

一、日支双方軍隊ノ同時撤退

二、外交交涉ニ依ル解決

三、現地解決案ハ南京政府ノ許可ヲ要ス

四、南京政府ハ直接交涉斡旋調停乃至仲裁ヲ受諾スル用意アリ

ノ四點ナル處右ハ顧ミテ他ヲ云フモノニシテ我方申入レニ對スル囘答ト認メ難シ。

抑々(一)今次事變ノ端ヲヒラキタルハ支那側ノ不法射擊ニシテ事件ノ責任ハ擧ケテ支那側ニアリスヘカラク先ツ自ラ不法ヲ止メ兵ヲ撤收シテ誠意ヲ披瀝シテコソ事件ハ圓滿解決ヲ見ルニ至ルヘキ

ナリ、然ルニ同時撤退ト云フカ如キハ責ナキ責ヲ我方ニ負ハシメントスルモノト云フヘク加之曩ニ現地ニ於ケル兩軍撤收ノ約ニ背キ我撤收部隊ニ對シ數次不法射擊ヲ加ヘ我軍ニ多數ノ死傷者ヲ生セシメタルカ如キ背信無道ト云フノ外ナク此故ヲ以テ我方ハ去ル十二日支那側ノ同時撤退ノ要望ヲ默殺セリ(二)支那側カ二十數萬ノ大軍ヲ北支ニ集結シ平津ノ我小部隊並ニ居留民ニ對シ一擧鏖殺ノ姿勢ヲ執リタル爲メ政府ハ遂ニ派兵ノ閣議決定ヲ爲シタルモノニシテ是全ク自衛權ノ發動ナリ然レ共我方ハ尚隱忍自重シテ支那側ノ反省ニ一縷ノ望ヲカケ少數部隊ヲ除キ今尚內地部隊ハ依然待機シ居ル次第ナリ然ルニ支那側カ大軍ノ北支集結ヲ以テ自衛ヲ云々スルカ如キハ詭辯モ又甚タシト云フヘシ(三)冀察政務委員會ハ他ノ地方ニ見サル特殊大規模ノ政治形態ニシテ從來幾多ノ重要ナル地方的交涉ヲ行ヒ來リ南京政府ハ敢テ之ニ容喙セサリシニ今日率然トシテ冀察政權ト我方トノ話合ニ付其ノ容認ヲ主張スルカ如キハ卽チ新ニ事ヲ構ヘテ故意ニ事件ノ圓滿解決ヲ阻害セントスルモノト云フノ外ナシ。事態惡化ノ原因ハ南京政府カ現地協定ヲ阻害スル一面續々中央軍ヲ北上セシメタル事實ニ在リ此際南京政府ニ於テ飜然反省スルニ非レハ時局ノ收拾全ク望ナキニ至ラン。

COMMENT OF THE FOREIGN OFFICE AUTHORITIES ON THE CHINESE REPLY.

July 20, 1937.

The main points of the Japanese memorandum sent to the Nanking Government through acting Ambassador Hidaka were:

1. The Nanking Government should not obstruct the execution of the agreement reached on the spot.

2. The Nanking Government should stop all hostile movements against Japan.

The main points of the reply made on July 19 by the Nanking Government were: 1, simultaneous withdrawal of the Chinese and Japanese troops to original positions; 2, solution by diplomatic negotiations; 3, the necessity of authorization by the Nanking Government for any agreement on the spot.

In bringing out these 3 points the Nanking Government simply evades our proposals and does not answer them.

1. The direct cause of the present incident is the wanton firing by the Chinese upon the Japanese and the responsibility rests entirely with China. She should therefore stop

一五

committing any more wrongs, withdraw her forces and in all sincerity seek a solution of the matter. The proposal of the Nanking Government for the simultaneous withdrawal of forces is calculated to place a part of the burden of responsibility on Japan, who is not at all responsible. Moreover, the Chinese have already committed a series of unpardonable outrages by firing upon our troops, causing considerable casualties, in violation of the agreement of mutual withdrawal and cessation of hostilities; and we ignored the Chinese request for simultaneous withdrawal on the 12th.

2. China had armies of 200,000 strong already concentrated in North China and made a gesture of wiping out the small number of our Garrison troops in the Peiping and Tientsin area as well as all the Japanese in North China.

The decision of the Japanese Government to dispatch troops across the sea was nothing but an exercise of the right of self-defence. At the same time we continued to maintain an attitude of patience and self-restraint, hoping against hope that China might yet reconsider. Our home troops have not yet left Japan save for a few small units already sent. It is ridiculous that China should speak of self-defence while she concentrates colossal armies in North China.

3. The Hopei-Chahar Political Council is a unique political entity of considerable proportions, the like of which is not seen elsewhere. This body has in the past engaged

in a number of important local negotiations; and that the Nanking Government, which has hithertofore refrained from interfering with these negotiations should suddenly insist upon the necessity of its recognition for any agreement to be made between Japan and the Hopei-Chahar Political Council, can not but mean that Nanking desires to obstruct an amicable settlement of the incident by inventing pretexts. The aggravation of the situation is caused by the Nanking Government which is not only obstructing the settlement on the spot but is moving government troops into North China. The situation is likely to pass out of control unless the Nanking Government reconsiders at this very moment.

六、南京ニ於ケル交涉ニ對スル情報部長談話

（七月二十日午前零時五十分發表）

Late on the night of July 17, the Japanese Counsellor, Hidaka, called on the Chinese Foreign Minister, Wang-Chunghui, and handed to him a memorandum in which the Japanese Government urged upon the Nanking Government not to interfere with the execution of the agreement arrived at on the spot and to suspend immediately all military movements against Japan. Foreign Minister Wang told Counsellor Hidaka that he would be able to reply by Monday July 19.

At 2:30 p.m. July 19, Tung-Taoning, Chief of the First Section of the Asiatic Bureau, by order of the Foreign Minister of the Nanking Government, called on the Japanese Counsellor, Hidaka, at the latter's office and handed an aide-memoire after reading it aloud to him.

1. Hidaka asked Tung if it were a reply to the Japanese momorandum presented to Foreign Minister Wang. Tung answered that he brought it merely by order of the Foreign Minister. Then Hidaka told Tung that he would receive it as a reply from the Minister Wang, but if it were not, he would expect to hear again from Mr. Wang within the day.

2. Hidaka pointed out that the aide-memoire seemed to mean that the Chinese would not suspend their military movements before the date to be agreed upon, that is, they would not immediately suspend those actions.

3. Counsellor Hidaka also pointed out that while the Chinese aide-memoire might be construed as not refusing to recognize a local settlement, it did not make clear whether or not the Nanking Government intended to interfere with the carrying out of the terms of settlement.

Hidaka requested Tung to report to Foreign Minister Wang on the above three points, which Tung agreed to do.

Repeatedly stressing the gravity of the situation, Hidaka called the attention of Tung to the fact that, in his private opinion, the Chinese reply on the present issue was of far greater importance than the Chinese Government appeared to think.

七、五里店ニ於ケル支那側發砲ニ對スル情報部長談話

（七月二十日）

(Issued on July 20 as of 5.00 p.m.)

Since July 19 the Chinese repeatedly fired upon Japanese sentinels posted near Wu-li-tien (about 2 kilometres east of Lukouchiao), injuring the commander of our company. For three times — at 9 o'clock a.m.; at 2 o'clock and 4 o'clock p.m., the Chinese attacked the Japanese position with trench-mortars, but the Japanese did not return the fire. On the 20th the Chinese still continued their provocative action, and at 2 o'clock p.m. they sent a heavy shower of cannon, rifle and machine-gun shots upon our position, and compelled our force to reply. The fighting is now in progress. However, we are employing only artillery force and no infantry has been put to action.

Before commencing bombardment we sent airplanes to distribute handbills warning the inhabitants of the vicinity to evacuate.

八、 郎坊事件ニ關スル情報部長談話（七月二十六日）

THE LANG FANG INCIDENT.

The Japanese military telephone and telegraph lines between Peiping and Tientsin have been frequently cut by the Chinese. On the 23rd inst., the lines were put out of order in the neighbourhood of Lang Fang, which is a small station situated half-way between Peiping and Tientsin. The Japanese contingent which was sent to the spot to do the necessary repair work came back without having accomplished the purpose, owing to Chinese obstruction. On the 24th, another unit was despatched from Fengtai, and temporary repair work was made. In order to complete the work, the Japanese military headquarters sent on the 25th a communications corps accompanied by a small unit led by Lieutenant Gonoi, as a covering force, which consisted of less than a company of men. They were despatched after an understanding had been reached with General Chang Tsu-chung, Commander of the 38th Division and Mayor of Tientsin. At 4:30 o'clock in the afternoon the Japanese arrived at Lang Fang, and found the station occupied by Chinese troops, one company strong. The Japanese negotiated with the Chinese, after which they entered the station and proceeded to repair the lines. At 11:10 p.m. after the Japanese had stacked their arms and were taking their evening meal, they were suddenly attacked by the Chinese nearby who opened fire, with rifles, hand-grenades, and machine-guns. The Chinese unit under Tsai Chen-lin (of about one regiment and belonging to Chang Tsuchung's 38th Division of the 29th Army), holding a position 300 metres north of the station, joined in the attack, subjecting the Japanese to a fierce fire with trench-mortars, compelling them to return the fire. The Japanese holding the station and fighting the Chinese, suffered several casualties. They sent for reinforcements. And at 5 a.m. on the 26th, from the Japanese Garrison at Tientsin, two train-loads of troops under Colonel Koito were sent to the scene. Meanwhile Japanese war-planes bombarded the Chinese and drove them out of their positions. As soon as the fighting ceased, the Japanese Garrison Commander, Lieutenant-General Katsuki sent a note to General Sung Cheyuan demanding the withdrawal within ten days of the 37th Division from Peiping, and the withdrawal of the Chinese troops at Mentoukou and Siyuan to positions further south toward Paoting as a measure for guarding against a recurrence of similar incidents.

九、廣安門事件ニ對スル情報部長談話（七月二十七日）

THE KUANG-AN MEN INCIDENT.

Our military authorities at Peiping decided upon re-inforcing the Japanese force stationed there in order to protect the lives and property of our residents. Accordingly, they sent for a contingent about the size of a battalion from the garrison at Fengtai. The latter arrived in trucks about 6:00 p.m., July 26, and tried to enter the city by the Kuang-an men—a gate in the outer wall of Peiping. But, despite the understanding that had been previously obtained from the authorities of the Hopei-Chahar Political Council, the Chinese troops obstructed the entry of the Japanese force. After some heated argument the gate was finally opened only to be closed again when two-thirds of the Japanese troops had passed through it. And on the Japanese troop which marched inside the gate, and virtually trapped between the outer and inner gates, the Chinese began to fire furiously with machine-guns and hand-grenades. The Japanese were compelled to return the fire. It appears that of our soldiers and the newspapermen who were with them, not a few were either killed or wounded, though the casualties sustained have not yet been ascertained.

Captain Teradaira of the Special Service Mission of the Japanese Army and Mr. Kasai, Adviser to the 29th Army, hurried to the scene, and succeeded in causing the Chinese troops inside the inner wall to be concentrated at a certain point. At 2:00 a.m., July 27, a part of the Japanese troops entered the barracks in the Legation Quarter of Peiping.

一〇　内閣書記官長發表（七月二十七日）

政府ハ先般ノ閣議ニテ決定セル自衛的措置ヲ講スルニアタリ、本日院内閣議ニテ書記官長ヲシテ政府ノ意嚮ヲ左ノ如ク發表セシムルコトトシタ。

北支ノ安寧ハ帝國ノ常ニ至大ノ關心ヲ有スル所ナリ。然ルニ支那側ノ徹底セル排日抗日政策ハ屢々北支ノ平和ヲ脅威シ遂ニ蘆溝橋事件ノ勃發ヲ見ルニ至レリ。

爾來帝國ハ東亞平和ノ爲事件不擴大、現地解決ヲ方針トシテ平和的處理ニ努メ、冀察側ニ對シ支那軍ノ蘆溝橋附近永定河左岸駐屯停止、將來ニ關スル所要ノ保障、直接責任者ノ處罰及謝罪ノ極メテ寛大且局地的ナル條件ヲ要求シタルニ過キス、冀察側ハ七月十一日夜右條件ヲ承認シタルモ之ガ實行ニ誠意ヲ示サズシテ今日ニ及ヘリ。一方帝國政府ハ七月十七日南京政府ニ對シ、アラユル挑戰的言動ヲ卽時停止シ且現地解決ヲ妨害セサル樣注意ヲ喚起シタルモ、南京政府ハ現實ノ事態ヲ無視シ帝國政府ノ主張ヲ容レス、却ッテ益々戰備ヲ整ヘ愈々不安ヲ增大セシムルニ至レリ。

然レトモ帝國ハ尙ホ隱忍、平和的解決ニ努力中支那側ハ七月二十六日郎坊ニ於テ電線修理ニ任ス

二六

ル我部隊ニ不法射撃ヲ加ヘ、更ニ同日夕居留民保護ノ爲冀察側ノ諒解ヲ得テ北平城内ニ入城中途ノ我部隊ニ對シ突如城門ヲ閉鎖シ不意ニ急射スルノ暴擧ニ出テタリ。

右兩事件タルヤ我駐屯軍本然ノ任務タル北平、天津間ノ交通線ノ確保及居留民ノ保護ニ對スル支那軍ノ武力妨害ニシテ今ヤ軍ハ此ノ任務遂行並ニ協定事項ノ履行確保ニ必要ナル自衛行動ヲ採ルノ已ムナキニ至レリ。固ヨリ帝國ノ期スル所ハ、今次事件ノ如キ不祥事發生ノ根因ヲ芟除スルニ在リテ善良ナル民衆ヲ敵視スルモノニアラス。又帝國ハ何等領土的企圖ヲ有セス、且列國ノ權益保護ニハ最善ノ努力ヲ惜マサルコト勿論ナリ。

東亞ノ平和確保ヲ使命トスル帝國ハ事茲ニ至ルモ今尚支那側ノ反省ニ依リ局面ヲ最小ノ範圍ニ限定シ、速カニ圓滿ナル解決ヲ見ンコトヲ切望スルモノナリ。

AN INFORMAL STATEMENT MADE BY THE CHIEF SECRETARY OF THE CABINET, EXPRESSING THE VIEWS OF THE JAPANESE GOVERNMENT.

July 27, 1937.

For Japan, the preservation of peace and order in North China is always a matter of serious concern. However, the Chinese policy of relentless opposition against Japan has frequently threatened the tranquillity of that region, leading finally to the Lukouchiao Incident of the recent date. From the outset the Japanese Government have, in the interest of the peace of East Asia, made it their policy to seek non-aggravation of the situation and a settlement on the spot, and they have striven to dispose of the problem in a peaceful manner. To the Hopei-Chahar Political Council Japan made only such demands as were most lenient and localized in character and scope—namely, discontinuation of the stationing of Chinese troops in the vicinity of Lukouchiao and on the left bank of the Yungting River, the necessary guarantees for the future, punishment of those directly responsible and apology from their superiors. The Hopei-Chahar authorities agreed to these terms of settlement on the night of July 11, but no sincere attempt to carry them out has been made during all these days past. On the other hand, the Japanese Government addressed a memorandum to the Nanking Government on July 17, advising them to cease immediately from all provocations by word or deed, and not to interfere with the settlement on the spot. The Nanking Government, in their utter disregard of the realities of the situation, not only have rejected our proposals, but have pushed on even more vigorously their warlike preparations, increasing the tension all the more. It was while the Japanese Government, patient and forbearing, were still continuing their endeavours to effect a peaceful solution,

二七

that on July 26, our soldiers, engaged in repairing telegraph lines, were unlawfully fired upon by the Chinese, and that in the evening of the same day the Chinese shut the gate of Peiping upon our force who, with the understanding of the Hopei-Chahar authorities, were entering the city in order to protect our residents there.

These outrages clearly constitute armed obstruction of the execution by our North China Garrison of their primary duties of protecting our nationals and of insuring free communications between Peiping and Tientsin. The Japanese Army is now compelled to resort to such self-defensive measures as are necessary for executing its own duties as well as for insuring the fulfilment of the terms of settlement. Of course, Japan has no other objectives in view save the eradication of the very causes of all untoward intents such as the present one. She entertains no enmity toward the innocent people of China, nor does she harbor any territorial designs. It goes without saying that she will make every effort to safeguard the rights and interests of the Powers.

Though things have come to such a pass, even now, Japan, whose mission is to secure peace in East Asia, hopes most fervently that China will yet reconsider, and thereby make it possible to minimize the scope of the present incident and to bring about an early and amicable settlement.

一一、自衛措置遂行ニ當リ外務省情報部長談話（七月二十七日）

I regret to say that on account of the increasingly hostile attitude of the 29th Army, the Japanese military authorities on the spot have been finally forced to abandon their hope for a peaceful settlement. The conditions in the Peiping and Tientsin area have become so menacing to the lives and property of Japanese nationals as well as to the comparatively small force of the Garrison troops stationed there, that it has now become necessary to commence operations with a view to impressing upon the Chinese soldiers the urgent necessity of keeping pledges and agreements which they themselves have made and failed to observe.

All of you are fully aware, I believe, of the Japanese Government's policy of non-aggravation and local settlement of the incident. In spite of the repeated provocative actions of the Chinese armies, our local military authorities, in pursuance of that policy, have hitherto always maintained an attitude of utmost patience and restraint.

On July 9, the Chinese, after pledging withdrawal of their troops from Lukouchiao, increased their forces there instead, and even went so far as to fire upon the Japanese.

On July 11, the representatives of the 29th Army, Generals Chang Tsuchung and

二九

Chang Yunjung, submitted a signed note to the Japanese authorities by which they accepted and promised to execute the 3-point terms of settlement. However, instead of faithfully carrying out those promises, as was expected by the Japanese, the troops of the 29th Army continued to act as if their written pledge were a scrap of paper. A series of armed clashes resulting from Chinese provocations had caused considerable casualties on our side. The patience of the Japanese Garrison authorities was thus severely tried and well-nigh exhausted by these continuous Chinese outrages. They therefore notified the Chinese authorities that if such hostilities continued, the Japanese would be compelled to resort to the freedom of action in self-defence. This firm attitude seemed for the time being to have impressed the Chinese who signed another agreement on July 19—this was made public by the Foreign Office authorities at the time.

With this agreement, we felt quite satisfied that a final settlement on the spot was well in sight. But again the Chinese violated their pledge on the night of July 25 by firing upon our detachment sent to Lang Fang for repairing military telegraph wires which had been cut by the Chinese. No sooner had this affair come to an end then there occurred the Kuang-an Men affair. The 29th Army has now demonstrated beyond any shadow of a doubt their unreliability.

These repeated outrages are nothing but the expression of the fundamentally hostile anti-Japanese sentiment of the 29th Army and it can never be removed by peaceful persuasion or remonstration. The unwarranted firing upon our force by the troops of the 38th Division under Chang Tsuchung, whom the Japanese had regarded as being trustworthy and capable of cooperation, was the last straw.

The circumstances being such, the only thing that can be done effectively by the Japanese to assure the safety of our rights and interests lie in taking firm and decisive measures.

The time limit set in the demand made on the 26th instant by the commander of the local Japanese Garrison regarding the withdrawal of the Chinese troops was due to expire at noon today. However, mere withdrawal of the 37th Division is now deemed wholly insufficient to insure the safety of the Garrison as well as of the lives and property of our nationals.

As for foreigners in the Peiping area, our authorities have already taken steps necessary for their protection.

The Japanese Army intends to avoid as far as possible the extension of hostilities to Peiping. The fate of the city depends entirely upon the attitude and action of the Chinese troops there.

三一

二二、天津駐屯軍聲明（七月二十八日）

A STATEMENT ISSUED BY THE JAPANESE GARRISON HEADQUARTERS IN CHINA.

It is a matter of sincere regret that a series of armed clashes have occurred between the Japanese and Chinese troops in North China since July 7, when the Japanese troops were unlawfully fired upon by the Chinese troops at Lukouchiao.

From the very beginning of this unfortunate incident, the Japanese Army, in the face of the utterly unwarranted and clearly premeditated provocation on the part of the Chinese troops, have exerted every effort for a peaceful settlement of the whole affair in accordance with our fixed policy of strictly localizing and peacefully settling the present complications on the spot.

Unfortunately however, this sincere attitude on the part of the Japanese Army has only had the result of inviting further acts of challenge and repeated breaches of faith by the Chinese troops, who have revealed no sign of abandoning their attitude of resistance and insult to the Japanese, even after they had definitely expressed their compliance with the Japanese demands and signed an agreement to that effect.

The Chinese troops, meanwhile, have become so arrogant and challenging as to have not only caused the frequent obstruction of our lines of communication and traffic but also dared to launch actions of proved premeditated provocation toward the Japanese troops.

Particularly contemptible are the acts of the Chinese troops, who, violating the definite pledge given by them beforehand to the Japanese Military Authorities, shamelessly started surprise attacks on the Japanese troops at Lang Fang on July 25, when a Japanese detachment was sent there to repair the military telegraph lines, and again at Kuang-an Men, an outer gate of Peiping, on July 26, when another Japanese contingent was despatched for the protection of the Japanese residents in Peiping.

The frequent repetition of these unwarranted and unlawful actions on the part of the Chinese troops evidently proves that they have been deliberately carrying out a plan of provocation, thereby clearly showing their attitude of defiance and contempt toward the Japanese troops.

Moreover, China has committed a serious and unpardonable breach of faith in rushing northward a formidable number of Central Army troops in utter violation of the Ho-Umezu Agreement and steadily perfecting preparation for action against the Japanese troops.

The above circumstances clearly indicate that peace and order in North China has now been completely disrupted and that the lives and property of the Japanese residents are exposed to imminent danger. Needless to say, the maintenance of peace and order in North China is a matter of serious concern to both Japan and Manchoukuo, but every means at our disposal for a peaceful settlement of the present complications have now been exhausted.

There now only remains the resolute step of meting out a deserved punishment to the challenging Chinese troops. We deeply regret that things have come to such an unfortunate pass in spite of the sincerity and patience of the Japanese Army to localize and peacefully liquidate the present Sino-Japanese complications in North China.

The Japanese punitive expedition, of course, is aimed solely at these Chinese forces who have been persistently challenging the Japanese troops ,and we have no intention whatever of making the 100 million Chinese population in North China the objective of our punitive action. Furthermore, in taking this step, we intend to exert our best in restoring peace and order in North China as speedily as possible with a view to promotting the welfare of the people in this part of China. We desire also to make it clear that our troops have no intention of using force inside the walled town of Peiping unless the Chinese troops remaining there should try to challenge the Japanese troops, thereby precipitating an armed clash.

It goes without saying that, recognizing the rights and interests of foreign nationals in China, we will try our best to accord adequate protection to the lives and property of the foreign nationals and, last but not least important, take this opportunity of affirming that we entertain absolutely no territorial designs on North China even if we take necessary military actions for the punishment of the recalcitrant Chinese troops.

一三、天津空爆ニ對スル情報部長談話（七月三十日）

The Japanese air force in Tientsin bombed Chinese positions in and about the city at 2:30 p.m. yesterday. Prior to taking the action the following statement was issued by Consul-General Mr. Horiuchi.

"Since last night the Chinese Peace Preservation Corps as well as the regulars with bases at the Municipal Office, the Bureau of Public Safety, Peining Park in Tientsin and Palitai in the vicinity of the city, continuously bombarded the Japanese Concession. To meet the exigency, the Japanese force had no other choice except bombing, in self-defence, those Chinese bases of attack. The Japanese Army has not the slightest intention of giving any harm to the Chinese people themselves. Under the Boxer Protocol, the Chinese regulars are prohibited to enter within 20 Chinese li of the city of Tientsin."

Simultaneously with the bombing of other Chinese bases of attack against the Japanese Concession in Tientsin, our air force bombed the head office building of the Peining Railway and the Nankai University. In this case, also, the Japanese action was entirely forced by the ruthless bombarding by the Chinese forces against the Japanese Concession where thousands of Japanese and Chinese non-combatants as well as refugees from other districts live.

The Nankai University had been occupied by the Chinese Independent 26th Brigade who had come from the direction of Palitai and converted that institute of learning into a base of abominable offence against the peaceful residents of the Concession. As to the Peining Railway Head Office, it had been occupied by the troops of the 38th Division who had driven out all employees of the office. The Chinese used these edifices as bases of bombardment aimed particularly at the Concession, which could be stopped only, by instant bombing in order to save the lives and property of the people. The Japanese action was therefore a perfectly self-defensive measure taken in an extreme emergency.

十四、支那軍北上狀況ニ關スル情報部長談話（八月二日）

TROOP MOVEMENTS AND SHIPMENTS NORTHWARDS OF MILITARY SUPPLIES FROM NANKING.

According to the latest reports from Nanking, it appears that since the beginning of the Incident altogether some 4,000 non-commissioned officers in the Central Military Academy of that city have gone north, while students of the Infantry School and the Artillery School have been sent back to their original regiments and the students of the Military Staff College have been either sent back to their original regiments or assigned to different regiments. There is no sign that the artillery corps has been mobilized. As to the 87th and the 88th Divisions stationed in the Nanking, Soochow, and Hanchow areas, their movements are not clear.

During the past ten days considerable munitions and military supplies have been shipped to North China by the Tientsin-Pukow Railway, all employees of the Pukow Station across the River having been mobilized to handle the traffic. Ordinary freight service on the Shanghai-Nanking Railway is almost at a standstill owing to the shipments of military supplies. At least the following shipments from Pukow by the Tientsin-Pukow Railway were noted by eyewitnesses:

July 19—23. 1,000 infantry rifles; several infantry guns; machinery and material for engineering corps, shipped from Pukow as well as from the Army Freight Station at Shahkuan, Nanking; 3 army trucks; 3 truck-loads of cartridges and what seemed like explosives for artillery corps; 3 truck-loads of carrier pigeons; and 7 truck-loads of automobile tires.

July 24—28. Several hundred cases of rifles, each case containing 30-40 rifles; 6 truck-loads of ammunition; 3 truck-loads of carrier-pigeons; 8 truck-loads of gasoline; and unidentified goods in 35 freight cars, bearing red labels on which was inscribed the characters, "Danger."

July 29—30. More than a dozen small-size tanks; flour in more than twenty cars; 12 motor ambulances; 3 truck-loads of tents; more than 100 special service corps men, together with 10 horses and 6 carloads of fodder; 5 or 6 car-loads of masks and other articles,

July 31. 7 cars carrying aeroplane bodies.

四〇

一五、天津治安維持會設立ニ關スル情報部長談話（八月二日）

THE FOREIGN OFFICE RECEIVED ON THE NIGHT OF AUGUST 1 THE FOLLOWING REPORT FROM CONSUL-GENERAL HORIUCHI AT TIENTSIN.

" Since July 29 a movement for the formation in the Tientsin municipality of a commission for maintenance of peace and order was progressing with Mr. Shen Tung-wu and other influential Chinese as guiding spirits. Mr. Kao Lin-mei, an elderly and influential Chinese of the locality was chosen for the post of chairman of the projected commission for maintenance of peace and order in Tientsin. Mr. Kao is now deliberating with his colleagues for the formal inauguration of the commission at the Kuomin Hotel in the French Concession.

Members of the commission are to be chosen in the proportion of 5 members from commercial and industrial circles and 5 members from local gentry. Those representing commercial and industrial circles are: Mr. Wan Hsiao-yen (Director of the Chamber of Commerce and chairman of the native Bankers Association), Mr. Wan Chu-lin (Chairman of the Tientsin Chamber of Commerce), Mr. Chiu Yü-tang (Executive Director of the

Chamber of Commerce), Mr. Chang Che-chou (Inspector of the Chamber of Commerce), and Mr. Chao Ping-ching (Chief Inspector of the Chamber of Commerce).

The members representing the local gentry are:—

Mr. Liu Yü-shu (formerly Director of Public Safety Department of Tientsin Municipal Government), Mr. Sung Jung-yü (formerly chief secretary of Tientsin Municipal Government), Mr. Niu Chuan-shan (Member of the Hopei-Chahar Political Council), Mr. Fang Jo (Influential Member of the Chinese Community in the Japanese Concession), and Mr. Shen Tung-wu (Lieutenant-General).

The Commission for Maintenance of Peace and Order in Tientsin is to handle urgent matters regarding the stabilization of peace in the city including the distribution of provisions and other materials and restoration of communications in conjunction with the Chinese police service when the latter regains its functions."

一六、 通州事件ニ關スル情報部長發表（八月二日）

According to official report received on the night of July 31, the Chinese Peace Preservation Corps at Tungchow who rebelled against the government and massacred the Japanese refugees and residents numbered approximately 3,000. They carried trench mortars, incendiary shells, and machine-guns.

At the end of June this year, the number of Japanese who were living there was 338, of whom 151 were from Japan Proper and 187 were from Chosen. Only about fifty out of this 338 escaped death as they remained within the army barracks.

The attackers surrounded the Japanese army barracks at 4:00 a.m. on July 29 and at the same time they made surprise attacks against the East Hopei government building, the Japanese Military Special Service Mission and the branch of the police station, the last named being set on fire and all Japanese policemen and their families killed, excepting the wife and child of one policeman.

一七、保定治安維持會ニ對スル情報部長談話（八月二日）

(Official report)

A local Peace Preservation Committee is reported to have been organized at 2:00 p.m. on July 30, and ready to begin its activities from the following day.

According to an official report, Mr. Chian Chao Tsung became chairman of the Committee, assisted by Mr. Leng Chia-chi and 5 other Committee men. The Committee is composed of 5 subcommittees, namely, social, peace preservation, financial, communication, and cultural.

As to the details of administration, they are being considered by the Committee men.

It is understood that Japanese advisers are to assist the subcommittees for the smooth performance of the necessary task.

一八、通州事件ニ對スル情報部長談話（八月四日）

The latest official report received from Tungchow, contains the following details of the unspeakable atrocities committed by the rebellious Chinese Peace Preservation Corps of the East Hopei Government.

1. Of the 380 Japanese residents of the city, only 120 were refugees in the Japanese military barracks; 150-60 bodies have been recovered, while the actual number of the killed is expected to total 180, or even 200.

2. Most of the refugees were wounded, some quite seriously, attesting to the bitter and desperate resistance put up by the Japanese.

3. The Chinese had planned to slaughter the entire Japanese population, including women and children. Most of the women were carried off and detained and maltreated for 24 hours before they were murdered outside the eastern gate, whither they were dragged, with their hands and feet bound, or their noses and throats pierced through with wire. Their bodies were thrown into a pond nearby; in some cases, the faces were mutilated by smearing a powerful poison upon them.

4. The Chinese robbed every personal belonging of those whom they massacred, and completely looted all the Japanese residences.

一九、支那中央軍ノ北上狀況ニ對スル情報部長談話（八月七日）

MOVEMENT OF THE CHINESE CENTRAL ARMIES (AUGUST 7) IN SOUTHEASTERN HOPEI AND SHANTUNG.

The forces under the direct command of the headquarters of the 20th Division of the 3rd Route Army, together with the 87th Brigade which had been in Tehchow, moved to Tsinanfu.

The 87th Brigade stationed in Pingyuan moved to Tsangchow in three days beginning on August 4.

The 85th Brigade in Tungchang is moving to Tsinanfu and thence to eastern Shantung.

The 4th Division of the Central Army has entered Tehchow to replace the forces left for Tsinanfu.

The Central Army forces now concentrated about Tsangchow are four divisions, namely, the 167th, 168th .... the 114th and 115th Divisions under General Yü Hsueh-chung.

二〇、中央軍ノ津浦線ニヨル北上狀況ニ對スル情報部長談話

（八月九日）

The northward movements of the Chinese Central Armies along the Tientsin-Pukou Railway as of August 9.

In Hopei Province:

1. At Machan (about 80 kilometres south of Tientsin).
   a. The 85th Division.
   b. (The 38th Division of the 29th Army under Chang Tsu-chung.)
2. At Tsangchou:
   The 39th Division.
3. At Tsaochiang and its neighbourhood:
   The 31st Division.

According to the statement of General Han Fu-chu, concentration in Hopei Province of four divisions including a part of the 29th Army has been completed.

In Shantung:

1. At Tehchow:
   The 23rd Division.

四七

General Han Fu-chu stated that it has been planned to concentrate two divisions in and around Tsangchow.

2. At Yenchou:

The 21st Division.

In the province of Shantung there are already four divisions of the Shantung Army, namely, the 20th, 22nd, 74th and 81st Divisions.

In Kiangsu:

In the neighbourhood of Hsuchow are the following divisions: the 17th, 2nd, 61st, 77th and 97th Divisions.

In addition to the forces, the Nanking authorities are fast advancing their armies toward the Peiping-Tientsin area from the direction of Suiyuan and Shansi.

二二、北京入城部隊司令聲明中ノ「政治干與」問題ニ對スル情報部長説明（八月九日）

1. Although the Japanese military authorities handle political matters in Peiping, they are doing so only as a temporary measure to fill the gap created by the complete collapse of the Hopei-Chahar Political Council, most of whose responsible members, including the chairman, have left their posts. The unsettled conditions in Peiping following the recent clashes call for effectual measures from competent authorities for a speedy restoration of peace and tranquillity, and a few remaining members of the Hopei-Chahar Council are entirely incompetent to meet the requirements of the present situation. I wish to add that the newly created Chinese Commission for Maintenance of Peace and Order there has not yet been firmly organized to function satisfactorily.

一二、上海ニ於ケル大山中尉殺害事件ニ對スル外務當局發表

（八月十日）

(August 10, 1937.)

1. The strained situation now prevailing in Shanghai between the Japanese and Chinese forces is plainly attributable to the murder by the Chinese Peace Preservation Corps of Sub-lieutenant Oyama and First-class Seaman Saito of the Japanese Naval Landing Party.

2. Sub-Lieutenant Oyama, accompanied by Seaman Saito who drove the automobile, set out to inspect the district (western section of the City where there are valuable Japanese investments) which it was his duty to safeguard as commander of the western outpost. Both of them met brutal death at the hands of the Chinese Peace Preservation Corps on the Extension Road which is under the jurisdiction of the Concession area, Oyama's face having been half crashed with brains protruding and intestines exposed. In his body were discovered eighteen bullet wounds and sword cuts which testify to the dreadful manner in which his body was subjected to unspeakable insult. Saito also met a similar fate.

3. It is easily to be imagined how indignant the members of the Japanese Landing Party felt at this outrage committed on their comrades, and this, moreover, in a place

where all nationals were free to pass. The situation was further aggravated by the persistent provocation of the Chinese forces which greatly menaced the sâfety of the Concession. To meet the emergency, the Commander of the Landing Party deemed it urgent to strengthen the guard measure and caused a reinforcement of the Landing Party.

4. On the very day of the incident, Consul-General Okamoto saw Mayor Yui of Greater Shanghai and strongly requested the withdrawal of the Peace Preservation Corps and the removal of military works which were quite excessive in their scope and gravely endangered the peace and tranquillity of the City. Finding the request reasonable, Mayor Yui agreed and started to carry it out. However, the distance to which the Chinese forces withdrew was not deemed sufficient to insure safety, and Consul-General Okamoto made further request to Mayor Yui on the 11th that the Chinese forces be withdrawn to the distance judged necessary by military experts. To this Mayor Yui also replied that he would meet the request.

5. Why does there exist a demilitarized zone in Shanghai?

This zone was established following the Shanghai Incident of 1932 with a view to avoiding clashes between the Chinese troops and the foreign garrisons there. The zone is intended to serve as a cordon sanitaire, and no military works or armed forces are allowed there, peace and order being maintained by the Chinese police, or the Peace Preserva-

五一

tion Corps. Now, taking advantage of the fact that there is no restriction as to the number or equipments of the police forces, the Chinese have armed them fully so that they differ from the regular troops in no respect, and increased their numbers to 20,000, which means a great menace to the International Settlement. A Joint Commission representing Japan, China, Great Britain, America, France, and Italy is in existence in order to insure the enforcement of the agreement concerning the demilitarized zone.

6. At the request of Consul-General Okamoto the Joint Commission met on the 12th. At this meeting Mr. Okamoto, supported by the representatives of Great Britain, America and other Powers, demanded the Chinese number of the Commission, Mr. O.K. Yui, Mayor of Shanghai, that the Chinese Peace Preservation Corps be withdrawn as had been previously agreed to by Mr. Yui himself. Mr. Yui replied that though as Mayor of Shanghai he had agreed to the withdrawal on the preceding day, he could, as a member of the Commission, do nothing but refuse to accede to the demand. Thus, the efforts failed towards effecting the withdrawal of the Peace Preservation Corps through peaceful negotiations.

7. On the other hand, the Peace Preservation Corps, which had been rapidly reinforced since the 9th, have made formidable warlike preparations, and their first line has advanced

to a point only 150 metres away from the headquarters of the Japanese garrison, creating an extremely dangerous situation.

8. Moreover, the Chinese forces mentioned above are threatening to cut off communication between the Japanese garrison and the Japanese sector of the Settlement. For this reason certain units of the Japanese forces have been sent out to safeguard the lines of communication.

9. In the present circumstances, what is most important is that the Chinese should faithfully observe and carry out the terms of the agreement of 1932 for the cessation of hostilities.

五三

一三、大山事件ニ對スル情報部長説明（八月十一日）

1. The Chinese allege that Sub-Lieutenant Oyama tried to force his way into the Hungjao airdrome and, on being refused by the Chinese Peace Preservation Corps, drew his pistol, killing one of them. This is entirely untrue.

2. Sub-Lieutenant Oyama was on his way to the Headquarters of the Naval Landing Party from the western outpost (where one company of the marines is stationed) of which he was commander and whose duty it was to safeguard the lives and property of the Japanese in this district. There are in the western district Japanese-owned spinning factories such as the Toyoda-Boseki and Naigaimenka-Boseki. It was quite proper for him to make the necessary inspection of the neighbourhood of the Monument Road where at about 6 p.m. he was shot dead, together with First-class Seaman Saito who was driving the officer's car. Both were in full naval uniform. From the fact that Sub-Lieutenant Oyama did not carry his revolver with him (revolver was later found with his personal belongings at the Headquarters) it is perfectly clear that he was not in a position to pick any quarrel with the Chinese troops. Nor is it likely that he was so reckless as to force his way into the airdrome which was heavily guarded by the Chinese armed with machine-guns. Although

it is true that Saito had his revolver with him, it is clear that he could not make use of it as he was at the wheel of the car. Moreover, Sub-Lieutenant Oyama could not have used Saito's revolver because of the distance separating the seats of the two in the car. It is very evident, therefore, that both Oyama and Saito were murdered by the Chinese troop without the least provocation on their part.

3. The motor-car was discovered off the main road, at about 300 metres from the gate of the airdrome, with more than 50 marks of small-calibre bullets as well as several larger holes (including those of trench mortars) on all four sides. The driver's seat was flooded with blood and Oyama was found lying dead outside the car. Chinese troops were massed in the vicinity.

4. A formal joint inquiry held on the 10th established the fact that both Oyama and Saito were murdered by the Chinese immediately after fire was concentrated upon them, the first bullets which pierced their faces proving fatal. Oyama received, however, more than 18 wounds by bayonets and swords. Apparently the Chinese hit his head with the butts of their rifles and dragged him from the car after which they thrust fixed bayonets into his body. Part of his intestines was laid bare and a hole large enough to pass a fist through was dug into his heart. Saito was also killed outright by the first shot but was later subjected to similar unspeakable atrocities. It is said that the Chinese used dum-dum

四五

bullets. Both men were completely robbed of their possessions, including sword, shoes and wrist watches—a conduct most unbecoming of soldiers in a regular army. When Japanese and Chinese troops face each other and untoward incidents happen, chances are that they are always perpetrated by these ill-disciplined Chinese soldiery.

5. In order to avoid the extension of fighting to Central and South China, the Japanese Government have been taking a most cautious and peaceful attitude in Shanghai. But the Chinese have established strong positions around the Japanese Concession menacing its safety. Moreover, they have been inciting anti-Japanese sentiment of the mass so that Japanese residents, women as well as children of tender age, have been subjected to various molestations. Now the Japanese are not able to purchase even their daily provisions.

6. It is said that the policing of Monument Road which is an Extra-Settlement road has been illegally taken over by the Chinese. It is still a pending issue. However, if the Chinese have assumed the right to police the section under discussion it is clear that they should assume full responsibility for the maintenance of peace and order there. If they are merely illegally occupying the said section, it must be said that the Chinese are seriously interfering with the peace and order of that locality which gravely concerns the welfare of the foreign, and particularly, Japanese residents in Shanghai.

7. Since both Sub-Lieutenant Oyama and Seaman Saito were on their duty, they are entitled, by law, to the right of extraterritoriality.

二四、上海支那側空爆ニ對スル外務省情報部長談（英文）

（八月十四日）

DECLARATION BY THE DIRECTOR OF THE INFORMATION BUREAU,

AUGUST 14, 1937.

It is with feelings of intense horror and distress that the Japanese nation has learned the news of the indiscriminate bombing of Shanghai by the Chinese air force. When it was learned that the Chinese Government had warned all foreigners, except Japanese, to evacuate the Hongkew area, the Japanese forces certainly were prepared for an attack. They were ready to fulfill their duty and the mission they had been entrusted with—to protect the lives and the property of Japanese residing legally and peacefully on Chinese soil—and to pursue their cooperation with the forces of the friendly Powers in keeping Shanghai free from the insecurity and disorder rampant in other parts of China.

Time and again, the Japanese have had the bitter experience of seeing the Chinese soldiery, roused to fierce anti-foreign frenzy, running out of hand. The Boxer Rebellion, and nearer to our times, the Nanking and Tsinan outrages, had warned us of what to expect when foreign power was not there to prevent them from plying their will on helpless foreign victims.

We had hoped that the much-vaunted "modern" troops of the Nanking Government would show a fuller measure of discipline, but could not refrain from expressing our misgivings that they might still run true to pattern, especially as we knew how the flame of anti-Japanese sentiments was being fanned by both the Chinese fascists and their recent allies, the agents of the Comintern. Our fears, alas, were but too well-founded. We were prepared to repulse onslaughts on our forces, but truly we were not prepared to witness the massacre of innocent Chinese refugees by Chinese bombs, the wanton destruction of foreign property that had helped to build the wealth of China, the slaughter of the foreign friends of the Chinese people by airplanes of the Chinese Government.

Consternation and sorrow is in the hearts of the Japanese people—sorrow and also a rightful indignation for the attempt to wreck our helpless brethren of Shanghai,—amongst whom were thousands of refugees driven from their homes on the Upper Yangtze River,—fanatic fury in possession of modern means of destruction.

The world will recognize that Japan has shown the greatest restraint and moderation in the recent events. She has done her utmost to minimize the effects of untoward happenings, but on each occasion, her efforts have been thwarted by the prejudiced and disorderly attitude of the Chinese. Lukowchiao was practically settled the next day. Nanking interfered. The Chinese troops got out of hand. The Hungjao affair was being discussed. Now Nanking troops enter Shanghai and her planes bomb the Settlement.

Japan stands for order. She will insist on the protection of her citizen's legitimate rights. She is conscious of her duty to her friends and to those who put their trust in her. Her troops, if necessary, will fight for it reluctantly but without flinching.

二五、上海支那側空爆ニ對スル外務省情報部長談（佛文）

（八月十四日）

DÉCLARATION DE DIRECTEUR DU BUREAU D'INFORMATIONS, MINISTÈRE DES AFFAIRES ETRANGÈRES.

C'est avec des sentiments d'intense horreur et de détresse que la nation japonaise a appris la nouvelle du bombardement de Shanghai par les forces aériennes chinoises. Lorsque nous avons connu l'avertissement donné par le gouvernement chinois à tous les étrangers, sauf les Japonais, d'avoir à évacuer le quartier de Hongkew, les forces japonaises s'attendirent à être attaqués. Elles étaient prêtes à faire leur devoir et à remplir la mission qui leur était confiée—protéger la vie et les biens des japonais résidant légalement et en paix sur le territoire chinois—et à poursuivre leur coopération avec les forces des Puissances amies en vue de préserver Shanghai de l'insécurité et du désordre que sont chose courante dans les autres parties de la Chine.

Les Japonais ont maintes fois eu l'occasion de voir la soldatesque chinoise, animée d'une frénétique haine de l'étranger, échapper à toute discipline. La révolte des Boxers et, plus près de nous, les massacres de Nankin et de Tsinan, nous ont appris ce que nous pouvions en attendre lorsque la force des armes n'était pas présente pour les empêcher d'exercer leur volonté sur leurs victimes étrangères sans défense.

Nous avions espéré que les troupes "modernes" si hautement vantées du Gouvernement de Nankin auraient un sens plus développé de la discipline, mais ne pouvions toutefois nous défendre d'une certaine appréhension qu'elles ne soient restées sur ce point semblables leurs ainées, d'autant plus que nous n'ignorions pas qu'une intense agitation contre le Japon avait été menée parmi elles par les nationalistes et leurs récents alliés, les agents de l'Internationale moscovite.

Nos craintes, hélas, n'étaient que trop fondées. Nous étions préparés à devoir repousser des attaques contre nos forces, mais nous n'étions pas, à la vérité, préparés à voir des réfugiés chinois massacrés par des bombes chinoises, des biens étrangers, qui ont aidé à créer la fortune de la Chine, brutalement détruits, ni à assister au meurtre des amis étrangers de la Chine par des avions du gouvernement chinois.

Le cœur de la nation japonaise est remplie de consternation et de tristesse—mais aussi d'une juste indignation devant le spectacle d'une fureur fanatique, armée des moyens de destruction les plus modernes, s'exerçant sur nos frères, parmi lesquels se trouvent des milliers de réfugiés du Haut Yangtsé qui ont dû abandonner leur foyers devant l'animosité chinoise.

Le monde entier reconnaîtra que le Japon a témoigné de la plus grande modération et de la plus profonde patience au cours des derniers événements. Il a fait son possible pour réduire la portée d'incidents douloureux, mais, chaque fois, ses efforts ont été frustrés par la mauvaise foi et l'indiscipline des chinois. L'affaire de Lukouchiao était pratiquement réglée le lendemain même: Nankin intervint, les troupes chinoises débordèrent leurs chefs. Celle de Hungjao était l'objet de pourparlers: les troupes de Nankin investissent Shanghai et ses avions bombardent les Concessions.

Le Japon désire le maintien de l'ordre. Il exige que les droits légitimes de ses ressortissants soient respectés. Il est conscient de ce qu'il doit à ses amis et à ceux qui ont mis en lui leur confience. Pour remplir ce devoir, ses troupes, s'il le faut, combattront— à regret, mais sans fléchir.

二六、上海ニ於ケル戰鬪忌避希望ニ對スル情報部長談話

（八月十六日）

The indiscriminate wholesale bombing by Chinese aeroplanes have not only inflicted heavy casualties upon innocent Chinese themselves but also resulted in considerable casualties among the foreigners in the French Concession and in the International Settlement.

The misfortunes of the foreign population in Shanghai have given rise to protests against making Shanghai a theatre of war. It is argued that Japan, regardless of who started the conflict, should refrain from conducting military operations in and around the city,—namely she is asked to abandon her present base of defense operation in order to rescue Shanghai foreign quarters from further calamities.

The grievances of the foreigners are quite understandable, but their protest to Japan is wide of the mark. It was exactly to avoid such disastrous developments that at the time of the Oyama incident Japan exercised utmost patience and restraint and proposed the withdrawal of Chinese troops to a safe distance. But the Chinese rejected the proposal and invaded the Settlement. The Japanese civilian population in Shanghai, swollen with refugees from inland cities, now number over 30,000. In order to protect the lives and property of our nationals there, it is obviously impossible for our naval forces to abandon their positions. How are they to protect the 30,000 Japanese, including women and children, from sure death and destruction at the hands of the lawless Chinese troops? This very morning (August 16), when the Chinese airplanes passed over the French Concession, the French garrison opened fire in self-defence upon them with anti-air guns, it is reported. That is exactly what the Japanese naval forces are doing.

In the 30th Incident of 1927 it was an infuriated mob of anti-British demonstraters who invaded the International Settlement. The Municipal Council took forceful measures to suppress that disturbance, and not a word was said about the moral or legal responsibilities of the British in the matter. At that time, Britain sent 17,000 men to protect her interests and the Settlement. It now happens to be large forces of Chinese regular troops who are attacking the Settlement, with the Japanese as their objective. The two cases do not differ except in scope, and Japan cannot be held responsible for what damages Chinese have caused, or may cause hereafter.

Again, further back in 1925, the Shamen Incident was purely a battle between the British and the Cantonese. The French and the Japanese and other nationals on the island suffered frightfully, but no one lodged complaint with the British authorities on that account. Why then should Japan be made a target of protests in similar circumstances now?

六五

二七、帝國政府第二次聲明（八月十五日）

帝國夙ニ東亞永遠ノ平和ヲ冀念シ、日支兩國ノ親善提携ニ力ヲ效セルコト久シキニ及ヘリ、然ルニ南京政府ハ排日抗日ヲ以テ國論昂揚ト政權强化ノ具ニ供シ、自國國力ノ過信ト帝國ノ實力輕視ノ風潮ト相俟チ、更ニ赤化勢力ト苟合シテ反日侮日愈々甚シク、以テ帝國ニ敵對セントスルノ氣運ヲ釀成セリ、近年幾度カ惹起セル不祥事件何レモ之ニ因由セサルナシ、今次事變ノ發端モ亦此ノ如キ氣勢カ其ノ爆發點ヲ偶々永定河畔ニ選ヒタルニ過キス、通州ニ於ケル神人共ニ許ササル殘虐事件ノ因由亦玆ニ發ス、更ニ中南支ニ於テハ支那側ノ挑戰的行動ニ起因シ帝國臣民ノ生命財產既ニ危殆ニ瀕シ我居留民ハ多年營々トシテ建設セル安住ノ地ヲ涙ヲ呑ンテ遂ニ一時撤退スルノ已ムナキニ至レリ。

顧ミレハ事變發生以來屢々聲明シタル如ク、帝國ハ隱忍ニ隱忍ヲ重ネ事件ノ不擴大ヲ方針トシ、努メテ平和的且局地的ニ處理センコトヲ企圖シ、平津地方ニ於ケル支那軍屢次ノ挑戰及不法行爲ニ對シテモ、我カ支那駐屯軍ハ交通線ノ確保及我カ居留民保護ノ爲メ眞ニ已ムヲ得サル自衛行動ニ出テタルニ過キス、而モ帝國政府ハ夙ニ南京政府ニ對シテ挑戰的言動ノ卽時停止ト現地解決ヲ妨害セサル樣注意ヲ喚起シタルニモ拘ラス南京政府ハ我カ勸告ヲ聽カサルノミナラス却テ益々我方ニ對シ戰備ヲ整ヘ、嚴存ノ軍事協定ヲ破リテ顧ミルコトナク、軍ヲ北上セシメテ我カ支那駐屯軍ヲ脅威シ、又漢口、上海ソノ他ニ於テハ兵ヲ集メテ愈々挑戰的態度ヲ露骨ニシ上海ニ於テハ遂ニ我ニ向ツテ砲火ヲ開キ帝國軍艦ニ對シテ爆擊ヲ加フルニ至レリ。

此ノ如ク支那側カ帝國ヲ輕侮シ不法暴虐至ラサルナク全支ニ亙ル我カ居留民ノ生命財產危殆ニ陷ルニ及ンテハ、帝國トシテハ最早隱忍ソノ限度ニ達シ、支那軍ノ暴戾ヲ膺懲シ以テ南京政府ノ反省ヲ促ス爲今ヤ斷乎タル措置ヲトルノ已ムナキニ至レリ。

此ノ如キハ東洋平和ヲ念願シ日支ノ共存共榮ヲ翹望スル帝國トシテ衷心ヨリ遺憾トスル所ナリ、然レトモ帝國ノ庶幾スル所ハ日支ノ提携ニ在リ、コレカタメ支那ニオケル排外抗日運動ヲ根絕シ今次事變ノ如キ不祥事發生ノ根因ヲ芟除スルト共ニ日滿支三國間ノ融和提携ノ實ヲ擧ケントスルノ外他意ナク、固ヨリ毫末モ領土的意圖ヲ有スルモノニアラス、又支那國民ヲシテ抗日ニ踊ラシメツツアル南京政府及國民黨ノ覺醒ヲ促サントスルモ、無辜ノ一般大衆ニ對シテハ何等敵意ヲ有スルモノニアラス且列國權益ノ尊重ニハ最善ノ努力ヲ惜マサルヘキハ言ヲ俟タサル所ナリ。

STATEMENT OF THE JAPANESE GOVERNMENT
DATED AUGUST 15TH, 1937.

The Imperial Japanese Government, in its desire to secure permanent peace in East Asia, has always striven to promote friendship and cooperation between Japan and China. However, an atmosphere of hostility towards Japan has been created throughout China by anti-Japanese agitations used as an instrument by the Nanking Government to arouse public opinion and to enhance its own political power. The Chinese, over-confident of their national strength, contemptuous of our power, and also in league with the Communists, have assumed toward Japan an increasingly arrogant and insulting attitude. Herein lies the cause of all untoward events which have arisen repeatedly during recent years.

The present Incident is but the inevitable outcome of this situation. Dynamite had been ignited; the inevitable explosion merely happened to occur on the banks of the Yunting. The terrible Tungchow massacre is also traceable to the same cause. In South and Central China, Japanese lives and property have been so jeopardized that our people have been compelled to evacuate, abandoning everything they had acquired after years of incessant toil.

As has been frequently declared since the outbreak of the present Incident, the Japanese Government, exercising utmost patience and restraint, have steadfastly pursued a policy of non-aggravation of the situation, and has endeavoured to reach a settlement locally and in a peaceful manner. In the Peiping and Tientsin area, our Garrison, in the face of countless Chinese provocations and lawless actions, has done no more than was absolutely necessary to secure lines of communications and to protect Japanese nationals there.

On the other hand, our Government advised the Nanking Government to put an immediate stop to all provocative acts and to refrain from obstructing the negotiations being conducted on the spot. The Nanking Government not only refused to follow our counsel, but proceeded toward the completion of war-like preparations against us. In flagrant violation of solemn military agreements, the Chinese moved vast armies northward, menacing our Garrison, and concentrated troops in and around Shanghai. Their provocative attitude became more clearly defined at Hankow. Finally at Shanghai, the Chinese opened fire upon our Naval Headquarters and bombed our warships from the air.

In this manner have the Chinese insulted our Government, committed acts of unpardonable atrocity against our country, and gravely endangered the lives and property of our nationals throughout China. They have finally exhausted the patience of the Japanese Government. It has thus become imperative to take drastic measures in order to chastise the lawless Chinese troops and to impress upon the Nanking Government the necessity for reconsideration of its attitude toward Japan.

That matters should have come to this pass is deeply deplored by the Japanese Government which earnestly desires the maintenance of peace in the Orient and sincerely hopes for the attainment of common prosperity and public welfare in Japan and China. The aim of the Japanese Government is none other than the realization of Sino-Japanese cooperation. Their only desire is to eradicate the anti-foreign and anti-Japanese movement rampant in China, and completely to eliminate the fundamental causes of unfortunate incidents such as the present one, with a view to bringing about truly harmonious collaboration among Japan, Manchoukuo and China.

Needless to say, the Japanese Government harbours no territorial designs. Its sole intention is to bring to reason the Nanking Government and the Kuomintang Party, both of which have persistently incited anti-Japanese sentiments among the Chinese people. The Japanese bear no ill-will toward the innocent Chinese masses. In conclusion we hereby state that the Japanese Government will spare no efforts in safeguarding foreign rights and interests in China.

二八、北支事變ニ關シ「ドッヅ」英國代理大使堀内次官來訪ニ關スル件（八月十九日）

十八日「ドッヅ」在京英國代理大使堀内次官ヲ外務省ニ來訪、本國政府ノ訓令ニ基ク趣ヲ以テ現下ノ上海問題ニ關シ、「日支双方ニ於テ上海地方ヨリ兵力ヲ撤收スルコトニ同意スルニ於テハ英國ハ他ノ諸國ト共ニ上海在住ノ日本人保護ヲ引受クル用意アル旨」ヲ申入レタリ。右ニ對シ帝國政府ハ愼重考慮ヲ加ヘタル結果十九日堀内次官ハ同代理大使ノ來訪ヲ求メ要旨左ノ如キ回答ヲ爲シタリ。

曩ニ英、米、獨、佛、伊五ケ國ノ大使ヨリ本件ノ平和的解決ニ付提案アリタル際モ帝國政府ハ右提案ニ付篤ト好意的考慮ヲ加ヘタルニ拘ラス支那側ニ於テハ何等具體的意思表示ヲ爲スコトナカリシノミナラス益々我方ニ對スル不法攻撃ノ手ヲ强メ、現ニ在留日本人ノ生命財產ハ非常ナル危險ニ曝露サレツツアルハ御承知ノ通リナリ、帝國政府トシテハ之等多數ノ居留民保護ニ付自ラ重大ナル責務ヲ感スル次第ニシテ此ノ際居留民保護ノ責任ヲ外國ニ委託スル譯ニ行カサルコトヲ諒トセラレタシ、然レトモ帝國トシテハ租界內ニ於ケル內外人ノ生命財產ノ安全ヲ顧念スル、列國ニ劣ルモノニ非ス。

今次上海事件發生ノ最大原因ハ支那側カ一九三二年ノ停戰協定ヲ無視シ正規軍及之ト同樣ノ武裝ヲ爲シ我方ニ對シ敵對行動ヲ執ル保安隊ヲ協定區域內ニ侵入セシメ我方ニ脅威ヲ與ヘ居ル點ニアリ、此ノ見地ヨリ帝國ハ之等正規軍及保安隊ガ一九三二年協定ノ區域外ニ撤退シ一日モ速ニ戰鬪ノ中止サレンコトヲ切望スル次第ナリ、就テハ之カ實現ノ爲關係列國殊ニ停戰協定ノ成立ニ盡力セラレタル友好國ニ於テ其ノ有スル「インフルエンス」ヲ支那側ニ加ヘラレンコトヲ希望スルモノナリ。

August, 1937.

The citizens and Consular officials of certain countries who criticize Japan in respect to the present situation in Shanghai are heaping coal on the wrong head. It is the Chinese who deserve the fire of denunciation. The Chinese Regulars—50,000 strong, swept down upon the 26,000 Japanese non-combatants and started to outdo the appalling carnage of July 29 perpetrated at Tungchow. And then, when a detachment of Japanese Marines was sent to protect the defenseless, the Chinese turned their fury upon them.

The responsibility for the present Shanghai conflict and its ghastly consequences, therefore, rests entirely upon the shoulders of the Chinese. The Japanese marines are functioning merely to safeguard the lives and properties of the defenceless non-combatants. Nevertheless, the misguided foreign commentators talk as if Japan were to blame for the entire catastrophe.

When a man is living under a heavy mental strain, he is liable to form unfair or distorted views. The sufferings to which innocent foreigners at Shanghai were subjected by the wild indiscriminate Chinese bombardments upon the International Settlement and the French Concession may well cause these commentators to misjudge the situation. What these people should realize—and do under ordinary circumstances—is that in a country like China, many unthinkable things are liable to occur,—things that cannot be measured by the basic standards of international law and procedure.

They know also that Japan is not the first, nor the only country to take a defensive action in the International Settlement. Only a few days ago, on August 14, the French garrison troops at Shanghai were compelled to open fire in self-defence upon the Chinese planes flying over their Concession, where Chinese bombs had killed 1,444 and maimed 326 non-combatants.

About ten years ago, a Chinese mob surged into the International Settlement to attack British residents there. At the time, the British authorities bringing their police power into play, opened retaliatory fire on the Chinese at the most congested spot—the Nanking Road in the Settlement. They needed to use only the police force because the disturbance subsided in a little while, but if it had continued longer, they unquestionably would have resorted to military operations as they did during the Wanhsien and the Nanking Incidents.

We may cite still another example. In 1925, the strong anti-British movement which had started in China, resulted in the bombardment of the British Settlement located at a small island called Shamen at Canton. This Shamen is the locale of the French Settlement as well as that of British. This French Settlement, because of the attack made on the British, was compelled to take a united front against the Chinese. The bridge connecting these Settlements with the Chinese quarters was closed and the two nationals worked for common defense behind barbed wires, which can still be seen today.

As a result of this united action, many foreigners in the Settlements, including Japanese, were injured. Yet there was no one who wanted to criticize the British authorities because of it.

The people who would pass judgment upon the present activities of the Japanese marines should consider these cases. Otherwise, their views and comments may become the hammerstroke to break down the very foundation upon which rests the security of foreign lives and property in China.

While the Japanese Marines are suffering from the adverse and misguided criticism, the Japanese residents in the International Settlement are suffering from a lack of police protection.

The police in the International Settlement are functioning under command of the Municipal Council. This Municipal Council, on the 17th, withdrew the police, despite Japanese protest, from the eastern sector of the Settlement, gravely endangering the safety of the Japanese residents who constitute the great majority of foreigners in the area.

The Japanese are the rate-payers of long standing. Moreover, having representatives in the Municipal Council, they had contributed a great deal toward the promotion of peace and order as well as the prosperity and welfare of all the nationals in the Settlement. It is difficult to believe that they should be thus denied the right to protection. Especially so, when the Consuls of the 24 countries, excluding Japan, had secretly been warned to evacuate the area. Such conduct would give the impression as though the Municipal Council were taking the side of the Chinese. On the other hand, this action seems to have been interpreted by the Chinese as a willingness of the Powers to abandon their rights in the Settlement. Cannot their open declaration that they will oust the Japanese from the

五七

中六

Settlement and their heavy shelling of this area have been prompted by this view? Can it not awaken among the extremists dangerous hopes for a general seizure of the foreign concessions in the near future?

Fortunately, this unfriendly, to say the least, measure of the S.M.C. was partly rectified. The Municipal Council this morning reached a compromise to the offect that they will continue to maintain police sub-stations in Yulin, Wayside and Yangtzepoo roads, where regular police will be on duty, and patrol a fixed area on motorcycles from early in the morning until 7 o'clock p.m., leaving the protection of the sector for the night solely in the hands of the Japanese.

This is better than nothing. But it should be recalled that, on the very night of the 17th after the withdrawal of the Municipal police, the area in question was invaded by a large Chinese force amounting to one brigade, and it was only after more than sixteen hours of fighting against overwhelming odds that the Japanese Marines were able to drive away the Chinese.

二九、支那側檢閱ノ不法振ニ關スル情報部長談話

（八月二十五日）

CHINESE CENSORS MANIPULATE DISPATCHES OF FOREIGN CORRESPONDENTS.

Chinese censors are again manipulating the text of dispatches of foreign correspondents in Shanghai and elsewhere.

Mr. Abend who was hurt by the Chinese bomb which fell upon the Sincere Department Store described the incident in a cable dispatch to the N. Y. Times. As an eye-witness, he reported that he saw the bomb drop from a Chinese airplane which came flying from a south-easterly direction at an altitude of about 4,000 metres, and that both the local British and American authorities have similarly recognized the fact.

Mr. Abend further reported the fact that the Japanese aeroplanes did not fly over that district and that Japan's bombing planes, strictly observing the declaration made a short while ago, absolutely have not flown over the International Settlement south of the Suchow River.

七八

This dispatch of Mr. Abend was so altered by the Chinese censors, that it was made to appear that it was the Japanese plane that dropped the bomb which killed and injured hundreds of innocent civilians, including Mr. Abend. Mr. Abend soon discovered the Chinese manipulation and managed to send another article describing the above fact by mail via Hong-Kong.

It may be recalled that the Chinese bomb which hurt Mr. Abend inflicted a mortal wound to his colleague, Mr. Billingham whose condition is reported almost hopeless.

三〇、中南支沿岸ニ於ケル支那船舶ノ交通遮斷ニ關スル外務省發表（八月二十六日）

帝國ハ我軍隊ニ對スル支那軍ノ不法攻擊竝ニ在支邦人ノ生命財產及我權益ニ對スル支那軍ノ不正ノ侵迫ニ對シ自衞手段ヲ執ルヲ餘儀ナクセラレタカ當初ヨリ局面ヲ最小範圍ニ限定センコトヲ念トシタ然ルニ支那軍累次ノ暴戾ナル挑戰的行爲ニ依リ事態ハ益々重大ヲ加フルニ至ツタ。

右事態ニ對應シ支那ノ反省ヲ促シ速ニ事態ヲ安定セシメントスル考慮ニ基キ帝國海軍ハ已ムヲ得ス昭和十二年八月二十五日午後六時以降北緯三十二度四分、東經百二十一度四十四分ヨリ北緯二十三度十四分、東經百十六度四十八分ニ至ル支那沿岸ニ對シ支那船舶ノ交通ヲ遮斷スルノ措置ヲ執ルニ決シタ然レトモ右ノ措置ハ前記ノ如ク專ラ支那側ノ不法行爲ニ對スル自衞的措置ニ外ナラスシテ帝國海軍ハ第三國ノ平和的通商ヲ尊重シ之ニ干涉ヲ加フルノ企圖ヲ有セサルモノナルコトヲ附言スル。

STATEMENT OF THE FOREIGN OFFICE.

(August 26, 1937.)

Although Japan has been forced to adopt measures of self-defence in the face of lawless attacks upon her forces by Chinese armies and their wanton disregard of Japanese lives and property and violations of Japan's rights and interests in China, it has always been the desire of the Japanese Government to minimize the scope of the present affair. However, the Chinese armies, by their repeated outrages and provocations, have intensified still further the gravity of the situation.

In these circumstances, with a view to prompting China's reconsideration and to effecting a speedy settlement, the Japanese naval authorities found it necessary to close to traffic of Chinese vessels the Chinese sea coast from 32° 4′ north latitude and 121° 44′ east longitude, to 23° 14′ north latitude and 116° 48′ east longitude, beginning at 6:00 p.m., August 25, 1937.

The above measure is solely one of self-defense against the lawless acts of the Chinese, and applies only to Chinese vessels. It may be added that peaceful commerce carried on by the third Powers will be fully respected, the Japanese Navy having no intention of interfering with it.

三一、「ヒユーゲッセン」大使射擊事件ニ對スル情報部長談話

（八月二十七日）

It is exceedingly unfortunate that Sir Hughe Montgomery Knatchbull-Hugessen, British Ambassador to China has been seriously injured by a machine-gun bullet from an aeroplane at a point some fifty miles from Shanghai in the afternoon of the 26th when he was on his way by automobile from Nanking to Shanghai.

Upon receipt of this report, the Foreign Minister instructed Ambassador Kawagoe to call immediately on the British Ambassabor to tender the expression of his deep sympathy. Consul-General Okamoto at Shanghai also called on the British Acting-Consul General Davidson to express his sympathy.

It is absolutely impossible that Japanese aeroplane should, under any circumstances, shoot purposely at the automobile of the British Ambassador. Facts of the case are now being thoroughly investigated on the spot.

八一

三二、「ヒユーゲッセン」大使射撃事件ニ對スル情報部長談話

（八月二十九日）

Release: 3 p.m., August 29th.

The British Chargé d'Affairs, Mr. James Leishman Dodds called on the Minister for Foreign Affairs, Mr. Koki Hirota at two o'clock Sunday afternoon at the official residence of the latter, concerning the unfortunate accident in which the British Ambassador to China, Sir Hughe Montogomery Knatchbull-Huggessen was a victim. The Minister for Foreign Affairs informed Mr. Dodds that the matter is now under investigation, jointly carried on by Japanese and British authorities in Shanghai, and that as soon as the fact of the case is made clear, further communication would be made.

The Minister for Foreign Affairs also inquired after the condition of Sir Hughe and expressed his deep sympathy for him in connection with the incident which had occurred,

三三、我外務當局ノ見解（八月二十九日）

支那側カ今次事變勃發以來帝國ニ對シ度重ナル挑戰行爲ニ出テ乍ラ、今更蘇聯邦トノ間ニ所謂不可侵條約ナルモノヲ締結シ、國際紛爭解決ノ爲ニ戰爭ニ訴ヘルコトヲ排擊スル云々ト唱シテ居ルコトハ寧ロ笑止テアル。

「コミンテルン」カ日本ヲ當面ノ敵トシテ準備ヲ進メテキルコトハ一昨年七月ノ「コミンテルン」大會ニ明ニ宣言シテ居ル通テアッテ、「コミンテルン」ハ之ニヨリ東洋平和ヲ攪亂セント企圖シテキルノテアルカ故ニ支那側カ「コミンテルン」ノ魔手ニ踊ラサレルコトハ支那自身ノ爲ニモ又東洋平和ノ爲ニモ最モ好マシカラサル處テアリ、帝國ハ終始一貫之ニ對シ支那側ノ反省ヲ促シテ來タノテアル、然ルニ支那側ハ遂ニ惡夢ヨリ醒ムル能ハス、容共抗日ヲ國是ト爲シ殊ニ西安事件以來ハ完全ニ赤魔ノ藥籠中ノモノトナリ、遂ニ今囘ノ如キ條約ノ締結ヲ見ルニ至ツタコトハ支那ノ爲ニ眞ニ採ラサル處テアッテ、支那側カ其本然ノ姿ニ還リ、帝國ト相提携シテ東洋ノ和平確立ノ爲貢獻スル日ノ一日モ速ナランコトヲ希望シテ已マナイ次第テアル。

八三

三四、對「ソ」支不可侵條約見解（八月三十日）

China's conclusion of a non-aggression pact with the Soviet Union only confirms our belief shared by other peoples abroad that she is being made a tool by the Comintern for the bolshevization of East Asia. Instead of denunciating war as a means of settling international despute, the Sino-Soviet non-aggression pact is bound to sow further the seeds of international disputes by spreading the doctrines of bolshevization of the world, undermining the peaceful structures of human society. That the Nanking Government has gone down so low morally, in spite of our repeated advices, as to have pledged itself to be a willing tool of the Comintern intrigue is a matter to be deeply deplored for the sake of China herself and of East Asia.

For years Japan has repeatedly warned China against the evident danger of subserving the Comintern. But, blinded by the fanatic zeal of anti-Japanism and pro-Bolshevism, China has clearly placed herself under the manipulating thumb of the Comintern since the Sian Affair. We can not but hope that the Nanking Government, realizing the real destiny of China, will come to understand the value of cooperation with Japan and shake hands with our country for the establishment of a durable and mutually profitable peace in East Asia.

三五、本邦人ノ支那渡航取締（八月三十一日）

從來本邦人ノ支那ニ渡航スルニハ旅券ヲ必要トセス自由テアリマシタカ今次ノ北支事變ノ進展ニ伴ヒ現ニ北支及上海方面ニ於テハ軍事行動進行中ニシテ又其ノ他ノ地方ニ於テモ在支邦人ノ生命財產ハ甚大ノ危險ニ曝サルルニ至ツタ結果支那在留本邦人ノ大部分ハ引揚クルノ已ムナキ事態ニ立至リマシタ斯ノ如キ狀態ナルニ拘ラス此ノ際從來ノ如ク一般本邦人ヲシテ自由ニ渡支セシムルコトハ在支邦人ノ保護上危險アルノミナラス軍事行動ノ進行シツツアル地方ニ於テハ軍ノ行動上及軍後方地區ノ治安維持上支障ヲ及ホス虞アルヲ以テ此ノ際本邦人ノ支那渡航ニ對シ一定ノ取締ヲ爲スコトト致シマシタ、併シ乍ラ業務上家庭上其ノ他正當ナル目的ノ爲至急渡支ヲ必要トスル者ニ對シテハ其ノ渡航ヲ制限スル限リテハアリマセンカラ此ノ種私用ノ爲此ノ際支那ニ渡航セントスル方ニ對シテハ願出ニ依リ本人ノ居住地所轄警察署長ヨリ渡航目的、理由、期間等ヲ記載セル身分證明書ヲ發給シ右證明書ヲ有スル者ニ限リ出發港ニ於テ乘船セシムルコトトナリマシタ、次ニ公務ヲ帶ヒ此ノ際支那ニ渡航セラルル方モ乘船ノ際其ノ身分ヲ證明スル爲派遣官公署ノ身分證明書例ヘハ官吏ナラハ其ノ所屬官公署ノ發給シタル身分證明書又市町村ヨリ派遣セラルル

八六

公務員ノ如キハ其ノ市町村長ノ發給シタル身分證明書ノ携帶ヲ必要トシマス、但シ制服着用ノ軍人軍屬ハ身分證明書携帶ノ必要ハアリマセン、尙本取扱方ハ支那現地ノ事態ノ許ス限リ可成速ニ之ヲ撤廢スル積リテアリマス。

三六、日本ノ對支政策ト題スル堀内外務次官「ラヂオ」演説

（九月二日）

JAPAN'S POLICY TOWARD CHINA

RADIO ADDRESS BY MR. KENSUKE HORINOUCHI, VICE-MINISTER FOR FOREIGN AFFAIRS, COLUMBIA BROADCASTING SYSTEM

SEPTEMBER 2, 1937.

American Friends:

In the few minutes at my disposal, I wish to speak to you on some of the fundamental aspects of Japan's policy toward China. I do so in the hope that our traditional friends, the people of the United States, with whom we have enjoyed eighty years of unbroken peace and amity, may obtain a better understanding of the present situation in the Far East.

We are as strong in our desire for peace as you are. We believe that a nation should not only be animated by a desire for peace, but should realistically seek to establish those conditions which are essential for the maintenance of peace. This we have always endeavored to do.

It is indeed unfortunate that our patient and persistent efforts toward establishing our relations with China on a firm and friendly basis had to be interrupted by the present conflict. We still hope, however, that we shall be able to come speedily to terms with our next-door neighbor and stabilize our relations to our mutual benefit.

Why, then, have we had to resort to arms? We must emphasize, first, that the expeditionary forces of Japan now in China have been sent there for no aggressive purposes and, secondly, that we have no territorial designs. Our forces are in China to safeguard our legitimate interests, to protect our rights, and to secure the safety of our nationals. These forces will be withdrawn the very moment that their presence is no longer required.

And what, you may ask, necessitated the sending of such forces? In answering this question, let me summarize the main features of the present conflict. I shall first explain the immediate causes of the trouble which prompted our decision to dispatch reenforcements to China, and then the more far-reaching and underlying causes which have aggravated the situation to such serious proportions.

The immediate cause of the present conflict was the firing by Chinese soldiers upon a small unit of our garrison troops which were holding usual night manœuvres with blank cartridges in the outskirts of Peiping on the night of July 7. As a matter of fact, the troops of all Powers maintaining garrisons in China are entitled to hold these manœuvres under the Boxer agreement of 1901 with China. Japan immediately endeavored to minimize this incident by seeking a peaceful local settlement both on the spot and at Nanking through diplomatic channels. Refusing to accept this friendly overture, the Central Government of China at Nanking declared that any settlement concluded locally would not be recognized, and began to rush huge armies to North China. We had hoped, up to the last moment, for a speedy and peaceful settlement of this untoward incident, but, in view of the hostile measures taken by the Nanking Government, we were obliged eventually to take counter-measures so as to avert the danger of a complete wiping out of our garrison and residents in North China; so the Japanese Government decided to send reenforcements.

The theater of conflict has since extended to the densely populated international city of Shanghai, in which live many foreigners and with which are bound up the rights and interests of many countries. Even before the North China Affair, soldiers of the regular Chinese army were filtering into Shanghai under the guise of men belonging to an armed police force known as the Peace Preservation Corps. This was in violation of the 1932 Truce Agreement signed by China and Japan and countersigned by the United States, Great Britain, France and Italy. This agreement, made to ensure the security of the International Settlement, provides for a special zone in and around Shanghai within which all and every form of hostile action is prohibited. Wilfully disregarding this arrangement, the Chinese massed huge forces and erected military works around the Japanese quarter of the Settlement, threatening the safety of our thirty thousand residents there. Then, suddenly, the Chinese Peace Preservation Corps murdered an officer and a sailor of our Landing Party, which created a situation fraught with imminent danger.

To cope with any possible emergency, our Government reenforced the small naval force which was enormously outnumbered by the hostile Chinese troops.

Earnestly solicitous as we are of the safety of the lives and property of foreigners as well as of Japanese in and around Shanghai, the Japanese Government has done everything possible to preserve those areas from the disaster of hostilities. Our landing parties were under strict orders to act with the utmost patience, while the Government expressed its readiness to restore them to their original positions provided the Chinese withdrew their forces, which were massed near the International Settlement. Far from withdrawing these troops the Chinese took the offensive against our naval forces and precipitated the hostilities in Shanghai.

I should add that when the atmosphere grew tense, following the murder of our naval men, the Japanese Government, faithful to its declared policy of non-aggravation, ordered the evacuation of our nationals in Hankow and other points in the interior of China. Although such evacuation amounted almost to a complete sacrifice of business interests built up by our nationals during years of arduous toil, this was deemed necessary as a precautionary measure to avoid untoward incidents.

I should also add that, at the moment when our Government was giving its favorable consideration to the proposal made by foreign Powers to keep Shanghai free from hostilities, the Chinese launched a sudden attack upon the International Settlement, our Consulate-General, and our warships, bombing them indiscriminately from the air—and our forces were naturally compelled to return the fire.

The dispatch by your country of a regiment of marines to augment your regular marine forces stationed at Shanghai undoubtedly has brought home to you the gravity of the situation in that cosmopolitan city. In view of this character of the city, we want to take effective measures to stop once and for all the lawless activities of the Chinese forces and make the metropolis safe from the repetition of a similar misfortune in the future. I hope that our reinforcements at Shanghai will soon succeed in restoring peace and security to the International Settlement.

Let me now briefly explain the underlying causes of the conflict—the driving forces at work in China today—for an understanding of them will enable you to grasp the true nature of the issues involved, and thus clarify the stand now being taken by our Government.

When I say driving forces, I mean those shaping China's national policy and program.

九一

The ultimate aim of those forces today as declared by the leaders of China is to unite and revitalize China into an organized nation. In that aim, the Japanese nation is sympathetic. We certainly hope to see such a China come into being, for then only can we enjoy real stability and security in the Far East. Unfortunately, however, these Chinese leaders have chosen the wrong means to achieve their purpose. For several years past, they have carried on a relentless anti-Japanese campaign, adopting it as their policy—as a means of obtaining united national support for the Nanking Government. Extremist elements have during recent years combined their strength to push forward this anti-Japanese campaign.

It is common knowledge that the Communists have been playing a significant rôle in the nation-wide agitation against Japan. It is also well-known that these elements are supported by the Communist International which aims at the destruction of the existing structure, both political and social, of the entire world. These elements are the forces directing the destinies of China today. These are the forces—one anti-Japanese, the other Communistic—with which Japan must contend. These are the forces that underlie the fundamental causes of the present situation in China.

For the sake of her own national security and for the sake of the peace of East Asia, Japan must eradicate this Communist menace. We have, therefore, repeatedly invited the attention of the Chinese Government to the danger of Communism, simultaneously requesting them to suppress effectively the anti-Japanese agitation. But, far from listening to us, the Chinese Government joined hands with the Communists in their campaign against Japan, which became increasingly violent, and with this, all our efforts at re-adjusting Sino-Japanese relations proved futile.

It is to be greatly deplored that a major conflict which we have striven to the last to avoid is now going on. But as I stated at the outset, we have not lost hope for peace. Japan is deeply conscious that she must live in harmony and cooperation with China, for, after all, we are close neighbors, who should cooperate on the friendliest of terms for our mutual well-being.

Ties of many centuries bind the two nations together. Economically, if not politically, one cannot live without the other. This is a basic truth. As we sympathize with China's problems, so we ask her to understand and appreciate ours. We have to help each other. There is no alternative. Sino-Japanese understanding is the first essential for Japan to live, for China to live, for the entire Far East to live, in peace and security. This also is a basic truth.

It is with these truths in mind that the Japanese Government is pursuing its policy in relation to the present conflict. We sincerely hope that China will come to realize these

九四

basic truths, and that peace will soon be restored. We ardently hope that the relations between Japan and China will thus be put on a new and enduring basis.

In closing, I wish to express the appreciation of both the Government and people of Japan for the attitude which your country has maintained toward Japan during the present Sino-Japanese affair. The fair attitude taken by your Government and its offers of good offices are to us a source of deep gratitude. We are also grateful to your official representatives in China for the kind consideration they have accorded our officials and nationals in that country.

三七、廣田外務大臣聲明（九月二日於外務大臣官邸外人記者會見）

先般近衛内閣ノ組織セラルルニ當リ、再度外務大臣トシテ入閣シテ以來、是非一度諸君ト悠々會談シ度イト希望シテ居タ處、今日茲ニ親シク膝ヲ交ヘテ歡談スル機會ヲ得タコトハ、私ノ甚タ欣快トスル所テアル。本日御集リノ諸君ノ大部分トハ實ハ既ニオ顔馴染ノ間柄テアリ、從テ私トシテ今更事新ラシク私ノ抱懷スル信念等ヲ說明スル必要モナイト考ヘル。即、嘗テ私カ唱導シタ『萬邦協和』ノ理想ハ今日モ猶渝ラス私ノ外交方針トシテ飽迄堅持シテ居ル次第テアル。

不幸ニシテ日支兩國ノ間ニハ今ヤ眞ニ悲ムヘキ事態カ發生スルニ至ツタ。今次事變ノ發端經過等ハ概ネ諸君ノ御承知ノ通リテアルカラ茲ニハ觸レヌコトトスル。唯、私ハ帝國政府カ終始一貫、隱忍自重シテ專ラ時局ノ平和的收拾ニ最善ノ努力ヲ傾ケタ事實ヲ特ニ强調シ度イト思フノテアル。盧溝橋事件突發ニ際シテハ、我政府ハ最後迄和平解決ノ希望ヲ放擲セス、支那側カ屢々不信行爲ヲ敢テシタルニモ拘ラス、猶現地協定ノ履行ニ依リ事態ノ擴大ヲ防止スル爲メ、最大限ノ忍耐ヲ以テ善處シタノテアル。然ルニ、南京政府ハ毫モ誠意ヲ示サス、現地協定ヲ否認スルノミナラス、續々中央軍ヲ北上セシメテ我ニ對シ積極的ニ挑戰スルト共ニ、各地ニ於テ民衆ノ排日熱ヲ煽リ、爲ニ全支ニ亙リ在留同胞ノ生命財産モ俄ニ危殆ニ瀕スルニ至リ、斯クテ戰局ハ逐次擴大セラルルニ至ッタ次第テアル。此間ニ處シテ、我政府カ如何ニ事態不擴大ニ腐心シタカハ、不測事端發生ヲ未然ニ防止シ戰禍ノ波及ヲ阻止スル見地ヨリ、逸早ク漢口其他長江流域在留邦人ヲ引揚ケ、又引續キ南支及山東各地ノ居留民引揚ヲ斷行シタコトニ依テモ明瞭テアル。言フ迄モナク、右ノ措置ハ我方トシテハ眞ニ忍ヒ難イ犧牲ヲ忍ヒツツ一大英斷ヲ以テ行ッタノテアル尙亦北支事態ノ急迫ニ鑑ミ七月十一日廟議派兵ニ決シタ際ニモ、我政府ニ於テハ依然和平解決ニ一縷ノ望ヲ囑シ此ノ間私カニ南京政府ノ猛省ヲ期待シタノテアル。斯ノ如ク我方ハ最後迄和平解決ニ專念シ、出來得ル限リ武力衝突ノ回避ニ努力シタノテアッテ、右ハ上海ニ關シテモ全然同樣テアル。外國筋ニ於テハ、恰モ我國カ支那保安隊ノ我陸戰隊將兵射殺ニ激昂シ、之カ報復ノ爲ニ上海ニ事ヲ構ヘタルカノ如クニ解スル向カアル模樣テアルカ、我ヲ誣フルコト蓋シ之ヨリ甚シキハナイ。陸戰隊員射殺事件ニ付テハ、其非擧ケテ支那側ニ在ルニ拘ラス、我政府ハ極度ノ忍耐ヲ以テ圓滿現地解決方ニ努力シタノテアル。畢竟スルニ、上海ノ事態ハ、支那側ハ昭和七年ノ停戰協定ヲ蹂躙シ、濫ニ正規軍ヲ協定地域內ニ進入セシメ保安隊ヲ增强シ、我方ニ不法挑戰シ來ッタコトニ起因スルノテアッテ、上海ヲ戰火ノ巷トセサル爲ニハ、現ニ租界ノ安全ヲ脅威シツツアル支那軍ヲ交戰距離外ニ撤退セシメ、軍事施設ヲ撤去セシムルコトカ先決條件テアルト固ク信スルノテアル。換言スレハ、上海ニ於ケル内外人ノ生命財産ノ安全ヲ脅威スルモノハ、衆ヲ頼ムテ攻勢ニ出テタ支那軍テアッテ、寡兵ヲ以テ租界ヲ死守セル我軍テナイコトハ明白ナ筈テアル。而モ我政府ハ同地方ノ平和維持ヲ切ニ顧念セルカ故ニ、列國共同ノ申出ニ對シ折角好意的考慮ヲ加ヘツアツタ矢先、支那軍ハ俄然我方ニ猛撃ヲ加ヘ陸戰隊、軍艦、總領事館ノミナラス租界内各所ヲ空爆スルニ至リ我方トシテモ三萬ノ居留民防護ノ爲、遂ニ應戰スルノ已ムナキニ至ッタ次第デアル。要スルニ北支ト云ヒ上海ト云ヒ、何レモ支那側ノ不法ナル挑戰ニ依リ事態惡化スルニ至ッタノデアルカ、之ハ何レモ、現代支那ノ指導者カ排日政策ヲ以テ南京政府强化ノ具ニ供シ、即チ外交ヲ内政問題ニ惡用シ、多年ニ亘リ抗日ノ風潮ヲ助長セルノミナラス、更ニ進テ赤化勢力ト勾結シ、對日戰備ニ汲々タリシ結果ニ他ナラナイノデアル。最近締結ヲ見タ蘇支不可侵條約ハ這般ノ事情ヲ説明シテ餘リアルモノテアルカ、此意味ニ於テ『赤化ノ防壁』ヲ以テ自任スル帝國ハ決シテ晏如タリ得ナイ次第テアル。

今ヤ我國多年ノ懸命ナル努力モ水泡ニ歸シ、日支兩國ハ遂ニ全面的衝突ノ危機ニ直面スルニ至ッタ。但シ我軍ハ唯々我正當ナル權益ヲ防衛シ東亞永遠ノ安全ヲ樹立スル爲ニ戰ヒツツアルモノテ、支那政府ニシテ速ニ反省シ非ヲ改ムルニ於テハ我政府ハ直ニ支那派遣ノ軍ヲ收メ、進テ親善ノ手ヲ差伸ヘル用意ヲ有スルモノテアル。

尤モ我國民トシテハ斯カル不祥事ヲ將來再ヒ繰返スコトハ到底堪ヘ難イ所テアルカラ、既ニ事態カ此處迄進展シタ以上ハ、根本的解決ヲ得ル見透ノ付ク迄ハ既定方針ニ向ツテ固キ決意ヲ以テ邁進セントスルモノテアル。

惟フニ日支兩國ハ古キ誼ヲ有スル隣國關係ニアリ且亦將來永遠ニ隣國トシテ親善關係ヲ維持セネハナラヌ間柄ニアル。而シテ日支間ニ共存共榮ノ理想ヲ實現スルコトハ決シテ難事テハナイ。然ラハ兩國ハ新ナル立場ニ於テ根本的ニ國交ヲ調整シ、日支關係ニ一新紀元ヲ劃スルコト必シモ不可能テハナイ。私ハ此際東洋平和否世界平和ノ爲ニ支那政府ノ最モ深甚ナル反省ヲ促シテ已マヌモノテアル。

第三國ノ權益ニ付テハ、帝國ハ充分之ヲ尊重シ之カ保護ニ關シ出來ル限リ細心ナル考慮ヲ拂ヒツツアルカ、一日モ速ニ平靜狀態ノ回復ヲ見ル樣列國ニ於テモ我方ト協力セラレ苟モ戰禍ヲ長引セル虞アル行爲ニ出ツルカ如キコトナキ樣期待スル次第テアル。第三國人ニシテ不幸戰火ノ爲災厄ヲ蒙ツタ向ニ對シテハ何レモ同情ニ堪エナイカ、何分事態擴大ノ責任ハ支那側ニアルコトヲ諒承願ヒ度イ。

最後ニ現下ノ狀勢ニ於テ、通信報道カ國際間ノ正シキ諒解ト眞ノ親善ニ寄與スル上ニ於テ頗ル重要ナル使命ヲ有スル事實ニ鑑ミ特ニ各位ノ御援助ヲ懇請スル次第テアル。

STATEMENT OF THE MINISTER FOR FOREIGN AFFAIRS TO THE PRESS, SEPTEMBER 2, 1937.

Since my appointment as Foreign Minister in the Konoye Cabinet, I have been looking forward to the pleasure of meeting you. I am, therefore, genuinely delighted to have this opportunity of discussing, freely and frankly, questions of the day with you. As I am fairly well-acquainted with most of you, I hardly need I think, to explain to you again what are my cherished hopes and aspirations, except to say that the policy of "concord and cooperation with all nations" does still remain with me as the guiding principle in conducting the foreign relations of my country.

There has developed between Japan and China a situation which is indeed very regrettable. I shall not touch upon the origin and development of the present incident which you all know so well. I wish only to emphasize here the high degree of patience and

九九

forbearance with which the Japanese Government have consistently been striving to bring about a peaceful settlement. At the time of the Lukouchiao affair, our Government, hoping to the last to reach a pacific solution, through a local settlement, did everything possible to prevent the aggravation of the situation, in spite of the repeated bad faith of the Chinese. The Nanking Government, which manifested a complete lack of sincerity, not only rejected the agreement arrived at on the spot, but also moved vast armies northward, challenging Japan directly. Moreover, they incited and instigated popular feeling against this country to such an extent that the lives and property of our nationals throughout China were suddenly jeopardized.

As the conflict began to spread, we lost no time in ordering the evacuation of Japanese residents from Hankow and other points on the Yantze as well as from various places in Shantung and South China. This measure was taken with a view to forestalling the occurrence of any untoward incidents, and this, more than anything else, demonstrated powerfully our sincerity in observing the avowed policy of non-aggravation. Of course, this measure involved untold sacrifices on our part, as it amounted to a complete abandonment of business interests acquired after many years of arduous toil by our nationals; however, we decided to bear even these for the purpose of avoiding the aggravation of the situation.

Again, when on July 11, the Cabinet decided on despatching contingents in view of the North China situation which was growing worse every moment, we still clung to the anticipation of bringing about an amicable solution, and continued to nourish the hopes that the Nanking Government would reconsider their attitude. Thus, to the last moment we sought and strove for a pacific settlement, firmly determined as we were to prevent an armed clash. And we took exactly the same attitude in regard to the Shanghai affair.

In some quarters abroad, people seem to be under the erroneous impression that at Shanghai, Japan was retaliating for the murder of an officer and a sailor of her Naval Landing Party by the Chinese Peace Preservation Corps. Nothing could be further from the truth. Of course, China was entirely to blame for the shooting of our marines, but our Government, with the greatest self-restraint, endeavored to reach an amicable local settlement through diplomatic channels. The hostilities broke out in Shanghai because China, in violation of the Agreement for the Cessation of Hostilities around Shanghai concluded in 1932, rushed her regular troops into the forbidden area, and strengthened her Peace Preservation Corps both in number and equipment, and then deliberately provoked the Japanese. Our Government firmly believe that, as the first prerequisite, those Chinese forces should be made to withdraw from the fighting area and the Chinese military works in the vicinity of the International Settlement should be removed, if the city is to be spared the

101

disastrous effects of an armed conflict. In other words, foreign lives and property in Shanghai are menaced not by the small Japanese forces defending the Settlement, but, rather, by the Chinese armies which, relying upon their vastly superior numbers, undertake the offensive against the Japanese. In fact, in our desire to maintain peace and security in and around Shanghai, we were giving favourable consideration to the proposal of the Powers to preserve these regions from the danger of hostilities when the Chinese launched a sudden attack upon the International Settlement, our Consulate-General, and our warships on the Whampoo, bombing them indiscriminately from the air—and our forces were compelled to return the fire for the defense of our nationals, numbering more than 30,000, in the city.

Both in North China and at Shanghai, it was without question unwarranted Chinese provocations that precipitated the hostilities. The fundamental causes lay in the fact that the leaders of present-day China have long fostered anti-Japonism as a tool for political purposes, exploiting diplomatic issues to enhance their prestige: and to that end they have, through collusion with Communists, openly and energetically prepared for a war with Japan. The Sino-Soviet non-aggression pact concluded a few days ago is of special significance in this regard. To this, Japan as a bulwark against Communist encroachment upon East Asia, can not afford to remain indifferent.

A major conflict is now in progress between Japan and China, despite our earnest efforts to avert it. However, striving as our armies are for the protection of our legitimate rights and interests and for the attainment of an enduring peace in East Asia, the Japanese Government are prepared as ever to recall their expeditionary forces and join hands with China in friendship, the moment the Chinese Government demonstrate their sincerity in reconsidering and rectifying their attitude toward Japan. But, in view of the fact that the Japanese people cannot tolerate the recurrence of such deplorable affairs, and with the situation already assuming the serious proportions it has, we are firmly determined to pursue our declared policy until the possibility becomes ripe for a fundamental settlement.

Japan and China are, after all, neighbors and old friends. It should not be such a difficult task to realize the ideal of mutual prosperity and well-being. In the interests of the peace of East Asia and of the world, I cannot conceal my fervent hope that the Chinese Government will reconsider the policy they have pursued up till now vis-à-vis Japan.

As regards the rights and interests of third Powers, I can assure you that they will be fully respected by Japan. Our Government are giving careful consideration to the matter of safeguarding them. At the same time, in order that peace may be restored as soon as possible, the Powers are invited to cooperate with Japan by refraining from any action which would be likely to prolong the present hostilities. I deeply regret to hear that the victims of the conflict included many foreign residents.

Since the press have an important rôle to play in promoting international understanding and good will, especially in such a critical situation as is now prevailing, I wish, ladies and gentlemen of the Press, to appeal to you for your whole-hearted cooperation.

三八、支那沿海航行遮斷ニ關スル外務省聲明（九月五日）

帝國政府ハ曩ニ時局ヲ速ニ收拾シ事態ヲ安定スル目的ヲ以テ支那船舶ニ對シ中南支沿岸一部ノ交通ヲ遮斷スル措置ヲ取ツタカ今般更ニ右區域ヲ擴張シ昭和十二年九月五日午後六時ヨリ北緯四十度零分東經百十九度五十四分ヨリ北緯二十一度三十三分東經百八度三分ニ至ル靑島及第三國租借地ヲ除ク爾餘ノ中華民國沿海ニ對シ支那船舶ノ交通ヲ遮斷スルコトニ決定シタ然シ乍ラ右ノ措置ハ專ラ支那側ノ反省ヲ促サントスルノ念慮ニ出ツルモノテアツテ帝國政府ハ第三國ノ平和的通商ハ尊重スヘク之ニ干涉ヲ加フル意圖ハナイ。

STATEMENT OF THE FOREIGN OFFICE.

September 5, 1937.

The Japanese Government, with a view to speedily settling the present affair and restoring the stability of the situation, have previously closed a part of the Central and

10K

South China Coast to the traffic of Chinese vessels. They have now decided to extend this area and to close to Chinese vessels, as from 6 p.m. of September 5, 1937, the rest of the Chinese coast, namely from 40 degrees north latitude and 119 degrees 54 minutes east longitude, to 21 degrees 33 minutes north latitude and 108 degrees 3 minutes east longitude, excluding Tsingtao and the leased territories of third Powers. As this measure is solely designed to bring about a prompt reconsideration on the part of the Chinese Government, the Japanese Government will pay due respect to the peaceful commerce of third Powers with which they have no intention of interfering.

三九、「ヒューゲッセン」大使遭難事件ニ關スル回答　（九月七日發表）

以書翰啓上致候。陳者、八月二十九日附「ドッヅ」代理大使發本大臣宛第一二五號書翰ヲ以テ在支英國大使「サー・ヒユー・ナッチブル・ヒユーゲッセン」氏ノ負傷事件ニ關シ御申越ノ趣閲悉致候。

本事件發生ノ報ニ接スルヤ帝國政府ハ之ヲ重大視シ不取敢本大臣竝ニ在英及在支帝國大使ヨリ貴國政府及「ナッチブル・ヒユーゲッセン」大使ニ對シ深厚ナル見舞ヲ申入ルルト共ニ直ニ關係出先官憲ヲシテ鋭意調査ヲ進メシメタル次第ナル處今日迄我方ニ於テ調査シ得タル結果ハ本件カ我方飛行機ノ所爲ナルコトヲ斷定スヘキ材料無之モ帝國政府ハ更ニ愼重ヲ期スル爲尚出先ヲシテ殘サレタル調査ノ手段ヲ取ラシメツツアル次第ニ有之候。

事情右ノ如ク本件ニ對スル責任カ我方ニ在リヤ否ヤハ未タ斷定シ得サル所ナルモ當日太倉方面ニ於テ日支間ニ現實ニ戰鬪行ハレ居タル結果トシテ、「ヒユーゲッセン」大使ノ遭難ヲ見タルハ日英兩國ノ傳統的親善關係ニ鑑ミ帝國政府ノ深ク遺憾トスル所ニ有之候。

一〇八

倘帝國軍隊ニ於テハ非戰鬪員ニ對シ損害ヲ與ヘサル樣常ニ十分ノ注意ヲナシ居ル處今後萬一我方ノ手ニ依リ此ノ種不幸ナル事件ノ發生ヲ見ルカ如キコトハ帝國政府ノ最モ希望セサル所ナルヲ以テ帝國政府ニ於テハ出先官憲ニ對シ愼重行動方重ネテ訓令致シ置候。就テハ貴方ニ於テモ今後危險區域通過ノ際ニハ事前ニ通報スル等此ノ種事件再發防止ノ爲必要ナル措置ヲ執ラレ我方ノ努力ニ協力セラレンコトヲ切望致シ候。

右不取敢囘答旁本大臣ハ玆ニ重ネテ閣下ニ向テ敬意ヲ表シ候。敬具。

昭和十二年九月六日

外務大臣　廣　田　弘　毅

大不列顛特命全權大使

「サー・ロバート・クレイギー」閣下

REPLY OF THE MINISTER FOR FOREIGN AFFAIRS TO THE BRITISH AMBASSADOR, SEPTEMBER 9.

Monsieur l'Ambassadeur:

I have the honour to acknowledge the receipt of the note, No. 125, under the date of August 29, addressed to me by Mr. J. L. Dodds, then Chargé d'Affaires of the British Embassy, concerning the incident in which Sir Hughe Knatchbull-Hugessen was wounded.

The Japanese Government, on receiving the news of the event in question, took a grave view of the incident, and hastened to convey expressions of profound sympathy to His Britannic Majesty's Government and to Sir Hughe through myself and the Ambassadors to the Court of St. James and to China respectively and, at the same time, they sent urgent instructions to the authorities on the spot to investigate the case thoroughly. Although the results of these investigations have so far failed to produce any evidence to establish that the shooting was done by a Japanese aeroplane, the Japanese Government are taking measures for further investigations by the authorities on the spot in order to spare no efforts to ascertain the facts of the case.

In these circumstances, it is still impossible to determine whether or not the responsibility for the incident rests with Japan. Nevertheless, in view of the traditional ties of

110

friendship which bind Japan and Great Britain, the Japanese Government express their profound regret that Sir Hughe should have met with such a misfortune incidental to the hostilities that were actually in progress in the region of Taitsang on that particular day.

In this connection, I wish to assure Your Excellency that the Japanese forces always take the fullest precautions against causing injuries to non-combatants, and it is certainly very far from the desire of the Japanese Government that such an unfortunate event should ever occur in future through any fault of their own. Fresh instructions have consequently been sent to their authorities on the spot to exercise the strictest caution in this regard. I earnestly hope, therefore, that the British authorities will, on their part, kindly co-operate with the Japanese authorities with a view to forestalling the recurrence of a similar event by taking such necessary measures as giving notice in advance to the Japanese authorities on the spot when entering a zone of danger.

In making the above *ad interim* reply, I avail myself of this opportunity to renew to Your Excellency the assurances of my highest consideration.

Sir Robert Craigie

His Britannic Majesty's Ambassador to Japan.

Etc. Etc. Etc.

四〇、外務省發表（九月九日）

支那渡航取締方ノ件

曩ニ外務省ハ關係官廳ト協議ノ結果本邦人ノ支那渡航ニ對シ一定ノ取締方針ヲ決定致シマシテ業務上家庭上其他正當ナル目的ノ爲支那ニ渡航セントスル方ニ對シテハ居住地所轄警察署長ヨリ身分證明書ヲ發給スルコトトシ又公務ヲ帶ヒテ支那ニ渡航セラルル方ニ對シテモ派遣官公署ヨリ身分證明書ヲ發給スルコトト致シマシタ。

處テ最近迄支那ニ在留シテ一旦内地ニ歸國シタル後業務上家庭上其ノ他正當ナル目的ノ爲至急本邦ト支那間ノ往復ヲ必要トセラルル方及一旦引揚ケタル方ニシテ右ノ目的ノ爲是非共支那ヘ歸還ヲ必要トセラルル方ノ便宜ヲ慮ツテ九月十日カラ在支所轄帝國公館長ニ於テ手數料ハ無料テ身分證明書ヲ發給スルコトト致シマシタ其ノ身分證明書ハ内地警察官憲ノ發給スル身分證明書ト同一ノ效力ヲ有シ其ノ所持者ニ限リ出發港ニ於テ乘船シ得ルコトトナツタノテ有リマス。

尙再度支那ニ赴ク方テ此ノ在支公館長發給ノ身分證明書ヲ所持シナイ方ハ前回ニ公表シマシタ通

一一一

一一二

リ初メテ支那ニ渡航スル方ト同様本邦ノ居住地所轄警察署長ヨリ身分證明書ノ發給ヲ受ケナケレハナラヌコトトナツテ居リマス。

四一、支那戎克武裝狀況ニ關スル情報部長說明（九月十五日）

SOME OF THE CASES SHOWING THE ARMING OF CHINESE JUNKS, LAUNCHES AND OTHER SMALL CRAFTS.

Date	Place	
September 4	Hunghaiwan	Fired at from a large junk while attempting to inspect it, a Japanese naval officer was wounded and a seaman killed.
8	Siangshanpu	Captured the " Lomen ", a motor-launch, with Peace Preservation Corps on board.
9	In the neighbourhood of the South Maan Islands.	A large junk equipped with— 4 five-cm. guns 9 rifles } 1000 cartridges. 2 pistols }
14	Shenhu	When the Japanese tried to inspect a junk, its crew fired at them in cooperation with the Chinese force on land.

15	Siangshanpu	The Japanese inspection party was fired at from a small-sized launch. Encountered a launch with 30 members of Peace Preservation Corps on board. A large junk equipped with— 7 rifles, 1 pistol, 1000 rifle cartridges 150 pistol cartridges 7 dumdum bullets.
18	In the neighbourhood of the Wanshan Islands.	3 large junks equipped with— 2 ten-cm. muzzle-loading guns 6 rifles 2 pistols
25	East of Tungkuchow	Several junks with— 12 rifles 2 pistols

18—25	Between the vicinity of Santuao and the vicinity of Amoy	Several junks equipped with— 4 rifles Considerable quantity of rifle cartridges 5 old-fashioned guns, each different in type.
26	South Ao Island	A little launch fired at our warship on patrol duty.
27	Siangshanpu	A little launch fired at our warship.
28	At the northeast shore of Liuhai Island	Five junks destroyed the buoys of Tungchow shoal

四二、支那ノ聯盟提訴ニ對スル外務當局ノ見解（九月十五日午前）

一、日本ハ非聯盟國テ政治問題ニ付テハ聯盟ト協力シナイ建前ヲ採ツテ來テキルカラ支那事變カ聯盟ニ提訴サレタトコロテ聯盟ニ於ケル論議ニ關與スヘキ立場ニナイ。

二、支那ノ「ステートメント」及提訴文ハ未タ全文ヲ入手シナイカラ今玆ニ正確ナ意見ヲ發表スルコトハ差控エルカ今迄判明シテキルトコロ丈ケテモ隨分事實ヲ枉ケテ日本ヲ誣ヒテキル聯盟カ東亞ノ事態ヲ明ニ認識セス支那ノ一方的宣傳文書ヲ基礎ニ日支問題ニ介入スルカ如キハ却テ問題ヲ悪化シ聯盟ノ所期ニ反スル結果ヲ招來スルノミナルコトハ既ニ滿洲事變ニ依リ十分ニ實證サレタトコロタ。

支那側ハ例ヘハ非戰闘員ニ對スル日本軍ノ攻擊ヲ云々シテ居ルカ日本軍ハ非戰闘員ヲ目標トシテ攻擊ヲ加ヘタ樣ナコトハ絶對ニナイシ、又今後モアリ得ナイトコロテアル、支那軍コソ虹口方面ノ外國人ニ退去ヲ要請シ日本非戰闘員ノミヲ目標トシテ日本居留民タケヲ其儘殘シテ置イテ砲爆擊ヲ加ヘタ、之ハ明ニ支那側ノ暴擧タルノミナラス又八月十四日ノ佛國租界及共同租界空爆ノ如キ若ハ其後ノ「フーバー」號爆擊ノ如キニ依リ外人非戰鬪員多數ニ死傷者ヲ出シタ有樣デアル。

敎育文化機關カ攻擊ノ目的物タルカ如キモ支那軍ニ於テ之等ヲ占據シ戰鬪ノ基點ト爲シタル場合ニハ國際法上當然ニ其不可侵性ヲ喪失スルコトニ成ルコトハ申ス迄モナイ日本側ハ戰鬪員並敵性ヲ有スル人及物ノミニ戰鬪行爲ノ目標ヲ置クモノデアルコトハ勿論デアル、日本ハ又支那ノ政治機構ヲ破壞シ支那ノ統一ヲ妨害セントスルモノナリト誹謗シテ居ルカ之ハ日本ノ眞意ヲ解セサルコト甚シキモノデアル。

日本ハ世界ノ平和機構確立ノ前提トシテノ支那ノ統一ヲ希望スルモノデアルカ唯此統一カ正シイ力ニヨリ成就サルヘキモノデアルトノ信念ヲ有スルモノデアル。

三、今次事變ニ對スル帝國ノ方針ハ飽ク迄支那政府ノ反省ヲ求メ誤レル排日政策ヲ抛棄セシメ以テ日支兩國ノ國交ヲ根本的ニ調整セントスルニアル。

今次ノ事變勃發スルヤ帝國政府ハ現地解決、事態不擴大ノ方針ニ基イテ時局收拾ニ渾身努力ヲシタコトハ世界ノ均シク承認スル處デアル然ルニ南京政府ハ毫モ誠意ヲ示サス益々中央軍ヲ北支ニ集中シテ我方ニ挑戰シ來ツタト同時ニ揚子江流域及爾餘ノ各地ニ於テハ陰險極ル排日ヲ

一一七

一一八

行ッテ我在留民ノ平和的活動ヲ脅シ其生存ヲモ危殆ナラシメタ。帝國カ斯ノ如キ國家ニ對シ其反省ヲ求ムル行爲ニ出テタコトハ帝國ノ正義人道ノ爲又自衛ノ爲極テ當然ノコトテアル。只日支問題ニ付テハ日支兩國間ニ於テノミ現實ニ卽シタ最モ公正ナ解決方法カ發見サレルモノト確信スル。

---

1. As Japan, not being a member of the League of Nations, has maintained a policy of non-cooperation with the League on political matters, she is not in a position to have any concern with arguments made in the League meetings, even though China has made an appeal to the League.

2. As we have not yet received complete texts of the Chinese statement and appeal to the League, we wish to refrain from making any expression of our definite opinion. But even the parts of these texts already known show considerable distortions of facts. That it will only aggravate the situation and bring results contrary to its own expectations if the League, not clearly recognizing the actual situation in East Asia, will interfere with the Sino-Japanese affairs on the basis of documents propagated unilaterally by China, is fully demonstrated by the experience during the Manchurian Incident.

The Chinese distortion of facts may be seen, for instance, in the following case:

The Chinese claim that the Japanese attacked non-combatants, but the Japanese forces have never carried on hostilities with non-combatants as objectives. It was the Chinese forces themselves which ordered all foreigners, except Japanese, in Honkew to leave that district and then attacked Japanese non-combatants remaining there. The bombing of the French Concession and the International Settlement in Shanghai as a result of which many foreign non-combatants were killed or wounded was perpetrated by the Chinese, as you all remember.

No consideration is given by the Chinese army to educational and cultural establishments. They occupy these establishments as bases of hostilities. When this is done, these establishments lose, of course, their neutral status according to international law. The objectives of Japanese attack are always combatants and military establishments.

The Chinese allege that Japan is destroying the political structure of China and interfering with her unification, but such charges are far from the intention of Japan.

Japan is desirous that China be unified—a pre-requisite to the establishment of a structure for world peace. But that unification must be brought about in a sound way.

3. The policy of the Japanese Government vis-à-vis the present China Affair aims at bringing about China's reconsideration and the abandonment of her mistaken policy of

1110

anti-Japanism, and a fundamental adjustment of Sino-Japanese relations. Upon the outbreak of the affair, the Japanese Government, in accordance with their policy of local settlement and non-aggravation, did everything to arrive at a speedy settlement. But the Nanking Government manifested no sincerity. They moved division after division of their Central Army north to challenge Japan, while at Hankow and other points in the Yangtze Valley, Japanese subjects engaged in peaceful pursuit of business were menaced by Nanking's vicious anti-Japanese propaganda—their very existence being jeopardized. That Japan should have taken action to compel such a Government to reconsider their policy is certainly justified from the standpoint of justice and humanity, as well as of self-defense. I am convinced, however, that for the solution of the Sino-Japanese problems, Japan and China will finally succeed in discovering the means suited to the reality of the situation.

四三、支那船舶ノ國籍移轉及假裝ニ關スル在京各國大公使宛覺書

（九月十八日）

帝國海軍ハ曩ニ速ニ時局ヲ收拾シ事態ヲ安定スル目的ヲ以テ支那船舶ニ對シ一定地區ヲ除ク支那沿海ノ交通ヲ遮斷スル措置ヲ執レル處支那船舶中ニハ第三國ヘノ國籍移轉ヲ假裝シ右交通遮斷ノ效果ヲ免レントスルモノアルニ鑑ミ帝國政府ハ之カ防止ノ爲昭和十二年八月二十五日帝國第三艦隊司令長官ノ支那船舶交通遮斷宣言後國籍ヲ第三國ニ移轉シタル支那船舶ハ該移轉ニシテ關係國ノ國法ニ從ヒ且實質上モ完全ニ爲サレタルニ非サレハ之ヲ有效ト認メス、此種船舶ニシテ滿足ナル移轉ノ條件ヲ具備スルヤ否ヤニ付疑ヒアル場合ニハ之カ調査ノ爲臨檢留置等ノ必要ナル措置ヲ執ル事アルヘシ、就テハ貴國政府ニ於テモ此種支那船舶カ貴國々籍ヲ假裝的ニ取得スルカ如キコト無キ樣御配意アリ度

昭和十二年九月十八日

一三一

四四、支那船舶航行遮斷ニ關スル記者團質問ニ對スル外務當局談

（九月十八日）

帝國海軍ハ支那事變勃發以來前後二回ニ亙ツテ支那船舶ノ沿岸航行遮斷ヲ宣言シタカ右宣言ハ第三國ノ平和的通商ニ及ホサルヲ奇貨トシソノ後支那船舶ニシテ國籍ヲ假裝的ニ第三國ニ移轉スルモノアルニ鑑ミ、帝國政府ニオイテハ更ニ航行遮斷ノ目的ヲ完全ナラシムルタメ、右航行遮斷ノ效果ニ關シ適切有效ナル解釋ヲ下スコトトナリ、十八日在東京各關係國大公使ニ宛テ覺書ヲ送達シ各國ニオイテモ十分ナル配慮ヲ乞フ旨ヲ述ヘタ

MEMORANDUM SENT BY THE DEPARTMENT OF FOREIGN AFFAIRS TO THE FOREIGN DIPLOMATIC REPRESENTATIVES IN TOKYO.

September 18, 1937.

With a view to bringing about a speedy settlement of the present affair and a stabilization of the situation, the Japanese Navy previously took a measure to close to the traffic of Chinese vessels the Chinese sea coast, excepting specified areas. In view of the fact that there are Chinese vessels which attempt to evade the enforcement of the above-mentioned measure through the transfer of their nationality registration to third countries, the Japanese Government will not recognize the validity of such transfer made subsequent to the proclamation issued on August 25, 1937 by the Commander-in-Chief of the Third Fleet for the closing of the Chinese sea coast to Chinese shipping, unless the transfer has been made in accordance with the laws of the countries concerned, and moreover it has been carried out fully in substance. In case there is any doubt as to whether vessels of this sort have satisfactory qualifications as regards the transfer of nationality registration, the necessary steps for verification, such as inspection and detention, may be taken.

四五、駐支英國大使遭難事件我方最終回答（九月二十二日發表）

以書翰啓上致候陳者支那駐劄貴國大使「サー・ヒユー・ナツチブル・ヒユーゲツセン」氏ノ負傷事件ニ關シテハ不取敢九月六日附往翰ヲ以テ囘答ニ及ヒ置キタル處其ノ後上海及其ノ附近ニ於ケル取調完了セルニ付本大臣ハ閣下ニ對シ帝國政府ハ左ノ通リ囘答セントスルモノナル旨通報スルノ光榮ヲ有シ候

最モ周到ナル調査ノ結果ニ依レハ八月二十六日午后二時三十五分日本飛行機二機ハ嘉定ノ南東三粁ノ地點ニ於テ支那軍將兵ヲ輸送中ノ軍用「バス」若ハ「トラツク」ト確信セラレタル自動車二臺ヲ銃爆擊セルコト判明シタル處當時嘉定ニハ支那軍ノ陣地アリ八月十八日以來日本飛行機ハ之ニ對シ屢次攻擊ヲ行ヒタルノミナラス日支兩軍飛行機ノ間ニ數次ニ亘リ空中戰行ハレタル次第ニ有之候

現在ノ狀況ニ於テハ現地調査ヲ行フコト困難ナルヲ以テ「ナツチブル・ヒユーゲツセン」大使負傷當時ニ於ケル同大使自動車ノ位置ニ關スル各種ノ報告ニ幾分ノ相違ハアリタルモ日本飛行機ニ

ハ同大使カ當初負傷シタリト報告セラレタル地點ニ於テ機關銃ヲ掃射シ若ハ爆彈ヲ投下セルモノ無之コト判明致候

然レトモ日英官憲ニ於テ同時ニ周到ナル調査ヲ遂ケタル結果當該自動車ノ位置ハ英國側當初ノ報告所載ノ通リ太倉ノ南方六哩ニ非スシテ嘉定ノ南方ナリシヤモ知レストノ結論ニ到達致候

叙上ノ次第ニ鑑ミ帝國政府ハ本事件ハ同大使ノ自動車ヲ軍用「バス」若ハ「トラック」ト誤認シタル日本飛行機ノ行爲ナリシヤモ計ラレスト思考スルモノニ有之候此ノ如ク同大使ノ負傷ハ固ヨリ故意ニ出テタルニハ非サルモ日本飛行機ノ行動ニ因リタルヤモ計リ難キ次第ニ鑑ミ帝國政府ハ英國政府ニ對シ深甚ナル遺憾ノ意ノ正式表示ヲナサントスルモノニ有之候

關係搭乘員ノ處分ニ關シテハ帝國政府ハ日本搭乘員ニシテ故意若ハ懈怠ニ因リ第三國人ヲ殺傷シタルコト判明セル場合ニハ適當ナル處置ヲ執ルヘキコト勿論ノ次第ニ有之候

支那ニ於ケル戰鬪行爲存在ノ結果生スヘキ非戰鬪員ニ對スル危險ヲ出來得ル限リ局限セントスルハ帝國政府ノ希望シ且方針トスル所ニシテ在支帝國軍隊ニ對シ非戰鬪員ニ損害ヲ與ヘサル樣最大ノ注意ヲ拂フヘキ旨帝國政府ヨリ重ネテ訓令濟ノ次第ハ九月六日附不取敢回答シ置キタル通リニ有之候

一二五

右回答旁々本大臣ハ玆ニ重ネテ閣下ニ向テ敬意ヲ表シ候　敬具

昭和十二年九月二十一日

外務大臣　廣　田　弘　毅

大不列顛特命全權大使

「ゼ・ライト・オノラブル・サー・ロバート・クレイギー」閣下

REPLY OF THE MINISTER FOR FOREIGN AFFAIRS TO THE BRITISH AMBASSADOR.

September 21st, 1937.

Monsieur l'Ambassadeur :

With reference to the incident of the wounding of His Britannic Majesty's Ambassador to China, Sir Hughe Knatchbull-Hugessen, concerning which I made an *ad interim* reply in my Note under the date of September 6th, 1937, I now have the honour to inform Your Excellency that the inquiry in Shanghai and its vicinity having been completed the Japanese Government desire to make the following reply :

2. As the result of most careful investigations it has been established that on August

26th at 2.35 p.m., two Japanese planes machine-gunned and bombed two motor-cars which were believed, in all sincerity, to be military busses or trucks carrying officers or soldiers of the Chinese army at a point three kilometres southeast of Kating, where the Chinese forces were concentrated and since August 18th, not only had Japanese aeroplanes made repeated attacks upon them but a number of aerial combats between the Japanese and Chinese planes had taken place.

3. Owing to the difficulty, in present circumstances, of conducting an investigation on the spot, there has been some slight discrepancy in the various reports received as to the position of the Ambassador's motor-car at the time when he was wounded, but it was ascertained that no Japanese aeroplane had made a machine-gun attack or dropped a bomb in the locality where the Ambassador was first reported to have been wounded.

However, careful study made simultaneously by the Japanese and British authorities leads to the conclusion that the position of the motor-car in question might have been to the southward of Kating, instead of 6 miles south of Taitsang as stated in an earlier British report.

4. In the light of all these circumstances, the Japanese Government consider that the incident may have been caused by Japanese planes which mistook the Ambassador's motor-car as a military bus or truck. As the wounding of the Ambassador may thus have been

一二七

一三八

due to the action, however involuntary, of Japanese aircraft, the Japanese Government desire to convey to His Britannic Majesty's Government a formal expression of their deep regret.

5. As regards the question of the punishment of the aviator concerned, it is needless to say that the Japanese Government would take suitable steps whenever it was established that Japanese aviators killed or wounded, intentionally or through negligence nationals belonging to a third country.

6. As stated in their interim note of September 6th, instructions have been sent again to the Japanese forces in China to exercise the greatest care in safeguarding non-combatants, it being the desire and policy of the Japanese Government to limit, as far as this can possibly be done, the dangers to non-combatants resulting from the existence of hostilities in China.

I avail myself of this opportunity to renew to Your Excellency the assurances of my highest consideration.

His Excellency
The Right Honourable Sir Robert L. Craigie, K.C.M.G.,
His Britannic Majesty's Ambassader to Japan.
etc., etc,, etc.,

四六、在支英國大使負傷事件ニ關スル昭和十二年九月二十三日附在京英國大使發外務大臣宛書翰（九月二十三日）

以書翰啓上致候。陳者、駐支英國大使カ去ル八月二十六日上海附近ニ於テ二機ノ飛行機ニ依リ攻擊ヲ受ケタル件ニ關スル九月二十一日附貴大臣發本使宛書簡ノ内容ハ正ニ本使ヨリ本國政府ニ傳達致シ置候。

本使ハ本國政府ヨリ接受セル訓令ニ基キ英國政府ハ本回答ニ接シ滿足セル旨竝ニ右ヲ以テ本件ハ解決セリト看做ス旨茲ニ通報スル次第ニ有之候。

本使ハ茲ニ重ネテ閣下ニ向テ敬意ヲ表シ候。敬具。

アール・エル・クレーギー

外務大臣

廣田弘毅閣下

一三〇

NOTE OF THE BRITISH AMBASSADOR TO THE MINISTER FOR FOREIGN AFFAIRS.

British Embassy,
Tokyo.
23rd September, 1937.

No. 148.

Monsieur le Ministre,

I have the honour to inform Your Excellency that I duly communicated to His Majesty's Government in the United Kingdom the terms of the Note which Your Excellency addressed to me on the 21st September in regard to the attack on His Majesty's Ambassador in China by two aeroplanes in the neighbourhood of Shanghai on 26th August last.

2. I have now received instructions from His Majesty's Government to state that they have received this communication with satisfaction and regard the incident as closed.

I avail myself of this opportunity to renew to Your Excellency the assurance of my highest consideration.

Signed: R. L. Craigie.

His Excellency
Mr. Koki Hirota
H.I.J.M. Minister for Foreign Affairs.

四七、日支兩空軍損傷ニ對スル日支兩國發表對照表

（九月二十四日）

COMPARISON OF JAPANESE AND CHINESE ANNOUNCEMENTS ABOUT THEIR LOSSES OF AEROPLANES.

(August 14—September 22, 1937)

Abbreviations:

Ground	Bombed planes on the ground.
Air	Planes shot down in aerial combat.
Shot	Planes shot down by anti-aircraft guns.
Force	Forced landing.

Date	Place	Japanese Announcement (by the Navy Department)			Chinese Announcement (Broadcast from Nanking)		Account
		Chinese Loss		Japanese Loss	Chinese Loss	Japanese Loss	
August							
14	Hangchow	Ground	Several	—	—	2	
		Air	6				

一三一

一三二

	Kwangte	Ground	Over ten	—	—	—	
	Shanghai	Air	2			Shot down by anti-aircraft guns.	Broadcast that Japanese plane hurled bombs on Nanking Road and French Concession.
		Shot	1				
15	Kiaosze	Ground	6	8			
	Shaohing						
	Kienkiao	Ground	Several				
		Air	9				
	Nanking	Ground	8				
		Air	9		Air 1	Ground & Air 7	
		Forced	1				
	Nanchang	Ground	9				
	Hangchow.	Ground	1				
	Kashing	Ground	8	0	0	2	
		Air	2				
	Hungkiao	Ground	2				

16	Küyung	Ground	13			(3)	Broadcast on the 17th
		Air	11			11 (Nanking)	
	Yangchow	Ground	9	1		1 (Chinkiang)	The number claimed by both sides was the same.
		Air	2			2	
	Shanghai	Air	3			2	The number claimed by both sides was nearly same.
17	Haining	Ground	4				
	Pengpu	Ground	3				
	Hwaiyin	Ground	1				
	Shanghai	Air	2	1		3	The total number on both sides was 3.
	Nanking		—	—	—	17	Broadcast in a lecture that 17 Japanese planes were shot down, but Japanese did not make any air raid on that day.

一三四

18	Shanghai					1	Bombarded the enemy's positions.
19	Nanking					3	Bombarded the Nanking Powder plant.
20	Kwangte	Ground	4	0	—	2	
		Air	4				
	Unkown				—	1	
21	Shanghai	Air	2			1	
	Chuchow	Ground Scores of them		—	—	—	
	Yangchow	Ground	3	1	—	Air 3	
		Air	1				
22	Shanghai	Air	5	2			
		Forced	2				
	Kiangyin		—	—	—	3	Attacked the enemy's base.
	Unknown		—	—	—	1	Nanking?
23	Shanghai	Air	9				Broadcast that

		Forced	1				Japanese hurled bombs at Sichkiang Road resulting in 300 casualties.
	Nanking		—	—	—	1	Bombarded aerodromes.
25	Shanghai	Air	6				
		Forced	2				
27	Nanking		1				
			1			1	
28	Shanghai		—	—	—	2	Attacked the enemy's positions.
29	Kwangte	Ground	1	1		2	
30	Shanghai	Air	2	0			Chinese planes bombed the American steamer, the President Hoover.
31	Canton	Ground	3	1	—	2	
		Air	3				

1三五

September								
2	Shanghai	Air	4	Forced	1		3	Broadcast that one of the Japanese planes was shot down at Nanksiang.
4	Shanghai	Air	4	Forced	1		3	Broadcast that Japanese planes attacked Nankin at night, which was not true.
7	Kwangte	Air	5		0		2	
8	Swatow		0		0	—	2	Bombed the enemy's positions.
16	Shanghai		—		1		1	Bombed the enemy's positions.
	Unknown		—		—	—	13	Chinese report was entirely absurd.
18	Shanghai		1		—	—	1	The Chekia.

19	Nanking	Air	32	Air	3	2	7	
	Küyung			Forced	1			
20	Nanking	Air	4		1	—	5	The total numbers reported by both sides were the same.
21	Canton	Ground	12					
		Air	17			2	5	
		Forced	2					
	Nanking						a score or more	Japanese did not make any air-raid on Nankin.
21	Taiyuang	Air	5		1	1	5	Chinese reported their loss in a completely opposite way. The Japanese army's report was correct.
22	Canton	Ground	2		1		2	
	Nankin	Air	4		1	1	4	Chinese again reported contrary to the truth.

一三七

四八、諮問委員會ノ事業參加招請ニ對スル帝國政府囘答

（九月二十五日）

帝國政府ニ諮問委員會ノ事業參加ヲ招請セラレタル二十一日附貴電正ニ接到予ハ茲ニ左ノ如ク貴下ニ囘報スルノ光榮ヲ有ス

抑モ日支兩國ノ協調ニ依ル東亞ノ平和確立ハ帝國政府不變ノ方針ニシテ帝國ハ之カ爲凡ユル努力ヲ盡シ來レルニ拘ラス支那政府ハ排日抗日ヲ以テ其ノ國策ト爲シ對日挑發行爲ハ全支ニ亙リ頻々トシテ相繼キ遂ニ不幸今次事變ノ發生ヲ見ルニ至レル次第ナリ仍テ帝國政府ハ支那政府カ深ク茲ニ思ヲ致シニ速反省センコトヲ要望スルモノナリ

而シテ今次事變ノ解決ニ關シテハ帝國政府ハ其ノ從來中外ニ披瀝シ來レル如ク日支間ノ問題ハ日支兩國間ニ於テ現實ニ卽セル公正妥當ナル解決方法ヲ發見シ得ヘシトノ確信ヲ堅持スルモノニシテ從テ帝國政府トシテハ從來國際聯盟ノ政治的事業ニ對シ執リ來レル其ノ方針ヲ今日改ムヘキ何

等ノ理由ヲモ有セサルヲ以テ遺憾乍ラ諮問委員會ノ招請ヲ受諾スルヲ得ス

九月二十五日

大日本帝國外務大臣　廣　田　弘　毅

國際聯盟事務總長「アヴノル」殿

RÉPONSE DU GOUVERNEMENT JAPONAIS AU TÉLÉGRAMME INVITANT LE GOUVERNEMENT IMPÉRIAL À PARTICIPER AUX TRAVAUX DU COMITÉ CONSULTATIF.

Tokio, le 25 Septembre 1937.

En accusant réception de votre télégramme en date du 21 courant invitant le Gouvernement Impérial à participer aux travaux du Comité Consultatif, j'ai l'honneur, en réponse, de portée à votre connaissance ce qui suit:

Le maintien de la paix en Asie orientale par une harmonieuse collaboration du Japon et de la Chine est le but que s'est toujours proposé le Gouvernement Impérial et auquel il a apporté tous ses efforts. Cependant, le Gouvernement chinois a fait de l'opposition au

Japon et de l'agitation anti-japonaise la basse de sa politique nationale; des actes de provocation n'ont cessé d'éclater sur toute l'étendue de son territoire, remenant ainsi la malheureuse affaire actuelle. Le Gouvernement japonais ne peut donc qu'exprimer le désir que le Gouvernement chinois, prenant conscience de cet état de choses, revienne bientôt à d'autres sentiments.

En ce qui concerne le règlement de la présente affaire, le Gouvernement Impérial, ainsi qu'il l'a déclaré à maintes reprises, a la ferme conviction qu'une solution des questions intéressant le Japon et la Chine juste, équitable et réaliste, saura être trouvée par les deux pays.

Par conséquent, le Gouvernement japonais, ne voyant aucune raison de se départir de la ligne de conduite qu'il a suivie jusqu'ici à l'égard des activités politiques de la Société des Nations, regrette de ne pouvoir accepter l'invitation du Comité Consultatif.

HIROTA

Ministre des Affaires Etrangères du Japon.

四九、南京空爆個所公表（九月二十六日）

LIST OF BOMBARDMENTS IN AND AROUND NANKING.

DATE	PLACES BOMBARDED	CASUALTIES CAUSED
September 19	Ta Hsiao Chang airdrome	hangars
	Munitions factory	considerable damage
	Gendarmerie Headquarters	
20	The General Staff Office	proved effective
	Wireless station	slight damage
	Yu Hua Tai fort	considerable damage
	Fu Kui Shan fort	considerable damage
	Ta Hsiao Chang airdrome	great damage
22	Air Defence Committee	fire started
	Central Kuomintung Headquarters	many successful hits
	North Station and warehouses in the vicinity	bombarded and fire started
	Shih Tzu Shan fort	2 bombs hit

1四1

一四二

25 Kuomintang Nanking Municipal Headquarters
Wireless station
Communications Corps
Ministry of Military Affairs
Army supply warehouse in the vicinity of Kiang Pei station
Pei Chi Ko air defence fort
} completely destroyed or greatly damaged

五〇、南京廣東空爆ニ對スル情報部長談話（九月二十七日）

We have not received detailed official information such as the report spread elsewhere regarding the result of the bombing. The *Reuter* report from Canton is especially exaggerated due to the fact that its correspondent at Canton is a Chinese, named Liang,—a fact which will explain the utter unreliability of the report. (The London *Reuter* of very recent date has corrected the false reports). Even if the facts are not so sensational as reported, it is absolutely impossible that the Japanese forces make non-combatants the objectives of their attacks That was the very reason the Japanese had given a previous notice concerning their bombing. This was given in order to prevent any untoward misfortunes befalling foreign diplomats at Nanking; and simultaneously, with this notice, Vice-Admiral Hasegawa, Commander-in-Chief of the Third Fleet, warned Chinese citizens of Nanking, urging them to keep away from the military works and establishments which would be made the objectives of the Japanese attack.

In both Nanking and Canton, Chinese military establishments,—in other words, buildings and other kinds of establishments which are employed for military purposes, are not segregated from the residential and business districts of the citizens in general. This fact is not clearly understood by foreigners, some of whom seem to believe that all military establishments are outside the city proper, and that the Japanese forces are deliberately making non-combatants their objectives—thus making unreasonable criticisms against the Japanese forces. We cannot but urge the authorities of Nanking and Canton to give advance notice to their citizens, who live in and around those military establishments that are likely to be directly damaged by bombs, to seek safety in areas other than the fighting zone.

Nothing has been settled concerning the law regarding aerial combat. Regarding this, we cannot help recollecting that, in 1922 when the conference having to do with the law concerning aerial combats was held at the Hague, Japan, the United States, Italy and several other countries insisted that the objects of bombardment should be limited and concretely enumerated, while both England and France emphasized that all that could be accepted as military establishments might well be bombed.

Moreover, according to the latest informations, the rate of successful hits of Japanese air raids upon Canton was high; and the military establishments, e.g., the Pai-yun Aerodrome, Tien-ho Aerodrome, Tseng-pu powder-magazine, Tsung-hua Aerodrome, Hu-men Aerodrome, the First Ammunition Factory, Shih-ching Arsenal, Cha-tou Smokeless Powder Factory, Military Academy—were bombed; and the alleged report (by *Reuter*) that a large number of non-combatants were killed and wounded was found to be entirely a Chinese fabrication.

五一、支那各地空爆個所公表（九月二十九日）

LIST OF BOMBARDMENTS WHICH TOOK PLACE ON THE 28TH INSTANT.

DISTRICT	PLACED BOMBARDED	CASUALTIES CAUSED
Canton	*Pakong How* (?) Munition Factory	Important buildings were bombarded and fire caused
	Tsungfa (Tsung Hua) Airdrome	Five hangars and the barrack were bombarded
Nanking	Ta Hsian Airdrome	The hangar was bombarded and great damage caused
Kü Yung (Chü Jung)	Airdrome	The hangar was greatly damaged. Two aeroplanes in the compound were destroyed, and one fighting-plane was brought down in an air duel.
Wu Hu	Airdrome	Five enemy planes in the compound were destroyed: fire set to the fuel warehouse. One enemy plane was brought down in an air duel.
Hang Chow	Airdrome	Great damage was caused to the airdrome.

一四五

一四六

Kwang Teh	New Airdrome	The hangars and the flying school were greatly damaged.
Hsu Chow	Station ; Military Goods-train ; warehouses for army supplies.	Greatly damaged.
Outside Shanghai		In consort with the army, bombardment was kept throughout the day on important enemy positions, causing great damages to them.

五二、南京廣東空爆及支那漁船攻撃説ニ關スル情報部長談

（於外人記者團會見）（九月二十九日）

一、

壽府テハ日本空軍ノ爆撃、殊ニ南京、廣東ニ對スル攻撃ヲ非難シ、聯盟諮問委員會ハ日本空軍カ「無防禦ノ都市」ヲ攻撃シタトテ、之ヲ「嚴肅ニ非難」スル決議ヲ採擇シタ。我カ日本トシテハ、聯盟ノ措置ニ對シテ何等關心ヲ寄セル理由ハナイ、然シ聯盟トモアラウモノカ確實ナル證據モナク偏頗ニシテ不正確極マル新聞記事ヲ取上ケ無責任ニモ我國ヲ非難スル態度ニ出テタルニ對シテハ、日本國民ハ甚タシキ憤懣ヲ禁シ得ナイノテアル。

第一ニ南京、廣東等カ無防禦都市タトイフ聯盟委員會決議ノ論據ソレ自體既ニ虚妄ノ事テアリ、之等ノ都市カ要塞其他軍事施設ヲ以テ固メラレテキルコトハ公知ノ事テアル。公正ノ爲ニモ將又聯盟ノ威信ノ爲ニモ、ソノ言動ノ確證ニ基クモノタルコトヲ希望セサルヲ得ナイ。

我空軍ノ活動ニ關シテ如何ニ荒唐無稽ノ報道カ行ハレルカハ、九月二十七日香港「サウス・チヤイナ・モーニング・ポスト」紙ノ記事ニヨリ一目瞭然テアル、卽チ九月二十四日廣東「ロイテル」

通信ハ日本航空隊ノ襲擊ノ結果無辜ノ市民數千カ死傷シタト報シタカ、同紙ハ右報道ヲ以テ誇張モ甚タシイト指摘シタ。「ポスト」紙記者カ直接ニ廣東當局ヲ訪問シ、且ツ在住外人ニ事ノ眞否ヲ糾シタトコロ、廣東市民ノ死傷ハ百人ニモ達シナイトイフノテアリ、又、土曜、日曜ノ兩日ハ廣東テハ間斷ナク空爆警報ヲ鳴ラシテキタニ拘ラス、日本空軍ノ爆彈ハ市内ニハ投下サレナカツタノテアル。

日本陸海軍ノ空襲ハ、我國カ支那ノ挑戰ヲ受ケテ已ムナク起シタ軍事行動ノ一部テアツテ、我軍空爆ノ目標カ決シテ非戰鬪員ニ對スルモノテナク、只支那軍及軍事施設ニ止マルコトハ我政府ノ屢々聲明シタ處テ又コノ事ハソノ後ノ我軍ノ行動ニ徵シテモ明カテアル。更メテ想起スル迄モナク、空中攻擊ノ一般問題ニ關シテハ、日本ハ一九二二年「ハーグ」會議ノ際米國ト共ニ空爆目標ノ制限ヲ主張シタカ英佛ノ反對ニヨリ右ノ主張ハ不成立ニ終ツタモノテアル。

然シ乍ラ事茲ニ至ツテハ、我陸海軍ハ一切ノ機會ヲ捉ヘテ敵ノ戰鬪力ヲ破壞スル必要カアリ、我軍ハ勇敢ニコノ任務ヲ遂行シツツアルノテアル。日本空軍ハ今次事變ノ當初ヨリ、ソノ攻擊目標ヲ軍隊及軍事施設ニ限ル嚴命ヲ受ケテヲリ、支那空軍ノ「プレシデント・フーヴアー」號ニ對スル爆擊等ト選ヲ異ニシ、非戰鬪員ト知リツツ之ヲ攻擊シタルコトナク、又高空ヨリ爆彈ノ無差別投下ヲ行フカ如キコトモナイ。日本軍カ軍事目標ノ爆擊ニ際シテ、彈着ヲ該目標ノミニ限ル爲支那ノ防禦砲火ノ危險ヲ冒シ急降下ヲ敢行シ、コレカ爲犧牲ヲ增大セル事實、又一旦基地ヲ出發セル飛行機カ惡天候ノ爲目標ノ明瞭ナラサルニヨリ、爆彈ヲ抱イタママ歸還セル事實等ニ鑑ミルモ、ソノ空爆カ如何ニ支那軍隊及軍事施設ノミニアツタカハ極メテ明瞭テアル。更ニ又、粤漢鐵道カ連日連夜多數軍隊及軍需品ヲ北方戰線ニ輸送シ、之カ爲我軍ノ犧牲カ當然豫測セラレタル狀況ニアツタニ拘ラス、我方ハ避難者ノ無事輸送ヲ待チ始メテ線路ノ破壞、軍需品輸送貨車ノ爆發ヲ決行シタ樣ナ次第テアル。

但不幸ナコトハ、空中戰ノ現狀ニアツテハ、如何ニ技術優秀ノ飛行隊ト雖モ爆擊上絕對正確ヲ期シ得サルコトテアル。右ノ事情ニヨリ且又人命ノ損傷ヲ避クル爲、日本空軍司令部ニ於テハ空襲ノ敢行ニ際シ能フ限リ事前ニ警告ヲ發シ、以テ非戰鬪員ノ安全ニ責任ヲ負フ關係當局ニ對シ一切ノ措置ヲ講スルノ餘裕ヲ與ヘタコトテ、我方トシテハ軍事上多大ノ不利ヲ忍ンテ來タノテアル

然シ乍ラ今日ノ情勢トナツテハ、我國ハ斷々乎トシテ敵ノ戰鬪力ヲ擊滅スル一切ノ必要措置ヲ執ルモノテ、右ノ措置カ支那側ノ挑戰ニヨル不可避的事變擴大ノ結果タルコトハ牢記スルヲ要スル。カノ血腥キ八月十四日、上海ヲ攻擊シテ共同租界、日本總領事館、帝國軍艦ニ爆彈投下ヲ敢

一五〇

テシタルモノハ支那空軍テアル。而シテ支那側ハ和平解決案ヲ顧ミス、敵對行爲囘避努力ノ倚進行中ナルニ拘ラス嚴粛ナル誓約ヲ破ツテ多數兵團ヲ租界ノ境界ニ進メタモノテアル。日本ハ如何ナル國モ非戰鬪員ヲ攻擊スル權利ナキモノナルコトヲ玆ニ重ネテ聲明スル。我國ハ右ノ原則ノ下ニ、一路目的ニ邁進スルモノテ、ソノ當然負フヘキ責任ハ囘避スルモノテナイカ偏頗不公平ノ非難ハ斷シテ排擊スルモノテアル。

二、

支那側ノ虚構宣傳ハ、最近愈々甚タシク日本軍ニヨル非戰鬪員ノ大量虐殺、病院、學校ノ破壞等ヲ放送シ、蔣介石夫人モ「プロパガンヂスト」トシテ暗躍シテキルカ、支那側ニ於テ斯カル宣傳ヲ用キルニ至ツタコトハ、我カ軍事行動、殊ニ軍事施設ニ對スル空爆及沿岸航行遮斷ニヨリ日本ニ對抗スル望ミヲ失ツタニ外ナラナイ。

併シ支那側ノ荒唐無稽ノ宣傳ハ、却ツテ逆效果ヲ奏シテキル。支那側代辯者ノ供給スル「ニユース」ノ不正確ニハ、上海駐在外國通信員モ不平タラタラテアリ、蔣介石モ揑造「ニユース」ノ流布ニヨル支那ノ信用失墜ヲ憂ヘ數日前「デマ」報道ノ抑制ヲ命令シタ位テアル。

支那側ノ宣傳ハ特ニ日本航空隊ノ行動ニ集中シ、日本軍飛行機カ支那側ノ旗章ヲ盜用シタトカ又ハ日本軍飛行機二機カ擊落セラレタトカ放送シタカ、之ハ支那側飛行機ノ墜落ヲ蔽フ支那式宣傳ニ過キナイ。支那側ノ不正不義ニ對シ、正々堂々膺懲ノ軍ヲ進メテキル帝國軍隊ニ於テハ、敵國ノ旗章盜用等想像タニシ得ナイコトテ、日本軍人ハ不名譽ノ行動ニ出テンヨリハ死ヲ選フノテアル。

支那側ニ於ケル「ニユース」ノ工作振リハ、八月十四日上海「カセー、ホテル」ノ空爆當時遺憾ナク發揮セラレタ。支那新聞檢閲官ハ電文中ノ「支那飛行機」ナル文字ヲ「日本飛行機」ニ變改シタカ、豈計ランヤ之ニヨツテ電文ノ關係上、日本軍飛行機カ帝國軍艦出雲ヲ爆擊シタル滑稽ナ結果トナツタノデアル。

支那側カ斯クノ如ク新聞電報ニ干渉スル結果、外國通信員ハ通信ヲ香港ニ郵送シ同地カラ之ヲ電報ニ打ツコトニナツタカ、斯ウシタ電報ハ上海發電トハ内容ニ雲泥ノ差カアツタノテアル。

更ニ他ノ適例ハ、日本潛水艦カ支那「ジヤンク」ヲ擊沈シテ三百名ノ死傷者ヲ出シタトイフ虚報テアル。然シ乍ラ日本潛永艦ハ「ジヤンク」等ヲ攻擊セサル樣嚴命ヲ受ケテ居リ、從ツテ右ノ攻擊ノ如キハ事實ニモ、想像ニモアリ得ナイコトテアル、ノミナラス日本潛水艦ニシテ右「ジヤンク」擊沈事件ノ起ツタトイフ海面ニ當時航行中ノモノハ一隻モナカツタ譯テ、此ノ報道カ絶對ニ捏造「ニユース」ニ過キナイコトハ、自分ノ斷言シ得ルトコロテアル。

MR. KAWAI'S STATEMENT TO THE PRESS.

September 29, 1937.

Japan has been criticized at Geneva concerning her air operations, especially against Nanking and Canton. The Advisory Committee of the League of Nations has voted a resolution "formally condemning" Japanese aviation for attacks on "undefended Chinese cities."

Though the action taken by the League is no particular concern of ours and does not call for special comment, it must be recorded that the Japanese nation is deeply indignant at the irresponsible way with which this important matter has been dealt, as the League's action has been taken, not on any formal evidence, but on the basis of inaccurate reports from one side only.

The very basis of the accusation, that Nanking and Canton are undefended cities, is untrue. There are fortresses and military establishments in both cities; the Chinese have themselves boasted of the perfection of their anti-aircraft defense. It is to be desired, were it not only in the cause of justice and fair play but merely for the sake of the League's prestige, that discussion and action be based on something better than unreliable news.

How facts are being distorted can be seen by an article appearing in the South China Morning Post of September 27 pointing out that the Reuter report dated September 24 saying that casualties reached several thousands, nearly all being civilians, was "grossly exaggerated".

The writer interviewed Chinese officials and foreigners and was told by the mayor that probably not more than 100 were killed in air raids on Canton. Alarms continued to be sounded during the week-end but only a few small-sized bombs were dropped on the outskirts of the city.

The bombardments undertaken by the Japanese army and navy are a part of the military action she is being compelled to take, and it has been made clear by all the declarations of the Japanese Government and the subsequent operations that their objectives are limited to military forces and establishments. Japanese forces do not take non-combatants as the target of their attack. It has already been recalled here that as concerns air bombardments, Japan, at the Hague Conference in 1922, together with the United States, advocated the limitation of objectives as against the opinion of Great Britain and France, which prevailed.

But once hostilities have broken out, it is necessary to seize every opportunity available to destroy the striking power of the enemy, and this the fighting forces of Japan are doing with valour.

Our air forces, however, have the most strict orders to confine their attacks to military objectives. No Japanese airman has wilfully and deliberately aimed at non-combatants—as the Chinese have when they bombed the "President Hoover." The Japanese air force does not indulge in indiscriminate loosening of bombs at high altitudes. In fact, so strictly are the Japanese airmen following their instructions that many a time planes have reported to headquarters with their bomb-racks still loaded, after covering distances of several nundred miles, as they could not discern and distinguish clearly their targets from non-military objectives. Our air forces have indeed suffered perhaps needless sacrifices due to the careful reconnoitering of targets and the method of power diving to ensure greater accuracy.

In the actual state of aviation, perfect accuracy is unfortunately impossible to obtain, especially in action, even by the most experienced airman. It is because of this and hoping to avoid damage to human lives that the Japanese air command have gone so far as to give notice beforehand, whenever actually possible, so that the authorities responsible for the safety of civilians might be enabled to take all necessary measures,—even though this notice meant better preparations against our planes. They have refrained from attacking the Hankow-Canton railway till the last foreign refugee party had been evacuated—

even though each hour meant more troops and munitions being sent to the enemy's firing line.

Things having come to the present stage, Japan is resolved to take all the necessary steps to destroy the fighting power of her adversary. It must not be forgotten that those steps are being carried out in view of the extension of hostilities which the Chinese have forced upon her. It was the Chinese air force that attacked Shanghai on Bloody Saturday, August 14, bombing the Settlement, the Japanese Consulate General, the Japanese warships. It was the Chinese who, turning down conciliatory proposals, sent division after division on the border of the Settlement, in defiance of solemn promises and in spite of the fact that efforts were still being made to avoid hostilities.

Once more, Japan declares that no country in the world has the right to attack non-combatants. Under this principle she will unfalteringly pursue her way. Unjust criticism will not deter her. Her true responsibilities she will shoulder. But she declines to be judged on false grounds.

五三、南京廣東空爆ニ關スル情報部長談（於外人記者團會見）

（九月二十七日）

日本政府ニオイテハ傳ヘラレル如キ空爆ノ結果ニツキ充分ノ報告ニ接シテキナイ、廣東ノ「ロイテル」電報ハ最モ誇張的テアルカ、同地ノ通信員ハ支那人梁某テアルカラ最モ信ヲオキ難イ、事實ノ眞相ハ傳ヘラレルカ如キ「センセーショナル」ナモノテナイト思フカ、非戰鬪員ヲ攻撃ノ目標トスルコトハ絶體ニ眞意テハナイ、日本ハ非戰鬪員ヲ目標トシテ攻撃スルカ如キコトハ斷シテナイ、ソレ故ニ爆撃ニ先タツテ豫告シタ次第テアル、卽チ南京ニオケル各國外交官ニ對シテハ萬一ノ不慮ノ災害カナイヤウ豫メ懇切ニ通告シ別ニ二十日長谷川司令長官ハ支那人ニ對シ我方攻撃ノ目標ナル軍事施設附近ヨリ避難スルヤウニ一般警告ヲ發シタ、殊ニ南京廣東兩市ニオイテハ軍事施設及軍事關係建造物、換言スレハ適性ヲ有スル建造物及ヒ施設カ一般市民ヤ營業者ト截然分離サレタ地域ニナクソレ等ト混在シテキルコトテアル、某國ノ如キハコノ點ノ認識カ十分テナク軍事施設ハスヘテ市内ノ外ニアルモノノ如ク誤解シテ居リ、コレカタメ市中ノ爆撃ハ故意ニ非戰鬪員ヲ目標トスル爆撃テアルト誤信シ、日本軍ヲ非難シテキルノハ失當ノ非難トイハネハナラヌ、故ニ南京、廣東兩市支那當局ニ對シテハ爆撃ノタメ間接的ニ被害ヲ蒙ルヘキ恐レアル地域ニ居住マタハ營業スル市民ニ對シテハ豫メ安全地帶ニ避難セシメルコトニツイテ懈怠ナキヲ要望セサルヲ得ヌ、空戰法規ニ關シテ確立サレタモノノナイコトハ一九二二年「ヘーグ」ノ空戰法會議ノ際日、米、伊等カ空爆ノ目的物ヲ具體的ニ制限列擧スヘキコトヲ主張シタノニ對シ、オヨソ軍用目的物ト認メ得ルモノハスヘテコレヲ空爆スヘシト强調シタノハ英佛兩國テアツタイキサツヲ想起セサルヲ得ナイ、ナホ最近入手シタ情報ニヨレハ日本空軍ノ廣東空爆命中率ハ正確テ軍事施設ニ的中シ居リ「ロイテル」等ノ初メ報シタル如ク非戰鬪員多數ニ死傷者ヲ出シタ事實ハナカツタ模樣テアル。

COMMENTS MADE BY MR. KAWAI.

September 29, 1937.

Vivid and blood-curdling accounts of wholesale massacres of non-combatants, destruction of hospitals and schools have been broadcast by the Chinese propagandists of whom the least is not Madam Chiang Kaishek herself. The reason for this campaign is clear to all; the Chinese are using this arm as they see no hope of successfully staving off the military measures which their irresponsible attitude has compelled Japan to take, especially our attacks by air on their military establishments and the interruption of traffic enforced along their coast.

The very recklessness of their propaganda has sometimes defeated its end; it is hardly necessary to recall the complaints made by foreign correspondents in Shanghai about the inaccuracy—to say the least—of the news given out by the Chinese spokesman. It may be more to the point to recall the orders given by Chiang Kaishek a few days ago that truthful news only should be issued as the reputation of the Chinese had been badly damaged by giving out information which proved to be erroneous.

The Chinese have specially concentrated their propaganda on attacking our air forces. They have stated that Japanese planes bore Chinese marks and that two of them had been actually shot down—a clever way of explaining the destruction of their own planes. No Japanese soldier or sailor would consent to fight for his country in an airplane bearing the enemy's insignia. He would consider himself dishonoured and prefer death.

Another example of the Chinese way of handling news was seen when the Cathay Hotel in Shanghai was bombed, on August 14. The Chinese censors deliberately replaced the word "*Chinese* planes" by "*Japanese*". The result, however, made the garb of the text to read as if Japanese planes had attacked the battleship, "Idzumo", which gave away the whole show.

It is well-known that such interference with messages has obliged correspondents to send their reports by mail to Hongkong from where they are relayed to the head offices, and the messages thus forwarded proved to be vastly different from those filed in Shanghai on the same subject.

Another fact to point is the story about Chinese junks having been torpedoed by Japanese submarines causing more than 300 casualties. This is unimaginable as the Japanese submarines have strict orders not to interfere with the junk traffic; further, no Japanese submarine is actually cruising in the adjacent waters where this incident is alleged to have taken place. I can affirm that this story is absolutely untrue.

五四、南京空爆ニ關スル帝國政府回答文（九月三十日）

（米、佛ニ對シテ書翰ノ形式ニテ
英ニ對シテハ覺書ノ形式ニテ）

以書翰啓上致候。陳者、九月二十二日附書翰ヲ以テ帝國軍ノ南京爆撃ニ關シ御申越ノ次第閲悉致候。

貴國政府ニ於テモ御了知ノ通リ南京ハ他ニ其ノ類例ヲ見サル程最モ堅固ニ防禦セラレタル支那軍作戰ノ中樞根據地ナルヲ以テ同市内外ニ於ケル軍事的機關乃至施設ヲ爆撃スルハ帝國軍ノ軍事目的達成ノ爲必要已ムヘカラサル措置ニ有之帝國軍ノ爆撃モ嚴ニ右ノ範圍ヲ出テス無差別的ニ非戰鬪員ヲモ對象トスルモノニ非ルハ言ヲ俟タサル所ニシテ事前支那側非戰鬪員ニ對シテモ警告セルハ右ヲ立證スルモノニ有之候。

又第三國ノ權益竝ニ第三國人ノ生命財産ノ安全ヲ出來得ル限リ尊重致シ度シトノ帝國政府ノ屢次聲明セル方針ハ今次爆撃ニ際シテモ何等變更ナキハ勿論ニ有之、今般貴國官民竝ニ艦船ノ避難ヲ中入レタルモ畢竟我方最大ノ注意ニ拘ラス第三國人ニ不慮ノ災害ノ及フコトアルヘキヲ極力回避致シ度シトノ念慮ニ出テタル外他意ナキ次第ニ有之候。

此ノ如ク帝國軍カ事前通告ニ依リ作戰行動上少カラサル制肘ヲ受ケ居ルニモ拘ラス今回ノ如ク第三國人ノ避難方希望セル次第ハ貴國政府ニ於テモ十分御了解ノ上右帝國政府ノ措置ニ協力方切望致シ候。

尙今次支那ニ於ケル戰鬪行爲ノ結果第三國人ノ蒙レル損害ニ關スル帝國政府ノ意向ハ曩ニ申進メ置キノ通リニ有之候。

右回答旁々本大臣ハ玆ニ重ネテ閣下ニ向テ敬意ヲ表シ候　敬具

September 30, 1937.

Monsieur l'Ambassadeur:

I beg hereby to inform Your Excellency that we have read your letter, dated the 22nd of September, concerning the bombing of Nanking by the Japanese force.

Since Nanking is, as Your Excellency is fully aware, the central base of the Chinese

一六三

military operations with unparalleled strong defenses, it is unavoidable, for the purpose of attaining the military aim of the Japanese forces, that the military organs and establishments located in and around Nanking should be bombed. The bombing operations of the Japanese forces are not carried on beyond the scope above mentioned, it being unnecessary to say that they are not directed indiscriminately at non-combatants. The warning issued in advance to non-combatants serves as a testimony to the above statement. It goes without saying that in carrying out the present operations, there is no change in the policy frequently enunciated of late by the Japanese Government that they are earnestly solicitous of the safety of the rights and interests as well as of the lives and property of the nationals of third Powers which it is their wish to respect to the greatest extent possible. Our request to the effect that the officials and civilians and vessels of your Excellency's country take refuge is due to no other thought than our earnest desire to prevent any untoward misfortune befalling the nationals of third Powers, in spite of the utmost caution taken by the Japanese forces.

The Japanese Government hope that the Government of the United States, fully understanding that the Japanese forces, although greatly handicapped in their operations by giving advance notice requesting the nationals of third Powers to seek refuge, will be good enough to cooperate with the measures taken by the Japanese Government.

As regards the damages suffered by the nationals of third Powers as a result of the present hostilities in China, the intention of the Japanese Government remain the same as previously brought to the knowledge of Your Excellency.

I avail myself of this opportunity to renew to Your Excellency the assurances of my highest consideration.

署名者

宛 先

一六三

五五、 機雷爆破事件ニ對スル情報部長談話 （九月三十日）

STATEMENT BY THE DIRECTOR OF THE INFORMATION BUREAU.

September 30, 1937.

A typical case showing the Chinese abuse of civilian establishments for military purposes occurred on Wednesday this week on the Whangpoo River, when at 5:40 a.m. there exploded with a terrific detonation a control mine at a point about 250 metres upstream from the flagship Izumo of the Japanese Third Fleet which was anchored near the Pootung Point. The devise set by the Chinese in their attempt to blow up our flagship exploded too soon. Men of the ship traced the electric ignition cable attached to the mine to a point within the compound of a British concern, the Shanghai Dock and Engineering Works, ascertaining the fact definitely that the control mine was manipulated there.

Upon seeing our seamen landing there, the British fleet protested to our Third Fleet on the ground that the landing of the Japanese seamen would give rise to hostilities between the Japanese and Chinese forces which might damage the British interests in that district.

That the Japanese refuted the protest with the unquestionable evidence in their possession was a matter of course.

This case of the Chinese violation of civilian and third Power's interests is an eloquent testimony to the inexcusable and indiscriminate use made by the Chinese of all kinds of civilian establishments. To the Chinese who are occupying various cultural and religious establishments for military operations, the untimely explosion of their own devise proved to be a boomerang.

一六五

五六、日本潜水艦ノ支那戎克襲撃説ニ對スル情報部長談話

（十月一日）

GIST OF THE STORY TOLD BY THE CAPTAIN AND THE CHIEF OFFICER OF THE GERMAN STEAMER "SCHARNHORST" REGARDING THE ACCUSATION BY SOME FOREIGN PAPERS OF THE JAPANESE SUBMARINE'S ATTACK ON CHINESE JUNKS:

"While proceeding seven miles off "Pedrobranco?" about 50 miles from Hongkong, at 3 a.m. on the 27th, we rescued nine Chinese men and one Chinese woman. We left the above-mentioned point at 7.25 a.m., for Hongkong, where we handed them over to the Hongkong Police authorities.

After we rescued the said Chinese, we wanted to hear circumstances of their misfortune through the interpretation of our Chinese crew, but apparently they seemed to be Southern Chinese. Our crew being from the Ningpo district could hardly understand them, and failed to obtain any information.

Judging by their appearance at the time of the rescue, there was not the slightest sign of their having been attacked by submarine.

Upon arriving at Hongkong, we had no visitors, to say nothing of newspaper reporters, except Police officers. We, therefore, did not give out any statement about the Chinese we had rescued.

We were therefore quite surprised to find the report about the affair appearing in Hongkong papers on August 28th."

The above is the gist of the story as told by the Captain and the Chief Officer of the "Scharnhorst".

I want to add in this connection that I was officially informed that all the Japanese submarines were assembled for manœuver at Mako in the Pescadores, Formosa, on the very day of the alleged incident. The charges levelled against the Japanese submarine are therefore completely groundless and absurd.

五七、外人記者會見ニ於ケル情報部長談話（十月一日）

一、支那側ノ虚構ナル宣傳ハ外國與論ノ一部ヲ誤魔化シタ様テアル。今次ノ戰鬪ハ支那側カ之ヲ挑發シタコトハ否定シ得サル事實テアルニ拘ラス支那側テハ頻リニ外國人ニ向テ日本ニ其ノ責任アリト信セシメ様ト努メテ居ル、北支上海何レニ於テモ我最善ノ努力ニモ拘ラス支那側ノ排日態度ハ改マラス又我在留民ノ權益ニ對スル重大ナル脅威ノ爲日本カ最後迄手ヲ盡シタ和平解決手段ハ效ヲ奏セス遂ニ戰鬪トナツタノテアル、九月十日ノ倫敦「タイムス」ハ戰鬪ノ開始ハ如何ニモ我方ノ責任テアルカノ如ク書イテ居ルカ共實歴史的トモ稱セラレル八月十四日ノ晩ノ如キハ我在留民ニ加ヘラレタル危險狀態ハ如何ニモハラハラサセルモノテアツテ遂ニ我々ニ一睡モ許サナカツタ、與論ノ指導者タルモノカ輕々ニ事實ノ眞相ヲ檢討スルコトナク重大ナル影響ヲ齎スカ如キ執筆ヲナスハ十分愼シムヘキモノト信スル。

二、支那人カヤヤモスレハ暴力ニ訴ヘルコトニ付テハ今日迄諸外國モ苦イ經驗ヲ嘗メテ居ル、支那人カ上海ヨリ日本人其他ノ洋鬼ヲ追放スル計畫カ失敗シタノテ暴力工作ヲ捨テテ宣傳工作ニ移ッタ。世界各國カ之ニ氣付カス惑ハサレテキルコトハ不思議テタマラナイ、目下壽府ニ於テモ世界ノ責任アル政治家カ顧維鈞ノ甘言ニ乘セラレテイル。支那代表カ小委員會ノ設置ニ反對シ二十三人委員會ニ日支事變ノ討議ヲ要求シテヤマナイノハ支那トシテハ尤モテアラウ、何トナレハ極東ノ事情ニ比較的ニヨク通シテ居ル委員ハカリノ出席スル危險ノアル小委員會ヲ説得スルヨリモ二十三人委員會ノ仰々シイ討議ヲ通シテ世界ノ輿論ヲ煽動スル方カ容易テアルト考ヘタカラテアラウ。

英國代表「クランボーン」卿ハ日支紛爭ハ兩國以外ニトリ重大ナル關係アリト云ツタト傳ヘラレテキル、之ハ察スルニ太平洋問題ニ深イ關係ノアル列强ノ會議ヲ招集スルコトノ必要又ハ好マシキコトヲ「ヒント」シタモノト思ハレル。我々ハ現下ノ狀勢ニ於テ仲裁ヲ必要トセサル事ヲ明瞭ニシタイト思フ。支那カソノ態度ヲ改メソノ反日政策ヲ根本的ニ捨テル迄ハ我々ハ最後マテ徹底的ニ戰フ決心ヲシテキルコトヲ承知シテ貰ヒタイ。從ッテ、殘念ナカラ嘗テ言ッタ樣ニ日本ハ斷乎トシテ既定方針ニ邁進スルモノテアル。若シ列强ノ何レカカ仲裁セントスレハ、先ツ第一ニ日本ノ目的トスルモノカ那邊ニアルカヲ充分ニ理解セネハナラヌ。若シ何レノ列强ニシテモ支那ト行動ヲ共ニセント欲スルナラハソレハ全ク御勝手タルヘシ、テアル、唯ソノ國ハ支那ノ虚僞ノ宣傳ニ十分ニ注意シテカカルカヨカラウ。

國際委員會又ハ太平洋各國會議ヲ招集シテ日支、紛擾ヲモ取扱ハントスルコトハ、尠ク共現在ニ於テハ時宜ニ適シタモノトハ云ヘナイ。若シ右委員會ナリ又ハ會議カ諮問委員會ノ日本空軍非難ノ決議ト同様ニ事ノ眞相ヲ全然理解シナイ様ナ事カアルト、仲裁ノ總テノ努力ハ無益ニ終ルテアラウ。

斯カル手段ハ悪意ノ報道ニ根據ヲ置クモノナルヲ以テ、我々日本國民全體カ企圖スル建設的且永久的ノ解決ヲ更ニ困難ナラシムルモノテアル。日本ハ支那ヲ破壞セントシテキルノテハナイ、併シ平和ヲ亂シテキルモノヲ一掃セントシテキルノテアル。

彼等ハ今ヤ世界最大ノ擾亂者卽チ共産黨ト公然一緒ニナッタ。

日本ハ支那ノ領土ヲ欲スルモノテハナイ、只ソノ協力ヲ求メテキルモノテアル、ソレハ發展ト建設ノ新時代ヲ齎シ、之ニ依ッテ啻ニ日支兩國ノミナラス全世界ノ繁榮ト平和トヲ招來セント企圖スルモノテアル。

STATEMENT BY THE DIRECTOR OF THE INFORMATION BUREAU.

October 1, 1937.

I. The Chinese seem, by their mendacious propaganda, to have attained a certain degree of success in fooling a part of public opinion. Although it is an indisputable fact that the Chinese have precipitated the present hostilities, they are misleading foreigners in believing the contrary. They have systematically encouraged and exploited the anti-Japanese sentiment of the masses, working it up to a fever-pitch which was chiefly responsible for the outbreak of the conflict in the North as well as in the South. At Shanghai, they murdered in cold-blood Japanese marines on regular duty on a Settlement road, and, taking advantage of our conciliatory attitude, massed huge troops upon the border of the Settlement. This was, in view of the prevailing spirit among the Chinese troops, a direct menace to our residents and indirectly to the Settlement. It was also clearly in violation of the Agreement of 1932 which established a demilitarized zone in which hostile action was strictly prohibited. We exerted every effort, to the very last minute, to limit and localize the issue; in fact, we only resorted to force in defence, after the Chinese attacks on August 13 and their reckless bombing on August 14. Unfortunately, in many countries abroad, these circumstances are not fully understood. For instance, in the leading article entitled "The War in China" (The London Times' September 10) there is this passage:

"As a direct result of this incident, and without waiting for an inquiry into its circumstances, fifteen vessels of the Japanese Third Fleet appeared in the Whangpoo River with decks cleared for action and landed a force of 4,000 marines in the International Settlement, where a similar but slightly larger force was already stationed. The Japanese admiral in command, alleging on slender grounds a breach by the Chinese of the somewhat nebulous provisions of the 1932 Agreement, demanded the withdrawal from the Shanghai area of the Peace Preservation Corps and all other military effectives. The Chinese replied by moving in the 88th Division and taking up a defensive position; and on August 13 the inevitable skirmishes provoked the inferno which has raged over Shanghai ever since."

All we can say to this is that the writer of this article should know better. It is a terrible responsibility which leaders of public opinion take upon themselves when they make utterances even in good faith, which are not based on fact and so lack fairness. In fact, our marines were being so enormously outnumbered at the outset that on the night of that memorable "Bloody Saturday," "August 14th, we were in such a dire fear lest the Japanese sector of the Settlement be overrun by the vastly superior Chinese armies that most of us passed a sleepless night.

II. Foreign Powers have known by bitter experience how easily the Chinese will resort to violence, often uncontrolled. It was a part of their well considered plan to attack and annihilate the Japanese in the Settlement. Their strategy was to quickly overrun the Settlement before the arrival of our reinforcements and force us—and, if possible, other "foreign devils" as well—out of Shanghai. We repeat: the Chinese believed in violence. Now, as they have failed in their policy of violence, they are now resorting to a policy of propaganda. What makes us wonder is the docility of the world's public that have swallowed, with apparent eagerness, this Chinese propaganda. At Geneva, too, the world's responsible statesmen have been duped by the irresponsible statements of the Chinese delegate. Why has Mr. Wellington Koo opposed the appointment of a small working committee by the Advisory Committee of 23? It was evidently to the benefit of the Chinese to invite the widest possible attention of the world's press to the dramatic proceedings at Geneva. Moreover, it was perhaps easier for the Chinese delegate to hoodwink the many Statesmen represented on the Advisory Committee than to persuade and convert to the Chinese cause the few well-informed delegates who would have been appointed on the limited sub-committee.

III. The British delegate, Lord Cranborne, is reported to have said that the Sino-Japanese conflict is of serious concern to countries besides the two parties, hinting, we suppose, at the necessity or desirability of convening a conference of Powers deeply inter-

一七三

ested in the affairs of the Pacific basin. We desire to make it clear that we do not think a mediation is called for at the present stage of the affair. We want also to say explicitly that we are determined to fight to the bitter end until China reconsiders its attitude and drastically alters her anti-Japanese policy. We will, therefore, unswervingly and unflinchingly, although, as I have stated before, with regret, pursue our settled policy. If any Power wants to mediate, she must first acquire a full appreciation of our aims and aspirations. If any Power desires to associate herself with the cause of China, she is entirely welcome to do so—only let her beware of the mendacious propaganda of China.

We think the setting up of an International Committee or the calling of the Conference of the Pacific Powers to deal with the Sino-Japanese conflict is not opportune, to say the least, at the present juncture. If the proposed committee or conference were to show as complete a lack of appreciation of the realities of the actual situation as manifested in the recent denunciation of Japanese aviation by the Advisory Committee, we must say that all efforts at conciliation are bound to be futile.

Such steps, taken on the basis of tendencious news, would but make more difficult a constructive and lasting settlement, for which we all hope.

Japan is not bent on destroying China but on doing away with elements who are disrupting peace. They have today openly allied themselves to the greatest element of world perturbation, the Communists.

Japan does not aim at making China solely dependent on Japan; she does not want her territory, but her cooperation, in order to bring about a new era of fruitful development and constructive prosperity which will benefit not only China and Japan but all nations of the world and will allow nationals of all countries to freely pursue their business and occupations.

一七五

五八、日本飛行機ノ愼重ナル態度ニ關スル情報部長談話

（十月四日）

PRESS MATERIAL ISSUED ON OCTOBER 4, BY THE BUREAU OF INFORMATION.

Instances of the return of Japanese aeroplanes to their base without bombing on account of difficulty of distinguishing the Chinese military establishments from other objects are as follows:

(Based on the investigation made on October 1, 1937)

Date	Place	Number of aeroplanes
September		
15	Nanking	13
16	Nanking	9
17	Wuhsing	4
20	Hankow	3
21	Hankow	6

September		
15	Canton	6
22	Kwangteh	2
23	Nanchang	9

五九、日支空軍損傷ニ對スル支那側發表振ニ關スル情報部長談話（十月四日）

PRESS MATERIAL ISSUED ON DECEMBER 4th BY THE BUREAN OF INFORMATION: TRICKS IN THE CHINESE ANNOUNCEMENT OF AIRCRAFT LOSSES.

Chinese annuncements make it appear that the Japanese air force has lost a large number of aeroplanes, while the Chinese themselves have suffered only a negligible loss of their planes.

Examination of their trick reveals ludicrous facts as indicated in the following paragraphs.

1. First, the Chinese announce their own losses as those on the Japanese side. The Chinese aeroplanes shot down by the Japanese have been broadcast to be all Japanese ones. The following is a list of those Chinese planes.

		No. of planes	Place
August	15	1	Shanghai (shot down by anti-aircraft)

„	16	2	Kashing
„	„	11	Küyung
„	„	2	Yangchow
„	18	1	Shanghai (The Chekiang)

2. Another is their counting of the total loss on both sides and announcing it as the loss on the Japanese side, as shown below.

		No. of planes		Place
August	17	2 Chinese 1 Japanese	3	Shanghai
September	20	4 Chinese 1 Japanese	5	Nanking

The above-mentioned loss has been broadcast to be the Japanese loss.

3. Going further in their trick, the Chinese have been announcing the losses on both sides inversely.

		No. of planes	Place
September	21	5 Chinese 1 Japanese	Taiyuang

,,	22	4 Chinese 1 Japanese	Nanking

These have been inversely announced respectively.

4. There are also many instances in which the Chinese have announced their fabrication to the Japanese loss in aircraft, to wit:—

		No. of planes	Place
August	18	1	Shanghai
,,	,,	3	Nanking
,,	23	1	Nanking
,,	28	2	Shanghai
September	8	2	* Swatow

* (Regarding this item it was broadcast that prizes were awarded to certain airmen as they downed 2 Japanese planes).

We can not find actual losses on either side corresponding to the above figures.

5. To cite more ludicrous announcements of the Chinese, they broadcast that many Japanese planes weré shot down in places where the Japanese planes had not raided on the particular day.

		No. of planes	Place
August	17	17	Nanking (Mentioned in a broadcast lecture)
,,	20	1	Name of the place not clear
,,	1	1	Ditto
September	16	13	Ditto
,,	21	More than 20	Nanking

6. Only in a few cases the announcements on both sides agreed. They were :—

		No. of planes	Place
August	27	1	Shanghai
September	3	1	Shanghai
,,	17	1	Shanghai

一六一

7. It scarcely needs mentioning that the bombings of the Cathay Hotel and the Great World on August 14, and the bombing of the Sincere Department Store on August 23, were reported by the Chinese as the acts of the Japanese planes, only to expose the fictitious nature of their propaganda.

Moreover, it was broadcast on September 4 by the Chinese that a large squadron of Japanese planes made a night attack on Nanking and that the Chinese fought valiantly and repulsed them. It was completely a Chinese fabrication. There are not a few instances like this.

8. On September 19 the Tokyo Central Broadcasting Station announced through the radio that the Mill No. 1 of the Shanghai Cotton Spinning Company was hit by Chinese bombs and its warehouse and others buildings destroyed, the loss reaching between 700,000 or 800,000 yen. Then the Nanking Broadcasting Station picked up this news and broadcast on the 21st to the effect that, the Tokyo Central Broadcasting Station had announced that the Japanese loss of munitions by the Chinese bombardment at Shanghai amounted to over 7,000,000 yen.

六〇、支那戎克ノ海賊行爲ニ關スル情報部長談話（十月四日）

It is pointed out in a report from the commander of a Japanese naval squadron patrolling the Chinese waters that some of the innocent-looking Chinese junks and small crafts are armed with small cannons of the calibre of 5 to 10 centimetres, of old style but of sufficient power, besides machine-guns, rifles and pistols. These armed vessels can not be ignored as other small crafts in general, for they frequently attempt to break through the line of the patrolling Japanese men-of-war with full loads of Chinese military supplies. In some cases the Chinese small crafts thus armed make light of our destroyers and dare to challenge the latter. The following is a list showing cases of such resistances of armed Chinese vessels against the inspection by our warships.

September 4. A large junk being towed by a small steam-boat in Hungwan Bay fired at the Japanese inspection party with machine-guns, wounding an officer and killing a seaman.

September 14. When a Japanese warship sent a party to inspect a junk at Shenku on the Fukien coast, the crew of the junk landed with arms, and together with the natives there, fired at our party.

一八三

一八四

September 15. At Tseungshanpu, a Japanese inspection party was subjected to a firing by the Chinese Peace Preservation Corps who were in a launch.

September 26. In the neighbourhood of Nan-oa Island, a Japanese patrol-vessel was attacked by Chinese Peace Preservation Corps who were subdued after severe fighting.

September 27. At Tseungshanpu, a small launch fired at a Japanese inspection party. The latter returned the fire and forced the launch aground in wrecked condition.

六一、外務省情報部長談（十月六日）

世界ハ人類ノタメニ與ヘラレタモノテアル。正直ニシテ勤勉ナル國民ハコノ地上イカナル所ニ於テモ幸福ニ生存シ、生活ヲ享受シ得ル資格カアル筈テアル。然ルニ怠惰ニシテ過去ノ蓄積ニ依ッテ幸福ニ生活シテ居ルモノカアル一方正直ニシテ勤勉ナル國民カ生存ヲ拒マレタトシタナラハコレ程ノ不公平カアルテアロウカ。菜根譚ニ「物平ヲ得サレハ鳴ル」ト云フ言葉カアル、政治ノ要諦ハ不平者ヲシテ鳴ラシメサルコトテアル。コレハ國内政治ニツイテ然ルノミナラス國際政治ニ於テモ同様テアル。

日本ハ五十年間ニ人口ハ倍加シタ。然ルニ狹小ナル島國外ニ發展ノ地ヲ求メントスレハ各地テ拒マレテキル。「アメリカ」合衆國カ我カ移民ヲ阻止シテキルコトハ人類ノ自然ノ法則ニ反スル。日本國民ノ尤モ遺憾トスルトコロテアル。

然シ又世界ハ現ニ「持テル國」ト「持タナイ國」トノ爭カアル。資源原料分配ノ不公平ノ弊カ甚シク騷キ立テラレテキル。若シコノ不公平カ是正サレナイトスレハ、「持テル國」カ「持タナイ國」ニ對シ既得權利ノ讓歩ヲ拒ンタナラハ、コレヲ解決スル途ハ戰爭ニヨルノ外ハナイノテハナイカ。

シカシ我國民ハ權利トシテ要求ヲナスモノテハナイ。西洋流ノ權利ノ觀念ハ東洋人ノ氣持ニ反スル。勤勉ニシテ正直ナル日本國民ハ人類ニ與ヘラレタル世界ニ於テ幸福ナル生活ヲ享受シ得ル十分ノ資格ヲ有スルコトヲ要求スルノテアル。

「アメリカ」大統領ノ演説カ支那事變ヲ念頭ニ置イテナサレタトスルナラハ、玆ニ東洋ニ起リツツアル現下ノ問題ニツイテモ前述ノ所說ヲ適用スルコトカ出來ル。日本カ大陸ニ對シテ平和的發展ヲ行ハントスルノハ日本人ノ幸福ヲ求ムル爲メノミナラス支那人ニモ亦同樣ニ幸福ヲ與ヘントスルモノテアル。日本ハ支那人ニ平和的提携ヲ求メテキルノテアル。然ルニ支那カ武力テコレヲ拒ム故ニ今日ノ事變カ起ツタノテアル。ケレトモ支那ノ識者ハ必スヤ日本ノ眞意ヲ諒解シテ世界平和ノタメニ共存共榮ノ途ニ進ムコトヲ信シテ疑ハナイ。

———

STATEMENT MADE BY THE DIRECTOR OF THE INFORMATION BUREAU IN AN INTERVIEW WITH THE FOREIGN CORRESPONDENTS, OCTOBER 6, 1937.

The world has been created for mankind. Therefore, all honest and industrious people have the right to live anywhere in the pursuit of life, liberty, and happiness. But when there is, on the one hand, a group of people living in happiness with amassed fortunes, and on the other hand, another group of people, honest and industrious, being denied such happiness in life, there can be no greater injustice imaginable. There is a Chinese maxim, "When things are unbalanced, the noise of friction arises." The secret of good government is to prevent friction among the people. This is a fundamental truth, both in internal and international politics.

The population of Japan has doubled in the past 50 years. Being cramped in such a limited area, Japan desires to send its people out, but every possible outlet is denied by other countries. The American Japanese Exclusion Law of 1924 is one that is against the natural law of mankind—and one which is greatly deplored by the Japanese people.

We hear of late the heated argument on the question of the unequal distribution of resources as between the "haves" and "have-nots" countries. If the "haves" refuse to concede to the rightful demands of the "have-nots", peace will be very difficult to maintain. But Japan does not make any demands on this point as her right. The idea of *right* as conceived by the Western people is incompatible to that of the Oriental. Japan's only demand is that her people be entitled to enjoy the freedom of movement and the happiness which is rightly theirs. If the President of the United States had the present Sino-Japanese affair in mind in making the reported speech, the remarks I have just made will be equally applicable to the present issue. Japan's intention to carry on her peaceful development on the Continent is not for the sake of the happiness of the Japanese alone, but also for that of the Chinese people. What Japan wants is peaceful cooperation between Japan and China. That cooperation China refused by force of arms, resulting in the present affair. But we are confident that the thinking people of China will realize the true intentions of Japan and the Japanese people and take the course of mutual aid and cooperation for the peace of East Asia—and for the world.

六二、情報部長談（十月六日）

支那ノ計畫的行爲ハ歴然タル事實

「ニューヨーク・タイムス」紙ハ四日ノ社説ニ於テ去ル一日自分ノ聲明ヲ論評シ恰モ日本カ事實ニ基カサル空虚ノ言明ヲナセルカ如キ印象ヲ與ヘントシテ居ルノハ甚タ遺憾テアル。外務當局トシテ自分カ聲明ヲナス以上、個々ノ點ニツイテ一々説明ヲ加ヘナカツタト云フテモ、最早説明ヲ俟タナカツタ爲テアリ確實ナル事實ヲ基礎トシテ聲明シタコトハ云フマテモナイコトテアルカ判カラナケレハモ一度説明シヨウ。

上海事件カ日本人ヲ全滅セントスル支那側ノ周到ナル計畫的行爲テアルトノ斷定ニ對シ自分カ何等具體的證據ヲ擧ケナイコトヲ非難シテ居ルカ事變勃發以來ノ經過ヲ冷靜ニ判斷スルモノハ支那側ノ計畫的挑戰行爲テアルコトヲ疑フモノハアルマイ。

第一ニ日支衝突當初ノ日支双方ノ勢力ノ相違ヲ見ルカイイ。

現ニ支那軍ハ二萬タ日本陸戰隊ハ三千ヲ出テイナイ、コンナ寡兵ヲ以テ計畫的ニ攻擊スル馬鹿カ何處ニ居ルタラウ、八月十四日夜ニ行ハレタ支那軍ノ攻擊ハ我増援部隊ノ到着前ニ、手薄ナル陸戰隊ノ防禦陣地ヲ打切リ、北部戰線ノ突出部ト虹口トヲ完全ニ遮斷スルコトニヨツテ、我守備陣ヲ潰滅セシメ、租界在留邦人ヲ全滅セシメントスルノ計畫ニ基イテ行ハレタコトハ明白ナル事實テアル。

卽チ支那側ハ事前ニ周到ナル用意ヲ以テ蘇州河以東ノ租界內ニ居住スル支那人及ヒ外國人ニ對シ各國領事ヲ通シ個別的通告ノ方法ニヨツテ十三日中ニ全部ノ退去方ヲ求メ、支那軍カ攻擊ヲ開始セル時、同方面ニ殘留シタ非戰鬪員ハ日本人ノミテアツタノテアル。故ニ若シ支那軍ノ突破カ成功シタナラハ、日本人ハ完全ナル支那軍ノ包圍裡ニ陷リ、全滅ヲ免レル道ハナカツタノテアル。

斯クシテ再ヒ殘忍ナル通州事件ノ二ノ舞カ行ハレタノテアル。

幸ニシテ日本人ノ生命ノ安全ヲ期シ得タノハ實ニ我陸戰隊カ寡兵能ク、支那軍ヲ擊退シ、支那軍ノ兇惡ナル虐殺計畫ヲ防止シ得タカラテアル。支那カ周到ナル計畫的行爲ヲ以テ數千ノ日本人ヲ包圍裡ニ全滅セントシタコノ歷然タル事實ニ對シ世界ノ輿論ハ何故正當ナル判斷ヲ下サナイノダ。

支那側ノ宣傳ハ荐リニ「ヨーロッパ」人ノ人道的感情ニ訴ヘテキルケレトモ通州事件ニ於テハ婦女小兒ニ至ルマテ虐殺ノ暴威ヲ恣ニシタソノ慘忍振リヲヨク想ヒ起スカイイ。

夫レカラ「ニューヨーク・タイムス」ハ日本カ事變直後急遽上海ニ大艦隊ヲ集中シタノハ奇怪至極タトシテキルカ、當時長江上流在留邦人ノ引揚ニヨリ避難民ヲ乘セタ船舶ヲ護送スルタメ、我砲艦並ニ驅逐艦カ下航シテ悉ク上海ニ來着シタニ過キナイノテ何等不思議ハナイノテアル。之カ卽チ疑心暗鬼ヲ生ムト云フ奴サ。

然ルニ殊更コレニ疑惑ノ目ヲ向ケルノハ認識不足モ甚タシイ。正確ナル事實ヲ報道シ冷靜ニシテ公正ナル判斷ヲ下スコトカ大新聞ノ使命テアリ、且イカナル場合ニ於テモ輕率ナル言論ヲ愼ムコトカ「アメリカ」言論界ニ偉大ナル勢力ヲ持チ世界ノ尊敬ヲ荷ッテキル大新聞ノ義務テハナイカト思フ。

COMMENT MADE BY THE DIRECTOR OF THE INFORMATION BUREAU IN AN INTERVIEW WITH THE FOREIGN CORRESPONDENTS.

Oct. 6. 1937.

My attention has been drawn to an editorial of the New York Times of October 4, purporting to impress its readers as if the Spokesman of the Japanese Foreign Office issued

一九一

a hollow statement on October 1 without giving any facts. Such a comment appearing in a newspaper of wide reputation is to be regretted.

When the Spokesman of the Foreign Office formally gives out a statement, he is basing it on actual facts, although he may not give detailed explanations on each of the individual points mentioned.

I suggest first to note this: What were the respective strengths of the Japanese and Chinese forces when the hostilities took place in Shanghai on August 13? The Chinese forces numbered well over 30,000 against a small unit of Japanese marines counting not more than three thousand. Even by stretching our imagination, we can not conceive of such a small Japanese unit making an attack on the overwhelmingly large Chinese forces.

The writer of the New York Times editorial charges that the Spokesman failed to give concrete evidence to support his presumption that the affair in Shanghai was caused by a well premeditated plan of the Chinese, who wanted to annihilate the Japanese there. But that such is not actually the case and that the Shanghai affair is the outcome of well-considered Chinese provocations is clear to all who are willing to study the affair calmly and dispassionately. Who can deny the still memorable fact that on the night of August 14, the lives of 30,000 Japanese residents and refugees in Shanghai were on the verge of a terrible slaughter when the vast number of Chinese forces vigorously attacked our Naval

Landing Party, attempting to break through the thin line of our defense and cut off completely the contact between the northern sector and the Hongkew district and then annihilate the entirely defenseless Japanese civilians before our reinforcements reached Shanghai? Who can refute with confidence the very fact that the Chinese had notified all foreign residents in Hongkew district through their respective consuls stationing in Shanghai, as well as Chinese who lived in that part of the Settlement, which lies east of the Soochow Creek, including Hongkew, and urged them to move out of that district for safety by the nightfall of August 13, and that when the Chinese forces commenced attacks from both air and land the only remaining inhabitants in the attacked area were non-combatant Japanese? Suppose the Chinese succeeded in breaking through the Japanese defense-line on that night, the fate of the tens of thousands of defenseless Japanese nationals in that area would certainly have been the same as that which had befallen the Japanese men, women and children numbering about three hundred a short time before at Tungchow. What saved them from the dreaded massacre was nothing but the courageous resistance offered by our Landing Party. Such outstanding and undeniable facts should never be lost sight of by those who wield the power of the press.

The Chinese are busily engaged in propaganda to influence the opinion of European and American publics in China's favour by making appeals to the humanitarian sentiment of those Western peoples. The Chinese are good fighters as propagandists.

The New York Times editorial further casts doubt on the purpose of the concentration of a number of Japanese warships in Shanghai harbour before the outbreak of hostilities there. Our gunboats and destroyers were assembled there, of course, but these were the ships that had protected the vessels carrying the Japanese nationals who had evacuated from the upper reaches of the Yangtze to Shanghai in view of the menacing attitude of the anti-Japanese elements. We fail to find the reason why such a comment as that of the editorial writer of the New York Times is being directed against the unquestionable duty of the Navy.

Although we naturally wish to refrain from saying something on the duty of newspapers, we can not help expressing our earnest desire that a newspaper of such world-wide reputation for fairness and accuracy as the New York Times will avoid making hasty judgments on the important affair which vitally concerns a friendly Power.

六二、支那戎克問題ニ對スル情報部長談話（十月六日）

Regarding the activities of the Japanese warships in connection with their duty in interrupting the traffic of Chinese vessels along the Chinese coast, we want to have the following facts clearly and widely understood.

The first is that when any Chinese junks are found to be carrying arms, ammunition and other military supplies for the Chinese forces, our inspecting party admonishes the crew to throw them overboard and then free the junks together with the crew.

The second is that in case the stopped junks are cleared of any suspicion after inspection, they are freed by our inspecting party who explain to their crew the fact that the interruption of Chinese vessels' traffic is being done only for the purpose of subduing the anti-Japanese forces of China and that Japan is not fighting against good Chinese people.

We want to point out in this connection that there are exceptionally dangerous junks, namely, pirate junks. That the seacoast in the neighbourhood of Hong-Kong, especially the Bias Bay, is infested by pirates is widely known. Their junks are all armed, each with many rifles and several old-style cannons of five to ten centimetre calibre. Some of them have a loading capacity of 500 tons. These pirate junks frequently defy and fire

一九六

upon our inspection party when the latter approaches them. The suppression of these Chinese pirates is unquestionably the duty of warships even in times of peace as is indicated by the existence of an agreement between the Japanese and British navies concerning it.

六四、外務省聲明（十月九日）

國際聯盟ハ現ニ帝國カ支那ニ於テ執リツツアル行動ヲ以テ九國條約及不戰條約違反ナリト斷定シ米國國務省亦同趣旨ノ聲明ヲ發シタルカ右ハ今次事變ノ實體及帝國ノ眞意ヲ理解セサルヨリ來レルモノニシテ帝國政府ノ甚タ遺憾トスルトコロナリ。

今次事變ハ條約上明白ニ認メラレタル駐兵權ニ基キ合法的ニ北支ニ在リタル帝國軍隊ニ對スル支那軍隊ノ不法攻擊ニ端ヲ發シタルモノニシテ當地蘆溝橋ニ於テ演習ニ從事シタルハ極メテ小部隊ナリシノミナラス當地我支那駐屯軍ハ平時任務ノ爲各地ニ分散配置セラレ居タルコト、又事變勃發後日本カ作戰上ノ不利ヲ忍ヒテ迄モ局地的解決ヲ計ランコトニ飽迄努力シタルコトヲ見レハ我軍ノ行動カ何等計畫的ノモノニ非スシテ全ク自衛ノ措置ニ外ナラサリシコト明カナリ又上海次テ中支各地ニ事變カ擴大スルニ至リタルハ支那側カ一九三二年ノ上海停戰協定ヲ破リテ非武裝地帶ニ四萬餘ノ優勢ナル軍隊ヲ入レ三千內外ノ僅少ナル我陸戰隊ト婦女子ヲ含ム約三萬ノ租界在留民トヲ殲滅セントシタルニ起因スルモノナリ而シテ其ノ後ノ軍事行動ノ發展ハ偏ニ支那側ニ於テ帝國ノ現地解決及時局不擴大ノ方針ヲ無視シ大軍ヲ移動集結シテ我方ニ對シ全面的ニ敵對行爲ニ出テタルカ為我方モ已ムヲ得ス軍事的行動ヲ以テ之ニ應シタルニ基クモノニ外ナラス要スルニ帝國カ今日支那ニ於テ執リツツアル行動ハ支那側ノ計畫的挑發行動ニ已ムナクセラレタル自衛措置ニシテ而シテ帝國政府カ現下ノ對支行動ニ依リ支那ニ求メントスルモノハ前記對日挑發行爲ノ根源ヲ成ス排日抗日政策ノ抛棄ト日支兩國ノ眞摯ナル協調ニ依ル東亞平和ノ具現トニ存シ何等領土的企圖ニ出ツル次第ニ非ス從テ帝國ノ對支行動ハ如何ナル現存條約ニモ違反セス却ツテ赤色勢力ニ操ラレ國策トシテ執拗惡性ナル排日抗日ヲ實行シ武力行使ニ依リ自國内ニ於ケル日本ノ權益ヲ排除シ去ラントシテ今次事變ヲ招來セル支那政府コソ不戰條約ノ精神ニ背戾シ世界ノ平和ヲ脅威スルモノト言フヘキナリ。

FOREIGN OFFICE STATEMENT

October 9, 1937.

The League of Nations has declared that the actions now being taken by Japan in China are a violation of the Nine Power Treaty and the Treaty for the Renunciation of War, and the State Department of the United States has issued a statement to the same purport. However, these steps must be attributed to an unfortunate lack of understanding of the real circumstances as well as the true intentions of Japan, a state of affairs which the Japanese Government deem very regrettable.

The present Sino-Japanese affair originated in the unwarranted attack made by Chinese forces on Japanese garrison troops legitimately stationed in North China under rights clearly recognized by treaty. The troop which was maneuvering at the time of the outbreak was a very small unit. The Japanese garrison force was then scattered in different parts, engaged in peace-time duties. After the outbreak of hostilities, Japan did everything in her power to reach a local settlement of the incident, even at the sacrifice of strategical advantages. These facts are sufficient to prove that the action of the Japanese force was by no means premeditated but simply defensive.

China is undoubtedly responsible for the spread of the affair to Shanghai and then to other points of Central China. She openly violated the Agreement for the Cessation of Hostilities concluded in 1932 by concentrating overwhelmingly numerous forces of more than forty thousand men in the demilitarized zone and attempted to annihilate our Naval Landing Party, numbering but a scant three thousand, and wipe out our 30,000 nationals living in the Settlement, amongst whom were many women and children.

The subsequent development of the Japanese military action has been but the unavoid-

1九九

able consequence of the hostile operations of China, who, ignoring our policy of a local settlement and non-aggravation of the situation, moved and concentrated her large armies against us. The action which Japan is taking at the present time is a measure of defense to which she has been compelled to resort by the premeditated provocative acts of China.

What the Japanese Government seek today is merely the abandonment by China of her anti-Japanese policy and the establishment of enduring peace in East Asia, through sincere cooperation between Japan and China. They have no territorial designs whatever.

In the light of these circumstances, it must be firmly declared that the present action of Japan in China contravenes none of the existing treaties which are in force.

The Chinese Government, lending themselves to Communist intrigue, have brought about the present hostilities by their persistent and malicious anti-Japanese measures and their attempt to do away with the rights and vital interests of Japan in China by force of arms. It is they who should be deemed a violator of the spirit of the Treaty for the Renunciation of War—a menace to the peace of the world.

六五、臨時輸出入許可規則（商工省令）ノ公布ニ關スル發表

（十月九日）

政府ハ現下ノ時局ニ對處スル臨時措置ノ一トシテ去ル九月十日輸出入品等ニ關スル臨時措置ニ關スル法律ヲ公布シタルカ、右法律ニ基キ十月十一日商工省令トシテ臨時輸出入許可規則ヲ公布シ或ル種ノ物品（別添附屬表參照）ニ付商工大臣ノ許可ヲ受クルニ非サレハ之ヲ輸入又ハ輸出シ得サルコトトセリ。

右臨時輸出入許可規則ハ甲、乙及丙ノ三個ノ品目表ヲ伴ヒ內

甲表ニ掲クル物品ハ棉花、羊毛及木材ナルカ右ハ本邦必需ノ重要輸入品ナルモ此ノ際一般國民ニ其ノ消費節約ヲ求ムルヲ適當ト認メ其ノ趣旨ニテ輸入ノ制限ヲ爲サントスルモノナルヲ以テ輸出ノ原料トナルヘキモノニ付テハ制限ヲ行ハサルヘシ

乙表ニ掲クル物品ハ寧ロ不急又ハ不要品等ト認メラルル物品ニシテ二百六十九種（輸入稅表ノ分類ニ依ル）ニ上レルカ此等物品ノ選擇ニ付テハ在留外人ニ與フル困難或ハ諸國トノ通商上ニ及ホス影響ニ關シ深甚ナル注意ヲ加ヘタル結果最初制限セントシタル品目ヨリモ其ノ數ヲ遙ニ

減シ又五十圓未滿ノモノニ付許可ヲ要セサルコトトセリ而モ諸外國側ヨリ見レハ或ハ不滿足ナルモノモアルヘシト認メラルルモ右ハ本邦現下ノ狀勢ニ照シ蓋シ已ムヲ得サル所ナリトス

尙甲乙兩者ヲ通シ條約權ニ基キテ輸入スルモノニモ制限ヲ加ヘサルヘシ

丙表ニハ七種ノ物品ヲ揭ケ居レルカ右ハ此ノ際其ノ輸出ヲ制限スルヲ適當ト認メタルモノナリ

之ヲ要スルニ前揭ノ各種物品ハ國家ノ重要ナル必要ニ基キ一時其ノ輸出入ヲ制限セントスルモノナルモ時局ノ經過シ去ルニ於テハ出來得ル限リ速ニ右ノ制限ヲ撤廢シ全ク常態ニ復歸セシムヘキコト勿論ナリ

THE SPOKESMAN OF THE FOREIGN OFFICE MADE THE FOLLOWING ANNOUNCEMENT ON OCTOBER 9, 1937.

The Japanese Government promulgated on September 10 a Law governing emergency measures to be taken with regard to export and import commodities, as an emergency measure to meet the present situation. In accordance with the said Law, emergency regulations concerning the permission of exportation and importation of goods, as an Ordinance of the Ministry of Commerce and Industry, will be promulgated on October 11, whereby importation and exportation of commodities of certain kinds (see the attached tables) will be prohibited unless permission of the Minister of Commerce and Industry is obtained.

Attached to these regulations are three tables A, B and C, showing classification of the articles.

Articles shown in Table A are cotton, sheep's wool and wood. Although these articles are indispensable in this country, it has been deemed proper under the present circumstances to require the people to practise economy in the consumption of these articles of importation. The restriction of importation of this class of articles being for such purposes, there will be no restriction imposed on the importation of materials to be used for articles for exportation.

Articles shown in Table B number 269, all of which are deemed not urgently necessary or unnecessary. The Government, in selecting these articles, have taken into careful consideration the possible inconveniences on the part of foreigners living in Japan, as well as possible effects on trade with other countries. Consequently, the number of articles to be affected by the present regulations has been greatly reduced. Furthermore, it has been decided to require no permission for the importation of articles under 50 yen in value.

While this measure may appear unsatisfactory when viewed from the standpoint of foreign countries, it is one that is entirely unavoidable in view of the present circumstances of our country.

Importation of articles mentioned in Table A and B which are imported under international agreements will also not be restricted.

Table C contains seven items of articles, the restriction of the importation of which has been deemed appropriate.

In brief, the restriction to be imposed on the exportation and importation of the articles above mentioned is only a temporary measure taken on the basis of serious national necessity. When the present affair comes to an end, such restriction will of course be removed as promptly at possible, thereby restoring normal conditions.

TABLE A.

Import Tariff Nos.	Articles.
271	Cotton in the seed or ginned.
282	Sheep's wool (excluding produced or manufactured in Australia), goat's hair and camel's hair

612 Wood.

Table B.

Import Tariff Nos.	Article
1	Plants, twigs, stems, stalks and roots (for planting or grafting)
11	Animals, not otherwise provided for
14	Pearl barley
15	Malt
22	Flours, meals or groats of grains, and starches
	2. Oatmeal
	3. Corn meal
	5. Corn starch
31	Vegetables, fruits and nuts
31-2	Cocoanuts
32	Tea
33	Maté and other tea substitutes

二〇五

35	Chicory and other coffee substitutes
37	Pepper : (excluding seeds)
38	Curry
39	Mustard
41	Rock candy sugar, cube sugar, loaf sugar, and similar
42	Molasses
43	Grape sugar, malt sugar and "Ame"
44	Honey
45	Confectioneries and cakes.
46	Jams, fruit jellies and the like
47	Biscuits (not sugared)
48	Macaroni, vermicelli and the like
49	Fruit-juices and syrups
50	Sauces
51	Vinegar
52	Meats, poultry and game : (1 :A. 1 :C and 2, excluded)
55	Condensed milk
57	Meat extract

58 Peptone, somatose, hemoglobin and similar tonic foods

59 Eggs, fresh

59-2 Eggs in liquid and eggs in powder

60 Mineral waters, soda water, and similar beverages, not containing sugar or alcohol

62 Chinese liquors, fermented

63 Beer, ale, porter and stout

67 Beverages and comestibles, not otherwise provided for

69 Furs: (excluding those of dogs, cats, hares, rabbits, sheep and goats)

70 Fur manufactures, not otherwise provided for

71 Hides and skins, not otherwise provided for (excluding those of bulls, oxen, cows, buffaloes, horses and pigs)

72 Leather: (1. & 6, excluded.)

73 Leather manufactures, not otherwise provided for:

1. Sweat leather for hats, including those made of imitation leather
2. Others

75 Feathers and downs

76 Bird's skin with feathers

二〇七

77	Manufactures of feather or bird's skin with feathers, not otherwise provided for
78	Quill bristles and horn bristles
81	Manufactures of animal tusk, not otherwise provided for
84–2	Guts for tennis rackets
88	Manufactures of tortoise shell, not otherwise provided for
89	Corals
90	Manufactures of coral, not otherwise provided for
Ex–94	Manufactures of skin, hair, bone, horn, tooth, tusk, shell, etc., not otherwise provided for, except hide powder for use in chemical experiment
100	Ground-nut oil
106	Cod-liver oil
109	Compound lard
110	Stearin
111	Olein
115	Vegetable tallow or wax obtained from the seeds of *Rhus vernicifera or Rhus succedanea*
116	Candles

117 Soaps

118 Oils, fats and waxes, perfumed, and preparations of oil, fat or wax, perfumed

119 Perfumed waters

147 Isinglass

154 Acetic acid

155 Lactic acid

156 Oxalic acid

157 Tartaric acid

166 Bicarbonate of soda

167 Peroxide of soda

172 Chlorate of soda

178 Iodide of soda

181 Chloride of barium

181-2 Peroxide of barium

I81-3 Peroxide of hydrogen

182 Alum

183 Ferro-cyanide of soda

184 Ferri-cyanide of soda

二〇九

一一一〇

190 Carbonate of ammonium and bicarbonate of ammonium

200 Rongalite, blankit, decrolin and similor reducing agents

201 Dextrin

218 Baking powder

219 Alcoholic medicinal preparations:

1. Fruit essences, liqueur essences and similar essences

220 Artificial musk

220-2 Ionone

221 Vanillin, coumarin, heliotropin, and similar aromatic chemicals. not otherwise provided for

222 Tooth powders, tooth washes, toilet powders, and other prepared perfumeries, not otherwise provided for

223 Joss sticks

Ex-230 Chewing-gum and similar substances.

234 Fire-works

235 Matches

236 Indigo, natural

241 Caramel

242 Artificial indigo
247 Prussian blue
250 Whité zinc (oxide of or sulphide of zinc)
250-2 Barium sulphate
250-3 Lythophone
251 Chalk or whiting
260 Shoe polishes
261 Pencils
262 Inks: (For printing excluded)
263 Black solid inks and red solid inks, Chinese
Ex-264 Chalk-crayon
268 Sealing wax
272 Cotton yarns (excluding special cotton yarns, otherwise provided for)
276 Linen twines made by twisting together single yarns above No. 7 English and not exceeding 12 grammes per 10 metres, and linen thaeads
277 China grass yarns and ramie yarns
273 China grass twines and ramie twines, made by twisting together single yarns above No. 7 English and not exceeding 12 grammes per 10 metres, China

grass threads and ramie threads

279 Hemp yarns

280 Jute yarns

281 Hemp twines and jute twines, made by twisting together single yarns above No. 7 English and not exceeding 12 grammes per 10 metres, hemp threads and jute threads

287 Raw silk, including thrown silk (excluding wild silk.)

288 Spun silk yarns

289 Silk threads

290 Artificial silk (of Acetyl cellulose excluded)

291 Yarns, not otherwise provided for

1. Partly of silk, artificial silk or metal

299 Tissues of flax, China grass, ramie, hemp or jute, pure or mixed with one another, including those mixed with cotton (4 : A. excluded.)

300 Tissues of pineapple, *Pueraria thunbergiana*, Manila hemp, agave and other vegetable fibres (excluding cotton, flax, China grass, ramie, hemp aud jute), pure or mixed with one another

301 Tissues of wool, and mixed tissues of wool and cotton, of wool and silk, or of wool, cotton and silk, : (4 : B b, excluded.)

302 Tissues of horse's hair, including those mixed with other fibres

303 Silk tissues, and silk mixed tissues not otherwise provided for: (wholly or partly of artificial silk excluded)

304 Mixed tissues, not otherwise provided for

305 Stockinet and similar knitted tissues, raised or not

306 Lace tissues and netted tissues

307 Felts

308 Embroidered tissues

309 Bookbinder's cloth

312 Window holland

313 Empire cloth

314 Leather cloth or oil cloth

315 Oil cloth for floor or linoleum

316 Roofing canvas

317 Tarred canvas

319 Waterproof tissues coated or inserted with India rubber

320 Elastic webbing and elastic cords, elastic braid, or the like

321 Insulating tapes or tissues

二十四

322 Lamp wicks
324 Handkerchiefs, single
325 Towels, single
326 Blankets, single
327 Travelling rugs, single
328 Carpets and carpetings
329 Table cloths, single
330 Curtains and window blinds
321 Trimmings
332 Mosquito nets
333 Hammocks
334 Fishing or hunting nets
335 Air cushions
336 Bed quilts and cushions
342 Tissues, not otherwise provided for
343 Manufactures of tissues, not otherwise provided for
344 Raincoats
345 Shirts, fronts, collars and cuffs

346 Ündershirts and drawers
346 Gloves
34G Stockings and socks
349 Shawls, comforts and mufflers
350 Neckties
351 Trouser suspenders or braces
352 Belts
353 Sleeve suspenders, stocking suspenders, and the like
355 Boots, shoes, slippers, sandals, clogs, and the like
356 Shoe laces
357 Buttons, excluding those made of or combined with precious metals, metals coated with precious metals, precious stones, semi-precious stones, pearls, elephant's ivory or tortoise shells
358 Buckles, hooks, eyes, and the like, excluding those made of or combined with precious metals, metals coated with precious metals, precious stones, semi-precious stones, pearls, corals, elephant's ivory or tortoise shells
359 Jewelry for personal adornment
360 Clothing and accessories or parts thereof, not otherwise provided for

三一五

365	Blotting paper
Ex-367	Match paper,
369	Wall paper
370	Pasteboard or cardboard (for matrix making excluded.)
371	Chinese paper of all kinds
376	Oiled paper
377	Glass paper for window pane
378	Papers, not otherwise provided for
379	Paper laces and paper borders
380	Black books
382	Note paper in box
383	Envelopes
384	Albums
Ex-386	Albuminized paper and sensitized papers for photograph
388-2	Wall-boards
389	Labels
390	Playing cards
393	Card calendars and block calendars

394 Picture post-cards

395 Christmas cards and the like

401 Manufactures of paper or pulp, not otherwise provided for

402 Silica sand, quartz sand, and other sand and gravel not otherwise provided for

1. Coloured

409 Slate, and manufactures thereof not otherwise provided for

414 Stones and manufactures thereof, not otherwise provided for

415 Amber and manufactures thereof, not otherwise provided for

417 Meerschaum or aotificial meerschaum and manufactures thereof

424 Manufactures of gypsum

432 Portland cement, Roman cement, puzzolana cement, and similar hydraulic cements

433 Manufactures of cement

436 Bricks, excluding cement bricks (excluding fire bricks)

437 Tiles of clay

437-2 Alundum tiles and the like

439 Potteries, not otherewise provided for: (excluding potteries for electrical use and unglazed potteries in 2: B)

444 Plate or sheet glass (excluding those of uncoloured or unstained, with flat surface and not exceeding 1.5 millimetres in thickness)

445 Plate glass having inlaid metal wire or net

452 Dry plates for photograph

1. Undeveloped

453 Spectacles and eyeglasses

1. With frames or handles of precious metals, metals coated with precious metals, elephant's ivory or tortoise shells

454 Looking glasses or mirrors

457 Glass manufactures, not otherwise provided for: (2: A, 2: Ba and safety glass sheets excluded.)

475 Gilt or silvered metals

484–2 Metal boards or plates for ceiling, wall etc. (enamelled, painted, varnished, lacquered)

487 Harpoons

488 Iron anchors

489 Chains, not otherwise provided for: (excluding Iron Gearing chains.)

491 Chains for watches, spectacles, eyeglasses or other personal adornment

493 Hinges, hat-hooks, ane metal fittings for doors, windows, furnitures, etc.

494 Locks and keys

496 Mechanics' tools, agricultural implements and parts thereof, not otherwise provided for

10. Shovels and scoops

500 Table forks or spoons

501 Corkscrews

502 Capsules for bottles

503 Crown cords

504 Cartridge cases or shells, of metal

Ex-505 1. Hand-sewing needles

507 Copying press

509 Air-pump for cycles

509-2 Fire-extinguishers

510 Meat choppers

511 Coffee mills

512 Ice-cream freezers

513 Iron pans for tea roasting or caustic soda manufacturing

二二〇

514 Stoves and parts thereof, not otherwise provided for

515 Electric stoves, electric smoothing iron and similar electric heaters

516 Radiators

517 Bedsteads and parts thereof

519 Numbering machines, dating machines, check perforators, pencil-sharpeners and the like, and parts thereof

521 Manufactures of precious metals and metal manufactures combined or coated with precious metals, not otherwise provided for

526 Watches

527 Parts of watches:

1. Cases, including those having glasses

6. Watch glasses

528 Standing or hanging clocks

528-2 Electric clocks, including master clocks and secondary clocks

533 Binoculars and monoculars

1. Combined with precious metals, metals coated with precious metals, precious stones, semi-precious stones, pearls, corals, elephant's ivory, tortoise-shells or shells of mollusca

553 Photographic instruments: (excluding those for cinematographs, microscopes, air-crafts or surveyings.)

554 Parts of photographic instruments: (excluding lenses of which the focal length is more than 17 centimetres; cameras for cinematographs, microscopes, air-crafts or surveyings and screens for half-tone process.)

555 Phonographs, gramophones and other talking machines

556 Parts and accesories of phonographs, gramophones and other talking machines

557 Musical instruments

559 Telegraphic or telephonic instruments and parts thereof, not otherwise provided for:

1. Radio receiving sets and parts thereof

560 Fire-arms and parts thereof: (excluding pistols,, revolvers, whaling-gun and parts of thereof.)

565 Cycles (excluding motor-cycles.)

566 Parts of cycles, excluding motive machinery and chains

567 Vehicles and parts thereof, not otherwise provided for.

593 Blowing machines:

1. Electric fans

三三

609 Rattan (excluding unsplit Rattan)

610 Bamboo

613 Wood pith, in sheet or not

621 Plaits for hat-making

622 Mats or mattings, made of vegetable materials excluding textile fibres: (for packing excluded)

623 Manufactures of straw, Panama straw, palm leaves, rushes, reeds, bamboo, rattan, vines, willow wickers, or the like, not otherwise provided for

624 Umbrella sticks, walking sticks, whips and their handles

625 Umbrellas and parasols

626 Wood manufactures, not otherwise provided for:

1. Combined with precious metals, metals coated with precious metals, precious stones, semi-precious stones, pearls, corals, elephant's ivory or tortoise shells.
2. Others:
   A. Of *kwarin*, *tagayasan* (*Baryxylum rufum. Lour*), *tsuge* or box wood. red rose-wood, red sandal-wood and ebony wood.

632 Celluloid and manufactures thereof, not otherwise provided for (excluding those in lumps, hands, bars, or rods, plates, sheets, tubes, etc.)

632–2 Waste or old celluloid, fit only for remanufacturing
633 Galalith and manufactures thereof, not otherwise provided for
634 Brushes and brooms:

1. Combined with precious metals, metals coated with precious metals, elephant's ivory or tortoise shells.

635 Lamps, lanterns and parts thereof, (excluding safety lamps, lamps for surgical and light house-use.)
638 Artificial flowers, including imitation leaves, imitation fruits, etc. and parts thereof
639 Toilet cases
640 Articles for billiards, tennis, cricket, chess and other games, and accessories thereof
641 Toys
647 Articles, not otherwise provided for:

2. Others:

A. Combined with precious metals, metals coated with precious metals, precious stones, semi-precious stones, pearls, corals, elephant's ivory or tortoise shells

二三三

TABLE C.

Imp. Tariff Nos.	Articles
69	Furs.
	Ex-2. Other; of hares or rabbits
204	Naphthalin
229	Ex-drugs, chemicals and medicines, not otherwise provided for; Nitric Acid
295	Ex-waste or old fibres, waste yarns and waste threads; waste cotton fibres
341	Ex-rags; of cotton
400	Waste paper
470	Antimony and sulphide of antimony

六六、日本側ノ毒瓦斯使用說ニ對スル情報部長談話

（十月十五日）

While the Chinese Government and their propagandists are busily engaged in an attempt to stir up the feeling of the credulous public of Europe and America against Japan by charging Japanese forces of attacks on non-combatants, the Chinese troops are nonchalantly revealing the very foundation of such rumours and reports to the international public at Shanghai.

At 6:30 p. m. yesterday, Thursday, the Chinese forces at Pootung who a short time ago abused the premises of a British dock and engineerirg firm in their attempt to blow up our flagship Izumo by a control mine, savagely bombarded the residential district of Hongkew where many Japanese civilians are living thereby killing three men, seriously injuring a woman and three men and slightly injuring a woman and an Indian policeman of the Municipal Council. Besides these casualties, the Hongkew branch of the Municipal Council was destroyed.

三三六

六七、支那側ノ非戰鬪員爆撃ニ関スル情報部長談話

十月十五日

STATEMENT BY THE DIRECTOR OF THE INFORMATION BUREAU TO THE PRESS.

October 11, 1937.

The Chinese Foreign Office issued a statement alleging that the Japanese forces used poison gas in the engagements on October 4th and 5th around Shanghai. This allegation was most emphatically denied on Monday afternoon, October 11th, by the Spokesman of the Japanese Foreign Office, who described the Chinese charge as utterly absurd.

That the Chinese are resorting to all sorts of false charges and allegations against the Japanese forces is quite understandable, the Spokesman said, because their own forces on land, sea and in the air having proved no match for the strength of the Japanese forces, the last straw to which the Chinese can cling is propaganda based on their own hallucinations.

附　錄

一　第七十一回帝國議會ニ於ケル近衛內閣總理大臣演說

（七月二十七日）

第七十一回帝國議會ノ開會ニ當リマシテ、政府ノ所信ヲ述ヘマスコトハ私ノ光榮トスル所テアリマス。洵ニ多事多難ノ時局ニ際シマシテ、揣ラスモ大命ヲ拜シ、重キ責任ヲ荷ヒマシタコトハ、自ラ省ミマシテ恐懼ニ堪ヘヌ次第テアリマス。

政府カ此ノ重責ヲ果スニ當リマシテ、玆ニ基本トスル精神ヲ明カニシテ置キタイト思ヒマス。ソレハ百般ノ政策ヲシテ我カ尊嚴ナル國體ノ精髓ニ歸一セシムルコトテアリマス。此ノ精髓ノ發露ハ、之ヲ外ニシテハ、國際正義ニ基キ、列國ト倶ニ眞ノ世界平和ノ確立ニ力ヲ致シ、益々國威ヲ宣揚スルコトテアリマス。之ヲ內ニ致シマシテハ、大義名分ヲ明カニシ、社會正義ニ卽シテ、國民ヲシテ各々其ノ處ヲ得セシメ、依テ以テ國運ノ堅實ナル發展ヲ圖ルコトテアリマス。此ノ方針ノ下ニ諸般ノ政策ノ樹立遂行ヲ期シタイト思フノテアリマス。

曩ニ一時紛議ヲ釀シマシタ對「ソ」關係モ無事ニ落著ヲ致シマシテ、列國トノ關係ハ最近益々親善ノ度ヲ加ヘテ參リマシタカ、獨リ今囘支那ニ於ケル事變ノ勃發ハ誠ニ遺憾ニ堪ヘヌ所テアリマス。政府ハ已ムヲ得ス重大ナル決意ヲ致シタノテアリマスカ、幸ニ各方面ヨリ擧國一致ノ御支援ヲ得マシタコトハ、誠ニ感謝ニ堪ヘマセヌ。勿論今囘派兵ノ目的カ東亞ノ平和維持ニ存スルコトハ過日中外ニ聲明シマシタ通リテアリマス。支那政府竝ニ國民ノ自省自律ニ依リマシテ日支兩國間ニ於ケル國交カ速カニ且根本的ニ調整セラレムコトヲ衷心ヨリ希望シテ已マヌ次第テアリマス。

現下内外ノ情勢ニ鑑ミ、國防ノ充實、經濟力ノ發展ヲ圖ルコトハ最モ急務トスル所テアリマス。是ニ於テ之カ國策遂行ノ基礎的手段トシテ、生産力ノ擴充、國際收支ノ適合及物資需給ノ調整ヲ主眼トスル所ノ綜合的計畫ヲ樹立スルノ必要ナルコトヲ痛感スル次第テアリマス。而モ此ノ計畫ハ日滿兩國ヲ一體トスル見地ニ立ツテ具體案ヲ作成スルヤウニ目下考究中テアリマス。

其ノ他行政機構竝ニ議會制度ノ改革ヲ始メト致シマシテ各般ノ政策ニ關シマシテハ、今後ノ檢討ニ俟ツ所尠クナイノテアリマスカ、中ニハ既ニ成案ヲ得タルモノモアリマスルシ、或ハ調査研究ヲ開始シタルモノモアリマス。例ヘハ保健社會省ノ設置ニ付キマシテハ既ニ設置ノ方針モ確立致シマシタノテ、之ニ必要ナル豫算ハ議會ノ協贊ヲ御願ヒスルニ至ツテ居ル次第テアリマス。

教育ニ付キマシテハ國體ノ本義ニ則ツテ教學ノ根本ヲ確立スルコトハ現下ノ情勢ニ鑑ミ極メテ緊要ナルコトト存シマス。而シテ學制ノ改革ノ如キハ短時日ノ間ニ之ヲ決行スルコトハ至難テアリマスルカ故ニ、玆ニ教育審議會ヲ設ケマシテ愼重審議ヲ重ネタイト存シテ居ル次第テアリマス。

近時我カ國ハ愈々興隆シ益々發展スルノ實ヲ擧クヘキ試錬ノ一過程ニアルノテアリマス。從ツテ國力ノ飛躍的發展、之ニ伴フ所ノ革新的諸政策ノ遂行ハ、國民諸君カ、大イニ發憤シ、大イニ忍耐シ、各々全能力ヲ傾ケテ互ニ協力事ニ當ルニ非スンハ、其ノ功ヲ收ムルコトハ出來ナイト信スルノテアリマス。國內ニ於キマシテ對立抗爭ノ摩擦カアリマシテハ、到底所期ノ目的ヲ遂シ難キハ勿論、延イテハ外侮リヲ招クノ虞カアラウカト思ハレマス。ソレ故ニ私ハ組閣ニ當リマシテ出來得ル限リ國民協力ノ實ヲ擧ケタイト云フ方針ヲ執ツタノテアリマス。

政府ハ斯クノ如キ協力一致ノ精神ニ基キマシテ、改革スヘキモノハ進ンテ之ヲ改革シ、日ニ新タニ、日ニ又新タナルコトヲ期シタイト存スルノテアリマス。而シテ從來解決困難トセラレマシタ諸問題ノ如キモ順次之ヲ取リ上ケマシテ解決ヲシテ行クト云フ行キ方ヲ致シタイト思フノテアリマス。

斯クノ如キ考ヲ持ツテ居リマスルケレトモ、今期議會ハ組閣匆々ノコトテモアリマスルカ故ニ、御

二二九

協賛ヲ願フ案件ハ前議會ニ於キマシテ審議末了ニ終ツタモノノ一部分ト緊急ヲ要スルモノトニ止メマシタ次第テアリマス。

玆ニ大略政府ノ意ノ存スル所ヲ明カニ致シマシタカ、時艱ヲ克服シテ國力ノ發展ヲ圖ルノニハ一ニ諸君ノ御協力ヲ御願ヒシナケレハナラヌノテアリマスカラ、何卒右御諒察ノ上御支援ヲ與ヘラレムコトヲ切望スル次第テアリマス。

PREMIER KONOE'S ADMINISTRATIVE ADDRESS AT THE SEVENTY-FIRST (EXTRA-ORDINARY) SESSION OF THE DIET, JULY 27, 1937.

At this 71st session of the Imperial Diet, I have the honour of stating the views of the Government.

At a time when our nation is confronted by serious problems and difficulties, I have been most unexpectedly appointed Premier, and I am keenly aware of the heavy burden I have taken on my shoulders.

I desire to elucidate, first of all, the principle which underlies the endeavours of the Government to fulfill its immense responsibilities. This principle is to make all our policies stem from a single source, namely, the spirit of the solemn and superb polity of our Empire. Expression of this spirit means that externally we should, in concert with other Powers, strive to establish true peace firmly in the world in accordance with international justice and to enhance more and more the prestige of our nation abroad and that internally we should define clearly the relationship between Sovereign and subjects and enable each of the people to find his proper place in accordance with social justice, bringing about thereby a steady and healthy advance of the national fortunes. Such, then, is the principle the Government expects to observe in formulating and carrying out its policies along various lines.

It is a source of profound regret that, with the troublesome question with the Soviet Union brought to a peaceful settlement and relations with other Powers increasingly amicable, there has occurred the present incident in China and that the Government has been compelled to make an important decision. I am very grateful, however, that the Government has been accorded the united support of the nation at this critical moment. In sending troops to North China, of course, the Government has no other purpose, as was explained in its recent statement, than to preserve the peace of East Asia. I cannot but hope most fervently that reconsideration and self-discipline on the part of the Government and people of China will make as speedily as possible a fundamental adjustment of Sino-Japanese relations.

In view of the current circumstances at home and abroad, it is of the most urgent necessity for us to perfect our national defence and develop the economic power of our country. Accordingly, as the basic means of carrying out our national policy, the Government feels imperative need to devise a comprehensive scheme aiming principally at expansion of the nation's productive power, establishment of equilibrium in international accounts and adjustment of the supply and demand of commodities. Investigations are in progress with a view to formulating a concrete programme based on the conception of Japan and Manchoukuo as a single unit.

Various other plans, including reform of the administrative machinery and the parliamentary system, have been reserved for later consideration. There are a few, of course, that have already been worked out definitely or are under investigation. The Government has definitely decided, for instance, to establish the Ministry of Health and Social Affairs, and the appropriation needed for it is being submitted to the Diet for your approval.

As regards education, I am convinced of the great importance of laying down anew foundations of our educational system that will be in accord with the principle of our national polity. But it is extremely difficult to accomplish in a brief period reform of our educational system. The Government intends to appoint an educational council and to continue careful deliberations on the question.

Japan is at present passing through one of those trials that will enable it to rise to greater heights of prosperity and power. To achieve such spectacular progress, or to execute the various attendant reform measures, I believe there is no other way than to have all our people act as one with a firm resolve and the utmost perseverance. Internal friction or rivalry not only will frustrate that purpose but is likely to bring national humiliation upon us. At the time of forming the Cabinet, I thus followed a policy calculated to promote as much as possible the unity and cooperation of the nation.

In consonance with the spirit of national unity, the Government is prepared to carry out reforms where reforms are needed and to go the way that is 'new and ever new.' It is its intention, moreover, to take up and solve, one by one, those questions that hitherto have been considered difficult of solution.

These are what the Government proposes to do. But at this session of the Diet, which follows so closely the formation of the Cabinet, the bills to be submitted for your approval have been confined to some of those on which deliberations were not completed in the past session and to those on which immediate action is required.

I hope that I have made clear to you the outline of the Government's views. Your collaboration is essential in the task of surmounting the present difficulties and promoting the growth of national strength. I appeal to you for generous support and cooperation.

(二) 第七十一回帝國議會ニ於ケル廣田外務大臣演説

（七月二十七日）

本日茲ニ、帝國ノ對外關係ニ付所見ヲ開陳致シマスコトハ、私ノ欣幸トスル所テアリマス。

抑モ東亞ノ安定勢力タル地位ヲ確保シ、眞ノ世界平和ノ樹立ニ貢獻スルコトハ、帝國ノ國是テアリマシテ、今更贅言ヲ要シナイノテアリマスカ、之ヲ遂行スルニ當リマシテハ、先ツ日滿支那「ソ」聯邦間ノ關係ヲ考慮セナケレハナラナイト確信スルノテアリマス。

最近支那ノ情勢ヲ通觀致シマスルニ、國內輿論ノ統一、國家意識昂揚ノ手段トシテ、帝國ヲ目標トスル所謂抗日ノ精神乃至運動カ組織的ニ强化利用セラレ、右ニ起因スルモノト認メラルル不祥ナル事態カ、各方面ニ發生シツツアルノハ、帝國政府ノ甚タ遺憾トスル所テアリマス。帝國政府ニ於キマシテハ、曩ニ成都事件ヲ契機トシテ、日支國交上根本的障害ヲ爲ス支那側ノ對日態度ノ是正ヲ促シ、國交改善ニ關スル同政府ノ誠意ヲ具體的問題ニ付表示センコトヲ求メタノテアリマスカ、御承知ノ通リ不幸右交涉ハ支那側ノ反對ニヨリ停頓ノ已ムナキニ至ツタ次第テアリマシテ、其後ノ日支兩國ノ關係ハ卒直ニ申シマスレハ、決シテ滿足ナモノテハナカツタノテアリマス。東亞ニ於ケル帝國ノ根本方針カ、日滿支三國間ノ融和提携ト赤化勢力ノ東漸阻止トニヨリ東亞ノ安定ヲ實現セントスルニ在ルコトハ茲ニ改メテ申ス迄モアリマセン。從ッテ帝國政府ト致シマシテハ、支那側ニ於テ一日モ速ニ此ノ根本方針ニ付、充分ナル理解ト認識トヲ有スルニ至ランコトヲ切望スルモノテアリマス。然ルニ支那側ニ於テハ右ノ如キ理解ト認識トヲ缺クノミナラス、近來殊ニ抗日精神ノ昂揚甚タシク、本月七日夜ノ盧溝橋事件ノ勃發モ亦其ノ結果ニ外ナラナイノテアリマス。

帝國政府ノ今次事變ニ對スル態度ハ、本月十一日聲明致シマシタ通リ現地解決、事態不擴大ヲ方針トシテ居ルノテアリマス。從ッテ帝國政府ハ一方現地ニ於テ和平解決ヲ圖ルト共ニ、他方南京ニ於テ支那側カ速ニ時局收拾ノ爲善處スル樣、努力ヲ盡シテ來タノテアリマス。私ハ支那側ニ於テ一日モ早ク眞ニ反省シ、本月十一日夜妥結ヲ見マシタ現地解決條件ニヨリ之カ誠實ナル實行ヲ切望スルモノテアリマス。以上帝國政府ノ態度ハ、在外帝國使臣ヲ通シマシテ各國政府ニ對シ詳細說明セシメテ置イタノテアリマスカ、各國政府ニ於テモ右帝國ノ自重的態度ヲ充分了解シテ居ルト存シマス。尙帝國政府ニ於テハ南京政府ノ態度如何ニヨリマシテハ、支那一般民衆ニ對スル反響ハ樂觀ヲ許サナイモノカアリ、突發的不祥事件ヲ起ス虞モ認メラレマスルカ故ニ、支那側中央及地方當局ニ對シ、排日行爲ノ取締及我カ在留民ノ保護ニ付屢々注意ヲ喚起シ、事態ノ推移ニ應シ之カ保護ニ萬遺漏ナキヲ期シテ居ル次第テアリマス。要スルニ、今次事變解決ノ鍵ハ、一ニ支那側ノ出方如何ニ懸ッテ居ルノテアリマシテ、私ハ支那側カ我方ノ希望ニ則應シ、速ニ時局ヲ取纏メル様有效適切ナル措置ニ出テンコトヲ期待スルモノテアリマス。

「ソヴィエト」聯邦トノ關係ハ、政府ニ於キマシテ愼重考慮致シテ居ル處テアリマスカ、滿洲國ト「ソヴィエト」聯邦トノ間ノ國境方面ニ事件カ依然トシテ發生シ、殊ニ最近黒龍江上ニアル滿洲國領ノ島嶼ヲ「ソ」聯邦國境警備部隊カ不法ニ侵入シ占據シマシタ爲メ、日滿部隊トノ間ニ衝突ヲ生シ、一時險惡ナル事態トナリマシタカ、「ソ」聯邦カ該方面ノ原狀回復ヲ約シ、玆ニ事態ノ收拾ヲ見マシタコトハ御承知ノ通リテアリマス、帝國トシマシテハ、滿「ソ」國境方面ニ事端ノ絶エナイ情勢ニ付テ多大ノ關心ヲ有スルノテアリマス。惟フニ國境紛爭ヲ防止スル爲メ實際的ナル方法ヲ講スルコトカ肝要テアリマシテ、年來懸案トナリ居ル國境劃定及紛爭處理ノ二委員會ヲ設置シ、國境方面ニ於ケル空氣ノ緩和ヲ計ル等適當ノ措置ニ速カニ出ツヘキモノト考ヘルノテアリマス。之カ爲「ソ」聯邦ニ於テモ、東亞平和ノ見地ヨリ虚心坦懷協力ヲナス様、其ノ猛省ヲ促ササルヲ得ナイノテアリマス、又政府ハ北洋ニ於ケル邦人ノ漁業ト北樺太ニ於ケル邦人ノ石油石炭ノ利權事業カ、ソノ正常ナル經營ノ保障セラルルコトニ對シ少ナカラサル關心ヲ持ツテ居ルノテアリマシテ、條約ニ胚胎スル諸事業カ、ソノ實質ニ於テ、有名無實トナルカ如キ事態ノ發生ハ、斷シテ之ヲ許容セサル方針テアリマス。之ヲ要スルニ日「ソ」間ニハ尙幾多解決ヲ要スル問題カアリマスノテ政府ハ之カ爲メ十分努力致シタイト考ヘテ居リマス。

英國トノ關係ニ於キマシテハ、先般英國皇帝皇后兩陛下ノ戴冠式御擧行ニ當リ、御名代秩父宮殿下竝ニ同妃殿下御參列遊ハサレ、兩國ノ傳統的交誼ヲ一層深メサセラレマシタコトハ、寔ニ感激ノ外ナキ所テアリマス。政府ハ從來ヨリ日英ノ親善增進ヲ以テ不變ノ方針ト爲シ來ツタノテアリマスカ、最近兩國間ノ關係調整ノ爲、彼我隔意ナキ話合ヲ行フコトニ付意見一致ヲ見マシタノテ、可成速ニ之カ促進ヲ計リタイ考テアリマス。

日米兩國ノ關係ハ近來誠ニ良好テアリマシテ、益々親善ノ度ヲ加ヘツツアルノテアリマス。先般我經濟使節ハ渡米ノ際、米國各方面ト隔意ナキ意見ノ交換ヲ行ヒ經濟上其他ニ於テ兩國ノ接近ニ寄與スル所尠クナカツタコトハ、私ノ欣快トスル所テアリマス。

帝國ハ客年獨逸トノ間ニ日獨防共協定ヲ締結致シマシタカ、政府ニ於キマシテハ同協定ノ有效ナ

ル運用ニ意ヲ致スト共ニ、將來益々兩國ノ緊密ナル關係ヲ增進センコトヲ期シテ居ル次第テアリマス

次ニ通商關係ニ付テ見マスルニ、輸出ノ振興カ我國生存ノ必須條件トモ云フヘキ重要事テアリ、殊ニ現下我國ノ經濟情勢ニ照シマシテ收支ノ適合ヲ計ル最モ重要ナル對策ノ一タル事ハ周知ノ通テアリマス。然ルニ諸國ノ現狀ヲ見マスルニ、經濟上財政上其ノ他諸種ノ事情ヨリ、我カ輸出貿易ニ對シ今尙各種ノ障害ヲ持續シツツアル狀態テアリマスル關係上、政府ハ相手國夫々ノ事情ニ應シ、或ハ其ノ國ノ政府ト協定ヲ遂ケ、或ハ彼我民間業者間ノ申合ヲ行ハシメ、以テ我カ輸出貿易ノ圓滑ヲ企圖シテ居ルノテアリマス。幸ヒ今春以來我國ト印度、緬甸、蘭領印度、土耳其等ノ諸國トノ通商交涉モ妥結ヲ見ルニ至リマシタコトハ、私ノ欣快トスル所テアリマス。

政府ハ今後共一層我カ商權ノ維持發展ニ力ムルト同時ニ原料及資源獲得ノ自由竝ニ國際通商ノ自由ヲ促進スル樣進ムテ萬般ノ努力ヲ致シ度イト存スルノテアリマス。近時國際通商自由囘復ノ傾向カ稍々增進シツツアルノハ欣フヘキ現象テアリマシテ、私ハ此ノ傾向ヲ具體化スルカ如キ國際的企圖ニ對シテハ固ヨリ協力ヲ惜ムモノテナイコトヲ表明セントスルモノテアリマス。

以上述ヘ來リマシタ通リ帝國現時ノ國際關係ハ誠ニ多事多難テアリマス。此ノ間ニ處シ外交國策

ノ有效ナル遂行ヲ期スル爲ニハ、克ク國際ノ情勢ヲ認識シ、眞ニ擧國一致ノ實ヲ擧ケルコトノ必要ヲ痛感スルモノテアリマシテ、私ハ玆ニ諸君ノ御協力ト御援助トヲ希望シテ已マナイモノテアリマス

ADDRESS OF MR. KOKI HIROTA, MINISTER FOR FOREIGN AFFAIRS, AT THE SEVENTY-FIRST (EXTRAORDINARY) SESSION OF THE DIET, ON JULY 27, 1937.

I am happy to have this opportunity today of stating my views concerning the foreign relations of Japan.

It is not necessary for me to expatiate afresh on our national policy, which aims at securing Japan's position as a stabilizing force in East Asia, and contributing toward the establishment of true peace throughout the world. I believe that in order to carry out this policy we should, first of all, consider the relations between Japan, Manchoukuo, China, and the Soviet Union.

In surveying the conditions of present day China, our Government can not but profoundly regret to note that anti-Japanese sentiments and movements have been encouraged and systematically exploited for the purpose of unifying public opinion and arousing nationalistic consciousness, and that untoward incidents evidently resulting therefrom are taking place in various quarters in China. At the time of the Chengtu Incident last year, the Japanese Government took occasion to ask the Chinese to rectify their attitude toward Japan, which constituted the fundamental obstacle to friendly intercourse between Japan and China, and to invite the Nanking Government to demonstrate their sincerity regarding the concrete questions bound up with the amelioration of the relations between the two countries. Unfortunately, as you know, the negotiations came to an impasse, owing to Chinese recalcitrance. Since then, Sino-Japanese relations have been, frankly speaking, far from satisfactory. I need not repeat here that Japanese policy in East Asia is directed solely toward the realization of the stability of that region through conciliation and co-operation between Japan, Manchoukuo and China, and by stopping the Communist invasion of the Orient. The Japanese Government therefore earnestly hope that China will as soon as possible come to have a full understanding and appreciation of our basic policy.

Today in China not only is such understanding or appreciation absent, but anti-Japanese sentiments have been still more intensified, of which the Lukouchiao Incident of the 7th of this month, was only the logical consequence. As regards the present incident, the Japanese Government have maintained, as announced in their official statement of July

11th, a policy of seeking a settlement on the spot and non-aggravation of the situation. Accordingly, the Government have been doing their best to effect a peaceful local solution, and at the same time to induce the Nanking Government to take proper steps for an early settlement of the question. It is my earnest hope that prompt reconsideration on the part of the Chinese authorities will lead to a faithful execution of the terms of settlement arrived at on the night of July 11th. The governments of the Powers have been informed in detail through our diplomatic representatives of this policy of the Japanese Government, and I believe they understand fully Japan's attitude of patience and self-restraint. On the other hand, there is no knowing what will be the possible repercussions among the Chinese masses, dependent as this is upon what stand the Nanking Government may take. There exists, it must be admitted, the danger of an untoward outbreak at any moment. We have more than once called the attention of both the Chinese central government and the local authorities to the necessity for control of anti-Japanese activities and protection of our nationals in China. In order to insure the safety, of our fellow-countrymen the Japanese Government are prepared to use all available means which may be called for by the development of the situation. Thus, in a word, China holds the key to the settlement of the present incident, as it depends entirely upon what course she may choose to follow. I confidently hope that the Nanking Government will adopt such effective and appropriate measures as will accord with our desire and bring about an early and amicable settlement.

The Government are giving careful consideration to our relations with the Soviet Union. Incidents have continued to occur along the Manchoukuo-Soviet frontier. The most serious case was the recent illicit invasion and occupation of Manchoukuo islands in the Amur, which led to an armed clash of the Japanese-Manchoukuo forces with the Soviet intruders. The situation threatened for a time to develop into one of extreme gravity. However, the affair ended, as you know, in a peaceful settlement, the Soviet Government agreeing to restore the *status quo ante* in that region. The Japanese Government are deeply concerned over the state of things on the Manchoukuo-Soviet frontier, which gives rise to frequent friction. What is needed first of all is to take practical steps to prevent these border disputes. For that purpose, we should lose no time in setting up those two commissions for the demarkation of the border line and the settlement of disputes, which for some years past have been under consideration, and also devise other means of removing the tension all along the frontier. I cannot but urge most strongly upon the Soviet Government to co-operate freely and unreservedly with us in this task for the sake of the peace of East Asia.

Again, it is a matter of no small concern for the Government whether or not our nationals engaged in fishery in the northern waters and those having oil and coal concessions in North Saghalien are to be accorded full guarantees for the legitimate operation of their enterprises. It is our policy never to tolerate the creation of any such circumstances as will in substance destroy those enterprises sanctioned, as they are, by treaty. In short, there remains between Japan and the Soviet Union a number of issues still pending, for the solution of which the Government will do their utmost.

As for our relations with Great Britain, I am deeply moved when I say that a short while ago on behalf of His Majesty the Emperor, His Imperial Highness Prince Chichibu, accompanied by Princess Chichibu, attended the Coronation ceremonies of the King and Queen of England, and by their mission they have enhanced the traditional friendship that binds our two nations. It has always been the consistent policy of the Government to promote Anglo-Japanese friendship, and more recently the two governments have come to an agreement of views regarding the advisability of entering into frank conversations with the object of adjusting the relations of the two countries. We hope to bring about an early attainment of that aim.

Japanese-American relations have been of late really good, being marked by ever-growing amity and good will. I am glad to say that the Economic Mission which visited the United States some weeks ago, have by their candid exchange of views with various circles accomplished much toward establishing closer contact between our two nations economically and otherwise.

Last year this country concluded the Anti-Comintern Agreement with Germany. The Government are striving for an effective application of the said agreement, and at the same time for the furtherance of friendly and intimate relations between Japan and Germany.

Now to turn to our trade relations with other countries.

Obviously the expansion of our export trade constitutes not only an indispensable condition of our national existence, but one of the most important means of balancing our international accounts under the present economic circumstances of the country. But as a matter of fact, the foreign Powers, for economic, financial, or other reasons, still continue to maintain commercial barriers of various kinds against Japanese goods. The Government are working for a smooth development of our export trade by concluding such individual agreements with the governments of those countries as may be best suited to their respective circumstances, or by arranging for private agreements to be arrived at between our business interests and those of other countries. I am glad to say that since last spring our trade negotiations with India, Burma, the Netherlands East Indies, and Turkey, have all been brought to a successful conclusion. The Government will strive more energetically than ever for the maintenance and furtherance of Japan's commercial interests, and at the same time make all possible endeavours to insure free access to raw material and natural resources, and to promote the freedom of international trade. It is gratifying to note the growth of certain tendencies favourable to the restoration of the freedom of trade. I desire to take this opportunity to declare the readiness of the Japanese Government to participate heartily in any international undertaking to convert these tendencies into a reality.

As may be seen from what I have stated above, Japan's foreign relations at present are fraught with problems of great difficulty. For an effective execution of our foreign policy at this time a true national unity is required—a unity which is based upon a full comprehension of the international situation. And I appeal to you for support and co-operation.

(三) 勅　語

（九月四日）

朕茲ニ帝國議會開院ノ式ヲ行ヒ貴族院及衆議院ノ各員ニ告ク

帝國ト中華民國トノ提攜協力ニ依リ東亞ノ安定ヲ確保シ以テ共榮ノ實ヲ擧クルハ是レ朕カ夙夜軫念措カサル所ナリ中華民國深ク帝國ノ眞意ヲ解セス濫ニ事ヲ構ヘ遂ニ今次ノ事變ヲ見ルニ至ル朕之ヲ憾トス今ヤ朕カ軍人ハ百艱ヲ排シテ其ノ忠勇ヲ致シツツアリ是レ一ニ中華民國ノ反省ヲ促シ速ニ東亞ノ平和ヲ確立セムトスルニ外ナラス

朕ハ帝國臣民カ今日ノ時局ニ鑑ミ忠誠公ニ奉シ和協心ヲ一ニシ贊襄以テ所期ノ目的ヲ達成セムコトヲ望ム

朕ハ國務大臣ニ命シテ特ニ時局ニ關シ緊急ナル追加豫算案及法律案ヲ帝國議會ニ提出セシム卿等克ク朕カ意ヲ體シ和衷協贊ノ任ヲ竭サムコトヲ努メヨ

(四) 第七十二回帝國議會ニ於ケル近衛內閣總理大臣演說

(九月五日)

第七十二回帝國議會ノ開院式ニ當リ

天皇陛下ニハ優渥ナル勅語ヲ賜ヒ帝國ノ嚮フ所ヲ明ニシ國民ノ進ムヘキ道ヲ御示シニナリマシタ。

大御心眞ニ恐懼感激ノ至リニ堪ヘナイノデアリマス。

帝國ハ東亞ノ安定ヲ望ミ、常ニ日支兩國ガ相提携シテ、之ニ依テ世界平和ノ基ヲ樹テンコトヲ欲シテ居タノデアリマス。是ハ帝國ノ一貫シタ國是デアリマス。然ルニ支那ハ常ニ隣交ノ誼ヲ忘レ信義ヲ失シ、永年排日抗日ヲ以テ國策トシ帝國ノ權益ヲ侵シテ暴狀ヲ極メ、ソノ結果遂ニ今回ノ事變ヲ生ズルニ至ツタノデアリマス。

今ヤ外ニ於テハ出征ノ將兵膺懲ノ歩武ヲ進メ、內ニ在テハ銃後ノ國民奉公ノ至誠ヲ致シテ居リマス。然シ乍ラ今回ノ事變ハ其ノ由ツテ來ル所遠ク事態ノ推移モ亦豫メ測リ難イノデアリマス。此ノ時ニ當リマシテ、我々國民ハ齊シク時局ノ重大ナルコトヲ思ヒ、益々堅忍不拔ノ志ヲ堅ウシテ、今後如何ナル艱難ガ來ヨウトモ之ニ堪ヘ、帝國ノ公正ナル目的貫徹ノ爲ニ敢然トシテ邁進スルノ決意ガナケレバナリマセヌ。

凡ソ難局ヲ打開シ國運ノ隆昌ヲ圖ルノ道ハ、我ガ尊嚴ナル國體ニ基イテ盡忠報國ノ精神ヲ振ヒ起シ、之ヲ國民ノ日常ノ業務生活ノ間ニ實踐スルノニ在ルト思フノデアリマス。

今般國民精神ノ總動員ヲ行ハウトスル所以モ亦茲ニ存スルノデアリマス。

古來我ガ國民ハ一度艱難ニ遭遇シマスルヤ、必ズ之ニ打チ克チ國家ヲ興隆セシメタノデアリマス。此ノ重大時局ニ際シマシテ我々國民ハヨク以上ノ趣旨ヲ體シ、忠誠公ニ奉ジ、和協心ヲ一ニシ、日本精神ヲ昂揚シテ擧國一致ノ實ヲ擧ゲルト共ニ、之ヲ實踐ニ現シテ愈々國力ノ伸張ヲ圖リ、皇運ヲ扶翼シ奉ランコトヲ勉メネバナラヌノデアリマス。是レコソ我々國民ノ時局ニ處スル覺悟デナケレバナリマセン。

ADDRESS OF THE PRIME MINISTER AT THE 72nd SESSION OF THE IMPERIAL DIET ON SEPTEMBER 5th, 1937.

Gentlemen:

I am profoundly moved to say that His Imperial Majesty's most Gracious Message regarding the China Affair was granted us at the opening of the Imperial Diet yesterday. It is my humble desire that we shall be able to set His Majesty's heart at rest by our loyal and devoted service to the Throne in accordance with the august will of our sovereign.

Since the outbreak of the Affair in North China on July 7th, the fundamental policy of the Japanese Government toward China has been simply and purely to seek the reconsideration of the Chinese Government and the abandonment of its erroneous anti-Japanese policies, with the view to making a basic readjustment in relation between Japan and China. This policy has never undergone a change; even today it remains the same. The Japanese Government has endeavoured to save the situation by preventing aggravation of the incident and by limiting its scope. This has been repeatedly enunciated; I trust that it is fully understood by you gentlemen.

The Chinese, however, not only fail to understand the true motives of the Japanese Government, but have increasingly aroused a spirit of contempt and have offered resistance toward Japan, taking advantage of the patience of our Government. Thus, by the outburst of uncontroled national sentiment, the situation has fast been aggravated, spreading in scope to Central and South China. And now, our Government, which has been patient to the utmost, has acknowledged the impossibility of settling the incident passively and locally, and has been forced to deal a firm and decisive blow against the Chinese Government in an active and comprehensive manner.

In point of fact, for one country to adopt as its national policy the antagonizing of and the showing of contempt for some particular country, and to make these the underlying principle of national education by implanting such ideas in the minds of the young; is unprecedented in the history of the world. Thus, when we consider the outcome of such policies on the part of China, we feel grave concern not only for the future of Sino-Japanese relation, but for the peace of the Orient and consequently for the peace of the entire world. The Japanese Government, therefore, has repeatedly requested the Chinese Government to reconsider and to change its attitude, but all in vain. This failure of the Chinese Government has finally caused the present affair. We firmly believe that it is in accordance with the right of self-defense as well as with the cause of righteousness and humanity that our country had determined to give a decisive blow to such a country, so that it may reflect upon the errors of its ways. For the peoples of East Asia, there can be no happiness without a just peace in this part of the world. The Chinese people themselves by no means form the objective of our actions, which objective is directed against the Chinese Government and its army who are carrying out such erroneous, anti-foreign policies. If, therefore, the Chinese Government truly and fully re-examines its attitude and in real sincerity makes endeavours for the establishment of peace and for the development of culture in the Orient in collaboration with our country, our Empire intends to press no further.

At the present moment, however, the sole measure for the Japanese Empire to adopt is to administer a thoroughgoing blow to the Chinese Army so that it may lose completely its will to fight. And if, at the same time, China fails to realize its mistakes and persists in its stubborn resistance, our Empire is fully prepared for protracted hostilities. Until we accomplish our great mission of establishing peace in the Orient, we must face many serious difficulties, and, in order to overcome them, we must proceed steadily with our task, adhering to the spirit of perseverance and fortitude in one united body.

Now that our Imperial Army and Navy, with their loyal officers and men, are advancing with all dignity in the cause of righteousness, exalting their might far and wide, we are filled with grateful emotion. Simultaneously, we feel highly encouraged to witness the sincere support displayed throughout the length and breadth of the Empire. Let us, however, be on our guard against intoxication over victories already won, and maintain an unrelaxed vigil toward achieving our final purpose.

The Government is hereby introducing to the Imperial Diet urgent budgetary and legislative measures. In these measures the Government seeks to adopt a financial and economic structure for coping with the present extraordinary situation. We are ready, however, to take all possible precautions to avoid unnesessary shock to financial circles. As for developments in the affair, foreign affairs and financial plans, they will be stated by the Ministers in charge.

The Government feels greatly honoured to assist, together with you gentlemen, in the administration of affairs of the State, and at the same time feels increasingly the graveness of its responsibility. We earnestly beseech you gentlemen to give approval after mature deliberation to the Governmental measures which will be introduced.

(五) 第七十二回帝國議會ニ於ケル廣田外務大臣ノ演説

(九月五日)

曩ニ第七十一回帝國議會ニ於テ、私ハ我カ對外關係ノ全般ニ付テ述フル所カアリマシタカ、本日茲ニ、今次事變ニ關聯スル其以後ノ外交經過ニ付、概要陳述致シタイト存シマス。

事變勃發以來、帝國政府ハ、現地解決事態不擴大ノ方針ニ基キ、南京政府ノ速ナル反省ヲ求メ、時局ノ收拾ニ努力シ來ツタノテアリマスカ、南京政府ハ毫モ誠意ヲ示サス、益々中央軍ヲ北支ニ集中シテ我方ニ挑戰シ來ルト共ニ、揚子江流域及南支各地ニ於テハ、陰險極マル排日ヲ行ヒ、以テ是等地方ニ於ケル我カ在留民ノ平和的活動ハ固ヨリ、其ノ生存ヲスラ危殆ナラシムルニ立至ッタノテアリマス。斯カル狀態ノ下ニ於テモ帝國政府ハ、尙出來得ル限リ事態ノ平和的收拾ヲ期シ、漢口ヲ初メ、長江流域在留邦人ヲ全部引揚ケシメタノテアリマス。其ノ後偶々八月九日上海ニ於テ、我カ陸戰隊大山中尉及齋藤水兵カ、支那保安隊ノ爲無殘ニ殺害セラルルニ至リマシタカ、我方ニ於テハ尙努メテ平和的解決ノ方針ヲ以テ之レニ處シ、右保安隊ノ急速ナル撤退、並ニ昭和七年ノ停戰協定ニ違反スル各種軍事施設ノ撤去ヲ求メ、以テ事態ノ收拾ヲ圖ラントシタノテアリマス。然ルニ支那側ニ於テハ言ヲ左右ニ託シテ之ニ應セサルノミナラス、益々停戰區域内ニ於ケル其ノ兵力竝ニ軍事施設ヲ增大シ、我方ニ對シテ不法ニモ攻勢ニ出テマシタ爲、帝國ニ於テハ已ムナク應急ノ措置トシテ、少數ノ海軍兵力ヲ上海ニ增遣シ、以テ我カ居留民保護ノ責ヲ全ウセンコトヲ期シタノテアリマス

斯ノ如ク上海ノ形勢不穩ニ立至リマスルヤ、八月十一日在南京、英、米、獨、佛、伊ノ五箇國大使ハ、日支双方ニ對シ、上海ニ於ケル外國人ノ生命財產ノ安全ヲ計ル爲、同地ヲ戰火ノ巷トナササル樣、出來得ル限リノ措置ヲ講セラレ度キ旨申出タノテアリマス。右ニ對シ帝國政府ハ、上海ニ於ケル內外人生命財產ノ安全ハ、固ヨリ我方ニ於テモ最モ願念スル所テアルカ、是カ爲ニハ租界附近ニ進出シ我方ニ脅威ヲ與ヘツツアル支那正規軍及保安隊ヲ、交戰距離外ニ撤退セシメ、租界附近ノ軍事施設ハ之ヲ撤收スルコトカ先決問題テ、支那側カ右條件ヲ受諾スルニ於テハ、我方陸戰隊ノ配備ヲモ亦常態ニ復スルノ用意アル旨ヲ答ヘ關係列國ニ於テ先ツ支那側ヲシテ、右條件ヲ受諾セシムル樣在支大使ヲシテ五國側ニ申入レシメタノテアリマス。然ルニ支那側ハ右我方ノ應急適切ナル條件ニ對シ、耳ヲ傾ケナカツタ由テアリマスカ、續イテ八月十三日ニハ更ニ在上海、英、米、佛三國總領事ヨリ、交戰停止方ニ關スル一具體案ヲ示シ、日支間ニ直接交涉ヲ行ヒ、目前ニ迫ツタ危機

ヲ回避スル様日支双方ニ申出カアリ、右申出ハ八月十三日夜半東京ニ接到致シマシタカ、支那側ハ右ニ拘ハラス續々上海附近ニ正規軍ヲ進出セシメ、既ニ同日午後ヨリ攻撃ヲ開始シ、十四日ニ至ツテハ遂ニ我カ陸戰隊及軍艦竝ニ總領事館ノミナラス、租界内隨所ニ爆彈ヲ投下スルノ暴擧ニ出テマシタ爲、事茲ニ至ツテハ帝國トシテモ、最早平和的收拾ノ望ヲ捨テ、三萬ニ垂ントスル我カ居留民保護ノ爲遂ニ戰鬪ヲ行ハサルヲ得サルニ至ツタ次第テアリマシテ、關係列國ノ努力モ支那側ノ暴擧ニヨリ、一瞬ニシテ水泡ニ歸シタノハ誠ニ遺憾ニ堪エナイ所テアリマス。

此ノ如ク上海一帶ハ戰火ノ巷トナリマシタ結果、該地ニ莫大ノ投資ト多數ノ居留民トヲ有スル關係各國ハ、自然之ニ對シ重大ナル關心ヲ示スニ至リ、英國ヨリハ、更ニ八月十八日「日支兩國政府カ雙方ノ兵力ヲ撤退シ、共同租界及越界路在住日本臣民ノ保護ヲ外國側ニ委任スルニ於テハ、英國政府ハ他ノ列國カ英國ト共ニ同一行動ニ出ツル限リ、右責任ヲ取ルノ用意アル」旨申出テ、佛國政府モ亦翌十九日右英國政府ノ申出ヲ支持スル旨申出テマシタカ、之ヨリ先、米國政府ヨリモ上海ニ於ケル戰鬪停止方ニ付希望ヲ述ヘ來ツタノテアリマス。帝國トシテモ此等諸國ト同樣上海ニハ重大ナル利害關係ヲ有スルニ鑑ミ、出來得ル丈ケ同地ノ平穩ヲ冀念スル次第テアリマスカ、前述ノ如ク、今次上海ニ於ケル支那側ノ行動ハ昭和七年ノ上海停戰協定ニ違反シ、濫リニ正規軍ヲ協定地域内ニ入レ、保安隊ノ數及武裝ヲ增强シ、衆ヲ頼ンテ我軍民ニ挑戰シ來ツタ次第テアリマスノテ、前記英國政府ノ申出ニ對シテハ、我方從來ノ平和的努力竝ニ支那側ノ不法攻擊ノ實狀ヲ詳述シ、上海ニ於ケル戰鬪ハ、支那側カ直ニ右正規軍ヲ協定地域外ニ撤退シ、保安隊ヲ前線ヨリ遠サクルコトニ依リ終熄スルノ外ナキ旨ヲ囘答シ、英國モ停戰協定關係國ノ一トシテ、速ニ支那側ノ停戰區域外撤退方實現ノ爲盡力センコトヲ求メ、佛國及米國ニ對シテモ、夫々同樣ノ趣旨ヲ囘答致シタノテアリマス。

尙、北支ニ於キマシテハ、支那側ハ從來我方トノ間ニ存在シマシタ各種ノ約諾ヲ無視シ、大軍ヲ北上セシメテ頻リニ挑戰的態度ニ出テ居リマスルノミナラス、更ニ察哈爾方面ニモ續々軍隊ヲ進出セシメテ參リマシタノテ、我方トシテモ斷然之ニ對應シテ適切ナル措置ヲ執ルノ已ムナキニ至ツタノテアリマス。

以上ノ如ク戰鬪ハ今ヤ北支ノミナラス、中支方面ニモ波及シ、帝國ハ遂ニ支那トノ間ニ廣範圍ニ涉リ戰火ヲ交ヘサルヲ得サルニ至リ、又中南支及山東ニ於ケル約五萬ノ我カ居留民ハ、多額ノ投資、多年ノ地盤及權益ヲ後ニ殘シテ、引揚クルノ止ムナキニ立チ至リ、更ニ戰火ノ犧牲トナツタ居留民モ相當多キニ上リツツアリマスノハ、甚タ痛心ニ堪エナイ所テアリマス。在支第三國人モ亦我カ居留民ト同樣困難ナル立場ニ置カルルモノ尠クナイノハ、誠ニ氣ノ毒ナコトテアルト云ハナケレハナリマセン。是レ畢竟南京政府ノミナラス、地方軍閥ニ至ル迄、多年自己政權强化ノ爲排日抗日ノ氣風ヲ煽動シ、民心ヲ激化スルノミナラス、進ンテハ赤化分子ト苟合シテ、日支ノ國交ヲ益々惡化セシメタル結果ニ外ナラナイノテアリマス。今ヤ我カ忠勇ナル皇軍ハ、擧國一致ノ後援ノ下ニ、日夜有ラユル艱苦ヲ排シテ戰鬪ニ從事シ、目サマシキ效果ヲ擧ケツツアルハ眞ニ感激ニ堪エナイ次第テアリマス。

帝國ノ國是カ日滿支三國間ノ融和提携ニ依リ東亞安定ノ基礎ヲ築キ、以テ共存共榮ノ實ヲ擧ケントスルニアリマスコトハ、今更申スマテモナイノテアリマス。然ルニ支那ハ毫モ我カ眞意ヲ諒解セントセス、却ツテ今日ノ如ク大軍ヲ動カシテ、我カ軍民ニ向ヒ來ル以上ハ、我方モ亦之ニ對應スル軍事行動ニ依リ、斷乎トシテ支那ノ猛省ヲ促スコトヲ急務トスルノテアリマス。而シテ帝國ノ庶幾スル所ハ北支ヲ明朗ナラシメ、支那全土ヨリ今回ノ如キ戰禍再發ノ憂ヲ除キ、兩國ノ國交ヲ調整シ、依テ以テ前述ノ國是ヲ實現セントスルニ外ナラナイノテアリマス。故ニ私ハ支那爲政者カ東亞ノ大局ヲ洞觀シ、速ニ反省シテ帝國ノ理想ニ順應シ來ランコトヲ望ンテ止マナイ次第テアリマス。

ADDRESS OF MR. KOKI HIROTA, MINISTER FOR FOREIGN AFFAIRS, AT THE SEVENTY-SECOND SESSION OF THE DIET, SEPTEMBER 5, 1937.

As I had occasion a short while ago at the 71st session of the Diet to speak on Japan's foreign relations in general, I shall confine myself today to a review of the developments since then of the China Affair.

Ever since the beginning of the present affair, the Japanese Government, in pursuance of their policy of local settlement and non-aggravation, have exerted every effort to effect a speedy solution. The Nanking Government, whose prompt reconsideration was invited, failed to manifest a grain of sincerity, but concentrated their armies in North China to challenge Japan, while in the Yangtze Valley and elsewhere in South and Central China they embarked upon an anti-Japanese campaign of the most vicious kind, which not only prevented our nationals in that region from engaging in their peaceful pursuits, but also jeopardized their very existence. In these circumstances, the Japanese Government still desiring to avoid the disturbance of peace as far as possible, ordered the evacuation of all Japanese residents in Hankow and other points along the Yangtze River. Shortly after that, on August 9 at Shanghai, Sub-lieutenant Oyama and Seaman Saito of the Landing

Party were murdered at the hands of the Chinese Peace Preservation Corps. Even then, Japan, adhering to a peaceful course, sought to settle the affair through the withdrawal of the Peace Preservation Corps and the removal of all military works that had been erected in violation of the 1932 Truce Agreement. China refused to comply with our demands under one pretext or another, and proceeded, instead, to increase her troops and multiply her military works in the prohibited zone, and finally launched an unwarranted attack upon the Japanese. Thereupon, as a matter of duty our Government despatched a small naval reinforcement to Shanghai as an emergency measure to insure the protection of our nationals in that city.

In view of these disquieting developments in Shanghai, the ambassadors at Nanking of the five Powers—Great Britain, America, France, Germany, and Italy—sent a joint request on August 11 both to Japan and China that the two countries do all in their power to carry out effectively a plan to exclude Shanghai from the scope of any possible hostilities so as to safeguard the lives and property of foreigners therein. Our Government replied through Ambassador Kawagoe to the effect that while Japan was most solicitously concerned over the safety of the lives and property of all foreigners as well as of the Japanese in Shanghai, China should, as the first prerequisite, withdraw outside striking distance her regular troops and the Peace Preservation Corps that were advancing on the

Settlement and menacing the Japanese, and remove the military works in the vicinity of the International Settlement, and then Japan would be prepared to restore her forces to their original positions provided China agreed to take the above steps. The Ambassador was also instructed to request the Powers concerned to exert their influence toward inducing China to execute those urgent and appropriate measures, which, however, were flatly rejected by China. On August 13, the Consuls-General at Shanghai of Great Britain, America and France submitted a certain concrete plan, proposing that Japan and China enter into direct negotiations for the purpose of averting the impending crisis. The text of the proposal was received in Tokyo at midnight, August 13. But in the afternoon of that very day, the Chinese armies, that had been pouring into the Shanghai area, took the offensive, and on the 14th their warplanes dropped bombs not only on the headquarters of our Landing Party, our warship and our Consulate-General, but also all over the International Settlement. No longer could we do anything but abandon all hopes for a peaceful settlement and fight for the protection of our 30,000 nationals in Shanghai. I regret to say that the earnest efforts of the Powers concerned were thus nullified by Chinese outrages.

Shanghai, having been converted into a theatre of hostilities, grave concern was naturally shown by the Powers who had vast amounts of capital invested and large numbers of their nationals residing in the city. Great Britain notified both Japan and China under the date of August 18, that if the governments of the two countries agreed to withdraw their forces mutually and to entrust to foreign authorities the protection of Japanese subjects residing in the International Settlement and on the Extra-Settlement roads, the British Government were prepared to undertake the responsibility provided that other Powers would cooperate. Next day—on the 19th—we were informed by the French Government of their readiness to support the British proposal. The American Government also had previously expressed their hope for the suspension of hostilities in the Shanghai area. Japan, having as great interests in Shanghai as those Powers, is equally solicitous for the peace of the city. But as has been stated above, the actions taken by the Chinese in and around Shanghai are plainly in violation of the Truce Agreement of 1932, in that they illegitimately moved their regular troops into the zone prescribed by that Agreement, and increased both the number and armaments of the Peace Preservation Corps, and in that relying upon their numerical superiority, they challenged the Landing Party and civilian population of our country. Therefore, in their reply to the British proposal our Government explained in detail Japan's successive efforts toward a peaceful solution as well as the truth regarding the lawless Chinese attacks; and stated that the hostilities at Shanghai could not be brought to an end save through the withdrawal of the Chinese regular troops from the prohibited zone, and of the Peace Preservation Corps from the front lines. At the same time, our sincere hope was expressed that Great Britain as one of the parties to the Truce Agreement would use her good offices to bring about the withdrawal of the Chinese troops outside the prescribed zone. Similar replies were sent to France and America.

As for North China, in wilful disregard of the various pledges and agreements, Chinese Central Armies were moved northward to indulge in a series of provocative actions, and large forces began to pour into the province of Chahar. Our Government, therefore, have had to take determined steps to meet the situation.

Thus hostilities have now spread from North to Central China, and Japan finds herself engaged in a major conflict with China on extended fields. I am deeply pained to say that some 50,000 Japanese residents in various parts of China have been forced to evacuate, leaving behind them their huge investments, their business interests acquired through years of arduous toil, and other rights and interests, while not a few of them have been made victims of hostilities. It is also to be regretted that nationals of third countries in China are being subjected to similar trials and tribulations. All this is due to no other cause than that the Nanking Government and also the local militarist regimes in China have for many years past deliberately undertaken to incite public opinion against Japan as a means of strengthening their own political powers, and in collusion with Communist elements they have still further impaired Sino-Japanese relations. Now our loyal and valiant soldiers, with the united support of the nation behind them, are engaged in strenuous campaigns night and day amid indescribable hardships aud privations. We cannot but be moved to hear of their heroic sacrifices as well as their brilliant achievements.

It is hardly necessary to say that the basic policy of the Japanese Government aims at the stabilization of East Asia through conciliation and co-operation between Japan, Manchoukuo, and China for their common prosperity and well-being. Since China, ignoring our true motive, has mobilized her vast armies against us, we can do no other than counter it by force of arms. The urgent need at this moment is that we take a resolute attitude and compel China to mend her ways. Japan has no other objective than to see a happy and tranquil North China, and all China freed from the danger of a recurrence of such calamitous hostilities as the present, and Sino-Japanese relations so adjusted as will enable us to put into practice our above-mentioned policy. Let us hope that the statesmen of China will be brought to take a broad view of East Asia; that they will speedily realize their mistakes; and that, turning over a new leaf, they will act in unison with the high aim and aspirations of Japan!

二六四

（九月九日）

(六)告諭

第七十二回帝國議會開院式ニ當リ優渥ナル

勅語ヲ賜ヒ帝國ノ嚮フ所ヲ明ニシ國民ノ進ムヘキ道ヲ示サセ給ヘリ聖慮宏遠ニシテ眞ニ恐懼感激ニ堪ヘサルナリ

惟フニ帝國ハ東亞ノ安定ヲ望ミ常ニ日支兩國ノ相提携シテ以テ世界平和ノ基ヲ樹テント欲ス是レ比隣其ノ幸ヲ一ニシ列國其ノ福ヲ同シクスルノ道ニシテ帝國一貫ノ國是ナリ然ルニ支那ハ常ニ隣交ノ誼ヲ忘レ信義ヲ失シ永年排日抗日ヲ以テ國策トシ帝國ノ權益ヲ侵シテ暴狀ヲ極メ遂ニ今次ノ事變ヲ生スルニ至レリ

今ヤ出征ノ將兵外ニ膺懲ノ歩武ヲ進メ銃後ノ國民内ニ奉公ノ至誠ヲ致ス然リト雖今次ノ事變ハ其ノ由ツテ來ル所遠ク事態ノ推移亦遽ニ豫斷ヲ許ササルモノアリ此ノ秋ニ當リ國民齊シク時局ノ重大性ニ鑑ミ愈々堅忍不拔ノ志操ヲ堅持シテ今後ニ來ルヘキ如何ナル艱難ニモ堪ヘ所期ノ目的ヲ貫徹スル爲敢然邁進スルノ決意アルヲ要ス

凡ソ難局ヲ打開シ國運ノ隆昌ヲ圖ルノ道ハ我カ尊嚴ナル國體ニ基キ盡忠報國ノ精神ヲ益々振起シテ之ヲ國民日常ノ業務生活ノ間ニ實踐スルニ在リ今般國民精神ノ總動員ヲ實施スル所以モ亦此ニ存ス

古來我カ國民ハ艱難ニ遭遇スルヤ必ス之ヲ克服シ以テ國家興隆ノ成果ヲ收メサルナシ時局ニ際シ國民深ク如上ノ趣旨ヲ體シ忠誠公ニ奉シ和協心ヲ一ニシ日本精神ヲ昂揚シテ擧國一致ノ實ヲ擧クルト共ニ之ヲ實踐ニ現シテ愈國力ノ伸張ヲ圖リ以テ　皇運ヲ扶翼シ奉ル所アルハ本大臣ノ深ク全國民ニ期待スル所ナリ

昭和十二年九月九日

内閣總理大臣　公爵　近　衞　文　麿

（七）訓　令

（九月九日）

各　官　廳

第七十二回帝國議會開院式ニ當リ優渥ナル勅語ヲ賜ヒ帝國ノ嚮フ所ヲ明ニシ國民ノ進ムヘキ道ヲ示サセ給ヘリ　聖慮宏遠洵ニ恐懼感激ニ禁ヘス

惟フニ今次ノ事變ハ其ノ由ツテ來ル所遠ク事態ノ推移亦遽ニ豫斷ヲ許ササルモノアリ

此ノ秋ニ當リ職ヲ官ニ奉ズル者ハ齊シク時局ノ重大性ニ鑑ミ堅忍不抜ノ志操ヲ堅持シテ今後ニ來ルヘキ如何ナル艱難ニモ堪ヘ和協一心奉公ノ至誠ヲ致シ以テ所期ノ目的貫徹ノ爲ニ邁進スルノ決意アランコトヲ要ス

凡ソ難局ヲ打開シ帝國ノ興隆ヲ圖ルノ道ハ我カ尊嚴ナル國體ニ基キ盡忠報國ノ精神ヲ振起シテ之ヲ日常ノ業務生活ノ間ニ具現セシムルニ在リ今般國民精神ノ總動員ヲ實施スル所以亦此ニ存ス

宜シク思ヲ現下ノ時局ニ致シ日本精神ヲ昂揚シテ率先之ヲ實踐ニ具現シ愈々國力ノ增進ヲ圖リ以テ　皇運ヲ扶翼シ奉ランコトヲ期スヘシ

昭和十二年九月九日

内閣總理大臣　公爵　近　衛　文　麿

(八) 近衞内閣總理大臣演說「時局ニ處スル國民ノ覺悟」

（九月十一日）

玆ニ、國民精神總動員運動ヲ開始スルニ當リマシテ、私ノ所信ヲ披瀝シテ、コノ歷史的ナル國民運動ニ對シ諸君ノ御協力ヲ願ヒタイト思フノテアリマス。

吾々ノ不擴大方針カ支那政府ノ不誠意ニ依リマシテ顧ラレス、北支事變カ遂ニ支那事變トナリ、支那ノ排日分子ニ對シテ玆ニ全面的且積極的ナル膺懲ヲ必要トスルニ至リマシタルコトハ諸君已ニ御承知ノ通リテアリマス。

申スマテモナク、吾々ノ眞意ハ東洋文化ヲ共通スル所ノ日滿支三國ノ提携ヲ以テ東洋安定ノ樞軸ト致シマシテ、コレヲ通シテ世界平和ノ確立ニ自主的ニ、參與スルトイフ處ニアルコトハ、今モ昔モ變リハナイノテアリマス。

東洋ノ平和アッテ、初メテ東洋國家ノ眞ノ幸福カアルノテアリマス、同シク東洋ノ二大隣國トシテ、日支提携トイフ基礎ノ上ニ立ツニアラサレハ支那ノ國家建設ハ不可能ナノテアリマス。從ッテ排日ヲ前提トスルカ如キ支那ノ國家主義ハ斷シテ支那ノ國家ヲ幸福ナラシムルモノデハナイト信スルノデアリマス。

然ルニ支那政府ノ抗日的訓練ハ、ソノ由ッテ來ルトコロ遠ク且深キモノガアリマシテ、我ガ方ノ隱忍ノ結果ハ却ッテ彼ノ侮日トナリ抗日ノ激スル處、今ヤ國ヲ擧ゲテ赤化勢力ノ奴隷タラントスル現狀ニ立チ至ッタノデアリマス。コレカ爲ニ十五年間ノ抗日教育ノ下ニ成長シマシタ所ノ支那ノ若キ青年ハ自ラ進ンデ墓穴ヲ掘リツツアリ、又國民黨ノ排日教育ニ毒セラレナイ素樸ナル父老兄弟ハコノ日支相搏ツノ矛盾ニ挾マレテ、今ヤ身ヲ置クニ處ナキ有様デアルノデアリマス。

コト玆ニ至リマシテハ、啻ニ日本ノ安全ノ見地カラノミナラズ、廣クハ正義人道ノ爲、特ニ東洋百年ノ大計ノ爲ニコレニ一大鐵槌ヲ加ヘマシテ直チニ抗日勢力ノ依ッテ以テ立ツ所ノ根源ヲ破壞シ徹底的實物教育ニ依ッテソノ戰意ヲ喪失セシメ、然ル後ニ於テ支那ノ健全分子ニ活路ヲ與ヘマシテ、コレト手ヲ握ッテ俯仰天地ニ愧デザル東洋平和ノ恒久的組織ヲ確立スルノ必要ニ迫ラレテ來タノデアリマス。コノコトタル、吾々ガ今日コレヲ解決セザレバ吾々ノ子孫カ更ニ大ナル困難ノ下ニイツレノ日ニカ解決ヲ必要トスルモノデアリマス。果シテ然ラハコノ日本國民ノ歷史的大事業ヲ、吾等ノ時代ニ於テ、解決スルトイフコトハ、寧ロ今日生ヲ享ケタル我等同時代國民ノ光榮デアリ、吾々ハ喜ンデコノ任務ヲ遂行スヘキデアルト思フノデアリマス。

二六九

若シモ斯クノ如キ歴史的大事業カ何等ノ困難ナシニ出來ルト思フナラハ、コレハ思フ方カ無理テアラウト存シマス。今後或ハ色々ノ方面カラ國難カ起ツテ來ルコトモ覺悟シナケレバナリマセン。吾々ニ肝要ナコトハ如何ナル國難カ起ツテ來テモ必スコレニ打克チ如何ニ長期ニ亙ツテモ半途ニシテ屈セス有終ノ美ヲ成シ遂ケスンハ斷シテ止マヌトイフ固イ決意カ必要テアリマス。申ス迄モ無クコレハ決シテ一政府一軍隊ノ力ニ依ツテ出來ルコトテハナイノテアリマス。全國民ノ全勢力ヲ綜合蓄積シ國家ノ最高目的ノ前ニコレヲ動員シ、コレヲ傾倒シテ始メテ可能テアルト信スルノテアリマス。實ニ銃劍ヲ取ル者モ、鋤、鍬、算盤ヲ取ルモノモ同シク國家的戰鬪ノ一單位トシテ單ニソノ持場カ異ツテキルニ過キナイノテアル。若シココニ自分カ一人居ラナカツタナラハ國家ノ全勢力ハソレタケ缺陷カ生シテ來ル、若シ又自分カ一時間タケ餘計ニ働イタナラハ、國家ノ持久力ハソレタケ增スコトニナル、斯クノ如キ自覺ヲ以テ全國民カ國家總動員ノ內ニ織リ込マレテ來ルナラハ、吾々ニ課セラレマシタル時代的使命ヲ遂行シ發展的日本ノ爲ニ一新紀元ヲ作ルコトハ決シテ困難テナイト信スルノテアリマス。私ハ尠クトモ二ツノ方面カラ斯ク信シテ疑ハヌ理由ヲ有ツテ居ルノテアリマス。

ソノ一ツハ我カ日本ノ歴史ハ極メテ古イカ國家ノ生活力ハ青年ノヤウニ旺盛テアルトイフコトテ

アリマス。コノコトハ今日ノ日本ヲ公平ニ觀察スルモノノ内外一致セル認識テアルト思ヒマス顧ルニ吾々ノ祖先ハ過去ニ於テ幾多ノ大困難ニ遭遇シ、ヨクコレヲ克服致シマシテ、今日ノ如キ國家的遺産ヲ吾々ノ手ニ殘シタノテアリマス。日本ノ發展セントスル所、ソコニ必スヤ大ナリ小ナリノ摩擦カアルコトハ免レマセヌ。今次ノ事變ノ如キモ亦日本カ偉大ナラントスル爲ニ必然的ニ遭遇シタル國際的摩擦ノ一過程テアリマス。果シテ然ラハコレハ當然吾々ノ手ニ依ッテコレヲ解決シ、後ニ來ル吾々ノ子孫ノタメニ遺産トシテ贈ルヘキモノテアルト思フノテアリマス。

第二ニハ獨リ日本ノ主觀的立場カラハカリテナク、世界歷史ノ全體カラ見マシテ、日本ハ今世界ニ於ケル進歩的國家トシテノ主要ナル役割ヲ働イテキルトイフ確信テアリマス。今日ノ世界ハ獨リ東洋ニ於テノミナラス「ヨーロッパ」ニ於キマシテモ亦不安カ漲ッテキルノテアリマス。斯カル世界不安ノ根本的原因ハ究極スルトコロ實質的ナル國際正義カ未タ十分實現セラレテキナイトコロニアルノテアリマス。日本ノ行動ハ或ハ爲ニスルモノノ皮相的認識ニヨリ如何樣ニモ曲解セラレルコトモアリマセウ。併シ日本ノ行動ノ本質ハ世界歷史ノ本流ニ於テ、眞ノ國際正義ヲ主張セントスルモノテアリマス。斯カル意味ニ於テ吾々ノ主張ハ日本以外ノ他ノ進歩的ナ國民ニヨリテモ共鳴セラルルモノ決シテ尠クナイト信スルモノテアリマス。

斯クノ如キ確信ノ下ニ吾々全國民カ己レヲ空シウシテ國家ノ最高目的ノ前ニ打ツテ一丸トナレバ、前途ナンノ恐ルヘキモノモナイノテアリマス。國家ノ一大事ノ前ニ、國内ノ凡ユル階層カ協力一致シテ義勇奉公ノ誠ヲ盡クストイフコトハ我カ日本本來ノ姿テアリマス。現ニ去ル九日終了致シマシタ第七十二議會ニ於テ尨大ナル豫算ガ兩院トモ全會一致ヲ以テ一瞬ノ間ニ協贊サレマシタル一事ヲ以テ致シマシテモ瀝然タル事實テアリマス。斯クノ如キハ日本以外ノ國家ニ於キマシテハ容易ニ理解シ難キトコロテアリマシテ、特ニ日本内部ノ分裂ヲ見越シテ排日强行ノ一理由トシテ來マシタ所ノ支那政府ノ如キニ對シテハ意外ナル精神的打擊ヲ與ヘタコトト思フノテアリマス。素ヨリ私ト致シマシテハ斯カル國民諸君ノ協力誠意ニ對シマシテハ感謝ノ念ニ堪ヘヌモノカアルノデアリマス。而シテカクノ如キ協力ノ由ツテ來ルトコロ遂ニ我カ日本國體ノ尊嚴無比ナル歷史的組織ニ淵源スルコトヲ思フトキ私ハ日本臣民タル恩寵ヲ今更ノ如ク痛切ニ自覺セサルヲ得ナイノテアリマス。

『國家ハ雜然タル利益團體ニアラスシテ一ツノ文化的使命ヲ有スルトコロノ協同目的體テアリ國民ハ己レノ利益ヲ追及スル唯物的存在ニ非スシテ民族國家ノ組織ヲ通シテ人類ニ寄與セントスルトコロノ精神的存在テアル』斯クノ如キハ西歐ノ唯物的文化ニ慊キタラサル人々ノ間ニ澎湃トシ

テ最近湧キ起ツテキルトコロノ新シキ要求テアリマス。然ルニコノ要求ハ萬世一系ノ皇室ヲ中心トスル我カ日本ノ國家組織ニ於キマシテハ先天的ニ具現セラレテキルノテアリマス。吾々ノ國家ニ對スル自覺ノ深マル所、ソコニ國家總動員ハ强制ヲ俟タスシテ自ラ成ルノテアリマス。

御承知ノ如ク　天皇陛下ニ於カセラレマシテハ北支事變ノ發生スルヤ、直チニ葉山ヨリ御還幸遊ハサレマシテ日夜軍國ノコトニ御精勵遊ハサレテ居ルノテアリマス。私ハ拜謁ヲ賜ハル度コトニ御精勵ノ御模樣ヲ拜シマシテ恐懼感激ニ堪ヘサル次第テアリマヌ。本月四日開院式ノ勅語ニ於キマシテ

朕ハ帝國臣民カ今日ノ時局ニ鑑ミ忠誠公ニ奉シ和協心ヲ一ニシ贊襄以テ所期ノ目的ヲ達成セムコトヲ望ム

ト仰セラレマシタコトハ既ニ御承知ノ通リテアリマス。コノ　大御心ニ副ヒ奉ルヘク我カ同胞軍隊ハ戰場ニアツテ赫々タル忠勇ヲ致シテ居ルノテアリマス。コノ　大御心ニ副ヒ奉ルヘク銃後ノ經營ニ全力ヲ盡クスコトハ吾々一般國民ノ義務テアルト信シマス。

惟フニ世界ハ今ヤ一大轉換ノ期ニ際會致シテキルノテアリマス。コノ秋ニ當リ東洋ノ道德ヲ經トシ西洋ノ文明ヲ緯トシ、兩者ヲ綜合調和シテ新シキ世界ニ貢獻スルコトハ實ニ我カ國ニ課セラレ

タル重大使命テアリマス。大ナル將來ヲ有ツ日本國家ノ行進ハ既ニ始マツテキルノテアリマス。希クハ官民一致國家ノ目的ヲ以テ吾々個人ノ目的トシ、コノ大業ノ遂行ニ協力セラレンコトヲ希望シテ已マナイ次第テアリマス。

一、諸外國側發表

(1)「ハル」聲明（七月十七日）

世界各地ニ發生セル切迫緊張セル事態ハ一見單ニ隣接諸國ノミヲ渦中ニ捲込ムニ過キサルカ如キモ窮極ニ於テハ右ハ全世界ニ取リ避ケ得ヘカラサル關心事ナリ武力ニ依ル敵對行爲若クハ其ノ脅威ヲ伴フカ如キ情勢ハ一切ノ國家ノ權利及利益ニ重大ナル影響又ハ其ノ脅威ヲ感セシムルモノナリ何レノ地域ニ於ケルヲ問ハス重大ナル敵對行爲ノ發生ニシテ何等カノ形ニ於テ米國ノ權益又ハ義務ニ影響セサルカ如キモノノ存在ハアリ得ス予ハ米カ深甚ノ關心ヲ有スルカ如キ國際問題及情勢ニ關スル米政府ノ立場ニ關シ聲明ヲ爲スニ付テ正當ノ理由ヲ有スルノミナラス事實上其ノ義務アリト思考ス米ハ平常ニ平和維持ヲ强調シツツアリ吾人ハ（一）國家的及國際的自制（二）一切ノ國家カ政策遂行ノ爲ニスル武力行使又ハ他國ニ對スル内政干渉ノ回避（三）平和的協定ニ依ル國際諸問題ノ調整（四）國際協定ノ忠實ナル遵守ヲ主張セリ吾人ハ（五）條約神聖ノ原則ヲ遵守スルト共ニ條約修正ノ必要アル時ハ相互扶助及和解ノ精神ヲ以テ實行セラルヘキ秩序アル手續ニ依リ之カ修正ヲ爲シ得

ルコト（六）一切ノ國家ニ依ル他國ノ權利ノ尊重及既存、義務ノ履行（七）國際法ノ復活及强化ヲ信ス吾人ハ（八）國際經濟安定ノ增進ニ對スル諸方策（九）國際貿易障壁ノ輕減又ハ排除（十）商業上ノ機會均等及一切ノ國家ニ對シ平等待遇ノ原則ノ勸奬等ヲ主張ス又（十一）軍備ノ制限及維持ハ必要ナルヲ信シ他ノ諸國ノ行フ軍備縮少又ハ擴張ニ順應シテ米自身ノ武力ヲ縮少又ハ擴張スルノ用意アリ更ニ吾人ハ他國トノ同盟又ハ米國ヲ紛爭ノ渦中ニ投スルカ如キ約束（entangling commitments）ヲ避クルモノナルモ平和的且實際的方法ニ依リ前記諸原則擁護ノ爲協調的努力ヲ爲シ居ルコトヲ信スルモノナリ。

(2)「ハル」聲明（八月二十三日）

(1) 極東ノ事態ニ基ク緊急救濟ノ爲必要ナル資金捻出方ノ立法手段カ執ラレタリ。

(2) 政府ハ海軍陸戰兵ノ一聯隊ニ對シ上海向出發準備ヲ命セリ。

次テ長官ハ現政府ノ依據スル政策ノ原則ニ關シ次ノ如ク若干說明ヲ加ヘタリ。

上海ニ於ケル事態ハ凡ユル意味ニ於テ特異ナルモノナリ上海ハ人口三百萬ヲ越ユル大國際都市諸國民カ其ノ發展ニ寄與セル港ニシテ其處ニ集マル支那人及各國民ノ間ニ種々ノ相互ニ利益ヲ及ホス採觸ヲ生シタリ上海ニハ多樣ナル權利ト利益存在シ之カ必然的ニ米國ヲ含ム多數ノ國家ノ關心事タル理ナリ。

現在ノ狀態ニ於テハ米國政府ハ特別ノ危險ノ存スル地域ヨリ米國國民ヲ安全ニ引揚クルヘク萬全策ヲ講シ居レリ更ニ主トシテ暴民或ハ他ノ不統制分子ニ對處スル爲我國民ニ適當ナル保護ヲ與フルハ米國政府ノ方針ナリ其ノ目的ノ爲永年ニ亘リ米國政府ハ支那ニ少數ノ駐屯軍ヲ維持セルカ今回モ其ノ同シ目的ノ爲少數ノ增派部隊ヲ派遣セル理ナリ此等兵力ハ何等侵略ノ意圖ヲ有セス秩序

ト安全ノ維持ノ爲援助スル事カ其ノ目的ナリ而シテ此ノ保護ヲ必要トセサル狀態トナレル時ハ此等兵力ヲ撤退セシムルコトハ米國政府カ從來希望シ、意圖シ、來リタルモノニシテ今モ右ニ變化ナシ。

太平洋區域ノ現事態ニ關シ現政府ノ念頭ヲ離レサル問題ハ米國國民及其ノ利益ノ保護ナル直接ノ問題以上ノモノアリ同區域ニ現存スル事態ハ五十餘ノ政府ノ贊意ヲ得タル彼ノ七月十六日聲明ニ於テ注意ヲ喚起セル政策ノ要則ニ直接根本的ノ關係ヲ有スルモノナリ我政府ハ右聲明ニ要約セラレタル諸原則カ國際關係ヲ有效ニ規律スヘキヲ確信スルモノナリ。

世界ノ何處ニ於テモ戰鬪ノ脅威アルカ若シクハ現ニ戰鬪狀態カ存スル時ハ之ハ總テノ國家ノ關心事ナリ紛爭ノ是非善惡ニ關スル判斷ヲ下サス先ツ我々ハ双方ニ對シ戰爭手段ヲ避クヘキヲ訴フ我々ハ當事者双方カ我國民ノミナラス世界大多數ノ國民カ國際關係ヲ處理スヘキ原則トナストコロノモノニ從ヒ相互ノ紛爭ヲ解決スヘキヲ勸說スル七月十六日ノ聲明ニ於テ明ラカニセル原則ハ太平洋區域ニ於テモ他ノ何處ニ於テモ要スルニ世界ヲ通シ適用セラレルヘキモノト吾人ハ思考ス右原則ノ聲明ハ包括的且根本的ナリ夫レハ華府條約及「ケロッグ・ブリアン・パクト」ヲ含ム多數ノ條約ニ盛ラレタル諸原則ヲ包含スルモノナリ。

極東ニ於ケル現紛爭ノ當初ヨリ吾人ハ日支双方ニ對シ戰鬪行爲ノ中止ト平和維持ノ重要性トヲ勸説シ來レリ吾人ハ平和的調整ノ目標ニ向ヒ關係諸國政府ト常ニ接觸ヲ保テリ。

本政府ハ政治的同盟又ハ協約ヲ斥クルモ極端ナル孤立モ亦其ノ避クルトコロナリ本政府ノ信條ハ七月十六日ノ聲明ニ規定セラレタル諸目的達成ヲ平和的方法ヲ以テ計ルヘク國際的ニ協調スルニアリ此ノ明白ニセラレタル我態度ト政策ニ從ヒ而シテ其ノ範圍內ニ於テ現政府ハ目下我國民ノ生命安全ヲ衞リ我國カ其ノ信條トシ且ツ現ニ「コミット」セル諸政策ヲ有效ニ作用セシムル爲極東事態ノ諸相ニ深甚ノ注意ヲ拂ヒツツアリ本政府ハ之等根本原則カ太平洋區域及世界各地ニ於テ活用サレ强化サレ復活セラルヘク常ニ努力シ居ルモノナリ。

(3) 武器軍需品輸送禁止ニ關スル米國政府聲明 (九月十四日)

一、政府所有ノ商船ハ今後更ニ通告スル迄本年五月一日大統領布告（西班牙内亂ニ中立法ヲ適用シタルモノ）ニ掲ケタル武器彈藥其ノ他ノ戰爭要具ヲ支那又ハ日本ニ運搬スルコトヲ許可セサルコト。

二、政府所有以外ノ米國商船ニシテ前記ノ武器類ヲ支那又ハ日本ニ運搬セントスルモノハ今後更ニ通告スル迄自己ノ危險ニ於テ爲スモノナルコト。

三、中立法適用ノ問題ハ現狀ノ通リナルコト。

(4) 聯盟總會ニ於テ採擇シタル諮問委員會決議（九月二十八日）

諮問委員會ハ

日本航空機ニ依ル支那ニ於ケル無防備都市ノ空中爆撃ノ問題ヲ緊急考慮シ。

斯ル爆撃ノ結果トシテ多數ノ子女ヲ含ム無辜ノ人民ニ與ヘラレタル生命ノ損害ニ對シ深甚ナル弔意ヲ表シ。

世界ヲ通シテ恐怖ト義憤トノ念ヲ生セシメタル斯ル行動ニ對シテハ何等辯明ノ餘地ナキコトヲ宣言シ右行動ヲ嚴肅ニ非議ス。

(5)「ルーズベルト」大統領市俄古演說（十月五日）

世界ノ九割ハ一般的ニ認メラルル法律ト道德ノ標準ニ從ヒ平和ニ生活セント努メ居レルニ拘ラス殘リ一割ノ國家ハ極メテ好戰的ニシテ他國ノ內政ニ干涉シ又ハ他國ノ領土ニ侵入スルコトニ依リ世界ノ秩序及國際法ヲ破壞セントシツツアリ現ニ宣戰ノ布告ナク何等正當ノ理由ナク無慈悲ニ婦女子ヲ含ム非戰鬪員ヲ空爆ニ依リ殺害シツツアルモノアリ（本邦ヲ指スモノト解釋セラル）右ハ特定ノ條約違反ノ問題ニアラスシテ國際法及人道ノ世界的問題ニシテ何國モ無關心タルコトヲ得サルモノナリ正當ナル國家的不平ニ對シテハ適當ノ考慮ヲ加フルコトハ勿論必要ナルモ現存條約及他國民ノ權利及自由ハ飽迄尊重シ侵略ハ排セサルヘカラス前記好戰的傾向ハ漸次他國ニモ蔓延シツツアルモ吾人ハ飽迄平和政策ヲ實行シ戰爭ニ捲込マレサル樣凡ユル方策ヲ講スル決心アルコトヲ茲ニ斷言スルト共ニ平和ヲ愛スル各國ノ協力ヲ希望スルモノナリ。

AMERICAN CONSULATE GENERAL, SHANGHAI, CHINA.

October 7, 1937.

THE FOLLOWING DIGEST HAS BEEN COMPILED FROM PRESS AND OTHER SOURCES AND IS IN NO WAY AN EXPRESSION OF OFFICIAL OPINION.

Radio Bulletin No. 232, October 5, 1937,

WHITE HOUSE

President's Address at Chicago. Here follows the text of an address delivered by the President at Chicago today:

"I am glad to come once again to Chicago and especially to have the opportunity of taking part in the dedication of this important project of civil betterment.

"On my trip across the continent and back I have been shown many evidences of the result of common-sense cooperation between municipalities and the Federal Government and I have been greeted by tens of thousands of Americans who have told me in every look and word that their material and spiritual well-being has made great strides forward in the past few years.

"And yet as I have seen with my own eyes the prosperous firms, the thriving factories,

二八三

and the busy railroads,—as I have seen the happiness and security and peace which covers our wide land, almost inevitably I have been compelled to contrast our peace with very different scenes being enacted in other parts of the world. It is because the people of the United States under modern conditions must for the sake of their own future give thought to the rest of the world that I, as the responsible executive head of the nation, have chosen this great inland city and this gala occasion to speak to you on a subject of definite national importance.

"The political situation in the world, which of late has been growing progressively worse, is such as to cause grave concern and anxiety to all the peoples and nations who wish to live in peace and amity with their neighbors.

"Some fifteen years ago the hopes of mankind for a continuous era of international peace were raised to great heights when more than sixty nations solemnly pledged themselves not to resort to arms in furtherance of their national aims and policies. The high aspirations expressed in the Briand-Kellogg Peace Pact and the hopes for peace thus raised have of late given way to a haunting fear of calamity. The present reign of terror and international lawlessness began a few years ago.

"It began through unjustified interference in the internal affairs of other nations or the invasion of alien territory in violation of treaties, and has now reached a stage where the very foundations of civilization are seriously threatened. The landmarks and traditions which have marked the progress of civilization toward a condition of law, order and justice are being wiped away. Without a declaration of war and without warning or justification of any kind, civilians, including women and children, are being ruthlessly murdered with bombs from the air. In times of so-called peace, ships are being attacked and sunk by submarines without cause or notice.

"Nations are forming and taking sides in civil warfare in nations that have never done them any harm. Nations claiming freedom for themselves deny it to others.

"Innocent peoples and nations are being cruelly sacrificed to a greed for power and supremacy which is devoid of all sense of justice and humane consideration.

"To paraphrase a recent author, 'perhaps we foresee a time when men, exultant in the technique of homicide, will rage so hotly over the world that every precious thing will be in danger, every book and picture and harmony, treasures garnered through two millenniums, the small, the delicate, the defenseless—all will be lost or wrecked or utterly destroyed'.

"If those things come to pass in other parts of the world let no one imagine that America will escape, that it may expect no mercy, that this Western Hemisphere will not be attacked and that it will continue tranquilly and peacefully to carry on the ethics and the arts of civilization.

"If those days come 'there will be no safety by arms, no help from authority, no answer in science. The storm will rage till every flower of culture is trampled and all human beings are leveled in a vast chaos'.

"If those days are not to come to pass, if we are to have a world in which we can breathe freely and live in amity without fear—the peace-loving nations must make a concerted effort to uphold laws and principles on which alone peace can rest secure. The peace-loving nations must make a concerted effort in opposition to those violations of treaties and those ignorings of humane instincts which today are creating a state of international anarchy and instability from which there is no escape through mere isolation or neutrality.

"Those who cherish their freedom and recognize and respect the equal rights of their neighbors to be free and live in peace must work together for the triumph of law and moral principles in order that peace, justice, and confidence may prevail in the world. There must be a return to a belief in the pledged word, in the value of a signed treaty. There must be a recognition of the fact that national morality is as vital as private morality.

"A bishop wrote me the other day, 'It seems to me that something greatly needs to be said in behalf of ordinary humanity against the present practice of carrying the horrors of war to helpless civilians, especially women and children. It may be that such a protest might be regarded by many who claim to be realists as futile but may it not be that the heart of mankind so filled with horror at the present needless suffering that force could be mobilized in sufficient volume to lessen such cruelty in the days ahead. Even though it may take twenty years, which God forbid, for civilization to make effective its corporate protest against this barbarism, surely strong voices may hasten the day'.

"There is a solidarity and an interdependence about the modern world, both technically and morally which makes it impossible for any nation completely to isolate itself from economic and political upheavals in the rest of the world, especially when such upheavals appear to be spreading and not declining. There can be no stability or peace either within nations or between nations except under laws and moral standards adhered to by all.

"International anarchy destroys every foundation for peace. It jeopardizes either the immediate or the future security of every nation, large or small. It is therefore a matter of vital interest and concern to the people of the United States that the sanctity of international treaties and the maintenance of international morality be restored.

"The overwhelming majority of the peoples and nations of the world today want to live in peace. They seek the removal of barriers against trade. They want to exert themselves in industry, in agriculture and in business that they may increase their wealth through the production of wealth-producing goods, rather than striving to produce military planes and bombs and machine-guns and cannon for destruction of human lives and useful property.

" In those nations of the world which seem to be piling armament on armament for purposes of aggression and those other nations which fear acts of aggression against them and their security, a very high proportion of their national income is being spent directly for armaments. It runs from thirty to as high as fifty per cent.

" The proportion that we in the United States spend is far less—eleven or twelve per cent.

" How happy we are that the circumstances of the moment permit us to put our money into bridges and boulevards, dams and re-forestation, the conservation of our soil, many other kinds of useful works rather than into huge standing armies and vast supplies of implements of war.

" I am compelled nevertheless to look ahead. The peace, the freedom and the security of ninety per cent of the population of the world is being jeopardized by the remaining ten per cent who are threatening a breakdown of all international order and law. Surely the ninety percent who want to live in peace under law and in accordance with moral standards, which have received almost universal acceptance through the centuries, can and must find some way to make their will prevail.

"The situation is definitely of universal concern. The questions involved relate not merely to violations of specific provisions of particular treaties, they are questions of war and of peace, of international law and, especially, of principles of humanity. It is true that they involve definite violations of agreements and especially of the Covenant of the League of Nations, the Briand-Kellogg Pact and the Nine-Power Treaty. But they also involve problems of world economy, world security and world humanity.

"It is true that the moral consciousness of the world must recognize the importance of removing injustices and well-founded grievances, but at the same time it must be aroused to the cardinal necessity of honoring sanctity of treaties, of respecting the rights and liberties of others, and of putting an end to acts of international aggression.

"It seems to be unfortunately true that the epidemic of world lawlessness is spreading.

"When an epidemic of physical disease starts to spread the community approves and joins in a quarantine of the patients in order to protect the health of the community against the spread of the disease.

"It is my determination to pursue a policy of peace and to adopt every practicable measure to avoid involvement in war. It ought to be inconceivable that in this modern era, in the face of experience, any nation could be so foolish and ruthless as to run the risk of plunging the whole world into war by invading and violating, in contravention of solemn treaties, the territory of other nations that have done them no real harm and which are too weak to protect themselves adequately. Yet the peace of the world and welfare and security of every nation is today being threatened by that very thing.

"No nation which refuses to exercise forbearance and to respect the freedom and rights of others can long remain strong and retain the confidence and respect of other nations. No nation ever loses its dignity or good standing by conciliating its differences and by exercising great patience with and consideration for the rights of other nations.

"War is a contagion whether it be declared or undeclared. It can engulf states and peoples remote from the original scene of hostilities.

"We are determined to keep out of war, yet we cannot insure ourselves against the disastrous effects of war and the dangers of involvement. We are adopting such measures as will minimize our risk of involvement but we cannot have complete protection in a world of disorder in which confidence and security have broken down.

"If civilization is to survive, the principles of peace must be restored. Shattered trust between nations must be revived.

"Most important of all, the will for peace on the part of peace-loving nations must express itself to the end that nations that may be tempted to violate their agreements and the rights of others will desist from such a cause. There must be positive endeavors to preserve peace.

"America hates war. America hopes for peace. Therefore, America actively engages in the search for peace."

STATE DEPARTMENT

三九一

(6) 聯盟總會決議全文（十月六日）

總會ハ日支兩國間ノ紛爭問題ニ關シ其ノ諮問委員會ヨリ總會ニ提出セラレタル報告書ヲ自己ノ報告書トシテ採擇シ。

右報告書第二ニ包含セラレタル提案ヲ承認シ總會議長ニ對シ一九二二年二月六日ノ華府九國條約締結國タル聯盟國ノ會議ヲ召集スヘキ案ニ關シ必要ナル行爲ヲ執ルヘキコトヲ要請シ。

支那ニ對スル精神的援助ノ意ヲ表シ且聯盟諸國ニ對シ支那ノ抵抗力ヲ弱メ依テ現在ノ紛爭ニ於ケル支那ノ困難ヲ增大セシムル效果ヲ有スヘキ虞アル一切ノ行動ヲ差控フヘク且各個ニ於テ支那ニ對スル援助ヲ爲シ得ル程度ヲ考慮スヘキコトヲ勸獎シ。

總會ノ本會期ヲ休會シ議長ニ對シ諮問委員會ノ要請アルトキハ更ニ會合ヲ召集スヘキ權限ヲ賦與ス。

(7) 米國務省ノ聲明 （十日六日）

國務省ハ「スキス」駐剳「アメリカ」公使ヨリ二十三ケ國諮問委員會ヲ可決サレタ支那ニ於ケル現在ノ狀勢竝ニ日本ノ條約上ノ義務ニ關スル報告書ノ成文ヲ接受シタカ公使ハ同時ニ十月六日聯盟總會カ右報告書ヲ採擇承認シタ旨ヲ報告シテ來タ。

極東ニ現在ノ紛爭カ起ツタ當初ヨリ米國政府ハ日支兩國政府ニ對シ戰鬪中止ヲ勸告シ平和的手段ニ依リ紛爭當事國ノ双方ニトツテ受諾シ得ヘキ何等カノ和協手段ノ發見ニ助力スルコトヲ申出タ、國務長官ハ去ル七月十六日ト八月二十三日ニ聲明書ヲ發表シ、國際問題及ヒ全世界ヲ通シテノ國際關係ニ對スル米國政府ノ見解ヲ闡明シタ是等ノ聲明ハ特ニ戰鬪行爲ニ適用サルヘキモノテアルカ、不幸ニシテ目下日支兩國間ニ此ノ戰鬪行爲カ行ハレツツアル米國政府カ平和維持ノタメ國際關係ヲ支配スヘキ諸原則ト信スルモノノ內ニハ

一、政策遂行ノタメノ武力行使竝ニ他國ノ內政干涉ヲ排除スル。

一、國際關係諸問題ノ調整ニハ平和的商議及ヒ協定ニヨル。

一、各國民カ他國民ノ權利ヲ尊重シ且ソノ義務ヲ遵守スル。

一、條約神聖ノ原則ヲ保持スル「ルーズベルト」大統領ハ十月五日「シカゴ」ニ於テ之等ノ原則ヲ闡明シ、ソノ重要性ヲ强調シタ、更ニ大統領ハ世界ノ情勢ヲ檢討スルニ當ツテ

一、各國カ遵守スル法律ト道德律ノ下ニ於ケルニ非サレハ一國内ニモ國際間ニモ安定ト平和ノ存シ得サルコト。

一、國際的無政府狀態ハ平和ノ基礎ソノモノヲ破壞スルモノナルコト。

一、而シテ之カ直ニ若クハ將來ニ於テ大小ヲ問ハス各國ノ安定ヲ危殆ニ陷レルコト。

一、從ツテ條約竝ニ國際道德尊重ノ精神カ恢復サレルコトハ米國民ノ最大關心事テアルコトヲ指摘シタ、米國政府ハ極東ニ於ケル事態ノ推移ヲ觀察セル結果支那ニ於ケル日本ノ行動ハ國際關係ヲ律スヘキ諸原則ト矛盾シ且一九二二年六月二日締結サレタ支那ニ關スル九ケ國條約及一九二八年八月七日締結サレタ不戰條約ノ規定ニ違反スルトノ結論ニ到達セサルヲ得サルニ至ツタ如上、米國政府ノ到達シタ結論ハ國際聯盟總會ノ採擇シタ結論ト一般的ニ一致スルモノテアル。

(8)「ルーズベルト」大統領爐邊談話（十月十二日夜）

我々ハ生活水準ノ向上ヲ企圖スル米國ノ計畫カ目下世界ニ發生シツツアル諸事件ニ依テ重大ナ支障ヲ受クヘキコトヲ承知シテ居ル萬一米國以外ノ各國カ戰爭ノ混沌狀態ニ陷ルナラハ世界通商ハ完全ニ阻害サレ協定ニ依テ世界通商ヲ促進セントスル企圖ハ凡テ無效ニ終ルテアラウ米國ハ全世界ニ亘ル文化的價値ノ破壞行爲ニ對シ無關心タリ得ナイ我々ノ世代ノミナラス子孫ノ平和ヲモ希求スル。

現下ノ情勢ニ於テ余カ「デモクラシー」ニ望ムモノハ戰爭カラノ超然態度ハ決シテ戰爭ニ對スル無頓着カラ來ルモノテナイ所以ヲ承知シテ欲シイコトテアル相互猜疑ノ世界ナレハコソ確乎トシテ平和ヲ樹立セネハナラヌノタ平和ハ單ニ希望スル丈ケテ達セラレルモノテナイ又手ヲ束ネテ到來ヲ待ツヘキモノテモナイ。

米國ハ九國條約國會議ニ參加ノ意圖ヲ明白ニシタ同會議ノ目的ハ協約ニ依テ支那ノ現事態解決ヲ圖ルコトテアルカ此ノ解決策發見ニ當ツテ日支以下九國條約調印國ト協力スルト云フノカ米國ノ

同會議ニ參加スル理由テアル斯ル協調コソ延ヒテハ將來全世界平和達成ニ導ク有力ナル一方策ノ前例トナルテアラウ人類文明發展ノ基礎ハ個人カ相互關係ニ於テ或程度ノ基本的禮儀ヲ遵守スルコトニ在ル世界平和發展ノ基礎モ亦同樣ノ意味ニ於テ各國カ相互關係ニ於ケル基本的禮儀ヲ尊重スルコトニ存スル要スルニ余ノ希望スル所ハ上海ノ如キ行動原理ノ違反ニ世界各國民ノ安寧ヲ害ネルト云フ事實ヲ各國カ是認シテ呉レルコトテアル。

一九一三年カラ一九二一年迄余ハ世界ノ諸問題ニ親シク携ハリ其ノ間幾多ノ爲スヘキコトト爲スヘカラサルコトヲ學ンタ米國ノ智性タル常識ハ「米國ハ戰爭ヲ嫌惡スル、米國ハ平和ヲ欲スル夫レ故ニ米國ハ積極的ニ平和ノ探究ニ乘リ出スノテアル」トノ余ノ聲明ト一致スルモノテアル。

二、支那側發表

(1) 蔣介石聲明（七月十九日）

一、中國カ對外平和並ニ國內統一維持ノ根本政策ヲ遂行シツツアル時突如盧溝橋事件發生シ全國民ヲシテ深刻ナ憤激ノ狀態ニ投込ミ全世界ニ一大危惧ノ念ヲ與ヘツツアル此ノ事件ノ齎スヘキ諸結果ハ中國ノ存在自體ト東亞平和トヲ脅威スルニ至ツタ此ノ重大時期ニ際シ幾多ノ質問、照會ニ答ヘ予ハ次ノ如ク述ヘ度イ。

中國民族ハ終始和平ヲ愛好ス國民政府ハ國內政策テハ常ニ國內統一ノ維持ヲ目標トシ且對外關係テハ他ノ諸國トノ相互尊重並ニ共存ヲ目標トシテ居ル。

本年二月三中全會ノ宣言書カ以上ノ諸點ヲ明瞭ニ强調シテ居ル過去二箇年間ノ明白ナ事實カ證明スル通リ國民政府ハ其ノ日本ニ對スル政策テ一切ノ懸案ヲ整調シ且一般ニ承認サレタ外交交涉ノ方法ニ訴ヘ以テ公正ナル解決ノ達成ヲ常ニ期待シタ。

我國民ハ我等國家ノ地位立場ヲ了解シナケレハナラヌ我々ハ我々自身ノ立場ヲ認識シナケレハ

ナラヌ弱體國家ノ人民トシテ我々ハ我々自身ノ力量ノ程度ヲ正當ニ評價セネハナラヌ過去數箇年間重大ナ諸國難ニ當面耐エ難キ苦痛ヲ忍ヒ乍ラモ我々ハ隱忍自重面目ヲ傾注シテ和平ノ確保ニ努力シ依テ以テ民族ノ復興ヲ實現センコトヲ期シタ此ノ故ニ一昨年ノ五全大會ニ於ケル外交報告ニ當ツテ予ハ「和平ノ維持カ完全ニ絶望ナラサル限リ我々ハ決シテ和平ヲ棄テナイ我々カ自制隱忍ノ極點ニ對シナイ限リ輕々シク犧牲ヲ談シナイテアラウ」ト述ヘタカ其ノ後ノ中央執行委員會ニ於ケル聲明ニ徵シテモ我々ノ和平維持ニ對スル熱意カ明瞭テアラウ假令弱國タリトハ言ヘ若シ不幸ニシテ最後ノ關頭ニ立チ到レハ我々ノ爲スヘキコトハ唯一卽チ我カ全國民精力ノ最後ノ一滴迄モ傾倒シ國家存立ノ爲抗爭スヘキノミタ而シテ一度右抗爭カ開始サルレハ時間ノ上カラモ情勢ノ上カラモ中道ニシテ止ミ和平ヲ求メルコトハ許サレナイ一旦紛爭ノ始マツタ後和平ヲ求メレハ我國家ノ屈從、我民族ノ全滅ヲ意味スル條件ヲ甘受セネハナラナイ願クハ全國民ハ「隱忍ノ限度」並ニ右限度ヲ越エタ後惹起サレル犧牲ノ範圍ヲ充分認識サレ度イ一度段階ニ到達スレハ我々ハ常ニ究極ノ勝利ヲ期待シツツ如何ナル犧牲ヲ拂フトモ最後迄戰ヒ拔カネハナラヌサリ乍ラ我々カ躊躇シ徒ニ一時ノ偸安ヲ貪ルナラハ我々ハ永久ニ滅亡シ去ル外ハナイ。

一、世上或ハ盧溝橋事件カ何等豫メ計畫サレヌ突發的措置ト想像スル者カアルカモ知レナイ然シ乍ラ既ニ一箇月前カラ相手方ノ新聞並ニ直接間接ノ外交機關ノ言明ニ徴シ何等カノ事件カ持チ上ルタラウトノ徴候カ看取サレタ更ニ事件勃發ノ前後ヲ通シ各方面カラ相手方カ塘沽協定ノ擴張ヲ企圖シツツアルトカ冀東僞政府ヲ擴大シヤウトカ第二十九軍ヲ驅逐シヤウトカ宋哲元ヲ追出サウトカ其ノ他同樣ノ諸々ノ要求ヲ押付ケヤウトシテ居ルトノ報道ヲ接受シタ、以上ニ徴スレハ盧溝橋事件ノ勃發カ偶然事件テナイコトハ直ニ明瞭テアラウ此ノ事件ヨリシテ相手方カ我々ニ對シテ極メテ判然タル態度ヲ包藏シテ居リ從テ和平ハ容易ニ維持シ難キコトヲ悟ラネハナラヌ我々ノ情報ニ依レハ盧溝橋事件ヲ回避シ得ヘカリシ唯一ノ方途ハ外國軍隊カ我領土內ニ侵入シ且自由無制限ニ横行濶步スルヲ甘受シテ而モ中國軍隊ハ其ノ移動ニ付幾多ノ制限ヲ蒙ルコトヲ容認スルノ外ハナカラウ又或ハ相手方カ我兵ニ發砲スルヲ容認シ而モ應射出來ヌト言フコト以外ニハ其ノ方法ハナカツタテアラウ苟モ自尊心アル以上世界中如何ナル國家ト雖以上ノ如キ屈辱ヲ甘受スルコトヲ得ヤウカ東北四省ヲ喪失シテ以來玆ニ六箇年次イテ塘沽協定アリ次イテ今ヤ爭點ハ盧溝橋事件ニ於テ方ニ北平ノ城內ニ到達シタ若シ盧溝橋カ武力ニ依ツテ占據サレルヲ容認スルナラハ中國四百年ノ故都全北方ノ政治的、戰略的中心ハ敵ニ失ハレルノテアル今

二九九

日ノ北平ハ第二ノ奉天トナリ河北、察哈爾兩省ハ東北四省ト同一ノ運命ニ陷ルテアラウ萬一北平カ第二ノ奉天トナルナラハ南京カ第二ノ北平トナルヲ如何ニシテ阻止スルコトカ出來ヤウ斯ルカ故ニ盧溝橋ヲ保全スルカ否カハ全國民存亡ノ懸ル所ニ外ナラス今回ノ事件カ果シテ平和解決カ出來ルカ否カハ我等ノ所謂「隱忍自重ノ限」ニ關スル問題ニ外ナラヌ若シ最惡ノ事態ヲ避ケルコトカ出來段階ニ到達スルナラハ我々ハ斷然抗爭スル外ハナク且最後ノ犧牲ヲモ敢テ辭セナイモノテアル此ノ我々ノ抗爭コソハ外部ヨリ我々ニ强制サレタモノト言フヘキタ我々ハ戰爭ヲ求ムルモノニアラス唯我々ノ生存ヲ脅威スル攻擊ニ應戰スルモノニ外ナラナイ。

全國民ハ中央政府カ目下防衞手段準備ノ眞最中テアルコトヲ了解サレ度イ假令弱國タリト雖我等ハ民族ノ完整ヲ維持シ國家ノ存立自體ヲ保障スルコトヲ怠ルコトハ出來ナイ最善ヲ盡シテ祖父傳來ノ此ノ遺產ヲ保全スルコトハ我等カ全力ヲ盡シテ遂行セネハナラヌ義務テアル然シ乍ラ戰一度始マレハ逡巡姑苒ハ許サレナイ最後迄戰ヒ拔カネハナラヌコトヲ充分了解セネハナラナイ若シ此ノ上更ニ一寸ノ領土カ失ハレルニ委スナラハ我々ハ我民族ニ對シテ許シ難イ罪ヲ犯スコトト言フヘキタ斯ノ如キ場合我々ノ義務ハ國民ノ全力ヲ傾注シテ外敵ニ抗爭、最後ノ勝利ヲ期スル一途アルノミタ。

三、此ノ嚴肅ナ瞬間ニ於テ日本ハ蘆溝橋事件カ日支兩國ノ一大戰爭ヲ招來スルカ否カヲ決定セネハナラヌ日支兩國間ニ未タ和平ノ希望カ些カタリトモ殘存シテ居ルカ何ウカハ一ニ日本軍ノ行動如何ニ懸ツテ居ル、和平ニ對スル一切ノ希望ヲ抛棄スル最後ノ瞬間ニ至ル迄我等ハ依然トシテ正常外交機關ヲ通シテ事件ノ解決ヲ求メルテアラウ今囘ノ事件ニ付我等ノ態度ハ次ノ四件ニ要約出來ヤウ。

イ、如何ナル解決案モ中國ノ領土完整並ニ主權ヲ侵害スルコトヲ許サス。

ロ、冀察政務委員會ノ地位ハ中央政府ノ決定スル所ニシテ如何ナル非合法的變更ヲモ許サス。

ハ、冀察政務委員會委員長ノ如キ中央政府ノ任命シタル地方官憲カ外部ノ壓迫ニ依リ罷免サルルコトニ同意スル能ハス。

ニ、第二十九軍、現在ノ駐屯區域ニ對スル如何ナル制限ヲモ甘受シ得ス。

如何ニ弱國タリトモ苟モ國家タル以上右四箇條ハ交渉ノ基礎トシテ承認シ得ル最少限度ノ條件テアル若シ相手方カ地位ヲ變ヘテ我等ノ地位ニ立ツナラハ且東亞平和ノ維持ヲ念トシ日支兩國民ヲ戰爭ノ渦中ニ捲込ミ相互ニ永遠ノ仇敵トナルコトヲ望マヌナラハ右四條件カ考慮サルヘキ最少限度ノ條件ナルコトヲ承認スルテアラウ之ヲ要スルニ今囘ノ蘆溝橋事件ノ危機ニ當リ中央

三〇一

政府ハ中國ノ存立ヲ確保スヘク明確ニシテ斷乎タル立場ヲ堅持シツツアル中國ハ一獨立國家テアル我等ハ和平ヲ欲求スル然シ乍ラ如何ナル犧牲ヲ拂ツテモ和平ニ執着スルモノテハナイ我等ハ戰爭ヲ欲セス然シ乍ラ我々ハ我等自身ヲ防衛スルノ已ムナキニ至ルカモ知レヌ此ノ重大危機ニ當リ政府ハ冷靜自重以テ國民ノ指導ニ當ルテアラウ國民モ亦眞劍ナ態度ヲ以テ一糸亂レヌ統制ヲ示サネハナラヌ民族ニ對スル義務ノ遂行ニ關シテハ南北老幼ノ別ナク一致團結鋼鐵ノ統制ヲ示シテ政府ノ指導ニ從フ樣希望スル。

(2) 汪精衞演説「最後ノ問題」（七月二十九日）

「余ハ七月十五日既ニ諸君ニ向ッテ今回ノ事件ノ發展如何ハ俄カニ豫想シ難キモノ、コハ偶然ニ起リシモノテナク一種ノ豫定計劃テアリ吾人ハ既定方針ニ依リ對處スヘシト謂ヘリ、十七日ノ蔣委員長ノ發表セル對時局方針中「最後ノ問題」ナル文字カ見エルカコノ一句ニツイテ説明ヲ加ヘヤウ。

曾ッテ民國二十四年ニ五全大會ニ於テ蔣委員長ハ「和平未タ完全ニ絶望ニ到ラサレハ輕輕ニ和平ヲ棄テス、時勢最後ノ關頭ニ到ラサレハ輕々ニ犧牲ヲ謂ハス」ト言ッテ以來吾人ハ左ノ方針ニ則ッテ來タ、然ルニ日本ノ中國ニ對スル侵略ハ已ム所ヲ知ラス、九、一八以來一歩々々侵略シ、中國ハ一歩々々退却セリ、何故ニ中國ハ退却セルカ、蓋シ中國ハソノ進歩ニ於テ日本ヨリ六、七十年遲レ、中國ノ國力ヲ以テシテハ日本ノ侵略ヲ防遏シ得ヌカ爲メナリ、日本ノ侵略ニ對シテハ唯何等カノ方法ニテ之ヲ遲延サセル事ニヨリ中國ノ退却ヲ遲延サセル外ナク、ソコニ見出サレル期間ヲ利用シテ吾人ハ種々ノ準備ヲ爲シ抵抗力ヲ强化セントスル事カ九、一八以來ノ中國ノ外交方針テアル、惟フニ九、一八事件ハ事件發生スルヤ中國ハ之ヲ國際聯盟ニ訴ヘタカ。

些細ノ道徳的制裁ヲ除キ經濟的、武力的制裁ノ如キハ聊カモ實現シナカツタノテ日本ノ侵略ハ歩々ニ進メラレ東三省ハ逐次淪落シタ、ソノ時ニ當リ吾人ハ全國民ニ對シ精誠團結、共ニ國難ニ赴カントノ「スローガン」ヲ掲ケタカ大シテ成功セス。

更ニ一・二八事件ニ進ンタ。淞滬停戰協定ノ締結ハ固ヨリ我カ方ニトツテ重大ナル損失ナリシカ此ノ協定ニヨリ吾人ハ日本ノ侵略ヲ幾分緩和スルコトニヨリ火急ニ江西ノ掃匪ヲ實行セシメ東南各省ノ公路網ヲ完成セシメ得タカコレハ損失ヲ償ヒシヤ否ヤハ後ノ世ノ公論ニ俟ツ淞滬協定後一年ヲ經スシテ熱河長城ノ戰爭トナリ日本ノ侵略ハ更ニ緊迫ヲ加ヘタ。

我カ軍敗戰守リヲ失スルニ及ンテ塘沽停戰ノ協定ヲ結ンタカコハ更ニ大ナル損失テアツタ、然シ同協定モ亦日本ノ侵略ヲ緩メテ精神的、物質的兩方面ノ準備ヲナサンカ爲メテ國防設備、經濟建設ニ又數歩ヲ加ヘル一方精神的方面ニ於テモ爲ストコロアツタ統一事業ハ未タ完成セリトハ言ヒ難イカ進歩ナシトモ亦言ヒ得ス、得ルトコロ失フトコロヲ償フカ否ヤコレ亦後世ノ公論ニ俟ツ、塘沽停戰ノ協定ニヨツテ發生セル通車通郵問題ハ吾人ハ滿洲國不承認ノ建前カラコレヲ解決シタカ航空連絡ニ付イテハ尚ホ堅持シテ讓ラス、二四年六月ニ至ツテ日本ノ侵略加ハリ吾人ハ六月十二日ノ日本側ノ最後通牒期限ノ滿了スルト共ニ取ラルヘキ自由行動ヲ前ニ種々ノ緊急處分ヲ要セシモソノ重大損失タルヤ實ニ忍ハントスルモ忍フヘカラス、譲ラントスルモ譲ルヘカラサルモノアテッタ。

然シ乍ラ敢テ忍ヒ敢テ譲ッタ所以ハコレニヨッテ日本ノ侵略ノ緩和ヲ願ヒ此ノ機ニ乗シテ物質、精神兩方面ノ準備ヲ整ヘンカ爲メテアッタ、其ノ間剿匪ノ完成ト兩廣ノ統一ヲ成就シ得タ、失フトコロ得ルトコロヲ償フヤ否ヤハ同シク後世ノ公論ヲ俟ツモノ斯クノ如ク忍ヒ又忍ヒ譲リ又譲ルコト茲ニ六年、斯クノ如ク一歩々々退却シテ止マルトコロヲ知ラス、吾人ノ準備ニ付テハ吾人モコレヲ知リ日本人モ亦コレヲ知ル、余ハ卒直ニ言フテアラウ、之等ノ軍備ハ現代國家トシテ必需ノモノテ吾人ハコレヲ頼ンテ人ノ敵トナリ又コレヲ頼ンテ友トナル、友カ敵トナル、我ニアルノミナラス又人ニモアリ、然リ而シテ日本人ハ斯クノ如ク言フ我等ハ汝等ノ敵ナルコトモ友ナルコトモ許サシト、然ラハ吾人ノ準備ハ日本人ノ侵略ヲ遲ラセ得ルカ否カ歩一歩ノ侵略ヲ緩和シ來リ斯クシテ吾人ハ最早ヤ此ノ上一歩モ退キ得ヌ最後ノ關頭ニ立タサルヲ得ナイ、從來最後ノ關頭ニ至ラスハ輕々ニ犧牲大ナラサル際ハ吾人ハ絶大ノ決心ト勇氣ヲ以テ耐ヘ忍ヒ、既ニ到レハ絶大ノ決心ト勇氣ヲ以テ犧牲トナルヘキテアル吾人カ忍ヒ而シテ卒然犧牲スレハ犧牲モ亦意義ナク今日若シ犧牲セスシテ準備ヲ言ヘハ準備モ無意義テアル、犧牲ノ二字ハ嚴酷ナリ、吾人ハ自已ヲ犧牲ニ供スルノミ、全國同胞ヲ一齊ニ犧牲ニ供スルコトヲ要ス、吾人ハ弱國ノ民テアル、吾人ノ所謂抵抗ニハ他ノ內容無クソノ內容ハ明タ、犧牲テアル、吾人ハ人ヲモ一塊ノ土ヲモ灰燼ニ歸セシメテ敵ノ手ニ渡サヌテアラウ、此ノ意味ハ寔ニ嚴酷テアル、然レトモ若シ斯クノ如クセサレハ更ニ嚴酷ナル事實カコレニ續クテアラウ、コレヲ換言スレハ、吾人カ犧牲セサレハ唯傀儡トナルノミナリ。

中國ノ歷史上外敵ノ侵略ニ半ハ亡フルモノ數次、完全ニ亡フルモノ二回、此ノ數回ノ滅亡ニ於テ侵略者ハ我々四億ノ民ヲ殺シ盡シ我カ百餘萬方里ヲ殺シ盡セルモノニ非ス幾人カノ勇氣アル人ノ死セル後大多數ノ勇氣無キ人ハ自己ノ身體ト土地トヲ侵略者ニ貢ケリ、之カ爲侵略者ハ極メテ容易ニ大多數人民ト土地ヲ入手スルヲ得タリ、吾人ハ今日傀儡タラント欲スルカ、傀儡タラサラント欲スレハ唯犧牲アルノミ、吾人ハ自己ノ犧牲ナレル後自己同胞カ犧牲トナルコトヲ欲セサレハ同胞ヲ强制シテ一戰犧牲ニ供シ一個ノ傀儡ノ種ヲモ留メサルヨウニセネハナラヌ、大都市、小都市ノ論無ク之ヲ灰燼ニ歸セシメネハナラヌ、吾人ハ敵ノ侵略ヲ防壓シ得ヌト雖モ敵ノ侵略シ來レル後一モ得ルコトナカラシメネハナラヌ。

吾人ハ數年來ノ苦心ノ結果團結ヲ說キ統一ヲ講シ組織訓練ヲ行ヒ最後ノ關頭ニ於テヨク全國、全民族ノ精神的力量ヲ發動セシメ日ニ積ミ月ニ重ネタ物質的建設ヲ以テ全國全民族ヲ擧ケテ侵略者ニ抵抗セシメハ天下既ニ弱者無ク强者モナカルヘシ、然ラハ吾人ノ犧牲ハ茲ニ完成シ抵抗ノ目的ハ遂セラル、吾々ハ茲ニ高ク最後ヲ關頭ノ一句ヲ叫ヒ更ニ高ク犧牲ノ一句ヲ呼フ」。

(3) 馮玉祥「ラヂオ」演説（八月六日）

諸君日本帝國主義ハ我天津、北平ヲ占領シ我同胞ヲ屠殺シ平綏、平漢、津浦各線ハ帝國主義者ノ馬蹄ノ蹂躙スル所トナリ空軍ノ爆撃ヲ受ケ國家民族ハ將ニ生死ノ關頭ニ立ツテ居ル我民衆ハ既ニ抗戰奮闘セントシテ居ル以上小サナ犧牲ハ歯牙ニ掛ケルニ足ラヌ蔣介石ハ曾テ事ヲ恐レス事ヲ起サス和平ヲ愛スルト言ツタカ現在ハ帝國主義者ノ壓迫ニ依リ進ムニ途ナク退クニモ途ナク唯抗戰ノ一途ノミカ殘サレテ居ル吾人ハ帝國主義者ヲシテ飜然悔悟セシメ肉切庖丁ヲ捨テル迄徹底的ニ抗戰スルコトノミニ依ツテ九死ニ一生ヲ得ルコトカ出來ル私ハ如何ニ抗戰スヘキカヲ説カウ。

吾々ハ亦敵ヲ知ラネハナラヌ中國ヲ侵略スルモノハ日本國民テハナク日本帝國主義ノ少數軍閥野心家テアル敵ノ力ハ高ク評價シテモイケナケレハ過小ニ評價シテモイケナイ前者ハ無抵抗降伏ニ陷リ後者ハ驕兵ナルカ故ニ敗レルノテアル物質力ハ恐レルニ足ラス精神力ヲ以テ大規模ニ行フ對日抗戰ハ長期ニ亘リ艱難ニ充チタ巨大ナ工作テアル國民ハ家ヲ棄テテ國家ニ盡スヘク敵貨ヲ買ヒ又原料ヲ敵ニ賣ルヘカラス國家存亡ノ時ニ當ツテ眞理ト平和、國家民族子孫ノ爲ニ戰ヒ一切ノ犧牲ヲ國家ニ捧ケテ敵ニ對抗セヨ吾々ハ統一アル指導ノ下ニ永久抗敵ヲ實行セネハナラヌ斯クスレハ最後ノ勝利ハ吾人ニ屬スル。

三〇九

(4) 國民政府外交部聲明（八月十二日）

盧溝橋事件發生以來日本側ハ口ニ屢々事態ノ擴大ヲ欲セスト言ヒ乍ラ事實上ノ行動ハ全然之ト相反ス北支ニ就テ言ヘハ日本側ハ最初現地和平解決ヲ聲明シ乍ラ大軍ヲ增派シテ平津ヲ攻擊シ屠殺焚燒至ラサル所ナシ現在亦更ニ一步ヲ進メ一面猛烈ニ南口ヲ砲擊スルト共ニ一面河北省南部ニ進出之ヲ窺ヒ實ニ其ノ止マル所ヲ知ラス上海ニ就テ言ヘハ日本側ハ口ニ我方ノ提議セル外交手續ヲ以テ速ニ虹橋飛行場事件ヲ和平解決スルコトニ同意セルニ拘ラス日本政府ハ遂ニ多數ノ飛行機、軍艦、陸戰隊又其ノ他ノ武裝隊伍ヲ上海ニ派遣シ恣ニ脅威ヲ與ヘ同時ニ種々ノ要求ヲ提出シテ我方自衞ノ力量ヲ解除又ハ減殺セントテ日本飛行機ハ連日上海、杭州、寧波等ノ地ヲ不法飛行シ軍事行動ヲ準備セリ。

凡ソ此ノ種ノ行爲ハ何レモ我國領土主權ヲ侵犯シ各種ノ國際條約ニ違反スルモノニシテ我國ハ此ノ環境ノ下ニ於テハ忍ハントシテ忍フヘキナク暴力ニ抵抗シ自衞ヲ實行スル外實ニ他ニ道ナシ今後事態ノ變轉ニ對スル一切ノ責任ハ完全ニ日本側ニ於テ負フヘキモノトス。

(5)　支那聯盟提訴附屬文書　（八月十二日）

支那政府ハ一九三七年八月三十日附ヲ以テ聯盟ニ對シ日支問題ニ關スル覺書ヲ提出シタカ、ソレ以來日本ノ對支侵略ハ一層熾烈粗暴ヲ加ヘ第三國民ヲ含ム非戰鬪員ノ生命財產ヲ無法ニ毀傷シタ事態ノ重大性ニ鑑ミ、支那政府ハココニ附屬文書ヲ以テ次ノ事實ニツキ特ニ聯盟ノ注意ヲ喚起セントスルモノデアル。

一、軍事的政治的詳報

八月十三日日本陸戰隊ノ抗戰ニヨッテ開始サレタ上海地方ノ戰鬪ハ相次ク日本ノ陸海空軍增援ノ結果益々擴大シタ、卽チ日本ハ支那第一ノ海港タル上海ヲ其ノ統制下ニ置ク爲メ上海ニ駐屯スル〇〇名ヲ越エル海軍陸戰隊ニ加ヘテ近代的武器ヲ有スル陸軍〇個師團及ヒ多數ノ軍用飛行機ヲ上海ヘ增派シタ。

第三國代表ハ日本軍艦ヲ含ム日支兩軍ノ上海ヨリノ相互撤收ヲ提議シタニ對シ支那ハ原則的ニ之ヲ受諾シタカ日本ハ卽座ニ拒絕シタ、上海ニ於ケル戰鬪ノ結果既ニ多クノ人命財產カ失ハレタカ日支ノ大軍ハ依然死鬪ヲ續ケテ居リ戰鬪ハ今後永引クモノト思ハレル。

北支那ニ於テ支那軍ハ日本軍ノ猛攻擊ニ對シ勇敢ニ抵抗シ二週間ニ亘リ南口ヲ防禦シタカ日本軍カ毒瓦斯ヲ使用シ更ニ熱河方面カラ關東軍カ支那軍ノ側面ヲ脅威シタ爲メ遂ニ退却ノ已ムナキニ至ツタ。

日本軍ハ更ニ西方ニ進擊シ張家口ニ至ル迄ノ平綏線上ノ各都市ヲ占領、支那軍ハ八月二十七日張口ヨリ撤退スルニ至ツタ。

日本側ハ九月四日張家口ニ於テ察南自治政權ト稱スル傀儡政府カ成立シタ旨發表シタ。

平漢線、津浦線ノ北方沿線方面ニ於テモ戰鬪カ繼續中テ同方面ニ於ケル日本ノ兵力ハ〇個師團〇〇名ニ達シテキル。

日本軍ノ統制下ニアル北平及ヒ天津地方ハ今ヤ全ク混亂ト恐怖ノ巷ト化シ日本軍ハ極力兵士ノ掠奪ヲ防止スルト稱シテキナカラ北平ニ於テ外國宣教師十名カ拉致サレタト傳ヘラレル。

日本ハ支那ノ全港灣ヲ破壞スル目的ヲ以テ南支方面ニ對シテモ空爆ヲ行ツタ。

即チ〇機乃至〇機編隊ノ日本空軍ハ八月二十一日廣東ヲ爆擊シ更ニ同日汕頭及ヒ漳州ニモ襲來シタ。九月三日日本軍艦カ厦門ノ支那要塞ヲ砲擊シタ直後日本ノ飛行機〇機ハ同地ヲ空爆又汕頭ハ九月六日第二次ノ空爆ヲ受ケタ、斯クテ日本空軍ハ今ヤ數省ヲ除キ殆ント支那全土ニ對シ空爆ノ手ヲ擴ケルニ至ツタ、日本空軍ハ恐ルヘキ殺戮行爲ヲ行ツテキルカ彼等ハ戰闘員非戰闘員ノ區別ヲ全然無視スル暴虐振ヲ示シテキル、日本ノカカル卑劣ナル侵略行爲ノ詳細ハ後述ノ通リテアル。

二、日本ノ支那沿岸封鎖、日本海軍ハ八月二十五日上海カラ汕頭南方ニ及フ水域ニ支那船舶ニ對スル航行遮斷聲明ヲ行ツタ、日本政府ハ右封鎖ハ平和的通商ニハ干渉セスト聲明シタニモ拘ラス支那海ニアル日本第三艦隊法律顧問信夫淳平博士ハ外國新聞記者團トノ會見ニ於テ外國船舶モ封鎖區域ニ於テハ日本軍艦ニヨリ停戰サレルコトアルヘシ。

ト述ヘ更ニコレ等外國船ノ積荷カ日本海軍ノ觀點ヨリ戰時禁制品ト目セラレル場合ハ先買權ヲ行使スルコトアルヘキ旨ヲ明カニシタ。

航行遮斷區域ハ九月五日ニ至リ更ニ擴大サレ秦皇島カラ北海ニ至ル事實上支那沿岸全區域ニ亙リ施行サレルコトトナツタ、同時ニ日本海軍ハ支那領海ヲ航行スル外國船舶ニ對シソノ國籍ヲ確メル爲停船ヲ命スル權利ヲ留保スル旨ヲ聲明シ、又外國船舶業者ニ對シ支那領海内ニ於ケル船舶ノ航行狀態ヲ通告スル樣要求シタ。

三、日本軍ノ赤十字隊爆撃

日本カ締約國ノ一員タル一九二九年ノ「ジュネーヴ」條約ヲ頭カラ蹂躪シテ日本軍ハ傷病兵看護ノ人道的作業ニアタル赤十字隊ニ爆撃ヲ加ヘル不法行爲ヲ再三繰返シタ、支那赤十字協會幹事長F・C・イエン（YEN）博士ハ八月二十九日新聞記者團トノ會見ニ於テ支那赤十字病院車三十臺ノウチ七臺ハ既ニ日本軍ノ爆撃ニヨリ破壞サレタト述ヘタ、日本軍飛行機ハコレラ病院車カ赤十字ノ徽章ニヨリ明ラカニ識別シ得ルニモ拘ラス屢々之ヲ追跡シ爆彈ヲ投下シタ、八月十八日眞茹ノ赤十字病院カ爆撃サレタ、幸ヒニ大部分ノ患者ハ他所ニ避難シテヰタカ擔架人夫一名慘死、醫師一名ト外三名カ負傷シタ。

翌十九日南翔ニ於ケル赤十字野戰病院隊カ同樣ニ日本軍空爆ヲ受ケ負傷兵二名慘死、病院隊員四名負傷シタ。

就中最モ恐ルヘキ慘虐行爲トシテ八月二十三日羅店鎭ノ戰鬪ノ際日本兵ノ行ツタ冷血行爲ヲ擧クヘキテアラウ。

當時負傷者救護ニ從事中ノ支那野戰病院隊員四十三名ハ日本軍ノタメニ包圍サレタカ日本兵ハ赤十字章ヲ剝キ取ツタ上野戰病院隊員ヲ坐ラセ之ニ發砲シタ、醫師一名、看護婦四名ハ卽死、看護婦三名カ辛シテ難ヲ逃レタカ殘リ三十五名ハ今尙行方不明テ恐ラク殺害サレタト思ハレル難ヲ免レタ看護婦三名中一名ハ脱走中發砲サレ重傷ヲ負ヒ翌二十四日遂ニ死亡シタ斯クシテ日本軍ノ暴虐行爲ハ赤十字作業ヲ最モ困難ナラシメツツアル、現在テハ後方戰線ノ作業ハ一切死ノ危險ニ曝サレルコトノ少イ夜間ニ行ハレテキル有樣テアル。

日本側ハ右赤十字隊カ軍需品ヲ運搬中テアツタト辯解シテキルカソレハ全然根據カ無イ、支那赤十字協會ハ赤十字章使用ニ當ツテ細心ノ注意ヲ拂ツテキル、全部テ三十臺ノ赤十字病院車ハ共同租界並ニ「フランス」租界通過ノ許可證ヲ有シ且ツ戰鬪區域ヘ出發前ニ嚴重ナ檢閲ヲ受ケテキル、從ツテ支那側ノ傷病者運搬車ニ加ヘタ日本軍ノ爆擊ハ絶對ニ辯解ノ餘地ナキモノテアル。

四、非戰鬪員ニ對スル無差別的攻擊

日本軍飛行機ノ非戰鬪員無差別爆擊ノ例ハ數限リカナイ、玆ニ悲慘ナ例ヲ二、三擧ケテ極惡非道ノ犯罪行爲ヲ例證シヤウ。

八月十七日日本軍飛行機〇臺カ上海西方八十哩ノ南通上空ニ飛來、同地ノ米人教會經營ノ病院目カケテ六個ノ爆彈ヲ投下シタ、ソノ中一彈ハ病院本館ニ命中、本館ハ火災ヲ起シ燒失シタ、多數ノ支那人醫師及ヒ看護婦二名慘死、數十名ニ達スル負傷者ノ中ニハ米國人看護婦二名モ交ツテキタ。

又八月二十八日〇〇臺ノ日本軍飛行機カ上海ノ密集地域南市ヲ襲撃シ同市ニハ支那軍陣地皆無ナルニ拘ラス南停車場附近ニ爆彈投下、爲メニ無辜ノ市民二百餘名慘死、五百名負傷シタ被害者ノ大部分ハ安全地帶ヘ避難スル爲列車ノ到着ヲ待ツテキタ避難民テアリ、其ノ中ニハ多數ノ婦女子カ含マレテキタ。

八月三十一日日本軍飛行機カ呉淞西方數哩ノ大場「バス」停留場ヲ爆撃シタ際ノ如キ二百餘名ノ傷兵並ニ避難民カ殺戮サレタ、同日天津ヲ去ル南方約七十哩ノ滄州テモ同樣ノ慘事起リ〻ノ際數百ノ支那民衆ハ日本軍飛行機ノ爆彈テ或ハ殺サレ或ハ負傷シタ。

九月五日早朝日本軍飛行機〇〇臺ハ當時未タ戰闘ノ行ハレテキナイ上海共同租界ノ西端ニアル北與(?)ヲ爆撃多數ノ家屋ヲ破壞、村民ノ死傷亦夥タシイ數ニ上ツタ、尙右飛行機ハ更ニ多數ノ避難民ヲ乘セテ蘇州「クリーク」航行中ノ「ジャンク」二隻ヲ認メ直チニ一隻ニ爆撃ヲ加ヘテ死者四十名、負傷者六十名ヲ出シ、其他ノ避難民ヲ恐怖ノドン底ニ陷入レ、他ノ一隻ハ機關銃ノ掃射ヲ行ヒコレ亦多數ノ死傷者ヲ出シタ。

五、敎育、文化機關ノ無法破壞、日支間ノ敵對行爲開始以來敎育、文化機關ハ日本軍ノ無法破壞行爲ノ好目標トナツタ。

日本軍ノ天津占領後最初ニヤツタコトノ一ツハ有名ナ南開大學及附屬中學校ヲ多量ノ石油ニ點火シテ燒却シタ。

日本軍飛行機ノ爆撃ニヨリ多數ノ大學及ヒ學校ハ一部若シクハ全部破壞サレタカ、此ノ中ニハ江西ノ「ボールドウィン」女學校、南昌ノ農業研究所及ヒ師範學校、南京ノ中央大學、附屬高等學校、小學校、吳淞ノ同濟大學等カアル、空爆ヲ受ケタ是等ノ學校ハ同濟大學ヲ除イテハイツレモ戰鬪區域ヨリ百哩モ離レテキルコトハ注意スヘキ事實テアル、而モ同濟大學ト雖モ空爆ノ當時ハ實際ノ戰鬪區域内ニ無ク、又支那軍モ占據シテ居ナカツタ。

以上ノ如ク日本軍カ過去數週間ニ亘リ支那領土内ニ於テ行ツタ行動ハ支那ノ政治機構ヲ破壞シ、支那國民ノ文化ヲ絶滅シ以テ豫テヨリノ大陸征服ノ夢ヲ實現スル爲ニ支那全土ニ侵略ノ手ヲ伸サントスル日本ノ決意ヲ明カニ示スモノテアル。

更ニ前記ノ如キ日本軍ノ支那ノ領土侵略ハ國際法ノ凡ユル原則、國際條約ノ凡ユル規定及ヒ人道ノ凡ユル條理ヲ全ク無視セルコトヲ示スニ外ナラヌ、今ヤ法律ト道德ハ暴力ト無政府狀態ニヨツテ代位サレタ、侵略國日本ハ征服ノ貪欲ニ醉ヒシレテ假藉ナキ虐殺ト無法ナ破壞ニ全力ヲ傾倒シ

三一八

テ居ル、斯クテ支那四億五千萬民衆ノ生命ハ危險ニ曝サレ全世界ノ文明ト安全ハ重大危機ニ直面シテ居ル。

(6) 國民政府外交部聲明（八月二十九日）

本條約ハ太平洋諸國間ニ不侵略ノ相互保障ヲ爲シ以テ集國的安全ヲ保障スル爲ノ行爲ナリ蘇支兩國ハ本條約ニ於テ不戰條約ヲ確認セシ次第ナルカ本條約ノ條項ハ極メテ簡單消極的ニシテ單ニ不侵略ノ相互保障及侵略國ニ對スル不援助ニ依リ平和ヲ維持セントスルモノニ外ナラス過去十年間各國間ニ多數ノ不侵略條約締結セラレ時ニハ政治的理想ヲ異ニスル場合ニモ締結セラレタルカ本條約ノ趣旨ハ何等是等ト異ナラス支那ハ今日侵略國ニ對シ武力抵抗ヲ爲シツツアルモ右ハ平和愛好カ支那人ノ傳統的特性タルノ事實ヲ變更スルモノニアラス支那ニ對スル侵略國カ右事實ヲ悟リ其ノ國策ヲ變更スルニ於テハ支那ハ極東ニ於ケル平和ヲ維持シ人類ノ福祉ヲ增進スル爲右侵略國ト同樣ノ不侵略條約ヲ締結スル用意アリ本條約カ極東ノ事態改善ノ契機トナルヘキヲ切ニ期待ス。

蘇聯邦及中華民國間ノ不侵略條約

蘇聯邦政府及中華民國政府ハ一般平和ノ保持ニ貢獻シ兩國ノ間ニ鞏固ナル且恒久的基礎ニ於テ存在スル友好關係ヲ增進シ且一九二八年八月二十七日巴里ニ於テ署名セラレタル戰爭拋棄ノ條約ニ

基キ互ニ負擔セル義務ヲ一層正確ニ確認スル希望ニ動カサレ本條約ヲ締結スルニ決シ之カ爲左ノ通リ全權委員ヲ任命セリ。

蘇聯邦中央執行委員會。

在中華民國特命全權大使「ド・トリ・ボゴモロフ」。

中華民國政府主席閣下。

外交部長王寵惠。

右委員ハ良好妥當ト認メラレタル各自ノ全權委任狀ヲ交換シタル後左ノ通リ協定セリ。

第一條、兩締約國ハ兩國カ國際紛爭解決ノ爲戰爭ニ訴フルコトヲ否認スルコト及相互ノ關係ニ於テ國策ノ具トシテノ戰爭ヲ拋棄スルコトヲ嚴肅ニ確認シ且右義務ノ結果トシテハ兩國ハ相互ニ相手國ニ對シ單獨ニ又ハ一箇若クハ數箇ノ第三國ト協同シテ攻擊ヲ爲ササルコトヲ約ス。

第二條、兩締約國ノ一方カ一箇若クハ數箇ノ第三國ヨリ攻擊ヲ受クル場合ハ他ノ一方ハ直接ニモ間接ニモ全紛爭期間右一箇若クハ數箇ノ第三國ニ對シ何等ノ援助ヲ與ヘサルコト竝ニ一箇若クハ數箇ノ侵略國カ攻擊ヲ受ケタル締約國ノ爲ニ不利ニ利用スルコトアルヘキ何等ノ行動若クハ協定ヲ爲ササルコトヲ約ス。

第三條、本條約ノ義務ハ本條約效力發生迄ニ兩締約國ニ依リ署名セラレ且締結セラレタル兩國間及多數國間ノ諸條約若クハ協定ヨリ生スル兩締約國ノ權利及義務ヲ侵シ又ハ變更スルカ如ク解釋セラレサルヘシ。

第四條、本條約ハ英文ヲ以テ二通ヲ作成ス本條約ハ前記委員ニ依リテ署名ノ日ヨリ效力ヲ發生シ五箇年ノ間效力ヲ有ス。

兩締約國ハ右期限滿了六箇月前他方ニ對シ條約ノ效力ヲ廢棄スルノ希望ヲ通告スルコトヲ得締約國ノ何レモカ適時ニ右ノ通告ヲ爲ササル場合ハ條約ハ最初ノ期限滿了後二箇年ノ間自動的ニ延長セラレタルモノト認メラルヘス締約國ノ何レモカ二箇年ノ期限滿了六箇月前條約廢棄ノ希望ヲ他方ニ通告セサル時ハ本條約ハ更ニ二箇年間效力ヲ有ス以後亦之ニ準ス。

右證據トシテ兩全權委員ハ本條約ニ署名調印セリ。

一九三七年八月二十一日南京ニ於テ之ヲ作成ス

「ボゴモロフ」

王寵惠

三二一

(7) 中國共產黨宣言及右ニ關スル蔣介石談話（九月二十二日）

南京二十二日發中央社電ハ中國共產黨中央委員會ハ宣言ヲ發シ黨ハ全國一致ヲ鞏固ニスル爲新政策ヲ採用シ。

一、三民主義ハ中國再建ノ爲必須ナルヲ認メ之カ完全ナル實現ヲ誓ヒ。

二、國民黨政權打倒政策、赤化運動及土地ノ强制的沒收政策ヲ抛棄シ。

三、「ソヴィエト」政府ヲ解消シ民主的政府ヲ支持シ。

四、紅軍ヲ解散シ人民革命軍ヲ組織シ之ヲ軍事委員會ノ指揮下ニ置クコト。

ニ決定セル旨及人民革命軍ハ軍事委員會ノ命ヲ奉シ防衛戰線ニ立ツ準備アル旨述ヘ居ル由及過般編制セラレタル第八路軍ハ既ニ山西ニ於テ日本軍ト戰鬪中ナル由ヲ報シタルカ南京二十三日發中央社電ニ依レハ蔣介石ハ同日談話ヲ發表シ右宣言ヲ歡迎シ右ハ民族意識ノ勝利ニテ赤化運動ノ抛棄、「ソ」區政府及紅軍ノ解消ハ外敵防禦ノ爲國力動員ニ對スル基本的手段ナリ國民政府ハ外國ノ侵略ニ抵抗シ國民黨ノ指導下ニ國家革命ニ盡サントスル如何ナル政黨ノ協力ヲモ受容ルルモノナリ云々ト述ヘ居レリ。

(8) 蔣介石双十節放送

國慶記念日双十節ニ際シ蔣介石ハ九日夜南京中央放送局ヲ通シテ左ノ放送ヲナシ全國民ノ決意ヲ促スト共ニ徹底的抵抗ノ意ヲ明カニシタ。

支那ハ目下生死ノ關頭ニ立ツテキル國民ハコノ戰爭カ今後數ケ月位テ片附クモノテナイコトヲ銘記シ今後益々困難ノ度ヲ加ヘ更ニ一段ノ犧牲ヲ忍ハネハナラナイコトヲ覺悟セヨ、而シテ尙現在ヨリモ十數倍ノ苦難ト悲慘ナ境遇ニ遭遇スル用意ニ取リカカラネハナラナイ、全面的ニ進展セル外敵ノ侵略カラ支那ヲ救濟セントスル我々ノ念願ハ全國民ノ犧牲ニ耐ヘ忍フ堅キ決意ニヨツテノミ達セラレルノテアル、列國政府ハ支那國民ニ對スル精神的援助ト同情ノ意ヲ表シテキルノミナラス正義人道及ヒ條約ノ神聖ヲ强調シテキル、我々ヲシテ列國ノ同情心ハ意ヲ强メシメルモノテアルカコレニヨツテ慢心シ或ハ正シイ判斷ヲ誤ツテハナラナイ、先ツ列國ノ援助ヲ期待スル前ニ自ラノ力ニヨツテ起チアカラナケレハナラナイ、ソシテ國民ハ飽クマテモ堅忍不拔ノ精神ト堅キ決意ヲモツテ最後マテモ戰フヘキテアル、カクシテコソ戰場ノ露ト消エタ勇士ト精神的援助ヲ示シテ呉レル列國トニ酬ユルコトカ出來ルノテアル、支那革命ノ第一段階ハ國家統制ノ完成テアリ、ソノ第二ハ國家獨立ノ確保テアル、今ヤコノ第二ノ段階ニ當ツテ我々ハ非常ナ試錬ニ遭遇シテキル、然シ全國民カ三民主義實現ノ爲メ固キ決意ヲ續ケルナラハ必スヤ此ノ目的ハ遂成セラレルヤウ中央政府並ヒニ全國民カラ與ヘラレタ信任ニ基キ最後ノ一人ニナルマテ戰ヒ拔ク覺悟テアル、今日ノ苦闘ト犧牲トハ將來ノ平和獲得ノ基礎テアリ又國家ヲ救フ最後ノ機會テアルコトヲ忘レテハナラナイ。

(9) 王寵惠ノ對米放送 （十月十五日）

"In spite of the outcry raised all over the world, the reign of terror created by the Japanese among our civilian population continues unabated." Dr. Wang Chung-hui, Minister of Foreign Affairs, told the people of the United States of "What Is Happening on this Side of the Pacific" in an address broadcast from 7.15 to 7.25 o'clock this morning over the Columbia Broadcasting System.

"In the name of justice and humanity," said Dr. Wang, "China appeals to the American people for two things. First, not to resort to any action which may be turned to the direct or indirect advantage of the aggressor, and secondly to do all in your power to further China's cause in this our life-and-death struggle.

"For many years the warning has been sounded by competent writers that the Pacific area is likely to be the scene of bitter strife and conflict. Unfortunately their admonition has not been heeded, and the Pacific Ocean to-day is anything but pacific, as the result of Japanese aggression in China.

The programme Japan has been trying to realize in China requires virtually the surrender of our right to exist and to live in peace as an independent and sovereign state. It

三二五

is essentially that programme we have been resisting all these few years, first by means of conciliatory diplomacy and more recently, seeing ourselves driven against the wall, with the lives and blood of our people.

Peace Shattered

"The peace of the Far East is now shattered in spite of our great patience and tolerance. It is broken because Japan is bent on destroying our freedom and independence as the first step toward her domination of Asia and mastery of the Pacific. China happens to be the first line of defence. And we are determined to hold it at all cost.

"Embarked upon an adventure of military conquest, Japan has not only torn up laws and treaties but has also adopted methods and practices condemned by human conscience. She has aroused horror and indignation throughout the world by her wanton destruction of schools, churches, hospitals and Red Cross ambulances, by her ruthless bombing of open towns and insensate slaughter of peaceful civilians.

"Thousands of Chinese inhabitants, including a vast number of women and children, have been killed and mutilated by bombs dropped indiscriminately from the air. I shall not attempt to describe the horrible tragedies enacted by the Japanese airmen on non-combatants. The shocking details have already reached the four corners of the earth, not through the protest of one or a few persons but through the testimony of a large group of independent witnesses and international journalists.

"This inhuman method of carrying on hostilities has been solemnly condemned by your government as well as by the League of Nations. It has also been widely denounced by the press of the world, by public organizations and individuals everywhere, including those who minister to God and Truth.

Appreciation Expressed

"To all Americans who have registered their protest against such unpardonable crimes, I wish to express sincere appreciation. Your voice in behalf of right and justice is a source of moral strength and encouragement to us all in our present affliction.

"In spite of the outcry raised all over the world, the reign of terror created by the Japanese among our civilian population continues unabated. It is by no means limited to important cities and ports nor to areas of actual hostilities. The Japanese air forces have extended their bombing operations to the interior of China. Most likely at this very moment the death-toll is being further increased by their merciless bombings in one or more provinces.

"Of late, the Japanese have resorted to the use of poisonous gas at Shanghai where

三二八

they have failed to break through the Chinese line of defence. This fact has been confirmed by the testimony of two foreign physicians of high standing—Dr. H. F. Ettinger, chief surgeon of the Nanking Red Cross Hospital and Dr. B. Borcic, representative in China of the Health Organization of the League of Nations. In a joint statement issued on October 12, they testified that they had examined cases of gas casualties among the wounded Chinese soldiers. They further expressed the opinion that the gas used was of the mustard group released from gas-bombs or shells.

"Why must all the horrors of war descend upon a quarter of the world's population? Because Japan, held in the iron grip of her militarists and playing with the dangerous illusion of her "divine destiny" to rule over Asia, has launched upon aggression against China, in flagrant violation of international treaties.

Two Treaties

"Under the Nine-Power Treaty signed at Washington in 1922, the signatory Powers, including Japan, solemnly undertook to respect the independence and territorial and administrative integrity of China. They further pledged to maintain the principle of equal opportunity for the commerce and industry of all nations throughout the territory of China, which principle, commonly known as the Open Door policy, was initiated by your great statesman, Mr. John Hay. Six years later, Japan entered into another international treaty—the Kellogg Peace Pact—denouncing war as an instrument of national policy and as a means of settling international disputes.

"Both of these treaties have been torn up and trampled under-foot by the Japanese. That her present invasion of China violates solemn international obligations is recognized by the League Assembly and by the American Government. China is the immediate victim. But the situation, created by such utter disregard for the sanctity of treaties, affects the United States as it affects all other peace-loving nations. It should further be remembered that Japan's actions reflect a dangerous and almost fanatical line of thought centering on her self-imposed "sacred mission" to determine the future of the Pacific.

"Japanese spokesmen have contended that their country was forced to fight China in order to wipe out the anti-Japanese feeling of our people and to win their friendly cooperation. This specious argument was used over and over again as if by mere repetition one could be made to believe that the way to gain foreign friendship and good-will lies in the slaughter of innocent people and the devastation of their land. As to the alleged anti-Japanese feelings, it should be emphasized that Japan's actions, since the seizure of Manchuria in 1931, cannot but arouse the natural resentment of the Chinese people. Instead of removing the cause of their resentment, her present military campaign of aggression has intensified it and aroused the same feelings in other countries as well.

"All Powers interested in the Pacific, I have reason to believe, are faced with a situation imperiling their enormous interests throughout the Orient. Any American with Far Eastern experience could tell you that no foreign business has the least chance of survival in territories under Japanese control. Manchuria furnishes a concrete example of how the door was slammed in the face of foreign traders.

"Many thinking publicists have also said, it is precisely because Japan is anxious to rid herself of her dependence on foreign raw materials, especially on your cotton, steel and scrap iron, that she is making a desperate attempt to seize our territory with its rich natural resources.

Formidable Position

"If Japan could only establish herself on the mainland of Asia and build up a raw material base for her still inadequate heavy industries, her position would be truly formidable. She might then even seek to impose her will on other countries as regards the importation of Japanese labour and the manufactures of her sweated industries.

"Whatever the outcome of the present conflict, Japan has been definitely pronounced before the bar of world opinion as the party breaking its treaty obligations. Her action constitutes a direct challenge to the Nine-Power Treaty and the Kellogg Pact which embody in a concrete form America's traditional policy in international affairs. It is not only for existence and independence that China is fighting her unscrupulous aggressor but also for the cause of all nations whose interests lie in peace founded upon the sanctity of treaties.

"In the name of justice and humanity, China appeals to the American people for two things. First, not to resort to any action which may be turned to the direct or indirect advantage of the aggressor, and secondly, to do all in your power to further China's cause in this our life-and-death struggle. By doing so, your are discharging your moral obligation toward your traditional policy of international justice and peace."—Central News.

（五）参加太原攻略作战（一部）

资料名称： 参加太原攻略作戦（一部）

资料出处： 支駐步一会編《支那駐屯步兵第一聯隊史》（非壳品），内海通勝1974年印行，第30—31頁。

资料解说： 华北驻屯军在发动卢沟桥事变攻占平津等地之后，改组为日本华北方面军第一军，其一部分兵力参加了10月的太原会战，协助第五师团进攻山西，以扩展其华北占领区。

太原攻略作戦参加（一部）

十月、山西省忻口鎮附近に於ける、閻錫山の指揮する中央軍約三十万に対し、第五師団(長・板垣中将)が之を攻撃中であったが、戦局は膠着状態を続けていたため、支那駐屯歩兵第二連隊(長・萱島大佐)を基幹とする萱島支隊が天津に於いて編成された。我が連隊より連隊砲中隊が萱島支隊に配属を命ぜられた。

編成左の如し。

中隊長　　陸軍大尉　久保田尚平
第一小隊長　陸軍中尉　川村淳二郎
観測班長　伍長勤務上等兵　鈴木良輝
第二小隊長　陸軍准尉　川村美平
観測班長　伍長勤務上等兵　鈴木利三美
指揮班長　結城准尉

十月十三日、北京西直門から列車輸送にて、平綏線を南口—強家口—大同に十四日夜八時着く。大同より行軍により平泉附近に於いて萱島支隊に配属、同支隊は第五師団長の指揮下に入り、忻口鎮の攻撃に参加した。

敵はこの地を太原防備の主抵抗戦として、逐次兵力を増強して、十月末には、その兵力は実に十五万と称せられた。

30

十一月二日夜半に到り、敵は我が軍の執拗な攻撃に耐えかね遂に退却を開始した。

かくして遂に、攻撃開始以来三週間目の十一月三日、明治節の佳日午前零時、全線三十五粁余、深さ四粁余に及ぶ天然の要害、忻口鎮の敵陣を占領した（海光寺部隊誌によれば、この戦闘に於ける萱島部隊の損害、戦死一九五名戦傷四七五名）。

直ちに追撃戦は太原城に向い、南進また南進、五日午後には早くも太原城北方四粁に達した。萱島支隊は太原東正面数粁に進出を命ぜられ、昼夜の別なく強行軍に人馬共に疲労困憊、敵の足早やな退却が恨めしい。

太原城には多数の住民、第三国人の非戦闘員が残っていたので一時攻撃を中止し、城内に対し降伏勧告を続けたが、敵は頑なに之を拒否し続けた。

かくて八日午前七時、太原総攻撃の火蓋は切って落とされた。連隊砲並びに砲兵の太原城々壁に対する集中砲撃に膺接し、午前九時十三分ごろ城壁間近の太原皮革会社の陰から萱島部隊が突撃を開始し、東城壁に梯子をかけ、城壁上には日章旗を翻えした。九日城内掃討を終え、十一月十日太原城入城式。旬日に亘る激しい戦闘と追撃戦の戦塵をこの一週間の休養はすっかり癒やしてくれた。

十一月十六日太原城出発、真東に向って行軍、毎日行程三十粁の行軍を続け、標高千米余の山道の難路を降雪と寒気と空腹に耐えながら、九日目に（十一月二十四日）河北省石家荘に辿り着く。

十一月三十日石家荘より列車輸送により一路北京に向う、十二月一日北京に帰着。

（六）帝国参谋本部对于中国事变的作战计划

资料名称： 支那事變に対する帝國參謀本部の作戦計畫

资料出处： JACAR（アジア歴史資料センター）Ref.C12120094200、Ref.C12120094300、Ref.C12120094400、Ref.C12120094500、C12120094600、Ref.C12120094700、Ref.C12120094800《支那事変に対する帝国参謀本部の作戦計画》（防衛省防衛研究所）。

资料解说： 按整理者在文件上的说明，史料原件已在战败投降时烧毁，本件系将相关人士战后回忆等相关史料加以整理而成。记录了从卢沟桥事变直至太平洋战争之前，日军在全面侵华战争中的计划制定及推行情况。

支那事変に対する帝国参謀本部の作戦計画

支那事変に対する帝国参謀本部の作戦計画

支那事変史編纂に従事した復員局事務官石割平造元大佐の作業(原謄写)、内容は支那事変陸戦概史と合し。

支那事變ニ對スル帝國參謀本部ノ作戰計畫

(註) 本情報ハ資料燒却セル諸關係者ノ記憶竝ニ斷片的ノ資料ヨリ收錄セルモノナルヲ以テ詳細ナル計畫特ニ數字ハ不明ナリ

0043

支那事變ニ對スル帝國參謀本部ノ作戰計畫

第一　支那事變前ニ於ケル帝國陸軍ノ支那ニ對スル作戰計畫ニ就テ

昭和十二年度ノ支那ニ對スル帝國陸軍ノ作戰計畫ニ就テハ諸般ノ情勢ヲ考慮シ一應ノ研究ハナシアリ又北京天津青島上海等帝國臣民ノ多數居住スル重要都市ニ於ケル現地保護ノ爲ノ小出兵ノ計畫ヲ有シタルモ本來支那ノ軍事情勢並ニ政治情勢ハ錯雑トシテ爲ニ支那トノ間ニ紛爭ノ發生ヲ見ル場合ニ於テモ其動機、場所、時期就中季節等ハ豫測シ得ス。爾他ノ全般的情勢等ニ鑑ミ武力行使ニ出ツヘキヤ否ヤ及萬一武力行使ニ出ル場合ニ於テモ其ノ場所及規模等ハ全然豫定シ難キ状況ニアリシノミナラス當時帝國ハ一般方針トシテ對支武力行使ヲ避クル意向ナリシヲ以テ對支作戰ニ關スル確定的計畫ヲ樹立

0044

スルコトナク支那トノ間ニ和平解決ノ場合ハ其ノ時ノ情勢ニ適應スル如ク臨機作戰指導ノ方策ヲ策定スルコトトセラレタリ

依テ支那事變ニ對スル帝國參謀本部ノ作戰指導ハ全般トシテ一貫セル方針ニ基クモノニアラスシテ情勢ノ推移ニ應シ逐次發展擴大セシモノナリ

以下情勢ノ推移ニ應シ中央統帥部トシテ處置セシ作戰ノ指導ヲ記述ス

第二　支那事變勃發當時ニ於ケル對支作戰計畫

1. 昭和十二年七月七日夜蘆溝橋事件勃發シ支那軍我ニ挑戰スルノ報ニ接スルヤ七月八日帝國ハ「一般ノ情勢上事件ノ擴大ヲ防止スルヲ要ス」ノ一般方針ヲ決セリ

八月支那駐屯軍司令官ニ對シ左ノ命令發セラレタリ

「事件ノ擴大ヲ防止スル爲更ニ進ンテ兵力ヲ行使スルコトヲ避クヘシ」

2. 然ルニ翌九日ニ至ルモ支那軍ノ無統制ナル挑戰的行爲止マサルニ

0045

鑑ミ帝國ハ一段ヨリ進ンデ事件ヲ擴大セザルモ彼ヨリ挑戰ヲ敢行スル限リ之ヲ排撃スルヲ要ス一ノ方針ヲ取レリ但シ此ノ場合ニ於テモ事件ヲ成ルベク平津地方ニ限定スルニ勉ムベキモノトセリ

3 支那駐屯軍司令官ハ不擴大方針ヲ以テ極力和平解決ニ努力セシカ十日ニ至ルモ支那軍ハ執拗ニ我軍ニ挑戰シ事態ノ推移スル所支那駐屯軍ハ敵ノ重圍ニ陷リ危殆ニ瀕スルニ至リ在留帝國臣民ノ生命財産又危險ニ陷ルニ至レルヲ以テ速カニ之ヲ救援スルト共ニ事態ノ根元ヲ一掃スル爲左ノ兵力ノ支那派遣ヲ決定セラレタリ

(イ)關東軍ノ一部(獨立混成第一、第十一旅團及飛行集團ノ一部)

(ロ)朝鮮軍ノ一部(第二十師團及飛行中隊三)

(ハ)内地ヨリ師團三箇、飛行中隊十八箇及兵站ノ部隊

4 然ルニ支那側ハ十一日午後ニ至リ我要求ヲ受諾セルヲ以テ内地ヨリスル兵力ノ派遣ヲ中止セリ

5 而シテ其ノ後ニ於テモ支那軍ノ不法行爲續發シ又支那側ハ七月十五日迄ニ灤河線以北ニ約三十箇師團ヲ集結セリ

二

0046

是ニ於テ帝國ハ南京政府ニ對シ「日本ハ飽ク迄現地解決ヲ圖リ端緒ヲ北支ニ限定スル意圖ナルヲ以テ南京政府ハ支那軍ヲ舊態ニ復シ對日挑戰的行動ヲ中止シ且現地ノ解決ヲ妨害セサルハ勿論」ヲ要求シ又支那駐屯軍司令官ヲシテ七月十七日第二十九軍長宋哲元將軍ニ對シ現地交渉ヲ實施セシメタリ

宋哲元將軍ハ十八日支那駐屯軍司令官ヲ訪問シ遺憾ノ意ヲ表明セルモ支那中央政府ノ態度ハ誠意缺キノミナラス反テ對日戰備ノ強化ヲナシツツアリ

6 七月二十五日郎坊ニ於テ支那軍ハ我軍ニ對シ挑戰セシモ我ハ未タ武力行使ノ決意ヲ爲サス依然平和ニ事件ノ解決セント欲シタルモ翌二十六日廣安門事件發生スルニ及ヒ支那駐屯軍司令官ハ天津、北平一帶ノ支那軍ヲ膺懲スルニ決心セリ而シテ中央統帥部ハ此ノ北支駐屯軍司令官ノ決心ヲ是認シ左ノ如ク處置セリ

(1) 支那駐屯軍司令官ニ左ノ新任務ヲ附與ス

「支那駐屯軍司令官ハ現任務ノ外平津地方ノ支那軍ヲ膺懲シテ

同地方主要各地ノ安定ニ任スヘシ」

（註）支那駐屯軍司令官ノ従来ノ任務ハ北支主要各地ノ居留民ヲ保護シ且北平、海岸間ノ鉄道線ノ保護ニ在リタリ

(ロ)内地ヨリ三個師団（第五、第六、第十師団）及之ニ伴フ部隊ヲ動員シテ北支ニ派遣ス

中央統帥部ハ七月二十九日左ノ対支作戦計画ノ具体的大綱ヲ策定セリ

、）中央統帥部ノ対支作戦計画大綱

一、作戦方針

平津地方ノ支那軍ヲ撃破シテ同地方ノ安定ヲ図ル作戦地域ハ概ネ保定独流鎮ノ線以北ニ限定ス

状況ニ依リ一部ノ兵力ヲ以テ青島及上海附近ニ作戦スルコトアリ

二、兵団ノ兵力編組及任務

A平津地方　支那駐屯軍ヲシテ約四師団ヲ基幹トシ平津地方ノ

0048

支那軍ヲ擊破ス

B青島附近　概ネ一師團ヲ基幹トシ青島附近ヲ占領シテ主トシテ居留民ヲ保護ス

三、作戰指導ノ要領

A支那駐屯軍ヲ以テ平津地方等ニ前記作戰地域ニ於テ支那軍ニ對シ可及的大打擊ヲ與フル如ク作戰セシム

B青島及上海附近ニ對スル作戰ハ狀況止ムヲ得サル場合ニ之ヲ行フ

C戰況ノ推移等ニ第三國トノ關係ニ依リ最小限ノ兵力ヲ以テ平津地方ヲ確保シ持久ヲ策スルコトアリ

四、第三國ニ對シ嚴ニ警戒シ情勢ニ應シ逐次所要ノ兵力ヲ動員シテ滿洲ニ派遣ス

五、別ニ五師團ヲ中央直轄トシ情勢ノ變化ニ應シ得ル如ク準備ス

〇北支作戰ニ關スル海陸軍協定

其ノ一　作戰指導方針

0049

一、勉メテ作戦地域ヲ平津地方ニ限定シ中支、南支ニハ主義トシテ實
力ヲ行使セス
但シ止ムヲ得サル場合ニ於テハ青島、上海附近ニ於テ居留民ヲ
保護ス
二、陸海協同作戦トス
三、本作戦實行中第三國ト事ヲ構フルコトハ極力之ヲ避ク

其ノ二　作戦任務ノ分擔

一、平津地方確保ノ為關東軍及内地ヨリ所要兵力ヲ平津地方ニ派遣
シ支那駐屯軍ヲ強化ス
右作戦ハ主トシテ陸軍之ニ當リ海軍ハ陸軍輸送護衛並天津方面
ニ於テ陸軍作戦ニ協力ス
二、中、南支方面ニ對シテハ海軍主トシテ警戒ニ任ス
三、前項方面ノ状況悪化シ帝國居留民ノ保護ヲ要スル場合ニ於テハ
青島及上海附近ニ限定シ陸海軍所要兵力協同シテ之ニ當ル
四、航空ニ關シテハ別ニ定ム

其ノ三　兵力區分、警備護衛

一、兵力區分

1 陸軍ハ左ノ如ク兵力ヲ派遣ス

(イ) 北支方面

關東軍ヨリ混成約二旅團其他所要ノ部隊

朝鮮ヨリ臨時動員一師團及内地ヨリ動員三師團其他所要ノ
部隊

(ロ) 青島及上海方面

内地ヨリ動員二師團其他所要ノ部隊ヲ配當スルモ其ノ兵力
區分ハ北支方面等ノ状況ニ依リ決定ス

2 海軍ハ左ノ如ク兵力ヲ増派ス

(イ) 北支方面

第五戰隊、第四水雷戰隊、木曾、多摩、球磨、長鯨、第十
一、第二十三驅逐隊、知床、第二聯合航空隊、特別陸戰隊
二、大隊

(四)中支及南支方面

第八戰隊、第一水雷戰隊、第一聯合航空隊、潜水戰隊二

六隊

三、輸送及護衛

1. 北支方面ニ對スル輸送ハ主力ハ鐵道ニ依リ（釜山經由）一部

ハ海路ニ依ル（秦皇島上陸）

2. 青島、上海方面ヘノ輸送ハ海路ニ依ル但シ状況ニ依リ一部ノ

陸派ヲ考慮ス

輸送區分ハ状況ニ依リ定ム

3. 海上護衛ハ第四戰隊、第二水雷戰隊、第二聯合航空隊及第三

艦隊ノ一部ヲ以テ之ニ充テ間接護衛トシ要スレハ直接護衛ト

ス

0052

第三　事變第一年度（昭和十二年）

其ノ一　北支方面

(一)察哈爾作戰

北支事件勃發シ平津地方ノ作戰開始セラルルヤ中央軍ニ師ハ八月初旬滿洲國境ニ進入セリ

關東軍ハ支那中央軍ノ滿洲國侵入ハ放任シ得サルヲ以テ多倫守備ニ任スル部隊ヲ張北ニ前進セシムルヲ有利ナリトシ其ノ意見ヲ具申セリ

中央統帥部ハ八月七日之ヲ認可セリ

八月九日察哈爾作戰ヲ實施スルニ決定シ左ノ如ク命令セラレタリ

(イ)支那駐屯軍ハ張家口以東ノ支那軍ヲ掃滅ス

(ロ)關東軍ハ所要ノ兵力ヲ以テ熱河省及内蒙古方面ヨリ支那駐屯軍ノ作戰ヲ容易ナラシム

0053

二　河北省中部ノ作戰

(イ)支那駐屯軍ハ河北省中部ノ支那軍主力（約四十萬）ニ對シ八月中旬以后平津附近ニ我ガ兵力ヲ集中中ナリシカ作戰兵力ノ增大スルニ伴ヒ八月三十一日北支那方面軍及第一、第二軍ノ戰鬪序列ヲ令セラレタリ

北支那方面軍司令官

第一軍（6I　14I　24I　其ノ他）

第二軍（10D　16D　108D　其ノ他）

109D

支那駐屯混成旅團

(ロ)八月三十一日北支那方面軍司令官ニ對シ左ノ命令下達セラレタリ

左記

○北支那方面軍司令官ハ平津地方及其附近主要地ヲ占據シ這等地方ノ安定確保ニ任スヘシ

0054

○敵ノ戦争意志ヲ挫折セシメ戦局終結ノ動機ヲ獲得スル　的
ヲ以テ速カニ中部河北省ノ敵ヲ撃滅スヘシ

(三)太原攻略戦

中央統帥部ハ察哈爾作戦ノ進捗ニ伴ヒ十月一日太原ヲ攻略スルニ決シ左ノ如ク命令セラル

(イ)北支那方面軍司令官ハ一部ヲ以テ北部山西省ニ作戦シテ太原ヲ占領スヘシ

(ロ)関東軍司令官ハ北支方面軍ノ作戦ヲ容易ナラシムルト共ニ内長城線以南ニ進出セル関東軍所属部隊ヲ北支那方面軍司令官ノ指揮下ニ入ラシムヘシ

其二　中支方面

(一)上海附近ノ作戦

(イ)支那ハ八月十一日夜以降昭和七年ノ上海停戦協定ヲ無視シ公然ト軍隊ヲ上海附近ニ集中シ十三日以後我カ海軍陸戦隊ト戦

0055

鬪ヲ惹起スルニ到リ情勢ハ極メテ悪化セシヲ以テ中央統帥部ハ八月十三日二箇師團（3D 11D）ヲ基幹トスル上海派遣軍ヲ上海ニ派遣シ海軍ト協力シテ上海附近ノ敵ヲ掃蕩シテ帝國臣民ヲ保護セシムルニ決シ上海派遣軍ハ八月二十三日沙河鎮及呉淞棧橋附近ニ上陸セリ。

(ロ)中央統帥部ハ上海方面ノ戰況ニ鑑ミ（九月 9D 13D 103D 重藤支隊（歩五大隊）其ノ他ヲ上海派遣軍ニ増加シ又第十軍（6D 18D 114D）ヲ杭州灣附近ニ上陸シ敵ノ右側背ニ迫ラシムルト共ニ有力ナル一兵團ヲ揚子江上流方面ヨリ進メ太湖附近ノ沼澤地帶ヲ背ニスル支那軍ヲ包圍シテ之ニ大打撃ヲ與ヘ以テ敵ノ抗戰意志ヲ挫折セシムルニ決ス

上海派遣軍ト第十軍トヲ合シテ中支那派遣軍トナス

(二)南京攻略戰

(イ)上海周邊ノ敵ハ我カ上海派遣軍及第十軍ノ攻撃ニ依リ十一月十一日夜ヨリ全面的ニ西方ニ退却シ中支那派遣軍ハ直ニ之ヲ

0056

追撃セリ

中央統帥部ハ中支那派遣軍司令官ニ對シ作戰地域ヲ蘇州ー嘉興ノ線以東ト指示セシモ其ノ後彼我一般ノ情勢特ニ第一線兵團ノ追撃狀況ニ鑑ミ十一月二十四日前記作戰地域ノ制限ヲ解除シ太湖北方地區ニ於テハ一部ヲ無錫以西ニ進出セシムルコトヲ承認セリ然レ共太湖南方地區ニ於テハ湖州以西ニ戰面ヲ擴大スヘカラサルヲ内示セラレタリ

(ロ)十一月下旬ニ於ケル敵軍ノ退却及我カ軍ノ追撃狀況其ノ他諸情勢ヲ考慮シ大本營ハ中支方面ノ現兵力ヲ以テ速カニ南京ヲ攻略スルニ決シ十二月一日中支那方面軍司令官ニ對シ「海軍ト協同シテ南京ヲ攻略スヘキ」命令下達セラレ且其ノ任務達成ノ爲揚子江左岸ノ要地ニ一部ノ作戰ヲ實施スルコトヲ得ルノ件ヲ指示セリ

0057

第四事變第二年度（昭和十三年）

其ノ一、事變第二年度初頭ニ於ケル帝國大本營ノ作戰指導

(イ)帝國政府ハ南京攻略後國民政府ニ對シ反省ヲ促ス所アリシモ同政府ハ、我カ眞意ヲ解セス徹底的抗日ヲ策セシヲ以テ帝國政府ハ一月中旬「爾後國民政府ヲ相手トセス帝國ト提携シテ東亞ノ平和ニ當ラントスル新興政權ト協力」スルニ決シ此ノ旨ヲ中外ニ宣明スルト共ニ外ハ專ラ占據地域ノ治安確保ニ勉メ内ハ長期戰ニ即應スルノ軍備充實及戰時体制ノ強化ヲ圖レリ

(ロ)大本營ハ、政上ノ國策ニ基キ狀況之ヲ許スルニ至ル迄ハ特ニ必要ナル場合ノ外戰面ヲ擴大シ又ハ新方面ニ作戰ヲ行ハス、敵軍後方ニ對シテハ、航空作戰ヲ續行スルヲ以テ作戰指導ノ方針トセリ

(ハ)大本營ハ前年末膠濟鐵道沿線及濟南ヨリ上流黃河北方地區ニ亘ル地域ノ戡定ヲ企圖シ北支那方面軍司令官ニ對シ逐次右作戰ヲ推進スヘキヲ命スルト共ニ一月八日青島及南部山西省ニ對スル作戰發起ヲ指示セリ

0058

(ニ)中支那派遣軍ハ北支那方面軍ノ實施シアル山東作戰ニ策應スル爲一部ヲ以テ隴海〔線〕方向ニ向フ作戰ニ關シ意見ヲ大本營ニ具申セシモ大本營ハ專ラ戰力ノ整備充實ヲ圖リ戰線ノ擴大ヲ極力避クル方針ナリシヲ以テ右意見ヲ認可セス

其二、徐州會戰

(イ)敵ハ我カ軍カ占據地域ノ安定確保ニ專念シアルヲ目シテ我軍ノ戰力既ニ消耗シテ攻勢作戰ヲ爲スノ余力ナキモノト判斷シ戰意著シク昂揚シ其ノ行動活潑化シ又其ノ宣傳ニ依リ親蔣列國ノ援蔣政策ヲ積極化セシムルニ至レリ

(ロ)是ニ於テ大本營ハ徐州附近ニ集中セル支那軍ニ一大打擊ヲ加フルハ我軍ノ不斷ノ煩累ヲ除去スルニ止ラス敵ノ抗戰意志ヲ挫折セシムル爲效果大ナリト判斷シ新ナル進攻作戰ヲ實施スルニ決セリ

(ハ)大本營ノ徐州附近作戰指導要領

1.方針

北支那方面軍ノ有力ナル一部及之ニ策應スル中支那派遣軍ノ一

滁ヲ以テ徐州附近ノ敵ヲ撃破シ且津浦鐵道線竝ニ廬州附近ヲ占領ス

作戰開始ハ四月下旬ト豫定ス

2 要領

A 北支那方面軍ハ約四師團ヲ以テ隴海鐵道線ニ向ヒ攻勢ヲ取リ敵ヲ撃破ス

之カ爲主力ヲ以テ北方ヨリ徐州附近ノ敵ヲ撃破シ約一師團ヲ開封東北附近ヨリ歸徳方面ノ敵ノ退路ニ向ヒ進攻セシム

B 中支那派遣軍ハ約二師團ヲ以テ南方ヨリ北支那方面軍ノ作戰ニ策應ス

之カ爲津浦鐵道線ニ沿フ地區ヨリ進撃シ特ニ敵ノ退路遮斷ニ務ム

C 北支那方面軍ハ徐州以北ノ津浦鐵道線ヲ占領シ又敵ヲ撃退後開封以東ノ隴海鐵道線以北ノ地域ヲ占領ス

D 中支那派遣軍ハ敵ヲ撃退後徐州以南ノ津浦鐵道線竝ニ廬州附

0060

近ヲ占領ス

四、本作戦終了後北支那方面軍ハ約三ケ師團ヲ黄河以南ニ配置シ中支那派遣軍ハ約二ケ師團ヲ徐州以南津浦鐵道線竝ニ廬州附近ニ配置ス

其五、武漢攻略戦

1. 大本營ハ徐州會戦中其ノ有利ナル態勢ヲ利用シ直ニ武漢作戦ヲ準備セリ

2 徐州會戦後大本營ハ「此ノ秋成ルヘク速ニ漢口ヲ攻略シテ蔣政權ヲ中原ヨリ驅逐シ情勢ニ依リテ更ニ敵ノ補給路ヲ遮斷スル爲廣東攻略ヲ行フコトアルヘシ」トノ構想ノ下ニ作戦指導ノ大綱ヲ策定ス其ノ方針左ノ如シ

中支那派遣軍ハ一軍ヲ以テ淮河ニ沿フ地區ヨリ、一軍ヲ以テ揚子江ニ沿フ地區ヨリ漢口ヲ攻略シ成ルヘク多クノ敵ヲ撃滅ス

北支那方面軍ハ一部ヲ以テ中支那派遣軍ノ攻勢開始ニ先タチ鄭州附近ヲ攻略シテ敵ヲ北方ニ牽制ス

0061

3.大本營ハ武漢作戰指導大綱ノ方針ノ下ニ左ノ作戰準備方策ヲ策定セリ

A中支那派遣軍ハ六月中、下旬安慶ヲ占領シテ爾後ノ作戰ヲ準備ス

安慶占領後中支那派遣軍ノ隷下ニ第十一軍ヲ編成シ之ヲシテ揚子江ニ沿フ作戰ニ任セシム

B中支那派遣軍ハ別ニ第十三師團ヲシテ壽縣、正陽關六安附近ヲ占領シ爾後ノ作戰ヲ準備セシム

六月末迄ニ第二軍ヲ其ノ隷下ニ轉屬シ之ニ第十三師團ヲ加ヘ淮河ニ沿フ作戰ニ任セシム

C中支那派遣軍ハ安慶及壽縣附近ニ夫々第一線兩軍直協飛行團ノ爲又蚌埠及廬州附近ニ於テ爆擊飛行部隊ノ爲基地ヲ設定ス

D中支那派遣軍ハ第一線兩軍ノ爲安慶及壽縣、正陽關及六安附近ニ補給基點ヲ設定ス

4.大本營ハ八月二十二日漢口攻略ニ關シ左ノ要旨ノ命令ヲ下達セ

0062

リ

A中支那派遣軍ハ海軍ト協力シテ漢口附近要地ヲ攻略占據スヘシ此ノ間成ルヘク多クノ敵ノ撃破ニ勉ムヘシ

漢口附近攻略後ノ占據地域ハ勉メテ之ヲ緊縮スヘシ

B北支那方面軍ハ中支那派遣軍ノ作戰ニ策應シテ敵ノ牽制ニ勉ムヘシ

0063

其四　廣東作戰

(イ)南支方面ハ敵ノ海外連絡路トシテ重要ナル地位ヲ占メアルニ鑑ミ大本營ハ事變ノ短期終了ノ爲此ノ敵補給路ヲ遮斷シ敵ノ繼戰要素ヲ奪フコトノ必要ヲ痛感シ前年末頃ヨリ南支作戰ノ研究ヲ進メタリ

然レ共大本營ハ依然事變ノ不擴大方針ヲ堅持シアリタル爲其ノ作戰ノ實現ヲ見ルニ至ラサリシモ漢口攻略戰ノ進展ニ伴ヒ本作戰ヲ速ニ實行スルノ必要ヲ認メ九月七日漢口攻略ト相前後シテ廣東ヲ攻略スルニ決セリ

0064

(ロ)

大本營ノ作戰構想

1. 九月十九日第二十一軍(5D 18D 104D 4FB)編成セラレ同日大本營ハ第二十一軍司令官ニ對シ左ノ要旨ノ命令ヲ下達セリ

A 大本營ハ漢口攻略ト相前後シテ南支那ニ於ケル敵ノ重要ナル策源ヲ奪ヒ其ノ主要ナル對外連絡補給路ヲ遮斷スル爲、廣東附近要地ノ占據ヲ企圖ス

B 第二十一軍司令官ハ海軍ト協同シテ廣東附近ノ要地ヲ攻略スヘシ

廣東攻略後ノ占據地域ニ關シテハ別命ス

0065

C　臺灣軍ハ第二十一軍ノ兵站ニ關シ援助スヘシ

乙　第二十一軍ノ上陸並ニ爾後ノ作戰指導ノ爲左ノ「廣東作戰要綱」ヲ第二十一軍ニ交付ス

A　要旨

第二十一軍ハ主力ヲ以テ「バイヤス」灣ニ、一部ヲ以テ珠江岸ニ上陸作戰ヲ指導シ次テ敵ヲ擊破シテ廣東ヲ攻略ス

廣東攻略後ハ勉メテ占領地域ヲ緊縮シ廣東附近ニ於ケル敵ノ主要ナル對外連絡補給路ヲ遮斷ス

0066

B 作戰要領

a 十月中旬ノ頃第十八師團爲シ得レハ第五師團ノ一部又ハ第百四師團ノ一部ヲ基幹トスル部隊ヲ以テバイヤス灣ニ上陸シ速ニ上陸根據地ヲ設定シテ惠州方面ヨリスル爾後ノ攻擊前進ヲ準備ス狀況ニ依リ惠州方面東江ノ渡河點ヲ占領スルコトアリ

b 十月下旬第五師團ノ主力ヲ珠江方面ニ進メ虎門要塞ヲ奪取シ續イテ東江ニ向フ地區ヨリ狀況ニ依リ

0067

珠江ニ沿フ地區ヨリ前進シテ軍主力ノ作戰ニ策應
セシム
軍主力ハ珠江作戰ノ開始ト共ニ攻擊ヲ開始シ
概シテ「バイヤス」灣—惠州—增城—廣東
道ニ沿フ地區ヨリ作戰シテ廣東ヲ攻略ス
敵野戰軍トノ主決戰ヲ東江江畔ニ豫期ス
ㇵ
廣東攻略後ハ主力ヲ廣東附近ニ、各一部ヲ三水江
村及虎門、石龍要スレハ「バイヤス」灣岸又ハ珠江
西岸地區ニ配置シテ持久ヲ策ス

0068

敵ノ蝟集攻撃ニ對シテハ適宜反撃ヲ加ヘテ之ヲ撃滅ス

d 廣東附近ニ適良ナル航空基地ヲ設定シ陸海協同シテ南支方面奥地ニ對シ不斷ノ航空作戦ヲ遂行ス

3 廣東作戦ノ為陸海軍中央協定左ノ如シ

A 作戦兵力

0069

陸軍

第廿一軍司令部　司令官中将　古荘幹郎

第五師團

第十八師團

第百四師團

第四飛行團

兵站部隊

以下省略

海軍

第五戰隊（下妙高）　司令長官中将　塩澤幸一

第九戰隊

第十戰隊

第八戰隊

第二水雷戰隊

第五水雷戰隊

第一航空戰隊（約四十機）

第二航空戰隊（約七十機）

第二根據地隊

第十四航空隊（約四十機）

高雄航空隊（中攻約十二機）

千歲（水上機母艦）（約八機）

0070

神奈川丸（水上機母艦）（約八機）
第三驅逐隊
第一砲艦隊
「状況ニ依リ第一聯合航空隊ノ全部又ハ一部
（中攻約二十四機）

B 指揮關係

第二十一軍司令官　第五艦隊司令長官ト協同作戰ス

C 輸送護衛及陽動

陸軍部隊ノ輸送概要左表ノ如シ

0071

噸数	件名	輸送方法	集合日次	占領日次
約40萬噸	第一次輸送部隊 18D/104Dノ半部 5Dノ一部（旅團長ノ指揮スル歩兵三大隊ヲ基幹トスル部隊） 軍直ノ一部 兵站ノ一部	敵前上陸	十月七日迄	十月中旬
約20萬噸	第二次輸送部隊 104Dノ半部 軍直ノ一部 兵站ノ大部	逐次輸送		十月中、下旬
約15萬噸	第三次輸送部隊 5Dノ主力	敵前上陸	十月二十五日迄集合	十月下旬
約25萬噸	第四次輸送部隊 5Dノ残務 軍直残部 兵站ノ残務	逐次輸送		十月下旬

0072

白耶士灣方面ノ第一回上陸作戦部隊ハ馬公ニ集合シ護衛艦隊ノ護衛下ニ入リテ白耶士灣ニ向ヒ前進ス

珠江方面ノ第一回上陸作戦部隊ハ白耶士灣ニ集合シ護衛艦隊ノ護衛下ニ入リテ珠江ニ向ヒ前進ス

其他ノ輸送ハ特ニ要スル場合ノ外直接護衛ヲ行ハス

為シ得レハ輸送船團ノ一部ヲ以テ汕頭方面ニ陽動ヲ行フ

D 警備其他

占領地域ノ陸上ノ警備ハ陸軍之ヲ擔任シ海面及珠江上ノ警備ハ海軍之ヲ擔任ス

埠頭及港務諸機關ノ管理、運用ハ陸海軍協同トス

0073

E　航空

①陸軍作戰ニ對スル直接協力ハ主トシテ陸軍航空部隊之ニ任シ爾余ノ航空作戰ハ海軍航空部隊主トシテ之ニ任ス

②陸軍輸送船團上陸地到着前後海軍機ハ所要ニ應シ之ヲ掩護シ陸軍部隊ノ上陸時並ニ爾後陸軍航空部隊主力ノ飛行準備完了迄ハ海軍航空部隊ハ陸戰ノ直接協力ヲ擔任スルモノトス

③使用航空兵力左表ノ如シ

0074

區分		部隊數	機種 偵察	戰斗	輕爆	重爆	計
陸軍		直協一隊	四				
		戰斗二中隊		二四			
		輕爆三中隊			二七		
	計		四	二四	二七		五五
海軍		第一航空戰隊 第二航空戰隊 第十四航空隊 水上機母艦二 高雄航空隊	水偵八	艦戰機九 艦戰機一八 艦戰機一二	艦爆機九 艦攻機一二 艦爆機一三 艦攻機一三 艦爆機六 艦攻機一八	中攻機九	
	計		水偵八	三九	八八	中攻機九	一三四
合計			一二	六三	一一五	九	一八九

0075

第五　事變第三年度（昭和十四年）

一、事變第二年度末乃至第三年度初頭ニ於ケル大本營ノ企圖ハ占據地域ヲ確保シテ其安定ヲ促進シ堅實ナル長期封鎖ノ態勢ヲ以テ殘存抗日勢力ノ制壓衰亡ニ勉ムルニ在リ

右企圖ニ基キ左ノ如ク命令セリ

1 北支那方面軍司令官ハ現ニ占據シアル北支那地方ノ確保安定ニ任スヘシ、特ニ先ツ北部河北省、山東省、北部山西省並ニ蒙疆地方ニ於ケル要域ノ迅速ナル治安ノ恢復ヲ圖リ且主要交通線ヲ確保スルヲ要ス

西「ソニツト」、包頭、黄河及黄河氾水地域ヲ越ヘテ作戰スル場合ハ別命ニ依ル

2 中支那派遣軍司令官ハ概ネ廬州、蕪湖、杭州ノ線以東ノ占據地域ヲ確保安定スヘシ、特ニ先ツ上海、南京、杭州間ノ地域ノ迅速ナル治安ノ恢復ヲ圖リ且主要交通線ヲ確保スルヲ要ス

又海軍ト協同シテ岳州ヨリ下流揚子江ノ交通ヲ確保シ武漢三鎭及九江ヲ根據トシテ敵ノ抗戰企圖ヲ破摧スヘシ

0076

3 中支那派遣軍司令官ハ主トシテ中支那及北支那ニ於ケル航空進攻作戰ニ任シ特ニ敵ノ戰略及政略中樞ヲ制壓擾亂スルト共ニ敵航空戰力ノ擊滅ニ勉ムヘシ

二、海南島作戰

1 大本營ハ南支那ニ對スル航空作戰及封鎖作戰ノ基地設定ノ爲海南島要部ノ攻略ヲ企圖シ一月十九日第二十一軍司令官ニ對シ海軍ト協同シテ海口附近ノ攻略ヲ命セリ

2 海南島攻略作戰ノ爲ノ陸海軍中央協定左ノ如シ

作戰目的

北部海南島ニ航空作戰及封鎖作戰ノ基地設定ノ爲海口附近ノ要域ヲ攻略占據スルヲ目的トス

從テ占據地域上ニ於テハ軍ノ駐屯自存ニ必要ナル範圍外ノ政策關係諸作業ハ差シ當リ之ヲ實施セサルモノトス

時期

二月上中旬ノ頃ト豫定ス

0077

c 作戰兵力

陸軍　飯田支隊ヲ基幹トスル部隊

海軍　第五艦隊ヲ基幹トスル部隊

d 指揮關係

陸海軍ハ協同作戰トス

e 輸送、護衛及上陸

第二十一軍司令官第五艦隊司令長官ト直接協定實施ス

f 航空

上陸戰鬪ニ於ケル航空作戰ハ主トシテ海軍之ニ任ス

g 警備其他ノ擔任

占據地域内陸上ノ警備ハ陸軍之ヲ擔任シ海上ノ警備ハ海軍之ヲ擔任ス

海口飛行場、埠頭及港灣防禦機關ノ管理運用ハ陸海軍協同トス

三　支那派遣軍總司令部ノ新設

大本營ハ支那事變ノ迅速ナル處理ヲ企圖シ在支陸軍部隊ヲ一元的ニ統

0078

十三、統帥[illegible]並ニ在支施策ヲ強化スル爲新ニ支那派遣軍總司令部ヲ新設セリ（九月二十三日）

四、南寧作戰

大本營ハ滇西南補給連絡路遮斷ノ強化ヲ企圖シ十月十六日支那派遣軍總司令官ニ對シ海軍ト協同シテ速ニ南寧[illegible]欽州道ニ沿フ敵補給連絡路ノ遮斷ヲ命令セリ

第六　事變第四年度（昭和十五年）以後大東亞戰爭發生迄

大本營ハ支那事變ノ迅速ナル處理ヲ企圖シ七月二十三日支那派遣軍總司令官及南支那方面軍司令官ニ對シ左ノ命令ヲ下達セリ

一、大本營ハ支那事變ノ迅速ナル處理ヲ企圖ス

之カ爲敵繼戰企圖ノ破摧ニ勉ム

二、支那派遣軍總司令官ハ左記ニ準據シ敵繼戰企圖ノ破摧衰亡ニ任スヘシ

㈠概ネ西蘇尼特王府・百靈廟・安北・黄河・黄河氾水地域・廬州・蕪湖・杭州ノ線以東ノ地域ノ確保安定ヲ期シ特ニ先ツ蒙疆地方・北部山西省・河北省及山東省ノ各要域並上海・南京・杭州間ノ地域ノ迅速ナル治安

0079

ノ恢復ヲ圖ル

(二)岳州ヨリ下流楊子江ノ交通ヲ確保シ武漢三鎮及九江ヲ根據トシテ敵ノ抗戰企圖ヲ破摧ス其ノ作戰地域ハ概ネ安慶、信陽、宜昌、岳州、南昌ノ間トス

(三)前各號所掲ノ地域ヲ越エテ行フ地上作戰ハ別命ニ依ル

(四)適時全支ニ亘ル航空進攻作戰ヲ實施シ敵ノ戰略及政略中樞ヲ制壓擾亂スルト共ニ敵空軍ノ再建ヲ妨止ス其ノ作戰地域ハ支那全土トス

(五)前各號ノ作戰中海岸及水域ニ沿フ作戰竝ニ航空作戰ニ關シテハ所要ニ應ジ南支那方面軍司令官及支那方面艦隊司令長官ト協同ス

(六)抗日勢力ノ衰亡ヲ促進スル爲全支ニ亘ル對支謀略ヲ强化ス
之カ爲南支那方面ニ於ケル對支謀略ニ關シテハ南支那方面軍司令官ヲ區處ス

(七)作戰上必要アル場合ハ一部ノ部隊ヲ一時滿支國境ニ近ク熱河省内

0080

ノ地域ニ派遣スルコトヲ得

三、南支那方面軍司令官ハ左記ニ準據シ敵繼戰企圖ノ破摧衰亡ニ任ズベシ

(一)廣東附近、汕頭附近及北部海南島ノ各要地竝ニ南寧－龍州道ニ沿フ地域ヲ占據シ海軍ト協同シテ敵ノ補給連絡路ヲ遮斷ス

廣東附近ノ作戰地域ハ概ネ惠州、從化、清遠、北江及三水ヨリ下流西江ノ間トス

(二)前號所掲ノ地域ヲ越エテ行フ地上作戰ハ別命ニ依ル

(三)支那派遣軍又ハ支那方面艦隊南支那方面ヨリ航空進攻作戰ヲ實施スル場合ハ密ニ之ニ協力ス

(四)支那派遣軍總司令官ノ區處ヲ承ケ對支謀略ヲ強化ス